와튼 스쿨에서 배우는

베스트 인생목표 이루기

목표를 이룬 사람들의 비밀, 〈그릿GRIT〉

와튼 스쿨에서 배우는

베스트 인생목표 이루기

캐롤라인 A. 밀러, MAPP, 마이클 프리슈 지음
우문식·박선령 옮김

도서출판 물푸레
KPPI 한국긍정심리연구소

인생목표는 노력이나 의지만 갖고 이루어지는 것이 아니다

이 책의 저자 캐럴라인 애덤스 밀러(Caroline Adams Miller)와 《그릿 GRIT》의 저자 엔젤라 더크워스는 긍정심리학 창시자 마틴 셀리그만(Matin Seligman)의 애제자들이다. 그들은 모두 하버드대학 출신이고, 베스트셀러 작가라는 공통점을 갖고 있기도 하다. 캐럴라인은 긍정심리학을 목표설정이론에 접목시켰고, 엔젤라는 그릿에 접목시켰다. 긍정심리학이 이렇게 다양한 분야에 접목시켜 성과를 낼 수 있는 것은 긍정심리학의 단단한 기초적 이론과 셀리그만의 긍정심리학에 대한 개방정책 때문이다. 셀리그만은 프로이트 추종자들이 저지른 중대한 실수는 오직 정신과 의사들만 정신분석을 할 수 있도록 제한한 것이라고 한다. 그래서 긍정심리학은 심리학자를 위한 또 하나의 전유물이나 자기방어적인 협회를 보호하는 안전막이 될 마음이 없다는 것이다. 각 분야의 전문 기술과 긍정심리학 이론, 긍정 상태 및 긍정 특성의 타당한 측정 방법, 효과적인 개입 부문에서 충분한 훈련을 받는다면 누구나 긍정심리학이라는 씨앗을 뿌리는 사람이 될 수 있다며, 긍정심리학의 문을 활짝 열어놓았다. 심리학 전공자뿐 아니라 교육학, 경영학, 경제학, 간호학, 종교학, 사회복지학 등의 전공자들도 각 연구 분야에서의 접목과 변형이 가능하다는 것이다. 변형을 위해선 세 가지 요소가 필요하다. 첫째, 이론이 필요하고 둘째, 과학이 필요하며 셋째, 응용이 필요하다. 긍정심리학은 이 세 가지 요소를 모두 갖추고 있다.

긍정심리학은 팔마스(PERMAS: 긍정정서, 몰입, 관계, 의미, 성취, 강점)에 대한 연구이다. 팔마스를 통해 각 전문 분야의 플로리싱(Flourising(번성, 지속적 성장)을 이루도록 지원하는 것이다. 팔마스가 없는 긍정심리학은 긍정심리학이 아니다. 캐럴라인은 긍정심리학과 목표설정이론을 결합시켜 과학적으로 검증된 최초의 〈베스트 인생 목표 이루기〉 프로그램을 개발했다. 이 프로그램은 그해 와튼스쿨에서 선정한 베스트 1위 프로그램으로 뽑혔다.

최근 목표와 성취를 이루는 데 중요한 역할을 하는 그릿이 주목을 받고 있다. 그릿은 장기적인 목표를 달성하기 위한 자기통제력과 끈기, 열정의 결합체이다. 그릿은 2011년 출판된 셀리그만의《플로리시(Flourish)》에 처음 소개되었으며, 최근 그릿 연구자인 엔젤라의 저서(GRIT그릿)에 의해 많이 알려지고 있다. 그릿의 핵심은 긍정심리학의 기반이라 할 수 있는 성격 강점의 역할이다. 성취의 기본 공식은 '성취 = 기술 × 노력'이다. 모두 '기술'을 이루는 요소들이라 할 수 있다. 그러나 핵심은 학문적 성취의 인지 과정이 아니라 성격의 역할과 그 공식에서 성격의 특성이 '노력'으로 들어가는 지점이다. 노력은 과제에 투입되는 시간을 말한다. 이 노력에 들어가는 성격 특성이 강점((자기통제력, 끈기, 열정)이며 그릿이라고 한다.

우리는 누구나 성공하고 싶어 하고, 행복하게 살고 싶어 한다. 그래서 개인은 인생 목표를 세우고, 조직은 성과를 위한 조직 목표를 세운다. 그런데 어떤가? 새해에 멋지게 세운 목표들이, 어느 날 무의미한 자신을 발견하고 진지하게 세운 인생 목표들이 원하는 대로 이루어지는가?

대부분 이런저런 이유로 중도에 포기를 한다. 왜 그럴까? 목표나 성취는 노력과 의지만 갖는다고 이루어지는 것이 아니기 때문이다.

이 책속에 당신이 원하는 인생목표를 이루는 그릿의 비밀과 과학적으로 검증된 다양한 방법이 들어 있다. 이 책은 당신을 행복하고 성공하는 삶을 위한 즐거운 여행으로 안내 해 준다. 그 길을 따라가면서 어떻게 인생목표를 세우고, 어떻게 인생목표를 이루는지 그 방법을 배울 수 있을 것이다. 행복한 여행이 되길 바란다.

_ 우문식, 한국긍정심리연구소 소장, 경영학(긍정심리) 박사

다시 새로운 방법으로 도전해 보자

심리학 이론의 멋진 점은 인간의 행동을 예측하고 설명하고 영향을 미칠 수 있게 해준다는 것이다. 나는 학교에 고용되어 일하는 교수이자 과학자이며 실무자이기 때문에 독자 여러분은 내가 그런 입장에서 신중하게 글을 쓸 수 있도록 허락해주기 바란다. 이 책은 과학을 당신의 일상생활과 인생 목표에 접목시켰다는 점에서 반드시 읽어봐야 할 '필독서'라 할 수 있다. 과학 이론과 그것을 떠받치는 경험적 연구가 당신 자신과 주변 사람들에 대한 생각과 행동에 긍정적인 영향을 미칠 수 있다는 사실을 이해하기 쉬운 언어로 설명하고 있기 때문이다.

그 첫 번째 이론인 에드윈 로크(Edwin Iocke)와 내가 개발한 목표 설정 이론은 첫째, 구체적이고 어려운 목표를 세우면 목표를 세우지 않았을 때보다 높은 성과를 얻게 되며 사람들이 최선을 다하도록 독려한다. 둘째, 목표 달성을 위해 똑같은 노력을 기울일 경우 쉬운 목표보다 목표가 어려울수록 좋은 성과가 나온다. 셋째, 칭찬과 금전적 보상, 의사결정 과정 참여 등을 통해 구체적이고 어려운 목표를 세워 노력하겠다는 의지를 갖는다면 성과를 높일 수 있다. 누구나 중요한 목표를 달성하면 만족감을 느끼게 된다. 1960년대부터 지금까지 진행된 1천여 건 이상의 연구를 통해 이 이론의 정당성이 입증되었다.

두 번째 이론인 앨버트 반두라(Albert Bandura)의 사회적 인지 이론은 목표 몰입에 도달하는 방법을 설명한다. 첫째 단계는 결과에 대한 기대에 집중하는 것이다. 자기가 하는 일과 예상되는 결과(좋은 결과/나쁜 결과) 사이의 관계를 찾아야 한다. 예상 결과를 바꾸면 행동도 바뀌게 된다. 둘째로 아무리 어려운 목표도 달성하겠다는 할 수 있다는 마음가짐을 뜻하는 자기 효능감을 높일 방법을 찾는다. 이 책은 이런 두 가지 단계를 밟는 방법을 가르쳐준다.

마지막 세 번째 이론인 마틴 셀리그만(Matin Seligman)의 낙관성 학습은 다음과 같은 3가지 직접적인 질문에 답하면서 확실한 증거를 직시한다면 삶이 우리 모두에게 안겨주는 피할 수 없는 좌절을 겪은 뒤에도 다시 일어설 수 있다고 한다. 첫째, 지금 겪는 좌절이 일시적인 것인가 아니면 그 영향이 지속적으로 자신을 괴롭히게 될 것인가? 대개 일시적인 좌절인 경우가 많다. 둘째, 좌절이 당신이 하는 모든 일 전부와 관련된 것인가, 아니면 시도했던 한 가지 일인 일부로 인한 것인가? 대개의 경우 자기가 하는 모든 일이라기보다는 한두 가지 일에 국한된 경우가 많다. 셋째, 이렇게 실패한 것이 전적으로 자기 개인의 책임인가, 아니면 시간이나 사람, 자원 등 다른 요소와 관련이 있는가?

이제 윤곽이 좀 잡히는가? 그러면 다시 일어나서 새로운 방법으로 도전해보자. 이 책은 좌절을 극복하고 다시 도전할 수 있는 다양한 방법을 알려준다.

권투 선수 무하마드 알리가 즐겨 하던 말처럼 "나는 목표가 있기 때문에 계속 전진한다." 목표는 당신과 내가 계속 움직이게 하는 원동력이다. 이 책은 확실한 과학적 연구 결과를 바탕으로 한다는 확신을 안고 이 책을 읽은 뒤 본격적으로 일에 착수해보자.

_ 게리 P. 레이섬, 세계실용심리학회 회장, 조셉 L. 로트맨, 토론토대학 경영대학원 조직 유효성 교수

Contents

옮긴이 서문 인생목표는 노력이나 의지만 갖고 이루어지는 것이 아니다 5

게리 레이섬 서문 다시 새로운 방법으로 도전해 보자 8

들어가며 와튼스쿨이 선정한 목표설정의 최고 프로그램 17

1부 왜 인생 목표가 중요한가?

01 행복과 성공으로 향하는 지름길 22

영화 스크린에 등장한 인생 목표 23
죽을 뻔한 상황에서 생긴 인생 목표 24
뛰어난 성과를 올리는 사람 26
충만한 삶을 살기 위한 조건 27
랜디 포시의 마지막 강의 29
두려움 없는 40대, 매력적인 50대 30
최고의 운동선수가 인생 목표를 세우는 이유 32
목표 수립에 열중하는 것은 새로운 현상이 아니다 33
인생 목표가 있으면 행복하다 34
희망적인 전망 35
사회적 전염 36
세상에 독특하지 않은 목표는 없다 37

02 대체 행복이 뭐길래? 41

이제 포근한 강아지를 껴안고 행복을 느끼던 시대는 지났다 42
긍정심리학이란 무엇인가? 43
하버드대학교가 선택한 긍정심리학의 행복 46
행복할수록 좋은 것일까 48
성격 강점이 되는 행복 50

이 모든 일의 출발점은 어디인가? 50
행복의 공식 52
행복의 첫바퀴 53
세계인의 관점 54
정말 40대의 행복도가 가장 낮을까? 56
가장 행복한 사람은 누구인가? 57
행복한 가족 58
빅4, 행복한 사람의 4가지 특징 59
자기효능감 이론 61
자기효능감을 키우는 방법 63

03 얼마나 행복한가? 67

행복하면 성공한다 68
성취와 만족의 사다리 70
기운을 북돋우는 자신만의 방법 74
행복을 증진시키는 방법 76
외부의 의견 77
효과가 검증된 8가지 행복증진 방안 78

2부 어떻게 인생 목표를 세우는가?

04 나를 변화시키는 목표 106

새해 결심이 자주 실패하는 이유 107
의욕을 높이는 구체적인 목표 108
측정이 불가능한 일은 실현도 불가능하다 112
피드백 113
지향 목표와 회피 목표 113
내재적 목표와 외재적 목표 114
독립심과 역량 키우기 116
가치 중심적인 목표 117
상충되지 않는 목표와 지렛대 목표 118
글로 적으면 현실이 된다 119
사전 공약과 책임감 121
몰입 상태 122

05 도움이 되는 인생 목표 만들기 125

정답은 존재하지 않는다 126
목록을 만들기에 적절한 시기가 따로 있는가? 126
첫 번째 단계 128
최고의 자화상 or 비전이 필요하다 129
함께 하루를 보내고 싶은 사람 130
내게 남은 30일 132
나는 어떤 가치관을 가지고 있는가? 132
왜 안 돼? 134
행복의 집 135
사라가 만든 행복의 집 138
버킷리스트 방식 142
마인드맵 143
비전보드(Vision Board) 144
스크랩북 146
인터넷 목표 달성 사이트와 블로그 146
인생 목표의 목록을 만드는 별난 방법 147

06 내 곁에 두고 싶은 사람들 150

비만 = 친구의 영향 150
정서적 전염 및 사회적 전염 이론 152
타인이 중요하다 156
플로리시(번성, 지속적 성장) 158
로사다 비율 158
긍정성 비율 159
사랑연구소 164
놀랍도록 나쁜 관계 165
스트레스 때문에 뉴런이 죽는다 166
기준 이하의 긍정성 비율 167
긍적 관계의 속성 170
친구를 잘 고르자 172
좋은 친구가 되려면 어떻게 해야 하나? 173

07 심리적 프라임 177

슈퍼 영웅처럼 행동하라 177

탐정이 되자 179
환경적 프라이밍 181
뜨거운 커피 연구 182
일상적인 계기 184
내 인생의 프라이밍 188
부정 프라이밍을 이기는 방법 189
교묘한 프라이밍 191
"오늘 밤은 안 돼, 여보." 194
중심 목표를 보호하라 196
성공 가능성을 3배 높이는 '가상 시나리오 199
실행 의도가 효과를 발휘하는 이유는? 201
시계와 빅맥 203
성공을 불러오는 가정 상황 조건문 204

3부 인생 목표를 이루어 주는 힘, 그릿GRIT의 비밀

08 그릿을 발휘하자 210

철자 맞추기 대회와 웨스트포인트 훈련 210
목표를 달성하지 못하는 사람 vs 목표를 초과 달성하는 사람 212
그릿의 역사 213
그릿에는 '과업 집착'도 포함된다 214
그릿이 다른 변수를 모두 압도한다 214
위대함의 비밀 215
그릿 척도 216
그릿 척도 검사 216
그릿을 발휘한 위대한 인물들 220
페르마의 마지막 정리 221
천 년 동안 이어지는 끈기 정도면 충분할까? 223
그릿 기르기 225

09 자기통제력: 목표 달성의 열쇠는 자기통제력이다 228

눈에서 멀어지면 마음도 멀어진다 228
쿠키에서 SAT 점수까지 229

인생 목표를 이루려면 자기통제력이 필요하다 231
자기통제력 척도 233
내 자기통제력은 어디로 사라졌는가? 236
자기통제력을 고갈시키는 것과 아무 영향도 미치지 않는 것 238
자기통제력을 키우는 방법 241
명상 243
마음의 여유를 찾아서 245

10 용기: 원하는 것을 얻으려면 위험을 무릅쓰는 용기가 필요하다 248

위험을 무릅쓰는 것이 중요한 이유 249
위험을 무릅썼는데도 보답을 얻지 못하는 경우 253
시도하지 않은 것을 후회한다 254
과감한 시도가 이긴다 255
후회를 변화의 기폭제로 258
두려움 없애기 261
CEO들은 어떤 위험을 무릅쓸까? 264
위험을 감수하는 능력 265
위험을 감수할 용기 265
시각화 267
'잃어버린 과거의 자신'에게 작별을 고하자 268

11 낙관성: 낙관성은 열정과 끈기를 갖고 나가게 하는 힘이다 271

낙관성은 무조건 긍정주문이 아니다 272
현실적 낙관성과 비현실적 낙관성 273
낙관성은 선택이다 274
낙관성이 성공을 좌우한다 277
낙관적인 직원이 조직의 성과를 높인다 278
낙관성의 두가지 개념(무기력 학습, 설명 양식) 281
무기력 학습 282
설명양식 283
ABC 확인으로 낙관성 키우기 287
ABC 확인하기 289
ABCDE 반박하기 291
반박하는 방법 292
비관적인 생각에 반박하는 방법 294

4부 내 삶의 영역에서 구체적인 인생목표 이루기

12 사명선언과 교훈 300
구체적인 목표 이루기 1 사명선언문 작성 301
구체적인 목표 이루기 2 영적 종교적 306

13 행복의 성배(聖杯) 311
구체적인 목표 이루기 3 친구 312
구체적인 목표 이루기 4 연인과 애정 관계 317
구체적인 목표 이루기 5 가족 320

14 몸과 마음, 그리고 영혼의 목표 324
구체적인 목표 이루기 6 건강 325
구체적인 목표 이루기 7 자존감 328
구체적인 목표 이루기 8 기부와 봉사 332

15 살고 웃고 사랑하자! 336
구체적인 목표 이루기 9 놀이와 기분 전환 337
구체적인 목표 이루기 10 창의성 343
구체적인 목표 이루기 11 학습 348

16 돈으로 행복을 살 수 있을까? 352
구체적인 목표 이루기 12 돈 352
구체적인 목표 이루기 13 일 357
구체적인 목표 이루기 14 은퇴 361

17 나를 만드는 주위 환경 366
구체적인 목표 이루기 15 집 367
구체적인 목표 이루기 16 이웃 371
구체적인 목표 이루기 17 공동체 373

5부 성취를 만끽하자

18 성취를 축하하자 380
성공을 즐기지 못하는 이유 381
자신의 성공을 다른 이들과 나누자 382
적절한 인물 이용 385
현명한 소식 전하기 388
자신의 성공을 음미하자 389
성공을 음미하는 일이 중요한 이유는? 391

그 순간을 음미하라 392
기대감에 대한 음미 393
과거를 되새기며 음미하자 395
장미향을 맡으며 음미하는 방법 397

19 과속 방지턱에 부딪히다 401
넘어진 스케이트 선수 402
얻는 것도 있고 잃는 것도 있다 403
자신을 사랑하라 405
변화의 단계 406
변화의 단계와 자기평가 407
당신의 현재 위치는? 408
신속한 회복력과 새로운 삶 411
인생 목표 이루기를 위한 마지막 비법 417
내 인생 목표는 어디쯤 와 있는가? 419

6부 인생목표를 이루어 주는 실행과 워크시트

와튼스쿨이 선정한 목표설정의 최고 프로그램

어린 시절 나는 눈을 끄게 뜨고 삼촌 플랫과 벤 애덤스가 미국의 올림픽 대표로서 1912년 스톡홀름 올림픽에서 메달을 어떻게 땄는지에 대해 아버지의 이야기를 듣곤 했다. 아버지는 그들의 스포츠에 대한 열정을 강조하기보다 올림픽에서 그들이 어떻게 1, 2등을 했고 성공적인 정신 상태를 만들었는지에 초점을 두고 이야기했다.

'최고의 인생을 살고 싶다면 목표를 높이 가져라', '열심히 일해라'. 그리고 '긍정적인 믿음의 체계를 만들어야 한다'와 같이 아버지가 들려주신 본보기는 늘 내 마음속에 남아 있었다.

이렇게 가족으로부터 자연스럽게 형성된 경쟁심은 나의 수영선수 생활에서, 학업에서 그리고 20대 폭식증을 극복하려는 노력에서도 고스란히 드러났다. 이와 같은 각기 다른 부분에서의 성공은 나를 끈기, 그릿, 자기효능감, 그리고 장단기 목표를 세우고 성취하는 능력을 연마하게 만들었다. 책을 쓰는 동안 나는 인생 목표와 그것의 창의적인 시각화, 그리고 내가 어린 시절 줄곧 가져왔던 목표를 시도하기 시작했다.

개인의 탁월성을 탐구하는 일에 대한 흥미가 깊어짐에 따라 목표 설정을 전문으로 하는 인생 코치라는 틈새시장을 만들었고, 내가 선택한 이 일에서 더 좋은 성과를 올리고 많은 지식을 쌓기 위해서 할 수 있는 모든 정보를 탐닉했다.

코칭은 상담이나 심리치료와는 달리 성장 주도의 작업이다. 코치는 건강하고 고도의 기능을 가진 고객과 함께 의미 있는 목표를 위해 전략을 세우고 성취할 수 있게 도와주는 사람이다. 유능한 코치에게는 수준 높은 코칭을 위해서 효율적인 목표 설정에 대한 지식이 필요하다고 믿는다. 그래서 여러 해 동안 이 분야에 연구와 에너지를 집중했다.

2005년 나는 응용 긍정심리학의 석사 학위를 받기 위해서 펜실베이니아 대학에 입학할 만큼 운이 좋았고, 그곳에서 긍정심리학 응용의 세계 최고의 권위자인 마틴 셀리그만에게 가르침을 받았다. 바로 그곳에서 목표 설정의 과학과 행복의 과학이 결합할 수 있는 방법을 발견했으며, 지속적인 연구 결과 그 해 와튼스쿨이 선정한 최고의 목표 설정 프로그램이 되었다.

코치 역할을 하면서 나는 거의 모든 성공한 사람들이 인생의 성취 목록을 만들어 이용한다는 점을 발견했다. 이 목록은 그들을 더욱 즐겁게 하고, 자극하며, 성취하게 만들었다. 최근 연구를 보면 명료한 목표를 설정하고 그것을 성취하기 위한 길을 향하는 것이 의미 있고 성공하는 삶에 이바지한다는 점을 보여준다. 이 책은 그것을 어떻게 하면 되는지에 대한 방법을 알려주는 최초의 단계적인 안내서이다.

이 책은 내용과 접근에 있어서 모두 혁신적이며, 삶의 질을 향상하려는 목표를 성취하도록 돕기 위해서 긍정심리학과 목표설정 과학을 결합시킨 최초의 책이다. 우리는 따라 하기 쉬운 단계별 접근법을 취하고 있으며, 이 책에서 보여주려는 것은 다음과 같다.

- 인생의 목표 목록이 어떻게 행복과 성공에 이바지하는지
- 왜 일상의 행복이 목표 달성에 그렇게도 중요한 영향을 끼치는지
- 어떻게 우리 자신의 행복을 측정하고 향상시킬 수 있는지

• 어떻게 하면 삶의 17가지 영역에서 가장 적절하고 이득을 주는 목표로 인생 목표를 이루는지

• 성공을 위해서 그릿과 자기 통제력 등 가장 중요한 특성과 능력을 어떻게 향상시킬 수 있는지

• 어떻게 주변 인맥이 목표 달성을 돕고 방해하는지

• 어떻게 성취한 것을 만끽하면서 음미하고, 좌절한 것에 대해 회복력을 키워 대처할 수 있는지 등이다

이 책이 출간된 후 독자들의 반응은 놀라웠다. 시중 서점에 나온 책들은 모두 매진되고 계속 재판에 들어간 것은, 이 책을 읽은 독자들이 지금까지 읽은 목표 달성 관련서들 가운데 가장 재미있고 사실에 입각한 책이라고 말하면서 입소문이 나기 시작했기 때문이다.

특히 독자들은 내가 고안한 워크시트를 좋아했다. 이 워크시트는 자기 자신과 자신의 강점을 새로운 시각으로 평가하고, 자기통제력 같은 중요한 기술을 익히면서 긍정적인 전염성을 발휘하는 인맥을 형성할 수 있게 하기 때문이다.

이 책은 사용하기 쉽게 집필, 디자인되었다. 이 책을 열정을 가지고 자주 사용하길 바란다. 어디를 가든 갖고 다니고, 여백에 메모하면서 당신의 목표를 위한 안내서로서 우리가 제공한 목표 목록 샘플을 사용하길 바란다. 우리는 당신이 책에서 찾을 수 있는 연구 사례와 그 방법을 사용해 인생의 다양한 일과, 의미, 행복을 창조하길 바란다. 그래서 인생의 목표 목록이 멀리 있는 꿈이 아니라 생기 넘치는 현실이 되길 바란다. 자, 이제 가서 최고의 삶을 창조하자!

_ 와튼스쿨에서 캐롤라인 애덤스 밀러

Creating Your Best Life:
The Ultimate Life List Guide

1부

왜 인생 목표가 중요한가?

1부에서는 인생 목표와 행복의 중요성, 그리고 이 둘 사이의 관계에 대해 알아본 최신 연구 내용을 살펴본다. 이 두 가지 개념을 잘 이해하면 최고의 성취감과 일상적인 즐거움을 안겨주는 목표를 세우고 달성하는 데 필요한 탄탄한 기반을 마련하게 된다.

01 행복과 성공으로 향하는 지름길

20년쯤 지나면 자기가 한 일을 후회하기보다 하지 않은 일을
후회하는 경우가 많아질 것이다. 그러니 자신을 얽매고 있는 닻줄을 풀어버리자.
안전한 항구에서 벗어나 먼 바다로 나가자.
커다란 돛 가득히 무역풍을 받으면서 탐험하자. 꿈꾸자. 그리고 발견하자.

- 마크 트웨인(Mark Twain)

:: 최근 대중매체를 접하거나, 옥외 광고판에 게시된 광고를 보거나, 교회 예배에 참석한 적이 있다면 목표를 세우는 일의 위력, 구체적으로 말해 '인생 목표'나 '버킷리스트'를 작성하는 일의 중요성에 대해 듣거나 본 적이 있을 것이다. 또 행복의 과학이라든가 목표에 열정을 불어넣으려면 매일을 인생의 마지막 날이라고 생각하며 열심히 살아야 한다는 얘기도 분명 들어보았을 것이다.

때로는 이런 개념을 잘 포장해서 너무 늦기 전에 경이로운 세상을 구경하러 여행을 떠나라고 부추기기도 하고 금융회사는 인생 목표 달성에 필요한 돈을 마련하도록 하기 위해 당신이 특별한 인생 목표를 갖기를 바란다. 실제로 한 유명 신용카드 회사는 사람들이 세계 여행의 꿈을 이루거나 평생의 목표를 실현하는 과정에서 자사의 카드를 이용한다며 크게 선전하기도 했다. 또 어떤 백화점 체인 광고는 해야 할 일을 적은 목록을 보여주면서 자사 매장에서 돈을 쓰면 일상적인 목표를 하

나씩 이룰 수 있다고 일깨워주기도 한다.

영화 스크린에 등장한 인생 목표

인생 목표라는 주제에 대한 관심이 고조된 데에는 할리우드의 공이 크다. 2000년대 초에 여러 사람의 인생 목표가 겹치는 지점과 아직 시간이 남아있는데 중요한 목표를 이루려고 노력하지 않을 경우 느끼게 될 후회에 초점을 맞춘 영화 두 편이 제작되었다.

〈라스트 홀리데이(Last Holiday)〉라는 영화에 평범한 노동계급 여성으로 출연한 퀸 라티파(Queen Latifah)는 건강검진에서 앞으로 살 날이 몇 주 남지 않았다는 잘못된 진단이 나오자 큰 충격을 받아 그동안 미뤄뒀던 일들을 행동으로 옮기기로 했다. 모아둔 예금 계좌를 탈탈 털어 지금껏 하고 싶었던 일을 다 하면서 기존에 만들어둔 '가능성의 책'('언젠가' 방문할 장소, '언젠가' 먹을 음식의 사진으로 꽉 채워진 스크랩북)을 '실현의 책'으로 바꾼다. 현기증 나게 비싼 새틴 시트에서 잠자고 멋진 옷을 사 입고, 1등석의 비행기로 여행을 다니면서 맛난 디저트를 먹고, 유럽에서 가장 시설이 좋은 최고급 스키 슬로프에서 활강을 즐기는 등 멋진 시간을 보내던 그녀는 영화가 끝날 무렵 아쉬움에 잠겨 자신의 새로운 인생 철학을 이렇게 정리했다.

"언젠가 좋은 날이 찾아오리라고 마냥 기다리지만 말고 아직 살아있을 때 목표를 이루려고 노력하면, 이런 행복을 얻게 된다는 사실을 미리 알았다면 얼마나 좋았을까."

함께 저녁을 먹던 이들과 건배하며 이렇게 말한 것이다. 다행히 자기가 죽음의 문턱에 서 있는 것이 아님을 알게 된 그녀는 홀가분한 기분으로 집에 돌아가 꿈에 그리던 이상형과 결혼하고 식당을 개업해 요리사로 일하게 된다. 백화점 가정용품 판매원으로 일하며 제자리걸음만 하던 시절에는 꿈에서만 그리던 목표를 전부 실현한 것이다.

잭 니콜슨(Jack Nicholson)과 모건 프리먼(Morgan Freeman)이 출연한 영화 〈버킷리스트(The Bucket List)〉도 죽음을 앞두고 같은 병실을 쓰던 두 사람이 친구가 되어 전 세계를 돌아다니면서 죽기 전에 피라미드를 보고, 스카이다이빙도 하고, 파탄 난 가족 관계를 되살리기도 한다는 비슷한 이야기를 담고 있다. 두 영화 모두 단순히 목표를 세우는 데서 끝나는 것이 아니라 아직 자기 의지대로 살 수 있을 때 즐거운 마음으로 다른 이들과 교제하면서 목표를 이루려고 애써야 한다고 강조한다. 자기 삶의 한계에 도전하면서 위험을 무릅써라. 내면 깊숙이 잠재된 욕망을 드러내고 도와줄 사람을 모으면서 두려움을 떨쳐버린다면 지금보다 훨씬 행복해지는 것은 물론이고 죽을 때 후회 없이 눈을 감을 수 있다.

죽을 뻔한 상황에서 생긴 인생 목표

누구나 이집트로 여행가거나 5성급 호텔에 묵을 만한 경제적 여유가 있는 것은 아니며 애초에 그런 목표를 세우지 않는 이들도 많다. 하지만 죽음이 코앞까지 다가온 경험을 하고 나면 기존에 세운 목표를 되돌아보면서 새로운 목표를 세우거나 기존 목표를 다듬어 보다 행복하고 의미 있는 삶을 살아가는 경우가 많다. 억만장자 사업가 테드 레온시스(Ted Leonsis)는 아메리카온라인에서 뛰어난 리더십을 발휘해 이름을 알리고 워싱턴 D.C.에 여러 개의 스포츠 팀을 소유하고 있으며, 영화 제작자로도 활동하는 인물이다. 그는 타고 가던 비행기 엔진이 고장 나 그대로 죽을지도 모르는 사고를 겪은 뒤에 새롭게 세운 인생 목표에 대해 자주 이야기를 했다.

25살이던 1983년에 처음 설립한 회사를 매각해 1500만 달러를 벌면서 자수성가한 백만장자의 반열에 오른 그는 단숨에 최상류계급으로 도약했다. 평소처럼 출장길에 올랐던 어느 날, 비행기에 문제가 생기자 눈앞에 놓인 봉투에 만약 신이 두 번째 기회를 줄 경우 하고 싶은 일들을 재빨리 휘갈겨 썼다. 그가 적은 소원은 돈을 더 많이 벌고 싶다든가 하는 것이 아니라 '처가 식구들 돌보기', '과학이나 예술 분야에 공헌한 인물 후원하기'와 같은 것이었다. 다행히 비행기는 안전하게 착륙했지만 비행기에서 내린 레온시스는 전과 완전히 다른 사람이 되어 있었고, 급하게 세운 인생 목표를 길잡이 삼아 새롭고 활기찬 삶을 살겠다고 결심했다.

그로부터 20년이 지난 지금 그는 모금 행사나 기업 강연회, 자선 이벤트 등에 참석할 때마다 이 목록을 자기 명함처럼 사용한다. 그리고 이 자리에서 만나는 이들에게 자기만의 인생 목표를 세우라고 격려한다.

"목표를 글로 적으면 그것이 바로 인생의 지도가 됩니다."

2001년에 한 인터뷰에서는 이렇게 말했다.

"머릿속으로 생각만 할 때는 거대하게 느껴지던 목표가 글로 옮기면 좀 더 간단해 보입니다. 또 이미 달성한 목표를 목록에서 하나씩 지워가는 것만큼 즐거운 일도 없죠."

〈어메이징 레이스(Amazing Race)〉라는 TV 프로그램을 진행하는 필 키오건(Phil Keoghan)도 19살 때 뉴질랜드 바닷가에 침몰한 난파선 근처에서 스쿠버다이빙을 하다가 레온시스와 비슷한 곤경에 빠진 적이 있다. 젊은 나이에 죽을 위기를 겪은 키오건은 간신히 곤경에서 벗어난 뒤 지금껏 목적 없이 태평스럽게 살았던 자기 삶을 다시 되돌아보았다. 현재 그는 주어진 기회를 결코 헛되이 하지 않으면서 자기 분야에서 전문적인 경험을 쌓아가고 있고, 다른 이들도 그런 삶을 살도록 돕는다. 그는 사람들이 인생 목표를 남들에게 알려서 자신의 궤도를 벗어나지 않도록 만들고 있다.

뛰어난 성과를 올리는 사람

일찍부터 목표를 세우고 그것을 이루기 위해 가진 힘과 재능을
모두 쏟아야 한다. 열심히 노력하면 목표를 달성할 수 있고
그보다 더 보람찬 결과를 얻을지도 모른다.
하지만 최종적으로 어떤 결과가 나오든 간에
결국 자기가 살아남았다는 사실을 깨닫게 될 것이다.

- 월트 디즈니(Walt Disney)

목표설정이론의 공동 창시자인 에드윈 로크(Edwin Locke)는 '주도자'라는 사람들, 즉 엄청난 부를 일구고 열정과 비전, 활력, 인내심으로 세상을 움직인 이들의 특성을 연구했다. 그는 주도자의 특징을 7가지로 정리했는데 그 가운데 두 가지가 바로 '비전'과 '행동력'이다. 로크가 조사한 이들은 모두 풍부한 비전과 왕성한 행동력을 통해 훌륭한 목표 설정자가 되었는데, 이들이 목표로 한 일을 살펴보면 '매우 어려운' 일부

터 '불가능한' 일까지 다양하다.

로크는 특히 '도전적' 목표를 강조한 GE의 전 CEO 잭 웰치(Jack Welch)나 메리케이 화장품의 창립자이자 사장으로 날마다 장기 목표와 관련된 일을 우선적으로 처리하면서 하루 일을 시작했던 메리 케이 애시(Mary Kay Ash)와 같은 유명한 비즈니스계의 아이콘들에게 주목했다. 애시는 보통 가장 힘든 목표부터 처리했고 직원들도 자신을 본받도록 독려했다. 이 방법은 매우 효과가 좋았기 때문에 다른 유명 기업들도 애시의 목표 설정 전략을 그대로 따랐다. 그녀가 하버드대 경영대학원에서 선정한 20세기의 가장 성공한 사업가들 가운데 한 명으로 꼽힌 것도 이런 이유 때문이다.

충만한 삶을 살기 위한 조건

사랑하는 이가 평생의 목표를 제대로 이루기도 전에 숨을 거두는 모습을 지켜본 사람은 아무래도 그 전보다 적극적으로 살아가게 된다. 크리스 더피는 테러리스트들의 세계무역센터 공격 때문에 키프브루예트앤드우즈 투자은행에서 일하던 동료 67명과 함께 목숨을 잃었다. 더피의 아버지인 존도 이 회사에서 일했지만 그는 사고 당일 늦게 출근하는 바람에 화를 면했고, 앤드류 컬린과 윌 드리소라는 다른 동료 두 명도 마찬가지였다. 그로부터 6년 뒤 이들을 취재한 기자에게 세 사람은 모두 이 비극적인 사고를 통해 위험을 감수하는 일과 현재를 즐기는 태도의 필요성을 깨달았으며 덕분에 과거와 완전히 다른 삶을 살게 되었다고 말했다.

컬린은 이렇게 말했다.

"살면서 하고 싶었던 일들을 더 일찍 시작하게 되었습니다. 그랜드테톤 국립공원의 캐스케이드 협곡에서 하이킹을 하거나 앨버커키에서 수많은 열기구가 공중으로 떠오르는 모습을 지켜보거나 워싱턴 산으로 등산을 가기도 합니다. '나중에 이런 일 또는 저런 일을 할 거야'라고 계획만 세우는 것이 아니라 '하고 싶은 일들을 지금 당장 할 거야'로 바뀐 거죠."

더피는 아들을 잃은 충격으로 인해 하루하루를 마치 인생의 마지막 날처럼 살아가는 일의 중요성을 깨달았다고 자세히 설명했다.

"일할 때도 좀 더 과감한 태도를 취하게 되었습니다. 시간을 쓰는 방식이나 각자에게 남아 있는 시간은 사람마다 다릅니다. …… 저는 하고 싶은 일이 있거나 결정을 내려야 할 사안이 있으면 미루지 않고 당장 처리합니다. 뭐 하러 미룹니까? 내일이면 이 자리에 없을지도 모르는데 말입니다."

9·11 때 공중 납치당한 여객기 가운데 유일하게 건물에 충돌하지 않은 유나이티드 플라이트 93에 탑승했던 톰 버네트와 아내 디나의 전화 통화 내용을 듣고 용기 있게 살아야겠다고 다짐한 사람도 많다. 그는 아내에게 자기가 탄 비행기가 납치당했고 한 남자가 칼에 찔려 죽었으며, 이 비행기가 자살 테러 임무를 띠고 있는 것 같다고 말했다. 디나가 벌써 다른 비행기들이 세계무역센터와 펜타곤에 충돌했다고 말하자, 톰은 "테러범들이 비행기를 지상에 추락시키려고 모의하고 있어. 뭔가 조치를 취해야 해. 다른 사람들과 계획을 세우는 중이야"라고 했다. 다음에 걸려온 마지막 통화에서 그는 아내에게 이렇게 말했다.

"비행기는 질서를 잡을 거야. …… 걱정하지 마. 우리가 어떻게든 해볼 테니까."

그리고 전화는 끊겼다.

랜디 포시의 마지막 강의

우리는 모두 죽을 운명을 타고났다.
그러나 살아가는 동안 운명이 정해진 사람은 없다.

- 그레이엄 그린(Graham Greene)

그곳에서는 참으로 놀라운 광경이 펼쳐졌다. 2007년 9월 18일 검은 머리의 잘생긴 한 남자가 카네기멜론대학에서 '마지막 강의'를 하기 위해 마이크 앞에 섰다. 전통적으로 '마지막 강의'는 종신 재직권이 있는 교수가 퇴직하기 전에 학생들에게 작별 인사를 하면서 최후의 지혜를 전하는 자리다. 스탠포드대학 같은 몇몇 미국 학교들은 이 아이디어를 발전시켜 '마지막 강의' 시리즈를 만들었다. 존경받는 교수들에게 의미 있는 주제를 정해 가상의 마지막 강의를 해달라고 부탁한 것이다.

하지만 결혼해서 어린 자녀를 셋이나 둔 랜디 포시(Randy Pausch)의 경우에는 이 강의가 가상의 마지막 강의가 아니었다. 말기 췌장암 진단을 받아 더 이상 치료 가능성이 없는 상태였기 때문이다. 따라서 그가 사람들 앞에서 강연하는 마지막 기회 중 하나였던 이 날의 강의는 엄청난 반향을 불러일으켰다. 포시의 강의가 유튜브에 등록된 지 몇 주 만에 6백만 명이 넘는 이들이 그의 홈페이지에 들러 강의 동영상을 시청한 것이다.

세간의 이목을 끈 이 감동적인 마지막 강의에서 포시는 어떤 이야기를 했을까? 그는 '유년 시절의 꿈을 이루자'라는 제목의 강의에서 단순히 인생 목표를 세우는 데서 그치지 말고 최선을 다해 목표를 추구하면서 이때 발생하는 에너지를 이용해 즐겁고 감사하는 마음으로 살아가는 일의 놀라운 힘에 경의를 표했다.

청중들은 무중력 상태 체험부터 유원지에서 커다란 봉제 인형 받기까지 포시가 유년 시절의 꿈을 이루려고 노력하며 마침내 꿈을 이루는 모습을 담은 사진들로 꾸민 슬라이드 쇼를 봤다. 포시의 강연은 청중들에게 즐거운 웃음을 선사하는 동시에 자신의 꿈을 이루려고 노력하고, 어린 시절 느꼈던 경이로움을 잃지 않는 것이 행복한 삶에 더없이 중요하다는 사실을 마음속 깊이 새기게 만들었다. 포시는 또 다른 이들의 목표에 귀 기울이고 달성 과정에 협조하라고 독려하기도 했다.

"나이가 들면 다른 사람이 꿈을 이루도록 도와주는 일이 더 재미있다는 사실을 알게 될 겁니다."

그는 이듬해 여름 결국 암으로 사망했지만 수많은 이들이 그의 용감한 강의에 깊은 감동을 받았고 그가 죽기 몇 달 전에는 강연 내용을 엮은 책도 출간되었다.

두려움 없는 40대, 매력적인 50대

인생 목표의 목록은 유년 시절의 꿈을 좇는 데 필요한 돈과 시간이 충분한 성인들에게 특히 인기가 많다. 2007년 3월 모험여행협회가 발표한 조사 자료에 따르면 모험 여행에 나서는 이들 가운데 가장 많은 부류가 40대 여성이고, 이들이 가장 즐겨 찾는 목적지는 남아메리카라고 한다. 많은 여행사에서 이들이 원하는 여행 상품을 제공하며 여자끼리의 즐거운 일탈 여행을 조직해 멋진 대목장이나 요가 수련원, 상상력을 자극하는 흥미로운 장소로 데려가기도 한다.

영국 정부는 성인 인구를 분류해 '멋진 50대'라는 새로운 하위 집단을 만들기도 했다. 이는 새롭고 즐거운 마음으로 목표를 추구하는 중장년층을 가리킨다. 설문 조사를 실시한 테스코생명보험에 따르면 이들의 공통된 목표는 네팔로 여행을 가고 컨버터블 자동차를 몰아보는 것, 소설을 쓰고 진정한 사랑을 경험하는 것, 스카이다이빙을 하고 물살이 거친 강에서 뗏목을 타는 것 등이라고 한다. '테스코 보고서'는 다음과 같이 썼다.

"이들은 불편함은 전혀 겪지 않으면서 원하는 모험은 모두 시도하는 5성급 학업 중단 기간(고등학교를 졸업한 뒤 대학에 진학하기 전 1년을 가리키는 말로, 상당수의 유럽 학생들은 성숙한 태도와 인생 경험을 얻기 위해 이 기간 동안 일하거나 여행을 다닌다)을 즐기기로 결심했다. 점점 불어나는 허리둘레나 희끗해지는 머리카락도 이들을 말리지 못한다."

이 연령 집단에서 인생 목표의 목록이 유행하는 또 다른 이유는 예전보다 평균수명이 늘고 건강 상태도 좋아져 과거 중년의 위기라 불리던 시기가 이제 중년의 기회로 바뀌었기 때문이다. 이런 추세를 연구한 전문가들은 이를 '창조적 노화'라고 부르며, 과거 이 연령대의 특징이던 우울증이나 슬픔이 이제 가치 있고 장기적인 성장 토대를 구축하는 진취적인 정신으로 바뀌는 경우가 많다고 말한다.

"자기 앞에 남은 시간이 더 많다는 사실을 깨닫고 그것을 건설적으로 받아들이는 겁니다. 이들에게는 중대한 기로인 셈이죠."

뉴욕의 임상심리학자 주디스 셔븐(Judith Sherven)의 말이다.

"그래서 지금까지와는 뭔가 다른 일을 하고 싶어 합니다."

최고의 운동선수가 인생 목표를 세우는 이유

뛰어난 운동선수들의 어깨에는 많은 것이 걸려 있다. 사람들이 이들의 일거수일투족을 주목할 뿐만 아니라 스폰서나 봉급, 보너스 등 금전적인 보상도 본인의 성과에 따라 달라지기 때문이다. 운동선수가 체력을 최고조로 유지할 수 있는 기간은 비교적 짧기 때문에 성공하기 위해서는 일반인보다 확실한 목표를 세우고 근면하고 활기차게 살아야 한다. 또 스포츠 심리학자의 도움을 받아 목표의 시각화 기술이나 경기력 향상 방안, 영양학 분야의 최신 연구를 활용하는 이들도 많다.

그러니 동서고금을 통틀어 최고의 수영선수 가운데 한 명으로 꼽히는 미국의 마이클 펠프스(Michael Phelps)가 아침에 일어났을 때 인생 목표가 바로 눈에 들어오도록 침대 옆 탁자에 인생 목표의 목록을 올려놓고 자는 것도 당연한 일이다. 세계적으로 인정받는 또 다른 수영선수인 미국의 케이트 지글러(Kate Ziegler)도 침실 벽에 목표를 붙여놓고 자주 확인하면서 지금까지의 진행 상황을 체크하고 의욕을 높이는 새 목표를 세우곤 한다. 두 수영선수 모두 코치와 함께 일한다. 이들은 이런 장단기 목표를 점검하고 피드백이나 필요한 도구를 챙기며 목표가 너무 힘겹게 여겨지거나 갑작스러운 장애물이 생겼을 때 용기를 잃지 않고 계속하도록 자극을 준다.

사실 운동 코치들은 가르치는 운동선수와의 협업 방식뿐만 아니라 개인적인 목표 설정을 통해서도 유명세를 떨치는 경우가 종종 있다. 2006년에 NFL 최연소 코치로 활약한 에릭 맨지니(Eric Mangini)는 자기가 직접 팀을 운영하고 싶다는 목표를 가지고 있었는데, 몇 년 뒤 실제로 그 꿈을 실현할 기회가 찾아왔다. 그와 함께 뉴욕젯츠를 운영하는 마이크 타넨바움(Mike Tannenbaum)도 똑같은 장기 목표와 자신에 대한 확고한 믿음을 가지고 있었다. 그는 대학생 때 장차 미식축구팀을 운영할 계획을 세우고 관련 자료를 조사해 논문을 쓴 적이 있는데, 그로부터 10년 뒤 그 꿈을 이뤘다.

유명한 노트르담대학 미식축구팀 코치이자 우리 시대의 아이콘인 루 홀츠(Lou Holtz)는 20대에 직장을 잃고 낙담에 빠져있을 때 아내의 설득에 따라 인생 목표의 목록을 작성했다. 홀츠는 아내의 충고를 마음에 새기면서 107가지 목표를 적었는데 여기에는 아이들을 대학까지 졸업시키기, 전미선수권대회에 출전하는 미식축구팀 코치로 부임하기, 백악관 만찬에 참석하기 등의 소원이 포함되어 있었다. 현재 107가지 목표 가운데 93개 이상을 달성한 홀츠는 "목표 달성을 위한 흔들리지 않는 노력이 오늘의 비극을 내일의 승리로 바꾼다"고 말한다.

목표 수립에 열중하는 것은 새로운 현상이 아니다

현대인들만 인생 목표를 세우는 것이 아니다. 인류 역사상 전무후무한 천재이자 발명가인 레오나르도 다빈치(Leonardo da Vinci)도 목표 수립을 좋아한 것으로 유명하다. 그는 항상 공책을 들고 다니면서 발명 아이디어나 답을 알고 싶은 의문점, 정교한 문제풀이 과정 등을 적었다. 나이가 들면서 인간은 어차피 죽을 수밖에 없는 운명임을 자각하게 된 다빈치는 확실한 개인적 목표를 정하고 그 달성을 위해 꾸준히 노력하는 일이, 얼마나 중요한지 자주 이야기했다.

다빈치는 개인적인 목표 수립과 관련해 학생들에게 "끝까지 잘 생각하고 마지막을 먼저 생각하라"고 충고했으며 "목표를 시각적으로 표현하는 것도 중요하다"고 말했다. 그래서 그는 숨을 거둘 때 미처 이루지 못한 목표들을 안타까워하면서 미완성 작품을 많이 남긴 것에 대해 신과 인간에게 사과했다.

인생 목표가 있으면 행복하다

나는 30년간 꾸준히 삶의 만족도를 연구한 끝에 행복해지려면 목적의식과 방향을 제시하는 확실한 인생 목표가 필요하다는 사실을 깨달았다. 우리는 만족감을 주는 17가지 인생 영역에서 자신에게 가장 중요한 요구와 목표, 소원을 이루기 위해 정진할 때 행복을 느낀다. 또 삶의 한 부분에서 목표 달성을 위해 노력하면, 그 강력한 '파급 효과' 덕분에 전체적인 삶의 만족도가 올라간다는 사실도 입증되었다.

우리가 소개하는 인생 목표 이론에는 35년간 수백 명의 고객들과 함께 일하면서 생겨난 '삶의 질 요법과 코칭'이라는 과학적 시스템이 포함되어 있는데, 이 시스템은 미국 국립보건원 같은 유명 기관에서 사용하는 엄격한 테스트 기준에도 부합한다. 또 긍정심리학이라는 새로운 과학 분야의 최신 연구결과도 아우른다. 긍정심리학은 감사하는 마음을 가지고 자기 힘을 효과적으로 사용하면서 가치관에 맞는 목표를 달성하면 더 행복하게 살 수 있다는 것을 알아낸 학자와 교수, 임상의에 의해 빠르게 세를 확장하고 있는 학문 분야다. 그리고 또 수십 년 동안 세계 각지의 고객들과 함께 일한 경험도 여기 담아내 고객들의 다양한 경험을 공유하려고 한다.

이런 단계별 방법을 잘 따르면 자신에게 가장 중요한 인생 영역이 어디이고, 어떤 목표를 통해 가장 큰 만족을 얻는지 알 수 있다. 또 목표를 완수하는 방법이나 자기에게 더 이상 맞지 않는 목표 추구를 자연스럽게 그만두는 방법도 알려준다. 그리고 끈기와 열정을 높이는 행복 증진 전략과 목표 달성 노력을 꺾는 실망감이나 좌절을 극복하는 법도 배우게 된다. 다시 말해 목표 수립 및 달성 방법에 관한 완벽한 단계별 모범답안을 제시하면서, 이런 노력이 어떻게 당신을 행복하게 만드는지 그 이유도 알려준다.

희망적인 전망

"나는 목표가 있기 때문에 계속 나아간다."

- 무하마드 알리(Muhammad Ali)

훌륭한 인생 목표가 있으면 자신과 미래, 그리고 자신의 노력으로 얻은 다양한 기회에 대해 기대를 걸 수 있다. 희망이론의 창시자인 릭 스나이더(Rick Snyder)는 목표가 있는 사람은 달성 방법을 궁리하기 시작하며, 이런 '경로 사고' 덕분에 삶을 희망적으로 바라보게 된다고 했다. 희망을 품은 사람은 행복하며 목표 달성을 위해 남보다 훨씬 꾸준히 융통성 있게 노력한다. 인생목표이론은 희망적으로 살아가는 법을 알려줄 뿐만 아니라 이것이 목표 달성에 도움이 되는 이유도 깨닫게 된다.

사회적 전염

하버드대 의과대학의 니콜라스 크리스타키스(Nicholas Christakis) 박사의 혁신적인 연구결과, 비만은 우리가 섭취하는 음식보다는 주변 친구들이 어떤 사람인가와 밀접한 관련이 있다는 사실이 밝혀졌다. 그는 또 흡연자는 금연할 때 혼자 하는 것이 아니라 여럿이 함께한다는 사실도 알아냈다. 이런 '사회적 전염' 요인은 여러 부분에서 발견된다. 본인에게 중요한 분야의 목표를 세우고 이를 달성하기 위해 집중적으로 노력하는 사람은 주변 사람들까지 적극적으로 만든다. 또 이들은 자기처럼 생각이 낙관적인 이들과 많은 시간을 보내고 싶어 한다.

메릴랜드 주에 있는 드링크모어워터의 설립자 밥 페리니(Bob Perini)의 경우를 살펴보자. 밥은 〈Inc.〉에서 선정하는 '성장 속도가 가장 빠른 500대 기업'에 들고 싶었기에 목표를 적은 목록을 - 다른 여러 가지 개인적 목표 및 직업적 목표와 함께 - 자기 사무실 밖에 붙여놓았다. 밥과 얘기하러 오는 사람들은 그를 만나기 전에 사무실 앞에 잠시 멈춰 서서 목표 목록을 봐야 했다.

그 결과 인생 목표 목록의 힘을 믿은 밥조차도 깜짝 놀랄만한 일이 벌어졌다. 그의 회사가 〈Inc.〉가 선정한 '고속성장 500대 기업'에 포함되었을 뿐만 아니라 몇 년간 계속 순위가 상승했던 것이다. 이제 인생 목표를 세우는 것은 드링크모어워터 전체에서 흔한 광경이 되었다.

"사람들이 자주 오가는 회사 공용구역에 칠판을 갖다 놓았습니다."

밥은 이렇게 설명했다.

"그러자 직원들이 그 커다란 칠판에 자기 목표를 적었죠. 나는 거기 적힌 목표를 읽는 내 모습을 다른 직원이 볼 수 있다는 사실을 깨닫고 많은 자극을 받았습니다."

이 회사가 큰 성공을 거둔 것은 당연한 일이다. 밥은 현재 워싱턴 D.C. 외곽에 있는 농장에 살면서 비상근으로 일하기 때문에 가족과 함께 멀리 여행을 떠나거나 친구들과 함께 미국 남서부 곳곳을 누비며 산악자전거를 타는 등 다른 인생 목표를 이룰 시간도 생겼다.

세상에 독특하지 않은 목표는 없다

은행 잔고를 바닥내는 이국적인 여행 같은 것들만 인생 목표가 될 수 있느냐는 질문을 자주 받는다. 특히 사람들이 대부분 꿈으로 남겨둘 수밖에 없는, 대담하고 비용도 많이 드는 엉뚱한 행동이 많이 묘사된 '버킷리스트'가 나온 뒤로 이런 질문을 하는 사람이 많아졌다. 그러나 이 질문에 대한 대답은 "결코 그렇지 않다."가 정답이다. 당신의 인생은 세상에 단 하나뿐인 유일무이한 것이다. 여기 소개하는 단계별 방법을 잘 따르면 다른 사람의 인생 목표를 그대로 본뜰 필요도 없고 또 그래서도 안 된다. 우리는 모두 염색체와 성장 배경, 가족 상황이 저마다 다른 별

개의 존재들이며, 자기만의 열정과 갈망, 강점, 목표 지점, 후세에 유산으로 남기고 싶은 내용이 반영된 목표를 가지고 있다.

나는 지금껏 수많은 이들의 인생 목표를 살펴봤는데 "아버지가 돌아가시기 전에 아버지에게 사랑한다고 말한다"부터 "오디세우스의 항해 여행 발자취를 따라 그리스 섬을 일주한다", "형편이 어려운 가족에게 크리스마스에 익명으로 선물을 보낸다", "롤러블레이드를 타고 네덜란드 곳곳을 돌아다닌다", "60살에 비키니를 입는다", "매일같이 다른 이들에게 웃음을 선사한다"에 이르기까지 각자에게 의미 있는 목표가 얼마나 다양한지 늘 놀랍기만 하다. 목표를 세울 때는 자신의 상상력과 진실한 감정, 영혼을 안내자로 삼되 때로는 다른 사람의 인생 목표를 엿보는 일도 꺼리지 말아야 한다. 그것이 자기 내면의 어떤 열정에 불을 붙이게 될지 알 수 없으니 말이다!

내 인생 목표는 어디쯤 와 있는가

인생 목표의 목록을 만들기 위한 특별한 일기장을 따로 마련할 것인지, 아니면 책을 읽으면서 여백에 간단히 메모를 하고 책 마지막 부분에 실린 연습 과제를 해볼 것인지를 지금 결정해야 한다. 물론 두 가지 방법을 다 이용할 수도 있다. 여기에는 특별히 옳은 방법도 그른 방법도 없지만 어느 쪽이든 간에 이 책을 연습장으로 활용하라고 권하고 싶다. 이 안내서는 목표 달성의 과정을 이해하고 잘 정리하는 데 필요한 도구와 일람표를 모두 제공하지만, 노트나 바인더를 준비해서 함께 사용하는 것도 괜찮다. 자기만의 인생 목표 설정 과정을 쉽고 재미있게 이끌어줄 만한 도구는 다 사용해도 좋다. 하지만 본격적으로 목록 작성을 시작하기 전에 그것이 한 사람의 행복에 얼마나 중요한지, 또 긍정심리학이라는 새로운 과학을 이해하고 적용하는 것이 목표 달성 노력에 도움이 되는 이유는 무엇인지 등 몇 가지 예비지식을 더 살펴보자. 인생 목표를 설정하는 다양하고 새로운 방법들을 알려주는 5장에서는 이 모든 것이 서로 맞물리는 이유에 대한 연구결과를 읽으면서 확실한 기초 지식을 다지게 된다.

인생 목표 설정 연습 및 워크시트

- 453쪽의 '내 인생의 초상'을 작성한다. 고인(故人)의 강점과 그가 세상에 남긴 선물을 주로 소개하는 신문 부고 기사를 어떤 식으로 쓰고 싶은지 생각하면서 짧은 글을 써본다.

  - 이 책을 손에 쥔 뒤 머릿속에 떠오른 목표 5가지를 아래에 적는다.

  1. ____________________

  2. ____________________

  3. ____________________

  4. ____________________

  5. ____________________

- 영화〈버킷 리스트〉나 〈라스트 홀리데이〉를 빌려 본다.

- 인기 있는 '버킷리스트' 작성 방식인 '죽기 전에 하고 싶은 100가지 일' 목록(P423)을 작성한다. 인생 목표에 관한 아이디어를 얻는 데 도움이 될 것이다. 이 책을 다 읽을 즈음이면 목록이 완성될 뿐 아니라 그중 몇 가지는 이미 실현되었을 수도 있다. 지금부터 시작해 계속 새로운 목표를 추가하거나 깨달음을 얻을 때마다 목표를 수정하는 것도 가능하다.

- 목표 설정에 능한 주변인들의 이름을 적어본다. 이들도 인생 목표의 목록을 만들었을까?

- 자신의 꿈을 좇는 일과 다른 사람의 목표 달성을 도와주는 일이 얼마나 중요한지 이야기한 랜디 포시의 '마지막 강의' 동영상을 온라인에서 찾아보자(http://www.cmu.edu/randyslecture/index.shtml).

- 인생 목표 설정과 추구, 달성을 위해 노력하는 소셜네트워킹 사이트를 방문해 다른 이들은 어떻게 목표를 이루고 있는지 알아본다. www.your100things.com이라는 사이트에는 당신과 비슷한 목표를 이미 달성한 사람들의 짧은 인터뷰 내용도 올라와 있다.

02 대체 행복이 뭐길래?

신이 우리에게 행복을 내려주기를 바라고만 있지 말고
스스로 행복을 얻기 위해 노력해야 한다.

- **임마누엘 칸트**(Immanuel Kant)

:: 당신도 긍정심리학이라는 새로운 과학 분야에 대해 읽거나 들어본 적이 있을 것이다. 또 의미 있고 유익한 삶을 살려면 진정한 행복이 무엇인지 알고 만들어가는 것이 중요하다는 사실도 알 것이다. 자신에게 적합한 목표를 추구하는 것은 행복한 사람의 주요 특징 가운데 하나이므로 인생 목표를 이루고자 하는 사람은 행복에 관한 연구 내용을 살펴보면서 조금이라도 더 행복해지는 것이 성공에 지대한 영향을 미치는 이유를 알아야 한다. 행복을 자기 인생에서 가장 중요한 목표로 삼은 사람이라면 이런 상관관계가 더욱 흥미롭게 느껴질 것이다.

이제 포근한 강아지를 껴안고 행복을 느끼던 시대는 지났다

지금은 〈타임〉 표지는 물론이고 치즈 샌드위치처럼 하찮은 것까지 행복과 결부시키는 광고 등 어디서나 행복이라는 주제를 다룬다. 〈유에스뉴스앤월드리포트〉는 새해가 밝을 때마다 한 해 동안 독자들의 삶을 향상시킬 수 있는 50가지 방법을 알려주는 특집호를 발간하는데, 2006년에 이 잡지가 제시한 가장 중요한 목표가 바로 '지금보다 더 행복해지기'였다. 그리고 이 잡지가 독자들에게 인생 목표를 정리해 목록을 만들라고 독려하는 동안 할리우드도 '행복'이라는 주제에 관심을 기울이게 되었고, 그 결과 제작된 영화가 바로 만족스러운 삶의 구성 요소들을 장밋빛으로 해석한 윌 스미스(Will Smith) 주연의 신파 영화 〈행복을 찾아서(The Pursuit of Happyness)〉였다.

요즘에는 행복을 열심히 노력하기만 하면 얻을 수 있는 필수품처럼 생각하는 이들이 많다. 이는 물론 삶에 대한 만족도를 높이려고 노력하는 이들에게는 좋은 소식일 것이다. 하지만 비관적 성향이나 내성적인 성격을 타고난 사람의 경우에는 행복을 얻기까지의 과정이 치열한 전투와 마찬가지라는 사실도 알아야 한다. 우리가 제시하는 인생 목표의 설정 방식은 행복이나 목표 달성과 관련된 최신 과학의 가장 좋은 내용을 골라서 일상적인 만족감을 높이는 방법을 제공한다. 따라서 목표 추구 과정이 곧 성공을 위한 최고의 기회가 될 수 있다.

긍정심리학이란 무엇인가?

긍정심리학은 1998년 당시 미국심리학회 회장이었던 펜실베니아 대학교 심리학 교수인 마틴 셀리그만에 의해 창시되었다. 마틴 셀리그만은 1998년 신년사에서 "손쓸 도리 없이 망가진 삶은 이제 그만 연구하고 모든 일이 잘 될 것 같은 사람에게 초점을 맞추어야 한다"고 선포하고 1월 멕시코만 유카탄 아쿠말에서 미하이 칙센트미하이, 레이 파울러 등의 심리학자와 모여 긍정심리학의 기초적인 이론을 만들었고 그 이론을 2000년 〈미국심리학회지(American Psychology)〉와 2002년 마틴 셀리그만의 〈긍정심리학(Authentic Happiness)〉을 통해 세상에 알렸다. 긍정심리학이 탄생한 지 이제 15년밖에 되지 않았지만 그동안 긍정심리학은 빠른 속도로 확산되고 있는 중이다.

긍정심리학이란 무엇일까? 긍정심리학이 탄생하기 전에는 심리학이 불안, 우울, 알코올 중독, 정신분열증, 트라우마, 스트레스와 같은 부정적인 감정에 초점을 맞추고 이런 감정을 완화시켜 고통을 덜어주는 역할을 주로 했다. 하지만 긍정심리학은 다르다.

긍정심리학은 개인과 조직, 사회에 일어나는 기쁘고 좋은 일을 더 오랫동안 지속시킬 수 있는 방법과 힘들고 나쁜 일들을 극복하고 해결할 수 있는 과학적인 방법들을 알려준다. 그 방법은 인간의 긍정적 측면과 긍정심리학의 5가지 요소인 긍정정서, 몰입, 삶의 의미, 긍정 관계, 성취와 이들의 기반이 되는 성격 강점이다. 이들을 과학적으로 연구해서 개인과 조직, 사회의 플로리시를 지원하는 학문이다. 즉 긍정심리학은 내면의 긍정심리를 확장시켜 기쁨과 만족을 느끼게 하고, 역경을 이겨내게 하고, 스스로 행복을 만들어갈 수 있는 행복의 도구를 지원한다. 긍정심리학이 주장하는 가장 기본이 되는 가정은 인간에게는 질병, 질환, 고통이 발생하는 것과 같이 강점과 미덕, 탁월함도 주어진다는 것이다. 그래서 긍정심리학은 인간의 부정 감정이나 결점만큼이나 긍정 감정이나 강점에도 관심을 갖는다. 또한 삶에서 잘못된 부분을 교정하는 것만큼 최상의 상태를 만드는 일에도 관심을 가지며, 고통 받는 사람들의 상처를 치유하는 것만큼이나 사람들의 건강한 삶의 성취도에도 관심을 갖는다.

긍정심리학은 개인과 조직에 있어 최적의 기능과 작용에 대한 학문적 연구다. 사랑, 감사, 즐거움, 용서, 일의 만족도 같은 긍정정서와 창의성, 용감성, 감상력, 호기심, 열정 같은 강점들이 삶 속에서 어떻게 작용해서 어떤 결과를 낳는지를 보는 것이다.

연습이나 행동에서도 무엇이 작용하는지에 집중하고 있다. 예를 들어 심리상담사라면 대부분 제일 먼저 '당신의 인생에서 어떤 것이 잘못 되었고, 어떤 것이 잘 되지 않았는가?'를 물을 것이다. 반면 긍정심리학자는 먼저 '당신의 인생에서 어떤 것이 작용하고 있으며, 어떤 것이 잘 되고 있는지'를 질문한다. 조직에서도 마찬가지다. 컨설턴트는 대개 여러분 조직에서 어떤 것이 문제인지, 개선을 위해 무엇을 해야 하는지를 중점적으로 질문한다. 그러나 긍정심리학자는 먼저 조직에서 어떤 것이 잘 되고 있는지, 어떤 것이 회사의 강점과 장점인지 조직의 최적 기능에 대해 질문하고 그것들을 중심으로 지속적인 조직의 성과를 이룰 수 있게 한다.

플로리시를 위한 팔마(PERMA)

긍정심리학의 목표는 플로리싱(flourishing)이다. 플로리싱이란 개인의 행복부터 집안, 사업, 국가에 이르기까지 번성시킨다는 의미이지만 긍정심리학에서는 '행복의 만개'란 의미로 사용하기도 한다. 최고의 삶을 위해 개인이 갖고 있는 모든 능력과 잠재 능력을 찾고 발휘해서 활짝 핀 꽃처럼 행복도 활짝 꽃피울 수 있도록 만들 수 있다는 것이다.

플로리시를 위한 새로운 이론은 긍정정서(positive emotion), 몰입(engagement), 관계(relationship), 의미(meaning), 성취(accomplishment)의 5가지 핵심요소로 구성되며, 이 5가지 핵심요소를 각 요소의 첫 글자를 따 팔마 PERMA라고 한다. 성격 강점은 '다섯 가지 요소 전체의 기반이다.

첫째, 긍정정서는 우리가 느끼는 것, 즉 기쁨, 희열, 따뜻함, 자신감, 낙관성 등을 말한다. 지속적으로 이러한 정서들을 이끌어내는 삶을 '즐거운 삶'이라고 부른다. 둘째, 몰입은 음악과 하나 되기, 시간 가는 줄 모르는 것, 특정 활동에 깊이 빠져든 동안 자각하지 못하는 것, 자발적으로 업무에 헌신하는 것을 의미하며, 이 요소를 지향하는 삶을 '몰입하는 삶'이라고 한다. 셋째, 관계는 타인과 함께 하는 것을 말한다. 마지막으로 큰소리로 웃었을 때, 말할 수 없이 기뻤던 순간, 자신의 성취에 엄청난 자긍심을 느꼈던 때를 생각해 보면 거의 대부분 타인과 함께 했을 때일 것이다. 혼자가 아닌 타인과 함께 하는 삶을 '좋은 삶'이라고 한다. 넷째, 의미는 자아보다 더 중요하다고 믿는 어떤 것에 소속되고 그곳에 기여하는 것에 기초한다. 인생의 의미와 목적을 추구하는 삶을 '의미 있는 삶'이라 한다. 다섯째, 성취도 플로리싱를 위한 중요한 요소다. 사람들은 오직 이기기 위해서나 물질 추구만이 아닌 성공, 성취, 승리, 정복 그 자체가 좋아서 그것을 추구하기도 한다. 일시적인 상태로는 업적이며, 확장된 형태로는 성취다. 성취를 위해 업적에 전념하는 삶이 '성취하는 삶' 이다. 마지막 성격 강점은 시간과 환경이 바뀌어도 지속적으로 나타나려는 자신의 성격적, 심리적 특성이다. 긍정심리학은 현재 하버드 대학교에서 가장 인기 있는 과목이다. 가장 실용적인 학문이고 자신에게 포커스를 맞추며, 힘들고 어려운 일을 해결하는 방법과 기쁘고 즐거운 것들을 오래 유지하게 만들어주기 때문이라고 한다.(-옮긴이)

하버드대학교가 선택한 긍정심리학의 행복

전 세대를 통틀어 행복을 가장 열성적으로 추구하는 동시에 까다롭게 소비하는 세대는 바로 젊은이들이다. 세계에서 가장 우수한 학문 연구기관 가운데 하나인 하버드대학교의 학생들도 2005~2006년에 이 주제에 관한 관심과 열의를 직접 몸으로 표현했다. 탈 벤 샤하르(Tal Ben-Shabar) 교수가 그 해에 학부 재학생들을 위해 개설한 긍정심리학 강의에 기록적으로 많은 학생이 등록한 것이다. 커다란 메모리얼 홀을 가득 메운 8백 명이 넘는 학부생들은 행복 철학, 행복의 개념을 바꾸려고 했던 역사적 시도, 행복과 관련해 현재까지 이뤄진 연구 내용 등에 조용히 귀 기울였다. 수백 개의 신문과 TV 프로그램은 물론 심야 코미디 프로그램까지 나서서 이 강의의 놀라운 성공에 대해 다루면서 학교 역사상 가장 인기 있는 강의라고 소개했고, 학생들은 기자에게 이 수업은 자기가 지금껏 살면서 경험한 가장 실용적인 교육이며, 자기 삶을 송두리째 바꿔놓았다고 말하기도 했다.

행복을 강의 주제로 삼은 것은 하버드대학교뿐만이 아니었다. 2005년 9월 펜실베이니아 주립대학은 응용 긍정심리학 분야에 새로운 석사과정을 개설한 뒤부터 '긍정심리학의 아버지'인 마틴 셀리그만 박사 밑에서 1년간 공부할 기회를 얻으려고 하는 전 세계 수백 명의 지원자들을 선별하는 상황에 처했다. 곧이어 긍정심리학 분야 최초의 박사과정 프로그램도 개설되었다. 의욕을 돋우는 목표 달성 과정에 푹 빠져 시간 가는 줄 모르는 정서 상태를 가리키는 '몰입(flow)'이라는 용어를 만들어낸 헝가리 출신의 학자 미하이 칙센트미하이(Mihaly Csikszentmihalyi)가 2007년에 캘리포니아 클레어몬트대학에 개설한 프로그램이 시발점이 되었다. 경영대학원과 기업에서도 행복에 대한 관심이 고조되면서 대학원생들이 '강점 탐구(질문을 통해 개인과 조직이 자신의 능력을 최대한 발휘할 수 있는 시기와 방식을 알아내는 과정)'를 실시하고, 여기서 찾아낸 강점을 바탕으로 고용, 관리, 성과 검토를 할 수 있도록 돈과 시간을 투자하고 컨퍼런스를 개최하기도 했다.

행복할수록 좋은 것일까?

모든 사람이 다 행복할 수는 없다.

- 새뮤얼 존슨(Samuel Johnson)

시계추가 한쪽으로 너무 멀리까지 움직이면 그 반동으로 반대편 끝에서도 움직이는 범위가 달라진다. 이는 행복 운동의 경우에도 마찬가지다. 처음에는 동기부여 전문가나 인생 코치, 뉴에이지 지도자, 그리고 약간의 행복만으로도 우리에게 도움이 된다면 행복지수가 커질수록 더 좋으리라고 믿는 순진한 긍정심리학 애호가들이 이 운동에 뛰어들었다. 하지만 안타깝게도 현실은 그렇지가 않다.

연구자들이 알아낸 바에 따르면 극도로 행복한 상태는 일상생활을 하기에 가장 적합한 상태가 아니라고 한다. 특히 행복을 강조하느라 슬픔이나 죄책감 같은 평범한 감정을 무시하거나 억누를 경우 소중한 자기성찰의 기회를 빼앗기고, 사랑하는 이의 죽음이나 부서진 꿈같은 정상적인 삶의 변화도 헤쳐 나갈 수 없기에 그 부작용이 매우 심하다. 슬픔에 잠겨 괴로운 표정을 짓고 있으면 그 모습이 주위 사람들에게 신호를 보내 어려운 시기를 이겨내는 데 필요한 도움을 받을 수 있다. 그리고 이를 통해 꾸준한 행복에 꼭 필요한 사회적인 지원이 강화된다.

행복이 수입이나 교육 수준, 정치 참여, 자원봉사 활동, 건설적인 관계 등과 얼마나 밀접한 관련이 있는지 알아보기 위해 96개국 11만 8519명을 대상으로 설문 조사를 실시했다. 그리고 행복 연구 분야에서 가장 존경받는 학자 가운데 한 명인 일리노이주립대학의 심리학자 에드 디너(Ed Diener)가 동료들과 함께 이 연구결과를 분석해 핵심 내용만을 추린 뒤 〈심리학 조망(Perspectives on Psychological Science)〉이라는 학술지에 논문을 기고했다.

디너와 동료 연구자들은 "적당한 수준의 행복을 달성한 경우 그보다 행복도가 높아지면 오히려 삶에 해롭게 작용할 수 있다"고 지적한다. 본인의 행복도를 9나 10이 아닌 8로 평가한 이들의 경우, 살면서 느끼는 약간의 불만이 교육이나 지역사회, 직장 환경을 개선하려는 동기로 작용할 가능성이 높았다. 계속 10점만 받으려고 애쓰는 사람보다 8점이나 9점을 받은 사람이 더 건강하고 돈이 많은 것도 이런 이유 때문일 수 있다.

평소에도 늘 슬픔을 느껴야 한다거나 성취감과 생활만족도를 높이려고 애쓰는 것이 인생에 별 도움이 되지 않는다는 얘기가 아니다. 불만과 불행이 얼마나 위험한지는 다들 잘 알고 있다. 예를 들어 우울증을 앓거나 생활만족도가 낮은 사람들은 살면서 다음과 같은 부정적인 결과를 초래할 수 있다.

- 병원에 다니느라 돈이 많이 든다.
- 만성통증증후군을 앓는다.
- 직무 중 사고가 발생하거나 업무 생산성이 낮다.
- 심장병을 앓는다.
- 사회적 관계가 취약하다.

최근 미국에서 45~54세 사이의 자살률이 20퍼센트나 늘어난 것도 우울증을 제대로 치료하지 않은 것이 원인으로 보인다. 이런 경향을 연구한 전문가들은 가족 해체나 대가족 지원 제도의 붕괴 때문에 사회적 지원 네트워크가 제 기능을 다하지 못하게 된 것이 이런 자살률 급증의

배경일 수도 있다고 말한다. 또 불행한 이들은 온라인상에서 쉽게 구할 수 있는 처방약을 남용하는 것으로 생각된다. 자살자 가운데 상당수가 이런 약물을 과다 복용해 죽음을 맞이했기 때문이다.

성격 강점이 되는 행복

꾸준히 행복을 키우다 보면, 목표 달성에 필요한 열정과 끈기, 활력을 키울 수 있고 이것은 성격강점으로 자리 잡을 수 있다. 우리 프로그램은 무슨 수를 써서라도 행복해져야 한다거나 지금 당장 인생 목표를 달성하라고 재촉하지 않는다. 이런 방식은 최고의 행복에 관한 연구결과, 즉 극도의 행복은 일상생활에 적합하지 않다는 결과를 대충 얼버무리려는 태도일 뿐이다. 인생에는 긍정적인 영향과 부정적인 영향이 모두 필요하며, 이 두 가지 모두 최적의 행복을 측정하는 중요한 지표다. 우리가 제시하는 인생 목표의 달성 방식을 잘 따른다면 보다 충만하고 깊은 행복, 삶에 대한 열의와 흥분을 안겨주는 생명의 약동을 느끼면서 자기 목표에서 생각 이상의 성공을 거둘 수 있다.

이 모든 일의 출발점은 어디인가?

인류 역사가 시작된 이래 수많은 철학자와 현자, 성경에 등장하는 예언자들이 행복에 대한 이론을 세우고 글을 썼지만 실제로 행복과 그 구성 요소 연구에 극적인 변화가 생긴 것은 20세기 말의 일이다. 당시 미국 심리학회 회장이며, 우울증과 무기력 분야의 학습 대가인 마틴 셀리그만은 인간 기능에 대한 심리학자들의 접근 방식이 완전히 바뀌어야 한다고 호소했다.

"심리학은 우리가 겪는 가장 아프고 슬픈 감정을 심연까지 이해하려고 애쓰는 사이에 안타깝게도 삶의 긍정적인 부분과의 연결고리를 잃었다. 따라서 우리 인생을 가장 살 만하게 만들고 충만하고 즐겁게 생산적인 시간을 보장하는 것이 무엇인지 알 수 없게 되었다."

셀리그만은 이제 심리학이 상처 입은 감정이나 진단 가능한 문제의 해결법을 연구하는 데서 벗어나 인류의 번영에 도움이 되는 것이 무엇인지에 관심을 돌려야 한다고 호소했다.

셀리그만은 이런 움직임을 하나로 통합하기에 더없이 적합한 인물이다. 평소 자신을 "부루퉁한 인간"이라고 칭할 정도였던 그는 최근 몇 년간 행복지수를 높이기 위해 시도한 갖가지 방법을 통해 비관적이던 인생관이 바뀌었기 때문이다. 셀리그만은 펜실베이니아 주립대학교에서 개를 가지고 실험하던 중, 우리에 갇힌 상황에서 수차례 전기충격을 받고도 여전히 탈출을 포기하는 개들이 있다는 사실에 주목하면서 '무기력 학습'을 발견한 사람이다. 어떤 개들은 자리에 드러누워 탈출을 포기하지만, 어떤 개는 계속 탈출을 시도하는 모습이 그의 흥미를 끌었다. 이 포기하지 않고 계속 탈출을 시도하는 30퍼센트 개들에 의해 '낙관성 학습'이 탄생했었다. 셀리그만은 긍정심리학을 창시해 회복력(resilience)에 관한 연구와 그 특성을 연마하고 다른 이들에게 가르치는 방법을 널리 알렸다.

셀리그만과 다른 저명한 학자들이 1990년대 말에 지적한 것처럼 기능장애나 슬픔, 질병, 정신적 쇠약을 다룬 연구 보고서는 이미 수천 건이나 존재하지만 즐거움, 감사, 성격강점, 긍정정서에 대한 연구는 거의 찾아볼 수 없다. 셀리그만의 제안을 시작으로 사람과 조직의 가장 이상적인 존재 조건을 찾아내는 데 관심을 기울이는 이들이 늘어났다. 우리 시대의 최고 지성들이 긍정정서를 키우고 그것을 행복이라는 퍼즐에 끼워 맞추는 일에 매료되면서 이 운동의 신뢰성도 높아지고 있다.

1887년부터 2000년 사이에 발표된 연구 내용과 보고서 중에는 감사나 행복 같은 긍정정서보다 분노나 우울증 같은 부정정서에 관한 것이 14배나 더 많았다!

행복의 공식

셀리그만이 긍정심리학이라는 새로운 과학을 탄생시킨 뒤 심리학계는 말 그대로 대혼란의 시기를 맞았고, 대중매체는 긍정심리학의 발전 과정을 숨 가쁘게 보도했다. 2005년 1월에는 〈타임〉이 이 주제를 대서특필하면서 행복을 느끼는 방식이나 그것의 중요성, 자신의 사고방식과 행동에 긍정적으로 영향을 미치는 방법 등 행복의 다양한 구성 요소를 커버스토리로 다뤘다.

일란성 쌍둥이와 이란성 쌍둥이에 대한 연구를 통해 인간은 부모에게서 유전적으로 확정된 행복 설정값(특정 범위 내에서 정서를 느끼고 표현하는 선천적 경향)을 물려받는다는 사실이 밝혀졌다. 하지만 선택의 자유나 정신력이 그런 유전적 성질보다 우위를 차지하는 것도 사실이다. 연구마다 비율이 조금씩 다르기는 해도 우리가 일상적으로 느끼는 만족감의 50~80퍼센트 정도는 전적으로 본인의 통제 하에 있다고 가정해도 무방하다.

행복과 관련해 널리 인정되는 공식까지 있는데, 이 공식은 마틴 셀리그만, 소냐 류보머스키(Sonja Lyubomirsky), 케논 셸던(Kennon Sheldon), 데이비드 슈케이드(David Schkade) 네 사람이 우리의 평소 행동이나 주위 환경이 행복에 얼마나 큰 영향을 미치는지 설명하기 위해 만든 것이다.

S(설정값) + C(삶의 환경) + V(자발적 행동) = H(지속적 행복)

신중하게 정한 목표를 적극적으로 추구하는 것도 행복하고 생산적인 삶을 위한 유익한 환경을 조성하는 방법이므로 이 책에서 제시하는 프로그램도 행복지수를 높이는 자발적 활동이라 할 수 있다.

행복의 쳇바퀴

오래도록 지속되는 행복을 얻으려면 지금보다 큰 집이나 멋진 차 같은 물질적인 부를 축적해야 한다고 생각하는 이들이 많다. 하지만 최근 연구결과 직장에서 승진하거나 주방을 최신식으로 꾸미고 대리석 카운터를 들여놓는 등의 일은 행복에 일시적인 변화만 가져온다고 한다. 그런 목표를 이루려고 오랫동안 애쓴 경우에도 마찬가지다. 간단한 비유를 생각해보면 이런 영문 모를 모순을 이해할 수 있다. 당신(혹은 당신의 자녀)이 간절히 원하던 장난감(또는 여행이나 로맨틱한 관계)이 있었는데 결국 손에 넣게 되었다고 가정하자. 하지만 그것을 가지면서 느낀 기쁨도 잠시, 시간이 흐르면 그 매력이 퇴색해 결국 또 다른 대상을 원하게 되지 않았는가!

이런 일상적인 현상을 가리켜 '행복의 쳇바퀴(hedonic treadmill)'라고 부른다. 이는 일정 수준의 행복을 유지하기 위해 항상 더 많은 것을 갈망하는 우리의 운명을 일컫는 말이다. 그러니 좋은 일이 생겨도 일단 적응하고 나면 더 큰 것을 원하게 되고 결국 끝없이 쳇바퀴를 도는 상황이 된다. 광고 전문가들은 이런 현상을 잘 알기 때문에 늘 우리가 싫증을 느낀 물건을 대신할 새 물건을 팔 준비가 되어 있다. 그리고 새 물건을 사면 일시적으로나마 행복지수가 높아지니까 사람들은 항상 그 선전에 속아 넘어가는 것이다.

행복의 쳇바퀴는 살면서 아무리 좋은 일이 있어도 결국 익숙해지면 즐거웠던 일도 서서히 그 기쁨이 퇴색해버린다는 뜻이지만, 연구자들은 좋은 쪽으로든 나쁜 쪽으로든 결코 익숙해질 수 없는 일도 있다는 사실을 알아냈다. 좋은 쪽의 예를 하나 들자면 만족스러운 섹스는 언제나 큰 즐거움을 느끼는 확실한 방법이다. 반면 시끄러운 소음은 언제 들어도 불쾌한 법이다.

세계인의 관점

개인의 행복 문제를 연구하는 전문가가 늘어나면서 어느 나라 국민이 가장 행복한지 알아보려는 조사가 시작되었다. 최근 갤럽월드서베이(Gallup World Survey)는 주변 환경이 개인의 행복에 상당히 큰 영향을 미친다는 사실을 입증했다. 부유하고 안정된 나라의 국민들이 가장 행복하고(스칸디나비아 반도 사람들의 행복도가 가장 높았다), 사회 기반이나 인권 문제가 취약하고 의료 시스템이 제대로 갖춰지지 않은 나라에 사는 이들이 가장 불행하다고(에티오피아와 나이지리아가 꼴찌를 차지했다) 밝혀진 것이다.

그러나 로테르담에 있는 에라스무스대학의 사회학 교수이자 세계 행복 데이터베이스(World Happiness Database) 책임자인 뤼트 베인호번(Ruut Veenhoven)은 전 세계에서 진행된 생활만족도 조사에서 국가의 부가 중요한 변수로 작용했지만, 그 수치가 각 나라 국민의 개인적인 행복과 반드시 연관된 것은 아님을 밝혀냈다. 일반 국민들은 원만한 사회적 관계에 투자하는 것을 더 중시하기 때문이다.

히말라야 산맥에 있는 작은 불교 국가 부탄은 세계 어디에서도 찾아보기 힘들 만큼 행복 추구를 중요시하는 나라다. 부탄의 전대 왕인 지그메 싱예 왕추크(Jigme Singye Wangchuk)는 1980년대에 "국민총생산보다 국민총행복이 더 중요하다"고 하면서 국민총생산을 궁극적인 번영의 지표로 삼지 않기로 결정했다. 대신 국민총행복을 지탱하는 '4가지 핵심 요소'인 사회경제적 성장, 문화적 가치, 환경 보존, 훌륭한 통치에 집중했다. 부탄에는 행복 장관까지 있는데 그가 하는 업무는 나라가 근대화되는 과정에서 국민들의 정서가 어떻게 바뀌는지 확인하고, 정기적으로 설문 조사를 실시해 국민들을 행복하게 만드는 국가적 전통을 보존하는 방법을 결정하는 것이다.

영국의 정치 지도자들도 국민의 행복에 관심을 가지면서 셀리그만이나 긍정심리학계의 리더들을 만나 행복을 정부의 우선 과제로 삼는 방안을 찾으려고 했다. 정치가들이 행복 문제에 관심을 가지게 된 데는 그만한 이유가 있었다. 유니세프UNICEF(국제연합아동기금)가 21개 선진국 어린이들의 생활만족도를 조사한 결과 영국 어린이들이 최하위를 차지한 것이다. 또 영국에서 정서 장애를 겪거나 자살을 시도한 어린이의 수가 지난 25년 사이에 2배 이상 증가했다. BBC 방송국도 〈슬라우 행복하게 만들기(Making Slough Happy)〉'라는 13부작 다큐멘터리를 제작해 이 문제에 끼어들었다. 슬라우라는 영국의 쇠락한 소도시에서 긍정심리학을 받아들인 뒤 나타난 현상을 매주 보고하는 형식의 다큐멘터리였다. 방송 이후 이곳에서는 다른 사람과 어울릴 수 있는 모임에 자주 참석하라는 등의 행복 처방이 늘어났고, 감사 인사를 꼬박꼬박 하는 것만으로도 행복도가 높아지는 결과가 나왔다.

혈압을 기준으로 하는 새로운 국제 행복 기준도 있다. 유럽 전역에서 무작위로 선발한 15000명을 조사한 결과 고혈압을 앓는 사람일수록 생활만족도가 낮아 연구자들은 이런 결론을 내렸다.

"한 나라의 고혈압 발병률을 보면 그 나라 국민 전체의 행복도를 예측할 수 있다. 정말 놀라운 일이다. …… 언젠가는 혈압 수치가 오늘날 국가의 성공 지표로 사용되는 GDP를 대신하거나 보완하게 될 것이다. 그러면 미래의 경제 정책을 수립할 때 경제학자와 의사가 함께 협력하게 될지도 모른다."

정말 40대의 행복도가 가장 낮을까?

2008년 초에 발표된 80개 나라에서 실시한 조사결과를 보면 행복은 U자형 곡선을 따라간다. 남녀 모두 20대에 행복도가 가장 높고 그 이후 서서히 떨어져 40대에 바닥까지 내려갔다가 다시 상승하는 것이다. 여성의 경우 44세, 남성은 그보다 몇 년 뒤에 행복도가 최저를 기록하는 이유는 그 시기가 되면 인생 목표의 달성에 필요한 본인의 능력에 대한 신뢰를 잃어버리고 힘든 시기를 활기차게 헤쳐 나갈 방법을 찾지 못하기 때문이라고 한다.

다행히 그 시기가 지나면 대부분 나이가 들수록 행복지수가 오르지만, 노년기에 접어들면서 인생 목표를 달성할 능력이 부족하다는 생각에 불행을 느끼는 쪽은 주로 여성들이다. 여기서 소개하는 인생 목표의 달성 방안은 남녀 모두에게 도움이 된다. 실험을 통해 효과가 입증된 확실하고 재미있는 성취 방법도 알려준다. 특히 여성에게 있어 이 책은, 힘겨운 중년의 위기를 넘기고 꿈을 실현해 행복을 얻는 데 필요한 지식을 안겨줄 것이다.

가장 행복한 사람은 누구인가?

미국의 국가여론연구센터(National Opinion Research Center)에서는 정기적으로 미국인들의 행복지수를 조사한다. 설문 참여자 10명 가운데 6명은 자기가 "꽤 행복한 편"이라고 답하고 3명은 "매우 행복하다"고 말한다. 조사자들은 이렇게 본인의 상태를 긍정적으로 평가하는 답변이 상당히 신뢰성이 높다고 생각한다. 특히 이런 자기평가가 친구나 가족들이 말하는 내용과 일치한다는 사실이 밝혀지면서 신뢰도가 더욱 높아졌다.

생활만족도를 평가하고 정량화하는 방법이 다양하게 고안된 뒤로 가장 행복한 사람이 누구인지 알아내기 위한 연구가 수차례 진행되었다.

- 자기가 하는 일을 좋아하고 일하는 동안 몰입 상태를 자주 경험하는 사람(이들은 자기가 뭔가에 도전하고 있으며 그 도전에 맞설 능력이 있다고 생각한다)
- 가족이나 친구와의 친밀한 관계를 즐기는 사람
- 결혼생활이 행복한 사람
- 종교적 신념이 강한 사람
- 삶을 낙관적으로 바라보는 사람
- 건강한 사람
- 자기보다 많이 가진 이를 생각하기보다 상황이 좋지 않은 이들과 비교해 내가 더 낫다고 생각하는 사람
- 의식주 문제를 계속 고민할 필요가 없는 사람

행복한 가족

행복한 가족은 행복하지 못한 가족과 구별되는 그들만의 특징이 있다. 당연한 얘기지만 행복한 가족에게는 융통성 없는 완고한 태도나 가혹한 체벌 등이 없다. 또 부유하다고 해서 반드시 행복한 것도 아니다. 보통 다음과 같은 특징이 두드러진다.

- 최고가 되기보다는 항상 근면하게 사는 태도를 강조한다.
- 가족 모두의 사생활을 존중하며 필요할 때는 남들의 방해를 받지 않고 자기 공간에서 조용히 시간을 보낼 수 있다.
- 집안에 가족이 주로 모이는 공간이 있고, 이곳에서는 외부인도 따뜻

하게 환영받는다는 느낌을 받는다.

- 서로의 차이를 인정하고, 마음에 들지 않는 친척에게도 관대하게 대해 누구나 자신만의 자리가 있다는 사실을 알고 있다.
- 생일이나 운전면허 취득 등을 축하하는 자리를 마련해 시끌벅적한 축하 인사와 이야기를 나누며 즐거운 시간을 보낸다.
- 상황별로 지켜야 하는 수많은 규칙 대신 가족 모두가 지켜야 하는 몇 가지 규칙만 정해놓는다('정직하자'나 '숙제를 미루지 말자' 등).
- 아이들에게 벌을 내릴 때는 일관성 있고 공정하게 대하며 벌을 받는 이유와 시간, 방법을 확실하게 알려준다.
- 화초나 사진 등을 이용해 가족 모두가 이용하는 공용 공간을 꾸미거나 애완동물을 키우는 경우가 많다(행복한 가족은 자기들 이외의 다른 대상을 돌보면서 행복지수를 높여간다는 이론을 생각하면 이들이 애완동물이나 화초를 많이 키우는 것도 이해가 간다).

빅4, 행복한 사람의 4가지 특징

주변에서 가장 행복한 사람이나 가족이 누구인지, 그리고 그들의 행복에 이바지하거나 방해하는 요소가 무엇인지 정확하게 짚어내는 등 행복한 이들에게 공통적으로 드러나는 성격적 특징이 있는 것도 사실이다. 행복한 사람의 특징을 설명하는 방법은 몇 가지가 있지만 흔히 '빅4'라고 부르는 것에 대해 알아보자.

1. 낙관성 행복한 사람은 낙관적이다. 비관적인 사람과는 달리 자기

가 좋은 결과를 얻고 문제를 신속하게 해결하리라고 믿기 때문이다. 일을 잘해내면 스스로 격려하고 좌절을 겪어도 그것을 개인의 문제로 여기거나 문제가 재발해 계속 심각한 영향을 미치리라고 생각하지 않는다.

2. **자신감** 행복한 사람은 자신감이 넘치고 자기 자신을 좋아한다. 이들의 자신감은 높은 자존감에서 우러나며 자신을 남들보다 친절하고 너그럽다고 생각한다. 또 도덕적이고 지적이며 건전하다고 생각한다. 편견 없는 인물로 여기는 경우도 많다.
3. **외향성** 행복한 사람은 사교적이다. 이들은 다른 사람과 교류하면서 얻은 에너지를 적극적으로 활용하고 모임에 가입하거나 남을 돕는 일을 잘한다.
4. **자기 효능감** 행복한 사람은 자기효능감이 높다. 이들은 단순히 목표를 세우는 데서 끝나는 것이 아니라 자기에게 그 목표를 이루는 데 필요한 능력이 있다거나 그것을 달성하는 방법을 배울 수 있다고 믿는다. 또 자기효능감이 높은 사람은 본인 의지대로 인생을 살아가면서 스스로의 행동을 제어하고 자기 운명을 개척할 능력이 있다고 생각한다.

이런 특성은 선천적으로 타고나는 것이 아니라 노력 여하에 따라 얼마든지 갈고 닦을 수 있기 때문에 마음에 든다. 많이들 알고 있는 낙관적 성향을 키우는 훈련은 효과가 꽤 좋은 편이다. 또 원래 성격이 내성적인 사람이라도 마음만 먹으면 외향적인 척할 수 있다. 실제로 대학생들을 상대로 연구한 결과, 혼자서 시간을 보내고 싶다는 생각을 억누르고 억지로라도 남들과 어울리려고 노력한 사람은 선천적으로 외향적인 사람이 타인과 어울리면서 얻는 이득을 모두 누린다는 사실이 밝혀졌다. 이런 결과가 생기는 이유는 남과 어울릴 때는 본인의 문제를 잊을 수 있고, 또 타인과 유대감을 형성하고, 같은 경험을 하면서 강한 영향을 받기 때문이다.

우리는 주로 자기효능감을 키우는 일에 집중한다. 목표 달성까지의 긴 여정에서 작은 승리를 쟁취하면서 이런 성격을 키우는 법을 배우면, 오래도록 이어지는 건전한 행복을 뒷받침할 탄탄한 토대가 형성되고 흔들리지 않는 자존감도 얻게 된다.

자기효능감 이론

앨버트 반두라(Albert Bandura)는 심리학계에서 많은 사랑을 받는 인물인데, 특히 스스로 동기를 부여하는 방법에 있어서는 타의 추종을 불허한다. 스탠포드 대학 교수인 반두라가 개발한 자기효능이론(Self-efficacy Theory)과 방법론은 경영, 스포츠, 카운슬링, 코치, 자기계발 등 다양한 분야에 일대 혁신을 일으켰다. 실제로 자기효능이론은 인간의 동기와 목표 달성에 꼭 필요한 요소로 자리 잡았기 때문에 반두라가 이 분야에 얼마나 지대한 영향을 미쳤는지 설명하지 않고는 목표 달성에 관한 글을 쓸 수 없을 정도다.

반두라가 《사고와 행동의 사회적 기반(The Social Foundations of Thought and Action)》이라는 책에서 말한 것처럼 인생 목표를 모두 달성하는 데 필요한 자기효능감을 키우면 실패를 겪지 않게 된다. 자기효능감이 높은 사람은 아무리 어려운 일이 닥쳐도 그것을 피해야 하는, 불가능하고 무시무시한 위협으로 받아들이는 것이 아니라 정복해야 할 흥미로운 도전으로 여긴다. 이들은 빠른 회복력과 건전한 시각을 지녔기에 실패를 겪어도 금세 다시 일어나며 자신을 문제 있는 사람으로 격하시키지 않는다. 뛰어난 기술과 역할 모델, 지식을 동원해 한층 더 노력하며 제대로 해낼 때까지 몇 번이고 다시 시도하는 것을 주저하지 않는다.

당신도 본인이 자기효능감이 넘치는 사람이 되거나 꿈을 실현하는데 필요한 자질을 갖추고 있는지 궁금할 것이다. 또 태어날 때부터 성격이 낙관적이고 발랄하며 상대방의 능력을 인정하고 목표를 이루도록 도와주는 이들을 주변에 둔, 축복받은 몇 명만이 목표를 달성할 수 있는 게 아닌가라는 생각이 들지도 모른다.

당신은 목표 달성에 필요한 자질을 갖추고 있다. 그리고 자기효능감은 축복받은 소수나 유전자 복권에 당첨된 이들에게만 있는 것이 아니다. 자기효능감은 저절로 생기지 않고 노력을 통해 얻는 것이지만 이것을 얻으려면 결단성과 집중력, 성실한 태도가 필요하다. 어떤 방법을 써도 도달할 수 없는 목표를 이루게 해주겠다고 약속할 수는 없는 일이다. 하지만 이 책에 제시된 방법을 신중하게 활용하고 몇몇 기술을 꾸준히 이용한다면 지금보다 더 큰 행복과 성공을 이룰 수 있다. 노력하는 자는 누구나 보상을 받을 수 있지만 그 단계까지 가는 지름길은 존재하지 않는다.

자기효능감을 키우는 방법

근육을 키울 때는 겉보기에 간단하지만 실천하기는 좀 어려운 4가지 방법을 주로 이용하는데 자기효능감을 키울 때도 마찬가지다. 인생 목표를 이루는 과정에서 장애물을 만나면 4가지 방법을 살펴보면서 혹시 빠뜨린 것은 없는지 확인하자. 다음과 같은 방법을 이용하면 자기효능감을 높일 수 있다.

- **역할모델을 만든다** 성취 욕구가 높은 이들은 성공한 인물의 전기를 열심히 읽지만, 주변 사람들 중에서 목표 달성과 관련된 모범을 보여주는 역할모델을 찾는 것도 중요하다. 운동선수의 경우 자기와 같은 목표를 이미 이룬 다른 선수와 함께 훈련할 경우 놀라운 성과를 얻는다는 사실도 입증되었다. 이 방법을 이용하면 지금껏 꿈에서만 그리던 목표가 익숙한 얼굴을 가진 현실로 다가오기 때문이다. 알코올 중독자 치료모임(Alcoholics Anonymous) 같은 지원 모임에서 참가자들을 이끄는 사람이나 〈빅브라더(Big Brother)〉·〈빅시스터(Big Sister)〉 프로그램의 멘토들도 이와 동일한 전제 하에 자기 역할을 수행한다.
- **치어리더를 곁에 둔다** 나를 믿어주고 또 항상 적절하고 도움이 되는 의견을 들려줘 신뢰할 수 있는 사람이 곁에 있으면, 자신의 능력에 대한 믿음이 커지고 다른 때라면 감히 시도하지 못할 일에도 위험을 무릅쓰고 도전하게 된다. 멘토나 코치, 현명한 연장자가 정서 발달에 지대한 영향을 미치고 적절한 치어리더 옆에서 큰 힘을 얻는 것도 이런 이유 때문이다. 내가 듣고 싶은 말만 해주거나 현재 안주한 곳에서 벗어나라고 부추기지 않는다면 적절치 못한 치어리더다.
- **스트레스를 잘 관리한다** 자기효능감이 낮은 사람은 우울한 기분이나 신

체적 고통을 핑계로 최선을 다하지 않는 예가 많다. 스트레스나 신체 증상을 적절히 관리하는 법을 배우면 좀 더 낙관적인 기분으로 끈기 있게 목표를 달성하게 된다.

- **성공을 경험한다** 자기 존재를 새롭게 정의할 수 있는 성공을 경험하는 것이야말로 자기효능감을 키우는 가장 효과적인 방법이다. 다른 사람이 성공하는 모습을 보거나 꼭 성공하라고 격려를 받거나 정신을 집중해 눈앞의 일에 최선을 다하는 것도 물론 중요하지만, 자신을 진정으로 믿으려면 커다란 목표를 여러 조각으로 나눈 뒤 하나씩 달성해 가는 방법밖에 없다.

결론

지금까지 다음과 같은 두 가지 기본 개념을 살펴봤다.

1. 살면서 많은 것을 성취하려는 이들은 대부분 인생 목표의 목록을 만들었으며, 인생 목표를 세워 추구하면 전체적인 행복도가 높아진다.
2. 행복은 타고난 천성이지만 일상적인 태도와 행동도 유전적 천성만큼이나 행복을 이루는 데 중요하다. 그래서 행복은 만들 수 있다는 것이다.

다음 장에서는 이 두 가지 힘이 서로 절묘하게 영향을 미치는 방식을 소개하고 성공 · 행복에 관한 연구결과도 살펴볼 예정이다. 또 삶의 만족도를 높이는 확실한 방법을 알려주고, 일상생활 속에서 기쁨을 찾을 수 있는 비법을 알아본다.

내 인생 목표는 어디쯤 와 있는가

지금쯤 몇 가지 목표를 적어놓고 그것을 달성했을 때 느끼게 될 기쁨을 생각하면서 어떤 것은 지우고 어떤 것은 좀 더 정성껏 다듬었을 것이다. 책의 서론을 읽었을 때는 새 코르벳(Corvette) 자동차 구입이 인생 목표에 포함되어 있었을지 몰라도 지금은 그 차를 사봤자 행복의 쳇바퀴만 계속 돌리게 된다는 생각이 들지 않는가? 행복에 관한 여러 가지 사실을 알게 된 뒤로 자신의 목표가 어떻게 바뀌었는지 생각해보자.

인생 목표 설정 연습 및 워크시트

- 457쪽의 BAT 양식을 작성한다. 연구를 통해 검증된 이 실습은 자존감과 자기효능감, 자신감을 키워준다. 또 과거에 느낀 기쁨이나 기존에 이룬 일들을 축하하고 목표 달성을 위해 노력하는 과정에서 활용할 수 있는 자기만의 독특한 강점과 재능을 찾아준다.

- 지속적인 행복을 느낄 수 있으리라 생각되는 목표 5가지와 그 이유를 적어보자.

  1. ______________________________

  2. ______________________________

  3. ______________________________

  4. ______________________________

  5. ______________________________

- 오프라 윈프리, 해리 트루먼, 벤저민 프랭클린처럼 많은 업적을 이루고 행복한 삶을 산 사람의 전기를 읽는다. 이들이 다른 사람보다 많은 목표를 이룰 수 있었던 것은 낙관적인 성격 덕분이라고 생각하는가?

03 얼마나 행복한가?

행복은 필요한 것을 원하고 얻으면서
이 두 가지가 일치하기를 바라는 것이다.

- 하워드 멈포드 존스(Howard Mumford Jones)

:: 이 장에서는 성공적인 목표 달성보다 행복이 더 중요하다는 결정적인 증거를 제시한다. 최적의 행복에 도달해 그것을 유지하는 법을 배우면 많은 야망을 이룰 수 있으므로 인생 목표의 달성을 위한 여정을 밟아가는 데 도움이 된다. 또 당신의 현재 정서 상태와 전반적인 삶의 만족도를 확인하는 새로운 방법을 제시하고, 인생 목표 달성을 향해 나아가는 동안 그 진행 과정을 도표로 표시하는 방법도 알려준다. 그리고 이 결과를 우리가 알려주는 실습 방법과 결합시키면, 가장 의미 있고 삶의 만족도에 가장 큰 영향을 미칠 목표를 하나씩 정할 수 있다. 개인의 행복을 높일 수 있는 검증된 방식들도 알려줄 것이다. 일상적으로 느끼는 만족감의 정도는 유전적 성향에 따라 사람마다 다르지만, 우리가 얼마나 행복해질 수 있는지 혹은 어느 정도의 행복을 바랄 수 있는지에는 일정한 한계가 존재한다. 우리 몸에서 일어나는 화학 반응에 변화를 주면 긍정 정서를 느낄 수 있음이 증명된 긍정심리학 연구에서

밝혀진 몇 가지 묘책이 있다.

행복하면 성공한다

우리는 이제 행복은 건전하고 만족스러운 삶을 살기 위해 꼭 필요한 핵심 요소이며, 삶의 만족도를 높이면 인생 목표를 성공적으로 달성하는 데 많은 영향을 미친다는 사실을 알았다. 그러나 행복과 성공의 관계는 기존에 생각했던 것보다 훨씬 심오하다. 사실 학자들은 최근에야 수백 개의 연구결과를 취합해 "성공이 행복을 낳는가, 아니면 행복이 성공을 낳는가?"라는 의문에 결정적인 답을 내놨다.

긍정심리학 분야를 이끄는 최고의 학자인 소냐 류보머스키와 에드 디너, 로라 킹(Laura King)은 수많은 데이터를 조직적으로 검토한 결과, 가장 행복한 사람은 직업부터 교우관계에 이르기까지 다양한 분야에서 성공을 거둘 수 있고 일상적인 기준에서 조금이라도 더 행복하게 살면 삶의 각 부분에서 목표를 달성하는 데 긍정적인 영향을 미친다는 결론을 내렸다. 이들이 연구한 목표 가운데에는 물론 만족스러운 직업이나 안정된 교우관계, 건강 등 당신의 목록에 있는 목표들도 포함되어 있으므로 연구자들이 어떤 사실을 밝혀냈는지, 또 그 연구결과를 자신의 삶에 적용하려면 어떻게 해야 하는지 알아보는 것이 도움이 될 것이다.

행복이 당신 삶의 가장 중요한 부분에 어떤 식으로 영향을 미치는지 몇 가지 실제 사례를 살펴보자.

- **직업** 행복한 사람은 구직 면접을 통과해 일자리를 얻고 생산력을

발휘하며, 직업적 탈진에 빠지지 않고 직장동료들과 건설적인 관계를 유지하며, 상사와 고객에게서 높은 평가를 받고 연봉도 많이 받을 확률이 높다.

- **학교** 행복한 사람은 오랫동안 학업에 정진하며, 초등학교 때부터 고등학교와 대학교에 이르기까지 좋은 성적을 받을 가능성이 높다.
- **타인과 지역사회에 대한 봉사** 행복한 사람은 자선 활동이나 자원봉사에 깊이 관여하고 그 일에서 만족감을 얻을 가능성이 높다.
- **사회적 관계** 행복한 사람은 그렇지 못한 사람보다 친구가 많고 깊이 있는 교우관계를 즐긴다. 실제로 우정은 행복과 가장 상관관계가 높은 부분 가운데 하나로 밝혀졌으며, 친구가 적으면 우울증에 걸릴 확률이 높다. 사회적으로 고립되는 것은 흡연이나 콜레스테롤 과다보다 더 심하게 수명을 단축시킨다!
- **로맨틱한 관계** 행복한 사람은 만족스러운 결혼생활을 영위하거나 로맨틱한 관계를 즐길 가능성이 높으며, 자신의 파트너를 "평생의 연인"이라 부른다. 만족스러운 결혼생활은 살면서 느끼는 전반적인 행복에 큰 영향을 미치기도 한다.
- **건강과 장수** 행복한 사람은 더 건강하고 면역 체계도 튼튼하며 남들보다 오래 산다. 그리고 이런 특징은 천식이나 암, 겸상적혈구빈혈증 같은 다양한 종류의 질병과도 관련이 있다. 행복한 사람은 약물 남용이나 다른 유해한 행동에 빠질 가능성이 낮다.
- **여가활동** 행복한 사람은 여가를 즐길 수 있는 활동을 좋아하고 새로운 기술을 배우거나 강좌를 듣는 데 관심이 많다. 또한 행복한 사람들은 당연히 남보다 열정과 활력이 넘치므로 이런 활동에 열심히 참여할 수 있다.

- **창의성** 행복한 사람은 창의성 테스트에서 매우 높은 점수를 받으며, 다른 이들보다 호기심이 많고 포용력이 있다.
- **회복력** 행복한 사람은 살아가면서 겪게 되는 크고 작은 역경을 극복하는 내면의 힘이 강하기 때문에 자신이 원하는 목표를 이루어낸다.

행복과 성공의 관계는 매우 심오하며 바람직한 결과도 다양하기 때문에 인생 목표의 목록 프로그램을 시작할 때는 먼저 자기가 현재 얼마나 행복한지 판단하는 일부터 시작하는 것이 좋다. 그런 뒤 자신의 능력을 최대한 발휘하고 최고의 생산성을 유지할 수 있도록 자발적으로 생활만족도를 높이는 여러 가지 방법을 배우는 것이다.

성취와 만족의 사다리

스스로 인생의 활력이 사라졌음을 느끼거나 주변 사람에게서 전처럼 낙관적이고 행복해 보이지 않는다는 말을 듣고 좀 더 행복해져야겠다고 생각한 사람도 있을 것이다. 우리 회사의 한 고객은 어떤 일을 통해 행복을 느끼느냐는 질문을 받았을 때 답이 하나도 떠오르지 않자 본인이 자신의 행복을 위해 더 노력해야 한다는 사실을 깨달았다고 한다.

인생 목표의 목록 프로그램을 시작할 때 긍정적인 마음가짐을 갖고 있으면 많은 도움이 된다. 그래서 행복도를 평가할 때 자주 사용하는 방식을 이용해 전체적인 삶의 만족도를 알아보는 테스트를 고안했다.

당신도 아래에 소개하는 '성취와 만족의 사다리'를 이용해 현재 자신이 얼마나 행복한지 판단할 수 있다. 그리고 목표 진행 상황을 표에 기록하거나 특정한 목표를 이루고 싶은 분야가 있는지 알아볼 때도 이용 가능하다.

행복 평가표를 사다리라고 생각하면서 이것을 이용해 인생 목표의 달성 과정이 얼마나 성공적인지 평가한다. 사다리 맨 윗부분에 도달한 것은 완벽한 성공을 의미하고 아래쪽 단은 성공까지 아직 갈 길이 멀었음을 가리킨다. 자기 목록을 검토한 뒤 현재 위치를 가장 잘 나타내는 사다리 단이나 숫자에 동그라미 표시를 한다.

[10] 완벽한 성공 - 지금까지 살면서 바라던 중요한 일을 전부 이뤘다.
[9] 매우 성공적
[8]
[7] 꽤 성공적
[6]
[5] 적당히 성공적
[4]
[3] 약간 성공적
[2]
[1] 거의 성공하지 못함
[0] 완벽한 실패 - 지금까지 살면서 바라던 중요한 일을 하나도 이루지 못했다.

다음 표를 보면 '성취와 만족의 사다리'에서 받은 점수를 해석하는 방법을 알 수 있다.

[10] 완벽한 성공 - 지금까지 살면서 바라던 중요한 일을 전부 이뤘다. [9] 매우 성공적 [8] [7] 꽤 성공적	자기 삶에 대체로 만족하며 행복한 상태다. 가장 소중한 욕구나 목표, 소원의 대부분 혹은 전부를 이룰 수 있는 능력을 가지고 있다. 목표를 대부분 달성하고 살아가는데, 보람이 있는 환경을 직접 만들거나 찾아냈다. 점수가 이 범위에 해당하는 사람은 인생 목표 프로그램에 들인 노력이 대부분 성공을 거뒀다는 뜻이다. 이 범위 내에서 점수가 1점 늘거나 주는 것만으로도 삶의 만족도와 행복에 큰 변화가 생긴다.
[6] [5] 적당히 성공적 [4] [3] 약간 성공적	자기 삶에 꽤 만족하고 행복한 상태지만 현 상황을 좀 더 개선할 수 있다. 가장 소중한 욕구와 목표, 소원 몇 가지를 이룰 수 있는 능력이 약간은 있다. 하지만 상당수의 목표를 달성하지 못한 상태이며, 변화나 개선이 필요한 보람 없는 환경에 처해있을 것이다. 이 범위에 해당하는 점수를 받은 사람은 평생 목표를 달성하기 위한 자기 개선 및 성취 프로그램이 별로 성공을 거두지 못했음을 나타내지만, 사다리의 6번째 단에서 7번째 단으로 올라간다면 생활만족도와 행복지수가 상당히 높아졌다는 의미다. 우리 중 가장 큰 성공을 거두고 가장 행복한 사람도 중요한 목표를 달성하는 과정에서 장애물을 만나거나 좌절을 겪으면 이런 점수를 받을 수 있다. 이 점수는 지금 뭔가가 잘못되고 있으니 목표를 달성하고 원하는 일을 이루려면 합당한 조치를 취해야 한다고 알려주는 경고다. 여기서 제공하는 프로그램을 이용하는 것도 좋은 출발점이 된다. 이 범위 내에서는 점수가 1점 늘거나 줄기만 해도 삶의 만족도와 행복에 큰 변화가 생긴다.

[2] [1] 거의 성공하지 못함	이 범위 내에서 점수가 1점 늘거나 줄면 삶의 만족도와 행복에 큰 변화가 생긴다. 이런 점수를 받았다는 것은 본인에게 가장 소중한 욕구나 목표, 소원을 거의 이루지 못했다는 뜻이다. 당신은 지금 실패와 좌절을 겪고 있으며, 본인의 필요를 충족시킬 능력도 없다. 또 보람을 전혀 느낄 수 없는 힘겨운 상황에 처해 있어 가장 소중한 욕구나 목표, 소원을 이루기 어려울 수도 있다. 이 점수는 지금 뭔가가 잘못되고 있으니, 목표를 달성하고 원하는 일을 이루려면 합당한 조치를 취해야 한다고 알려주는 경고다. 여기서 제공하는 프로그램을 이용하는 것도 좋은 출발점이 된다. 이렇게 낮은 점수는 건강 문제가 생기거나 사랑, 일, 학업 같은 중요한 부분에서 성공과 즐거움을 누리지 못하게 하는 심각한 불행의 신호일 수 있다.
[0] 완벽한 실패 - 지금까지 살면서 바라던 중요한 일을 하나도 이루지 못했다.	이런 점수를 받았다는 것은 본인에게 가장 소중한 욕구나 목표, 소원을 하나도 이루지 못했다는 뜻이다. 당신은 지금 실패와 좌절을 겪고 있으며, 본인의 필요를 충족시킬 능력도 없다. 또 보람을 전혀 느낄 수 없는 힘겨운 상황에 처해 있어 소중한 목표를 이루기가 어렵거나 불가능할지도 모른다. 이렇게 낮은 점수는 건강 문제가 생기거나 사랑, 일, 학업 같은 중요한 부분에서 성공과 즐거움을 누리지 못하게 하는 심각한 불행의 신호일 수 있다.

테스트 점수를 보고 실망할 필요는 없다. 사실 점수가 낮게 나올수록 이 프로그램이 긍정적이고 희망적이며 삶을 고양시키는 프로그램이라고 생각할 여지가 많다. 이것은 단지 출발점일 뿐이니 당장이라도 중요한 부문의 목표 달성에 착수한다면 금세 변화할 수 있다. 거의 정상 부근에서 시작하는 사람에게도 좋은 소식이 기다리고 있다. 우리 프로그램은 목표 달성을 도울 뿐만 아니라 지금까지 깊이 생각해보지 않은 삶

의 많은 부분에서 만족감을 높일 수 있는 새롭고 귀중한 방법들을 알려 주기 때문이다.

행복을 높이는 자신만의 방법

자신의 감정 상태를 확인하고 자신의 삶에 얼마나 만족하고 있는지 알았으니 이제 평소 당신의 기분을 차분하게 가라앉히거나 만족감과 기쁨을 안겨주는 활동이나 생각, 상황 등에 대해 적어보는 시간을 갖도록 하자.

마릴린은 이런 요구에 대해 다음과 같은 반응을 보였다.

> 친한 친구들과 함께 보내는 시간이 즐겁기는 하지만 사실 전 내성적인 성격입니다. 혼자 있을 때 기운이 더 나거든요. 그리고 그렇게 혼자 있는 시간에는 기분이 상쾌해지고 자신에게 집중하면서 행복을 느낄 수 있는 일을 하는 것이 좋지요. 운동하거나 자연의 아름다움을 찾거나 좋아하는 음악을 듣거나 책을 읽거나 새로운 것을 배우면서 생각의 크기를 넓히기도 합니다.

게리는 생각이 약간 달랐다.

> 저는 차를 몰며 혼자 드라이브하는 것을 좋아합니다. 좋아하는 차를 타고 뻥 뚫린 길을 달리다 보면, 좋은 생각도 떠오르고 화 나는 일이 있어도 기분을 가라앉힐 수 있으니까요. 또 코미디 채널 시청도 즐깁니

다. 그리고 주말에 자전거를 타면 기분이 좋아집니다. 아내는 제가 한참 자전거를 타고 집에 돌아올 때 행복해 보인다고 하더군요. 아내는 누구보다 저를 오래 알아온 사람이고 또 저를 늘 배려하면서도 사실이 아닌 말은 하지 않으니 아내 말이 맞을 겁니다.

캐롤린의 목록에는 종교적이고 영적인 내용이 많았다.

저는 기분이 우울할 때면 늘 문이 열려 있는 집 근처 교회를 찾습니다. 교회에 있는 작은 골방에는 촛불을 켜고 기도할 수 있는 조용한 공간이 있거든요. 그곳에 앉아 기도를 드리거나 명상에 잠기면 평온한 기분이 듭니다. 또 일주일에 한 번 정도 다른 사람들에게 도움이 되는 일을 하면 기분이 아주 좋아집니다. 그래서 주일 예배가 끝난 뒤에 커피를 나눠주는 자원봉사를 하기도 하고, 가난한 이들을 돕는 지역단체에서 집 짓는 일을 거들기도 합니다. 저는 이런 일들을 좋아합니다. 저보다 가진 것이 적은 이에게 뭔가를 나눠주면, 제가 아주 부자가 된 듯한 기분도 들고 또 단순히 돈만 주는 것이 아니라 제 시간과 에너지까지 바치니까요.

이렇게 행복을 높이는 일들을 자신의 성격과 라이프스타일, 생활만족도를 높이는 태도와 행동 사이에 적절히 끼워 넣으면 가장 효과가 좋다. 자신의 내면 상태나 평소 기분을 고양시키던 일들을 잠시 떠올려보자. 예를 들어 내성적인 사람이라면 혼자 하는 활동에서 더 큰 즐거움을 얻을 테고 외향적인 사람은 당연히 단체 활동을 좋아할 것이다. 이 장이 끝날 무렵에는 자기 기분을 마음대로 바꿀 수 있고, 또 아무리 행복한 사람이라도 가장 중요한 일을 이루지 못해 좌절했을 때 느끼게 마련인 정상적인 슬픔과 걱정, 분노를 막아주는 처방전을 만드는 데 도움이 되는 '넘치는 기쁨'의 목록이 완성될 것이다.

행복을 증진시키는 방법

처음 시작하는 당신을 위해 다른 이들이 사용하는 행복 증진 방법 가운데 당신이 미처 생각하지 못했을 만한 것들을 몇 가지 알려주겠다. 이 방법을 사용하면 이들과 비슷한 긍정 정서를 느꼈던 때가 떠오를것이다.

- 아침식사를 만들어 쟁반에 담아서 사랑하는 이에게 갖다 준다.
- 작은 간식거리를 1000원 짜리 지폐로 감싼 뒤, 무료 급식을 나눠주는 쉼터 쪽으로 걸어가면서 마주치는 노숙자들에게 나눠준다.
- 흔들의자에 몸을 맡긴다.
- 기분이 좋아지는 책을 읽는다.
- 수리공이나 아파트 잡역부, 인부들이 솜씨를 발휘해 일을 처리하면 전화를 걸어 감사 인사를 한다.
- 길을 건너는 노인이 있으면 그들과 보조를 맞추면서 걸어 그분들 때문에 다른 사람의 통행이 방해받지 않는다는 사실을 알린다.
- 익숙하지 않은 장르의 음악 공연을 보러 가거나 관심 있는 취미생활을 소개하는 TV 프로그램을 시청하는 등 특별한 이유가 없어도 뭔가 새롭고 색다른 일을 시도해 본다.

이런 방법들을 기억하면서 지금 머릿속에 떠오르는 행복 증진 방안을 몇 가지 적어보자(지금은 5개만 적고 나중에 442쪽에 나오는 '넘치는 기쁨'이라는 워크시트에 자세한 내용을 적는다). 이 목록은 가장 필요할 때 미소를 안겨주는 소중한 아이디어의 원천이 되는 것은 물론, 그냥 우울한 하루를 보냈을 때와 신중하게 고른 행복 증진 방안을 통해 기분을 풀었을 때의 차이를 느끼게 만들 것이다.

1. ____
2. ____
3. ____
4. ____
5. ____

외부의 의견

기분을 고조시키고 낙관적인 행동을 하는 데 도움이 되는 것이 무엇인지 알아내려고 할 때 친구와 가족의 의견을 들으면 좋다. 게리는 장시간 자전거를 타고 돌아오면 정말 기분이 좋아진다는 사실을 아내가 알아차렸다고 말했다. 우리 주변에서 우리가 언제 가장 큰 행복을 느끼는지 관찰을 통해 알고 있는 경우가 많다. 이들의 의견을 들어보면 본인도 미처 깨닫지 못했던 사실을 알고 있는 것에 깜짝 놀라기도 한다. 일례로 어떤 학생은 동급생에게서 "너는 특정 교수가 가르치는 특정 수업을 들을 때면 늘 미소를 띠고 있구나"라는 말을 들었는데 본인은 그런 사실을 전혀 눈치 채지 못했다. 곰곰이 생각해본 결과 그 교수의 익살스러운 유머 감각 덕분에 기분이 좋아졌다는 점을 깨달았고, 결국 색다른 유머야말로 기분을 고조시키는 확실한 방법임을 알게 되었다.

효과가 검증된 8가지 행복증진 방안

어찌하여 너희는 양식이 아닌 것을 위하여 돈을 쓰며,
배부르지 않는 것을 위하여 수고하느냐?

- 이사야(Isaiah)

내 얼굴에 미소를 안겨주는 대상과 다른 이의 얼굴에 미소를 머금게 하는 대상이 서로 다를 수 있다. 따라서 무엇이 행복 증진에 효과가 있느냐를 놓고 저마다 의견이 다르다. 계몽 철학자인 장 자크 루소(Jean-Jacques Rousseau)는 '잔고가 넉넉한 은행 계좌와 훌륭한 요리사, 뛰어난 소화 능력'이 있어야 행복할 수 있다고 생각했다. 새뮤얼 존슨 박사는 "인간이 지금껏 궁리해서 만든 것들 가운데 좋은 술집이나 호텔만큼 많은 행복을 안겨주는 것도 없다"고 단언했다. 작가 존 건서(John Gunther)는 "행복은 느긋하게 즐기는 아침 식사에 달려 있다"고 말한다. 그와 기질이 비슷한 마크 트웨인이 말하는 '이상적인 삶'의 비결은 "좋은 친구, 훌륭한 책, 그리고 조용한 양심"이다.

이런 일반 여론을 잠시 잊고 긍정심리학에 귀를 기울이면 우리 기분을 완전히 바꾸는 몇 가지 행복 증진 방안과 관련해 연구자들이 밝혀낸 사실들을 확인할 수 있다. 이 가운데 '인지적 증진 방안'은 우리의 생각과 인식을 바꾸는 방향으로 작용하고, '정서적 증진 방안'은 우리의 태도를 바꾼다.

효과가 검증된 행복 증진 방안 1 : 일기 쓰기

이야기는 인류가 사용하는 가장 강력한 약물이다.

- 러디어드 키플링(Rudyard Kipling)

로라 킹 박사와 제임스 페니베이커(James Pennebaker) 박사는 일기 쓰기의 힘을 누구보다 먼저 심층적으로 연구한 이들이다. 이들은 일기장에 과거에 받은 정신적 충격에 관해 쓰든 아니면 미래의 희망과 꿈에 대해 쓰든 간에 여러 가지 흥미로운 결과가 나타난다는 사실을 발견했다. 글을 통한 자기 노출은 안전한 정서적 배출구를 제공하고, 본인의 인생을 새로운 관점에서 바라보게 만들며, 미래의 희망에 불을 붙이는 새로운 방법을 제시하므로 감정 조절에 도움이 된다.

요양원에 사는 노인들에게도 일기 쓰기가 도움이 되므로 회상 심리치료법의 하나로 이용 하기도 한다. 살날이 얼마 남지 않은 이들이 살아온 날들을 글로 적다 보면 본인의 인생이 의미 있다고 느껴져 마음의 평화와 심리적 안정을 찾게 되는 것이다.

일기 쓰기와 관련해 가장 흥미로운 연구결과 가운데 하나는 킹 박사가 실험 참가자들에게 미래의 희망과 꿈에 대해 쓰는 '최고의 자화상'이라는 실습 과제를 내줬을 때 나타났다. 참가자들은 하루 20분씩 나흘 동안 모든 일이 최대한 잘 풀리고 바라던 목표가 모두 달성될 경우 자기 미래가 어떻게 될지 써보라는 지시를 받았다. 이 숙제를 마친 참가자들은 전보다 훨씬 행복해졌을 뿐만 아니라 그 긍정적인 효과 - 건강 상태 증진을 비롯해 - 가 몇 주 동안이나 지속되었다.

일기를 쓸 때 사용한 표현들이 장기적으로 건강에 큰 영향을 미칠 수도 있다. 피츠버그대학에 근무하는 사라 프레스먼(Sarah Pressman)과 동료들은 거의 100명 가까운 심리학자들의 자서전을 일일이 조사해 유머 감각이 드러나는 표현을 찾았다. 그 결과 글을 쓸 때 '미소', '웃음', '싱글싱글' 같은 단어를 자주 사용한 이들은 그런 단어를 거의 혹은 전혀 사용하지 않은 이들보다 6년 반이나 오래 살았다는 사실을 발견했다.

칼리는 일기를 최대한 쉽게 써야겠다고 결심했다. 일기 쓰기가 기분 전환에 좋다는 사실은 어릴 때부터 알고 있었지만, 나이가 들어 바빠지면서 일기를 멀리하게 되었기 때문이다. 매일 아침 출근하자마자 몇 분씩 짬을 내 자기 자신이나 아이들, 직장에서의 경험, 미래의 희망 등에 대해 쓰기로 했다. 일기 내용은 컴퓨터 파일에 저장해 암호를 걸어놓았고 사생활 보호를 위해 절대로 그 내용을 인쇄하지 않았다. 칼리는 바쁜 생활 속에서도 효과적으로 일기를 쓸 수 있는 현대적이고 효과적인 방법을 찾아낸 것이 기뻤다. 또 차분하게 앉아 생각을 정리하면서 일기를 쓴 날은 그러지 않은 날보다 훨씬 만족스러운 하루를 보내게 된다는 사실도 깨달았다(주변 사람들도 칼리의 이런 변화를 알아차렸다).

Tip_ 일기 작성 방법은 사람마다 매우 다양해서 그냥 노트에 적거나 개인 파일에 입력하는 것은 물론, 생각을 정리한 목록을 만들거나 단어와 사진을 나열한 스크랩북을 제작하는 방법도 있다.

효과가 검증된 행복 증진 방안 2 : 감사 표현

감사란 상대방의 마음을 기억하는 것이다.

- J. B. 마슈(J. B. Massieu)

마이클 맥컬로(Michael McCullough)와 로버트 에먼스(Robert Emmons)는 감사를 주요 연구 주제로 삼은 유명한 학자들로서 행복을 증진시키는 감사의 힘에 대해 많이 연구하고 글도 썼다. 이들은 다양한 방법으로 감사를 표하는-감사의 말을 전하거나 자기가 받은 축복을 적어보거나 자기 삶을 바꿔준 사람에게 편지를 쓰는 등-사람은 삶의 만족도와 희망을 높이는 힘을 갖고 있음을 알아냈다. 감사는 또 우울한 기분과 불안감을 덜어주며, 우리를 행복하게 만드는 가장 효과적이고 오래 지속되는 방법이기도 하다.

마틴 셀리그만도 자기가 감사함을 느끼는 일과 그 일이 자기에게 일어난 이유를 적어보면, 감사하는 마음을 오래 유지할 수 있다는 사실을 알아냈다. 그는 또 학생들에게 자기 인생을 바꿔주었지만 지금껏 제대로 감사 인사를 전하지 못한 사람에게 편지를 써서 직접 전달하는 '감사 방문'이라는 과제를 내주면서 그 일을 통해 더 행복해질 수 있는지 알아보라고 했다. 이렇게 감사의 마음을 강화하는 과제는 모두 효과를 발휘하며 사람에 따라 더 큰 효과를 발휘하는 것도 있다.

수지는 매일 밤 잠자리에 들기 전에 자기가 감사하는 일들을 적어보기로 했다. 처음에는 음식이나 집 같은 기본적인 항목이 들어가는 등 약간 형식적인 느낌이 들었다. 하지만 머지않아 남편이 돈을 잘 버는 덕에 아이들이 어릴 때 자기까지 맞벌이를 하지 않아도 되었던 일이나 매일 밤 마음에 드는 플란넬 시트 위에서 자는 것이 얼마나 행복한지 등 지금껏 제대로 감사를 느끼지 못했던 일들도 목록에 포함시키기 시작했다. 수지는 감사 목록이 점점 길어지면서 자기가 날마다 의식적으로 감사할 일을 찾고 있다는 사실을 깨달았다. 약속시간에 늦어 서두르던 중에 완벽한 주차 자리를 발견하거나 새로운 기술을 손쉽게 익히면 그 일을 기억해뒀다가 밤에 감사 목록에 적어야겠다고 생각했다. 그리고 그런 생각만으로도 종일 감사의 마음을 느낄 수 있었다. 수지는 이런 작업을 통해 전보다 확실히 행복해졌고, 이것을 자녀들에게도 물려줄 평생의 습관으로 삼아야겠다고 생각했다.

Tip_ 감사를 표하는 방법은 수없이 많다. 자기를 도와준 사람에게 "고맙습니다"라고 인사하는 일부터 시작해보자. 또 누군가에게 경의를 표하는 마음으로 좋은 일에 남모르게 기부할 수도 있다. 감사 기도를 통해 일상적인 감사의 마음을 표하고 행복을 느끼는 이들도 많다.

효과가 검증된 행복 증진 방안 3 : 운동

활동이 부족하면 건전한 상태가 망가지지만,

열심히 활동하면서 규칙적인 운동까지 겸하면

건강한 상태를 꾸준히 지킬 수 있다.

\- 플라톤(Plato)

운동은 우리의 육신뿐 아니라 영혼에도 이롭다. 옥스퍼드대학 심리학자 마이클 아가일(Michael Argyle)은 운동이 여러 가지 면에서 우리를 행복하게 만든다는 사실을 강조했다. 운동을 꾸준히 하는 사람은 "너무 피곤해서" 혹은 "너무 바빠서" 운동할 시간이 없다고 호소하는 이들보다 자신감이 넘치고 행복하며 원기왕성하고 친사회적인 태도(다른 이의 감정에 공감하고, 친절하며 이타적으로 행동하는 것)를 보인다. 또 운동은 긴장감과 불안, 우울한 기분도 풀어준다. 규칙적으로 운동하는 사람은 운동을 못하면 금단 증상이 나타나기도 하며 운동을 처음 시작한 뒤 지금껏 경험하지 못한 최고의 행복을 느꼈다는 사람도 있다!

요즘에는 우울증 환자에게 운동 처방을 해주는 의사들도 드물지 않고, 치료시간에 환자들과 함께 산책하면서 대화를 나누는 상담치료사들도 있다. 이런 식으로 상담하면 환자들의 기분과 활력도가 눈에 띄게 좋아지기 때문이다.

연구자들은 이제 소위 말하는 러너스하이(runner's high, 중간 강도의 운동을 30분 이상 계속 했을때 느끼는 행복감-옮긴이)가 일시적으로 관찰되는 상황이 아니라 실제 존재하는 현상임을 입증했다. 본(Bonn)대학의 헤닝 뵈커(Henning Boecker) 박사는 장거리 선수들을 대상으로 훈련 전후의 심리 감정 테스트를 실시하고, 뇌를 단층 촬영해서 달리는 동안 일어난 화학적 변화를 관찰했다. 그는 달리기를 마친 선수들의 뇌 전두엽과 변연계-감정과 관련이 있는 부분-에서 다량의 엔도르핀을 발견했고, 더 강렬한 도취감을 느낀다고 한 선수일수록 뇌에서 더 많은 엔도르핀이 분비되고 있음을 알았다.

렌이 처음 달리기를 시도했을 때는 동네 고등학교 운동장을 한 바퀴 도는 것조차 힘에 겨웠다. 코치와 함께 작성한 그의 훈련 계획표에는 몇 달 동안 달리는 거리를 조금씩 늘리기 위한 걷기와 달리기 훈련이 포함되어 있었다. 때로 의기소침해지는 순간도 있었지만, 렌은 달리기가 자기 삶의 확실한 일부로 자리 잡을 때까지 포기하지 않고 꾸준히 달렸다. 그는 1년 만에 달리기 모임에 가입해 처음으로 10km 경주를 완주했다. 그리고 3년 만에 체중이 16kg이나 줄고 워싱턴 D.C.에서 열린 해병대 마라톤에 참가해 성공적으로 완주했다. 렌은 달리기를 하면서 전보다 기분이 좋아졌고, 본업인 사진가 일을 하는 데도 끈기와 활력이 생겼다. 그는 자기가 열심히 달릴수록 다른 인생 목표를 달성하는 일도 좀 더 쉬워지리라고 생각하며, 이제 일상적으로 하는 체력 단련 프로그램을 보완하기 위해 웨이트 트레이닝과 수영도 하고 있다.

Tip_ 운동은 행복을 비롯해 인생의 많은 부분을 개선하는 가장 좋은 방법 가운데 하나다. 꾸준히 운동하면 혈류에 엔도르핀이 많이 방출될 뿐만 아니라, 운동하는 동안 다른 사람과 친해지고 체중도 줄고 집 밖에서 즐거운 시간을 보낼 수도 있다.

효과가 검증된 행복 증진 방안 4 : 자원봉사와 이타적인 행동

꼭 시간이 많은 사람만 자원봉사를 할 수 있는 것은 아니다.

하려고 하는 마음만 있으면 된다.

- 엘리자베스 앤드류(Elizabeth Andrew)

나누면 나눌수록 더 많이 가지게 된다고들 말한다. 그리고 이 경우에는 그것이 사실이다. 미시간 주에 사는 성인 남자들을 조사한 결과 자신의 시간과 돈, 에너지를 바쳐 자원봉사를 한 사람은 이타적인 행동을 하지 않은 이들에 비해 행복하고 수명도 길다는 사실이 밝혀졌다. 의용소방대원으로 일하거나 대형 태풍의 피해자들처럼 불시에 모든 것을 잃은 이들을 위해 집을 지어주는 등 규칙적이지는 않아도 1주일 이상 친절한 행동을 하면 생활만족도가 높아지는 것으로 나타났다. 로라 킹은 한 학술회의에서 행복과 이타적인 행동 사이에는 뚜렷한 상관관계가 존재하므로 행복해지고 싶은 사람은 이제 "자기계발서를 내려놓고 다른 이들을 돕기 시작해야 한다"고 말하기도 했다.

왜 이런 행동이 행복에 지대한 영향을 미치는 것일까? 학자들은 자기 종족의 생존 가능성을 높이고 도움이 필요할 때 상호 관용을 촉진하는 것이 우리의 타고난 천성이라고 생각한다. 또 이는 생화학적인 면에서도 도움이 된다. 짧은꼬리원숭이를 연구한 결과 다른 원숭이의 몸단장을 많이 해준 암컷 원숭이일수록 스트레스 호르몬 배출량이 줄었던 것이다!

멜리사는 20대 젊은이들에게 자원봉사 기회를 주는 모임에 가입한 뒤 매주 웹사이트에 들러 근무시간을 피해서 할 수 있는 자원봉사 활동이 있는지 살펴보았다. 그리고 이후 몇 달 동안 맹인에게 책을 읽어주거나 공유지에 무성하게 웃자란 잡초를 뽑거나 거동이 불편한 노인들을 병원에 데려다주는 등 다양한 자원봉사를 했다. 처음 자원봉사 활동을 시작할 때 그녀는 앞으로 새로운 사람들과 만나고 사회 생활의 폭을 넓힐 수 있으리라 기대했고, 그 기대는 현실이 되었다. 멜리사가 자원봉사를 하면서 가장 기뻤던 일은 매주 주말마다 다른 사람의 삶을 변화시키면서 행복을 느끼고, 또 자기가 받은 축복에 대해 더 감사하는 마음을 가질 수 있게 되었다는 점이다.

Tip_ 남들과의 나눔은 자신에게 줄 수 있는 가장 큰 선물 가운데 하나다. 주로 집에서만 시간을 보내는 사람이라도 비영리 조직의 회보 제작 등을 도울 수 있다. 아이들은 학교에서 과자를 구워 파는 등 자기보다 불우한 이들을 위한 모금 활동을 벌이거나 허리케인 카트리나가 미국을 덮친 후 시작된 여러 가지 지원 활동 중 하나처럼 모든 것을 잃은 학생에게 학용품이 가득 든 배낭을 기부하자는 캠페인에 앞장서는 등 다양한 활동을 벌일 수 있다. 해당 지역 웹사이트를 검색해 자원봉사 기회가 있는지 알아보거나 어디서부터 시작해야 할지 잘 모르겠으면 지방 신문을 살펴보는 것도 좋다. 교회에서도 여러 가지 자원 봉사 활동을 벌이고 있는데, 해당 교회 교인이 아니더라도 참가할 수 있는 경우가 많다.

효과가 검증된 행복 증진 방안 5 : 행복한 기억의 음미

시카고대학의 프레드 브라이언트(Fred Bryant)는 행복한 기억을 회상하는 과정이 행복에 어떤 영향을 미치는지 자세히 조사했다. 그는 실험 참가자들에게 1주일 동안 하루 두 번 10분씩, 지금껏 살면서 가장 행복했던 순간을 생생하게 떠올리면서 그 순간의 기억에 잠겨보게 했다. 그리고 같은 실험에 참가한 다른 그룹의 사람들에게는 그 시간 동안 행복한 기억을 떠올리되 그 추억과 관련된 기념물을 손에 든 채로 생각에 잠기게 했다. 그리고 세 번째 그룹의 사람들은 실험이 진행되는 주간 동안 어떤 기억도 음미 - 살면서 겪은 긍정적인 경험들에 주의를 기울이고 그 가치를 인정하고 한층 더 공고히 하는 것 - 하지 않았다.

브라이언트는 행복한 시절을 회상하는 것이 행복한 기분을 느끼는 데 분명히 영향을 미친다는 사실을 밝혀냈다. 특히 아무 기억도 음미하지 않은 대조군과 비교하면 그 영향이 더욱 두드러진다. 이런 연구는 스크랩북을 만드는 사람이 기하급수적으로 늘어나 이제 전 세계적으로 가장 인기 있는 취미 활동 가운데 하나가 된 이유를 설명한다. 스크랩북을 만드는 사람은 예쁘게 장식한 앨범 속에 가족과의 추억이나 인생의 중요한 순간을 간직하는 과정에서 소중한 추억을 충분히 음미한다. 행복한 가족을 조사하면 집안 곳곳에 수많은 가족 사진이 걸려 있는 것도 이런 이유 때문일 것이다.

음미하기 다섯 가지 방법

평소 음미하기가 익숙하지 않은 사람이라면 다음 방법들을 시도해보자. 이 다섯 가지는 브라이언트와 베로프 교수가 대학생 수천 명을 대상으로 실험한 결과 알아낸, 음미하기를 증진시키는 방법들이다. 이 방법들을 이용해서 당신에게 일어난 좋은 일을 더 자주 음미해보자. 그러면 이전보다 한층 행복하고 인생을 풍요롭게 느낄 것이다.

• 첫 번째 음미하기: 공유하자

경험을 함께 나눌 수 있는 사람을 찾아 당신이 그 순간을 얼마나 소중하게 여기는지 들려주자. 기쁨은 나누면 배가 된다. 친구와 앉으면 텔레비전 프로그램 얘기만 하는가? 이제 당신의 좋은 경험을 들려주자. 그러면 당신은 더 행복해지고 친구와의 관계도 친밀해질 것이다. 이렇게 공유하기는 다른 사람의 사회적 지지를 통해 자신의 긍정정서를 높이는 것이다.

• 두 번째 음미하기: 추억을 만들자

등산길에 작은 돌멩이를 주워 오거나, 핸드폰이나 컴퓨터 바탕화면에 행복한 순간의 사진을 띄워 놓거나, 책상에 친구들과 찍은 사진을 놓아두자. 핸드폰이나 스크랩북, 앨범을 뒤적이면서 행복했던 순간을 떠올리는 것도 좋다. 기념물을 볼 때마다 행복했던 그때의 느낌이 되살아날 것이다. 추억 만들기는 긍정적 경험을 나중에 잘 회상할 수 있도록 노력을 기울이는 것이다.

• **세 번째 음미하기: 자축하자**

당신에게 좋은 일이 생기면 수줍어하거나 기쁨을 억제하지 말고 마음껏 기쁨을 누리자. 실적이 좋다거나 발표를 훌륭하게 해냈다면 그 일에 다른 사람들이 얼마나 깊은 인상을 받았는지 되새기고, 결과를 위해 기울인 노력을 칭찬하고 격려해주자. 자축하기는 자신에게 생긴 긍정적인 사건을 스스로 기뻐하고 축하해주는 것이다.

• **네 번째 음미하기: 집중하자**

자신이 하는 일에만 집중하고 나머지는 완전히 차단한다. 수프를 만들어 먹을 때를 생각해보자. 잠시 딴 데 정신을 파는 사이 수프가 눌어붙는다. 실내음악을 들을 때도 오로지 음악에만 집중하기 위해 눈을 지그시 감아보자. 온전히 집중하지 못하면 다른 일에도 지장을 준다. 집중하기는 지금 하는 일에만 집중하고 나머지는 완전히 차단해 몰입하는 것이다.

• **다섯 번째 음미하기: 심취하자**

자신이 하고 있는 일에 전념한 채, 다른 것은 생각하지 말고 오로지 느끼기만 한다. 다른 일을 떠올리거나, 현재 자신의 일이 어떻게 진척될지 궁금해하거나, 더 좋은 방법을 궁리하느라 마음을 흩트리지 않도록 한다. 음미하기는 분석하기가 아니라 느끼는 것이다. 심취하기는 어떤 일을 하든 거기에만 전념해서 기쁨을 최대화하는 것이다.(-옮긴이)

스테파니는 집안 여기저기에 사진을 많이 놔둬서 좋은 추억을 자주 되새겨야겠다고 생각하고는 가족끼리 함께 간 휴가 여행이나 기념행사에서 찍은 스냅 사진을 냉장고 문에 잔뜩 붙여놓았다. 그러던 중 페인트를 이용해 벽이 자성을 띠게 하는 신제품에 관한 소식을 들었다. 그녀는 대학에 진학해 집을 떠난 아들 방의 한쪽 벽에 페인트를 칠한 뒤, 아들이 태어난 후 지금까지 형제 자매나 부모, 친구들과 함께 찍은 사진을 끼운 자석식 액자 수백 개로 벽을 온통 뒤덮었다. 방학 때 집에 돌아와 벽을 본 아들은 잠시 할 말을 잊은 듯 벽만 바라보다가 자기가 이제껏 받은 선물 가운데 최고의 선물이라고 말했다. 그리고 친구들을 모두 자기 방으로 데려와 '스크랩북 벽'을 보여주면서 함께했던 모험을 추억하거나 서로의 달라진 외모를 비교하며 웃고 떠들었다. 스테파니의 아들은 대학에서 찍은 사진을 이메일로 보내면서 "엄마, 이것도 벽에 붙여주실 수 있어요?"라고 부탁하기도 했다. 스테파니는 자석 벽 덕분에 추억을 음미하는 시간이 늘었고, 다른 자녀들도 그 방에 자주 들러 정기적으로 사진 배치를 바꾸거나 사진에 얽힌 추억담을 즐겁게 나누면서 자기들도 사진을 붙일 수 있게 방에 자석 벽을 만들어 달라고 부탁한다고 한다.

Tip_ 즐거운 추억을 되새길 시간이 생기면 늘 감사하는 마음이 들면서 행복도가 높아진다. 정기적으로 다른 이들과 함께 좋아하는 추억이나 축복의 시간에 대해 이야기를 나누는 등 자기가 받은 은총을 되새기고 공유할 방법을 찾아보자.

효과가 검증된 행복 증진 방안 6 : 용서

일이 잘못되어도 그 일을 계속 떠올리지만 않으면 괜찮다.

- 공자

아직 감옥에 갇혀 있는 사람에게 직간접적으로 피해를 입은 사람들 사이에서 눈에 띄는 움직임이 나타나고 있다. 죄수와 그가 저지른 범죄 때문에 피해를 입은 당사자나 친척을 한 자리에서 만나게 하는 프로젝트가 진행 중인데, 이런 일을 하는 목적은 죄수가 자기 죄를 참회하고 피해자들에게 용서받기 위해서다. 프로젝트에 참여한 이들은 이런 힘겨운 과정을 거치면서 자기에게 형언할 수 없는 해를 입힌 자를 용서하는 것만이 분노와 상처에서 벗어나 행복하고 평화롭게 살아가는 유일한 방법임을 깨달았다고 말한다.

묵은 상처나 아직 생생하게 기억나는 모욕을 잊기로 결심하면, 타인에 대한 연민에 눈을 뜨고 사회적인 유대가 강해져 내면에 행복을 받아들일 여지가 생긴다. 용서가 늘 쉬운 것은 아니고 여러 단계에 걸쳐 진행되는 경우도 있지만, 레스터(Leicester)대학의 심리학자 존 몰트비(John Maltby)는 용서와 관련된 생각과 행동이 행복을 낳는다는 사실을 알아냈다.

관대한 성격은 건강 증진에도 도움이 된다. 한 연구에서 과거에 겪은 부당한 경험을 이야기한 사람들 가운데 전반적으로 관대한 성향을 보인 이들은 그 사건에 대해 이야기할 때는 심박수가 증가했지만, 토론을 마치자마자 곧 정상 수준으로 돌아왔다. 하지만 남을 용서하는 데 소질이 없는 이들은 대화가 끝난 뒤에도 높아진 심박수가 줄지 않았다. 따라서 연구자들은 남을 용서하는 능력이 부족하고 자기가 받은 상처와 모욕에 지나치게 몰두하는 사람은 각종 질환이나 우울증에 걸리기 쉽고 결국 심장에도 문제가 생긴다고 추론했다.

용서에 이르는 길, REACH

"어머니가 살해되셨어요. 카펫에도 벽에도 온통 피범벅이었어요."

1996년 새해 아침, 〈용서란 무엇인가〉에 대해 써온 심리학자 워딩턴 박사는 동생 마이크에게 이런 전화를 받고 얼굴이 새파랗게 질렸다. 허둥지둥 녹스빌 본가에 도착한 박사는 자신의 노모가 쇠막대기와 야구방망이에 맞아 돌아가셨다는 걸 알았다. 어머니의 음부에는 술병이 꽂혀 있었고, 집 안은 난장판이 되어 있었다. 그가 그토록 용서라는 화두에 매달렸던 것이 근원을 알 수 없는 영감 때문이었던가? 셀리그만은 이 용서의 대가가 갈고 닦아 정립한 '용서에 이르는 길'은 마치 숭고한 도덕 교육의 본향에서 캐낸 토산물 같다고 말한다.

정말 용서를 하고 싶은데 뜻대로 되지 않는 사람도 있을 것이다. 정말 잊기 힘든 기억을 잊거나 용서하기 힘든 누군가를 용서하고 싶다면 다음 방법이 도움이 될 것이다. 워딩턴 박사는 비록 쉽지도 않고 단숨에 되기도 힘들지만 용서에 이르는 길을 5단계로 나누어 설명하는데 그는 이것을 '리치(REACH)'라고 부른다.

• R(Recall): 받은 상처를 돌이켜 생각하자

상처를 치유하고 용서하기 위해서는 먼저 당신이 받은 상처를 현실로 불러내야 한다. 아프고 쓰라리겠지만 가능한 객관적인 자세를 취해야 한다. 당신에게 상처를 준 사람을 나쁜 사람이라거나 악한 으로 생각해서도, 자기 연민에 휩싸여서도 안 된다. 천천히 마음을 가라앉히고 그때의 사건을 되짚어보자.

• E(Empathize): 감정이입을 하자

당신에게 상처를 준 그 사람은 대체 왜 그랬다고 생각하는가? 그 이유가 무엇인지 상대방의 입장을 헤아리려고 노력해보자. 상대방에게도 나름대로 이유가 있었을 것이다. 쉽진 않겠지만 해명할 기회를 줬을 때 상대방이 했을 법한 얘기를 생각해보자. 어쩌면 공포에 질려 있었거나 심각한 불안에 휩싸여 스스로 통제하지 못했을 수도 있다. 아래의 설명을 참고하면 도움이 될 것이다.

* 가해자는 자신의 생존이 위협당한다고 느낄 때 무고한 사람을 해칠 것이다.
* 남을 공격하는 사람은 대개 그 자신이 공포, 불안, 고통에 휩싸여 있기 십상이다.
* 사람들은 자신의 본성 때문이 아니라 어쩔 수 없는 상황에서 남을 해치는 경우가 있다.
* 사람들은 대개 다른 사람을 해칠 때는 제정신이 아니다. 그 때문에 마구잡이로 폭력을 휘두른다.

• A(Altruistic gift): 용서는 이타적 선물임을 기억하자

당신은 다른 누군가에게 용서를 받은 경험이 있는가? 그때를 떠올려보자. 당신이 용서를 받았을 때 어떤 기분이었는가? 용서를 받지 못했다면 평생 괴로워했을 수도 있지 않겠는가? 그래서 용서는 당신이 그 사람에게 받은 일종의 선물이나 마찬가지다. 그런 마음으로 당신에게 상처와 모욕을 준 그 사람을 용서해보자. 당신에게 줄 수 있는 최고의 선물이기도 하다. 그러나 용서하는 것은 이기심의 발로가 아니다. 오히려 용서라는 선물은 피해자가 가해자에게 베푸는 선물이다. 용서가 진정한 선물이 되려면 스스로 마음의 상처와 원한을 극복할 수 있다고 다짐해야 한다. 선물을 주면서도 원망을 떨쳐내지 못하면, 자유를 얻지 못할 테니까 말이다.

• C(Commit): **공개적으로 용서를 밝히자**

당신이 용서했다는 사실을 다른 사람에게 알려보자. 상대방에게 용서하는 편지를 쓰거나 일기, 시, 외침으로 용서를 표현할 수도 있다. 아니면 당신이 친한 친구에게 한 용서에 대해 털어놓자. 이렇게 하면 당신의 마음을 지키는 데 도움을 받을 수 있을 것이다. 나는 실습시간에 주로 용서할 대상에 대한 내면에 깊이 자리 잡고 있는 분노, 원망, 저주의 감정들을 진솔하게 끄집어내어 외치기를 한다. 그 다음 용서편지를 쓰게 한다. 자기가 원하는 대로 써도 되지만 몇 가지 기준에 맞추어 쓰도록 한다. 그 기준은 먼저 용서 편지를 쓰는 이유를 쓰고, 무엇에 분노하고 있는지를 구체적으로 쓴다. 다음은 가해자의 행동이 피해자에게 어떤 영향을 주었는지를 쓰고 가해자의 입장과 행동을 이해하려 한다고 쓴다. 마지막으로 앞으로 계속되는 분노에 어떻게 대응할지 쓰고 용서를 하겠다는 내용을 써라. 그리고 가능하면 앞으로 모든 것이 원하는 대로 잘 되기를 바란다는 당신의 진솔한 마음을 전해라. 용서편지는 머리가 아닌 가슴으로 쓰는 것이 좋다. 편지는 가해자에게 보내지 말고 일정기간 보관해두면서 가끔 읽어보라. 그리고 가해자에 대한 부정적인 정서가 일어나지 않는다고 생각할 때 촛불에 태워 버려라. "나는 너를 용서했다."(-옮긴이)

래리는 베트남전에 참전했다가 불구가 된 퇴역 군인들이 한때 자기와 맞서 싸우던 이들을 용서하기 위해 베트남에 갈 예정이라는 기사를 읽고 회의적인 반응을 보였다. 하지만 이런 방법이 분노나 냉소 같은 문제를 해결하는 데 도움이 될지도 모른다는 사실을 깨닫고는 결국 자기도 이들과 합류하기로 결심했다. 베트남에 도착한 래리는 그를 존경하는 전우처럼 환영하면서 그가 전쟁에서 저지른 일들을 용서해주는 늙은 베트남 병사들과 만났다. 그들은 또 눈물을 흘리면서 래리의 동료들을 죽인 것에 대해 용서를 구하기도 했다. 래리는 이런 모습에 깊이 감동했을 뿐만 아니라 누구보다 용서가 필요한 사람은 바로 자기 자신이라는 사실도 깨달았다.

"베트남에 간 덕분에 젊고 순진했던 당시의 나와 비록 주어진 임무이기는 했지만 다른 상황에서라면 결코 하지 않았을 일들을 저지른 나 자신을 용서할 수 있으리라는 것을 깨달았습니다. 다른 사람을 용서한 덕분에 그간 닫혀 있던 마음의 문이 열려 결국 나 자신까지 용서할 수 있었던 거지요."

Tip_ 타인과 자신의 잘못을 용서하는 것은 건강과 삶의 만족도를 높이는 효과가 있다. 일이 벌어지자마자 늘 용서가 가능한 것은 아니지만, 전문가들은 용서의 효능을 체험할 준비가 되었으면 용서를 위한 의식 – 자기에게 피해를 입힌 사람에게 편지를 쓴 뒤 그것을 당사자에게 직접 보내거나 그 일이 완전히 종료되었음을 스스로 되새기기 위해 불에 태우는 것 등 –을 마련하라고 제안한다.

효과가 검증된 행복 증진 방안 7 : 대표강점 발휘

자신의 재능을 모두 발휘하자. 노래를 가장 잘하는 새들만
지저귀고 다른 새들은 모두 침묵한다면,
숲은 더없이 고요할 것이다.

- 헨리 반 다이크(Henry Van Dyke)

긍정심리학을 통해 알려진 행복 증진 기술 가운데 가장 많이 권유하는 방법은 자신의 대표강점을 자주 활용하고 단점을 고치는 데 시간을 많이 허비하지 말라는 것이다. 본인이 가장 자연스럽게 습득할 수 있는 개인적 특성이나 재능이 무엇인지 깨닫고 그것을 받아들인 뒤 이것을 활용해 새롭고 창의적인 방식으로 목표를 이루면 더 큰 행복을 얻을 수 있다. 한 연구에서는 대형 회계법인에서 파트너로 승진하지 못한 직원들에게 자신의 대표강점을 발견하고 활용해서 직장 내의 다양한 대인관계나 업무 문제를 처리하는 방법을 가르쳤다. 그러자 직원들은 일상적인 상호관계에서 보다 진실하고 편안한 모습을 보이는 법을 터득했고 결국 이듬해에 다들 파트너로 승진했다.

성격강점

인간의 번영과 최적의 기능을 유발할 수 있고 행복을 만들어가는 데 도움을 주는 개인의 특성이 바로 성격강점이다. 성격강점의 특징은 시간이 흐르고 환경이 바뀌어도 반복적으로 일어난다. 이는 개인의 성격적, 심리적 특성이다. 이 특성은 부정적일 수도 긍정적일 수도 있는데, 강점과 미덕은 좋은 느낌과 희열감을 자아내는 긍정적 특성이다. 성격강점은 긍정정서와 자아실현을 이끌어낼 수 있기 때문이다.

성격강점은 6가지 미덕과 24가지 강점으로 이루어져 있다. 미덕은 철학자나 종교 사상가들이 가치 있다고 생각하는 특징이고, 선한 품성이 포함된다. 성격강점은 미덕을 과정이나 기제면에서 설명하는 심리적 요소이며, 대표강점은 성격강점 중에서 개인의 특성을 가장 잘 반영하며 주로 사용되는 강점이다.

미덕은 3천 년 동안 세계 도처에 퍼져 있는 미덕을 찾고, 아리스토텔레스, 플라톤, 아퀴나스, 아우구스티누스 등의 철학자들의 저술, 구약성서, 탈무드, 불경, 코란과 같은 경전, 공자, 노자, 벤자민 플랭클린의 저술, 일본의 사무라이 무사도 정신, 고대 인도의 철학서인 우파니샤드 등 철학가들과 종교 사상가들이 그 가치를 인정한 중요한 핵심 성품들과 같이 시대와 문화를 막론하고 끊임없이 나타나는 총 200개의 미덕 목록 작성을 작성하여 최종적으로 6개를 선정하였고, 성격강점은 18,000개 중에서 24개를 선정하였다.

이렇게 선정된 미덕은 지혜와 지식, 용기, 사랑과 인간애, 정의감, 절제력, 영성과 초월성이다. 이 6가지 미덕은 저마다 그 미덕을 함양하는 확실한 방법들이 있으며, 미덕을 함양하기 위한 실천도구를

'성격강점'이라 부른다. 따라서 추상적인 미덕과는 달리 강점은 과학적으로 측정하고 평가할 수 있는 특징이 있다.

• **6가지 미덕과 24가지 성격 강점**

구 분	세부 내용
지혜와 지식	1. 창의성: 재능, 독창성 2. 호기심: 흥미, 모험심 3. 판단력: 개방성 4. 학구열 5. 예견력: 통찰력, 지혜
용기	6. 용감성: 용맹, 용기 7. 끈기: 근면성 및 성실성 8. 정직: 진실성, 진정성 9. 열정: 열의, 열망, 활기
사랑과 인간애	10. 사랑: 사랑하고 사랑받는 능력 11. 친절: 관대함 12. 사회성: 정서적, 개인적
정의감	13. 팀워크: 시민정신, 협동심 14. 공정성: 공평성, 정의 15. 리더십
절제력	16. 용서: 자비 17. 겸손: 겸양 18. 신중성: 조심성, 분별력 19. 자기 통제력: 자기조절, 자기통제력
영성과 초월성	20. 감상력: 심미안, 경의, 감탄, 고상함 21. 감사 22. 희망: 낙관성, 미래 지향성 23. 유머: 유쾌함 24. 영성: 삶의 목적의식, 종교성, 신앙심

• **대표 강점의 특징**

대표강점은 자신의 성격적 특성을 가장 잘 나타내는 강점으로서 대부분 사람들은 3~7개의 대표강점을 가지고 있다. 이는 강점 검사를 통해 확인 할 수 있는데 마틴 셀리그만의 홈페이지나 그의 저서《마틴 셀리그만의 긍정심리학(물푸레)》을 참고 하기 바란다.

대표강점들의 특징들은 구체적으로 보면 다음과 같다.

- 내 강점에 대해서 '진정한 내 모습'이라고 할 수 있는 정체성을 확인하고 소유감과 자신감이 생긴다("이게 진짜 나야.").
- 내 강점을 드러낼 때, 특히 처음으로 드러낼 때 큰 기쁨을 느낀다.
- 내 강점을 활용하여 주제를 배우거나 일을 할 때 학습과 일의 속도가 매우 빠르다.
- 내 강점을 활용할 새로운 방법을 아주 열심히 찾아낸다.
- 내 강점에 따라 행동하기를 열망한다("나 좀 그만두게 해줘.").
- 내 강점을 활용할 때 피곤하기는커녕 오히려 기운이 난다.
- 통찰과 직관으로 강점을 발견한다.
- 내 강점을 주로 활용할 수 있는 개인적인 일(프로젝트, 창업)을 스스로 고안하고 추구한다.
- 그 강점을 활용할 때 황홀경에 빠지기까지 한다.
- 강점을 사용하고자 하는 내적 동기를 가진다.(-옮긴이)

힘든 업무와 자폐증을 앓는 아들에 대한 책임감에 눌려 의기소침하게 살아가던 에스더는 마틴 셀리그만의 성격강점 검사를 통해 리더십이 자신의 대표강점이라는 사실을 깨달았다. 그녀는 자기가 어떤 상황에서나 타고난 리더임을 알게 되었지만, 아들의 병을 치료하거나 여러 사람이 내놓는 혼란스러운 제안을 처리할 때는 이런 타고난 재능을 발휘하지 못했다. 에스더는 자신을 아들이 속한 치료 팀의 리더라고 생각하면서 열심히 노력했고, 병원을 찾을 때면 자기는 경기에서 승리하기 위해 정보를 수집하는 "저스틴 팀의 쿼터백"이라며 유머러스하게 설명했다. 본인의 이미지를 좌절하고 슬픈 엄마에서 능력 있는 리더로 바꾼 덕분에, 에스더는 잃었던 활력과 희망을 되찾았고 이를 통해 다른 목표를 이룰 수 있는 능력도 생겼다.

Tip_ 우리 모두는 자기만의 독특한 강점을 지니고 있지만 그것을 제대로 깨닫지 못하거나 높이 평가하지 않는 경우도 있다. 하지만 본인이 자신 있는 분야에서부터 접근하면 자기 본연의 모습을 편안하게 드러낼 수 있고, 성공을 위해 마음껏 활용 가능한 실제적인 도구도 많이 얻게 된다.

효과가 검증된 행복 증진 방안 8 : 명상

기도는 신과 나누는 대화이고, 명상은 신의 말에 귀 기울이는 것이다.

- 다이애나 로빈슨(Diana Robinson)

명상은 한때 동양에만 전해지던 영적 비법이지만, 위스콘신주립대학의 리처드 데이비드슨(Richard Davidson)과 다른 연구자들의 선구적인 노력 덕분에 명상이 우리 뇌를 통합해 행복과 건강, 관계의 질, 공감 능력, 회복력 등에 큰 변화를 줄 수 있다는 사실이 밝혀지면서 긍정심리학계에서도 확실한 기반을 다지게 되었다. 2000년도 템플턴상(Templeton Prize, 종교 분야에서 인류를 위해 큰 업적을 이룬 인물에게 수여하는 상 - 옮긴이) 수상자이자 채플힐(Chapel Hill)에 있는 노스캐롤라이나주립대학 심리학과 교수이기도 한 바버라 프레드릭슨(Barbara Fredricson)은 매일 20분씩 명상을 수련할 때 얻을 수 있는 효과를 연구했다. 연구에 참여해 8주 동안 명상 수련을 한 컴퓨터회사 직원들은 위에 언급한 효과를 모두 체험했는데, 특히 꾸준히 명상을 한 지 6주가 지나자 그 효과가 눈에 띄게 커졌다. 6주 뒤부터는 명상할 때마다 다른 이들과의 만족스러운 상호 교류, 스트레스 감소, 자기 자신이나 타인과의 공감 능력 확대 등 그 전까지 경험했던 모든 효과가 3배로 커지는 느낌을 받았다고 한다.

린지는 상담치료사의 권유로 명상을 시작했다. 치료사는 린지가 조용히 앉아 머릿속을 스쳐가는 모든 욕구와 생각에 일일이 충동적으로 반응하지 않는 법을 배우면, 강박성 과식 문제가 개선될 것이라고 생각했다. 처음에는 2분도 채 앉아 있기가 힘들었지만, 명상 훈련을 할수록 기분이 차분해지고 행복지수와 집중력이 높아지는 것을 느꼈다. 결국 린지는 용기를 내 종일 명상과 요가를 할 수 있는 수련원에 들어갔다. 그리고 꾸준한 연습을 통해 스트레스를 받을 때 본능적으로 음식에 의존하는 대신 몇 차례의 중심 잡기 심호흡으로 스트레스를 물리칠 수 있게 되었다. 이 방법은 집중력을 높이고 불안감을 크게 줄여 인생의 다른 부분에도 도움을 줬다.

Tip_ 명상은 미로 속을 거닐거나 마음을 달래주는 어구를 암송하거나 노래를 부르는 등 다양한 형태로 가능하다. 명상 연습은 언제 어디서나 특별한 도구 없이도 할 수 있는 긍정 훈련법을 원하는 이들에게 알맞은 현명한 방법이다.

내 인생 목표는 어디쯤 와 있는가

지금쯤이면 당신의 인생 목표의 목록이 배아 단계 정도로 성장했을 것이다. 가능하다면 행복을 높일 수 있는 자기만의 방법을 목록으로 만들고, 자기가 달성한 목표나 다른 사람들이 기억하는 나의 삶 등의 관점에서 후대에 가장 남기고 싶은 유산이 무엇인지 생각해서 그 내용을 적어놓는 것이 좋다. 다음 장에서는 당신의 내면 깊숙이 자리 잡은 가장 중요한 가치관과 본인의 강점, 에너지를 이용해 원하는 기쁨을 얻을 수 있는 목표의 구상 방법을 알려주겠다.

인생 목표 설정 연습 및 워크시트

- 460쪽의 '감사일기: '잘되었던 일 3가지' 과제를 2주 동안 날마다 되풀이하면 행복과 감사의 마음을 가지는 데 도움이 되는지 알아본다.

- '넘치는 기쁨' 워크시트를 작성하면서 자기에게 행복을 안겨주는 사람과 장소, 상황, 활동이 무엇인지 파악한다. 살면서 즐거움을 주는 일들을 찾으면 계속 이 목록에 추가하고, 휴식이 필요하거나 기분을 확실히 북돋워 줄 일을 해서 배터리를 재충전할 때가 됐다고 생각되면 이 목록을 참조한다.

- 446쪽의 '초보자를 위한 호흡 명상법'을 읽고 명상이나 요가 수업에 꾸준히 참석하는 것을 고려해 본다.

- www.authentichappiness.com이나 마틴 셀리그만의《긍정심리학》에서 '대표강점' 검사를 받는다. 이 무료 검사는 마틴 셀리그만과 크리스토퍼 피터슨이 고안한 것인데, 이들은 감사, 겸손, 성실성, 용감성, 창의성 등 24가지 성격강점을 소개한《성격강점과 미덕(Character Strengths and Virtues)》이라는 종합 안내서를 집필하기도 했다. 'BAT 양식'(457쪽)을 작성하면서 자신의 새로운 강점을 목록에 추가하고, 이 놀라운 강점을 이용해 목표를 달성할 방법을 생각해보자.

Creating Your Best Life:
The Ultimate Life List Guide

2부

어떻게 인생 목표를 세우는가?

2부에서는 본인에게 의미 있는 확실한 목표로 가득한 인생 목표의 목록을 작성하는 방법과 그 목표 실현을 도와주는 첨단 기법을 소개하고 성공과 행복을 얻을 가능성을 극대화할 최선의 방법도 알려줄 것이다.

04 나를 변화시키는 목표

평범한 재능과 야심, 평균적인 교육 수준의 보통 사람도 자신의 모든 것을 걸 수 있는 명확한 목표만 있으면 가장 뛰어난 천재도 이길 수 있다.

- 메리 케이 애시(Mary Kay Ash)

:: '몇 가지 사항만 알면 목표를 이룰 수 있다'는 것은 목표 설정과 관련해 우리가 가장 잘못 생각하는 점 가운데 하나다. 구체적이고(specific), 측정 가능하며(measurable), 실현 가능성이 있고(attainable) 현실적이며(realistic), 기한이 정해진(time-sensitive) 목표를 정해야 한다는 사실을 강조하기 위해 위 단어의 머리 글자를 따서 만든 SMART라는 두문자어를 많이 사용하기도 한다. 이는 목표를 처음 세우는 사람에게는 괜찮은 방법이지만 개인의 성공에 매우 중요한 엄청나게 복잡한 문제들을 처리하기에는 역부족이다.

사실 너무 현실적인 목표를 세우면 상상력과 재능을 마음껏 발휘할 수 없고, 지나치게 대담한 목표는 본인의 특정한 감정 상태나 상황에는 적합할지 몰라도 다른 사람에게는 맞지 않을 수 있다. 그래서 당신이 본격적으로 목표 설정을 시작하기 전에 지금껏 어디서도 들어보지 못했을 목표 설정의 새로운 측면 몇 가지를 소개하려고 한다.

새해 결심이 자주 실패하는 이유

어떤 목표도 세우지 않고 사는 사람은
인생을 그냥 스쳐 보내는 사람이다. 대부분의 사람들은
자기가 인생을 낭비했다는 사실을 뒤늦게야 깨닫기 때문에
어떻게든 다시 한 번 인생을 살고 싶다고 말한다.

- 게리 래섬(Gary Latham) 박사, 목표설정이론의 공동 창시자

어떤 이들은 새해 계획을 세웠다가 원하는 결과를 얻지 못한 경험 때문에 목표 설정을 망설이기도 한다. 멋진 근육을 자랑하는 모델이 등장하는 TV 광고에 자극받은 남녀가 체육관을 찾거나, 체중 감량 프로그램에 등록했다가 겨우 3~4주 만에 포기하고는 목표를 세워 노력하는 건 시시하다는 결론을 내리는 것이다.

심리학자들도 새해 결심을 달성하는 데 실패하는 이런 현상에 익숙하기 때문에 "1년 중 가장 우울한 날(1월 셋째 월요일)"이라고 부르는 날이 따로 있을 정도다. 우리가 이 시기쯤에 목표 달성을 포기하는 이유는 첫 번째 장애물을 만나거나, 명절 기간의 과소비 행태가 고스란히 드러난 신용카드 대금 고지서를 받고 의기소침해지거나, 날씨마저 우중충해 기분이 가라앉기 때문인 듯하다. 그렇게 되면 자기가 적절한 목표를 세웠는지 검토하기보다는 그냥 패배를 인정하고 새해 결심이 효과가 없다는 결론을 내리고 만다.

하지만 새해 결심에 관한 연구에 따르면 확실한 근거를 가지고 제대로 정한 새해 결심은 개인의 생활에 큰 변화를 가져오며 미래의 성공에도 도움이 된다고 한다. 새해맞이 목표를 세운 사람과 그렇지 않은 사람의 성공률을 추적 조사한 결과, 새해 결심을 한 사람은 6개월 뒤의 목

표 성공률이 46퍼센트에 달한 반면, 목표를 세우지 않은 사람은 성공률이 4퍼센트에 불과했다!

목표 수립 과정 자체가 강력한 효과를 발휘하는 것은 분명하지만, 최근 연구결과 목표 달성 가능성을 3배나 높이는 것으로 밝혀진 방법이 있다. 이를 비롯해 성공률을 극적으로 높일 수 있는 확실한 목표 설정 방안 몇 가지를 소개한다.

의욕을 높이는 구체적인 목표

에드윈 로크와 래섬은 수십 년의 공동 연구를 통해 목표설정이론을 확립한 뛰어난 학자들인데, 이들의 이론은 일터에 변화를 가져오는 가장 확실한 경영 기법이라고 불릴 정도로 효과가 뛰어나다. 메릴랜드주립대학 명예교수인 로크와 토론토대 로트맨(Rotman) 경영대학원에서 교수로 일하는 래섬은 《목표 설정 및 과업 수행 이론(A Theory of Goal Setting and Task Performance)》이라는 교과서를 공동 집필했고, 목표 설정과 관련해 가장 중요하지만 간과하기 쉬운 부분을 강조한 여러 연구 활동을 지휘했다.

래섬의 말에 따르면 성과 목표를 달성하려는 -성적 향상이나 봉급 인상, 완주, 기타 측정 가능한 목표를 이루는 것- 사람은 '의욕을 높이면서도 구체적인' 목표를 세워야 한다. 목표 달성에 실패하는 가장 큰 이유가 바로 이런 특징이 부족하기 때문이다.

"사람들은 목표를 이루기 위해 열심히 노력하는 것은 싫어하면서도 긍정적인 결과가 나오기를 바라는 마음 때문에 목표를 일부러 모호하게 세웁니다. 이런 함정을 피하는 유일한 방법은 의욕을 높이면서도 구체적인 성과 목표를 세우는 것입니다."

그러면서 래섬은 이렇게 덧붙였다.

"손쉬운 목표를 세우는 이유는 실패해도 자신을 탓할 필요가 없기 때문입니다."

수백 가지 상황에서 일하는 노동자들을 관찰한 래섬과 로크는 이들의 생산성과 업무 결과를 계속 저하시키는 두 가지 목표가 있다는 사실을 알았다. 그것은 바로 '손쉬운 목표'와 '목표가 아예 없는 것'이다. 손쉬운 목표란 의욕을 높이지 못하고 자기 능력을 최대한 발휘할 필요가 없는 목표다. 이런 평범한 목표를 세우면 늘 평균 이하의 결과만 얻게 된다.

후속 연구를 실시한 브리티시컬럼비아대학의 제시카 트레이시(Jessica Tracy) 박사와 동료들은 이런 식의 평범한 목표는 쾌적한 평소 상태에서 벗어나 과업 달성을 위해 열심히 노력할 때만 얻을 수 있는 진정한 자존감을 높이는 데도 효과가 없다고 판단했다.

바로 이런 이유 때문에 인생 목표를 정할 때 많이들 지침으로 삼는 '현실적인 목표'라는 말에 이의를 제기하고 싶다. 최상의 목표 가운데는 언뜻 보기에 비현실적으로 느껴지는 것도 있지만, 본인이 최선의 노력을 다해 가장 원하던 결과를 얻을 수만 있다면 얼마든지 달성 가능한 목표다.

아래 사례는 처음에는 비현실적으로 보였지만, 결국 '의욕을 북돋워 주는 구체적인' 목표였음이 드러난 경우에 관한 이야기다.

역사상 가장 뛰어난 수영선수 가운데 한 명인 마이클 펠프스가 아직 올챙이이던 시절, 그를 가르치던 코치 밥 바우만(Bob Bowman)이 펠프스의 부모를 사무실로 불러 함께 훈련 목표를 세우자고 했다. 바우만은 차후 몇 년간 이어질 대담한 훈련 계획을 제시했는데, 그 훈련의 궁극적인 목표는 펠프스가 10대일 때 올림픽 메달을 따는 것이었다. 하지만 당시 펠프스의 나이는 겨우 11살밖에 안 됐기 때문에 그의 부모는 깜짝 놀라 코치를 바라보면서 제정신이냐고 물었다. 뛰어난 선수를 알아보는 눈을 가진 바우만은 지금은 이런 목표가 비현실적으로 보이겠지만, 이 목표는 재능 있는 소년에게 압박감을 주지 않으면서 정상까지 이끌어줄 것이 확실하다고 단언했다. 기특하게도 어린 펠프스는 이 목표를 자기 것으로 받아들였고, 바우만이 예언한 시기가 되기도 전에 그 모든 목표를 달성했다. 비현실적인 듯하던 목표가 실은 자신의 모든 것을 쏟아 붓도록 유도하면서 의욕을 북돋워 주는 목표일 수도 있다는 사실을 입증한 것이다.

로크와 래섬에 따르면 '목표가 전혀 없는 것'은 손쉬운 목표를 세우는 것보다 훨씬 나쁘다고 한다. 새해 결심을 비웃는 사람을 비롯해 목표 설정에 실패한 사람은 노력해서 이룰 일도 없고 자기발전을 위한 기준도 없기 때문에 결국 남보다 못한 처지에 놓이게 된다. '그저 최선을 다하기만 하면 되는' 목표도 '손쉬운 목표'나 '목표 없음'과 비슷한 부류다. 이는 아이들에게 구체적인 목표를 세우고 노력해서 이를 이루라고 격려하기보다 그냥 "최선을 다하라"고만 하는 부모들이 선의로 자주 말하는 목표다. 제대로 알지 못한 채 그런 목표를 세운 이들에게는 유감스러운 일이지만, 최선을 다하기만 하는 목표는 아래에 소개하는 상황을 제외하면 대부분 탁월한 성과를 올리는 데 불리하다.

'의욕을 높이는 구체적인' 목표란 현재 자기 손이 닿지 않는 곳에 있지만, 말이나 글로 명확하게 정의할 수 있는 목표다. 의욕을 높이는 구체적인 예로 뜨개질을 배워 명절 선물로 목도리 2개를 뜨는 것을 들 수 있다. 손쉬운 목표-쾌적한 상태에서 벗어나 본인의 한계에 도전할 필요도 없고 달성 가능성이 상당히 높은 목표-로는 인터넷에서 뜨개질 패턴을 찾아보는 것 등이 있겠지만, 이런 목표는 그 자체로 하나의 완전한 목표라기보다 첫 번째 목표 달성을 위한 중간 단계에 불과하다. 목표가 없다는 것은 새로운 기술을 배우는 데 따르는 책임을 지지 않겠다는 얘기인데, 그러면 나중에 새롭고 색다른 취미생활을 시작하기 위해 아무 노력도 기울이지 않은 것을 후회하게 될 수도 있다.

다음 목표 수립 과정으로 넘어가기 전에 로크와 래섬이 말한 목표 달성을 위해 최선을 다하기만 하는 것의 한 가지 예외 상황에 대해 알아보자. 성공에 필요한 도구나 자원이 부족한 경우, 그리고 수행 과제가 아닌 학습 과제로 못 박혀 있는 상황에는 최선을 다하는 것 만이 목표를 향해 전진하는 유일한 방법이다. 예를 들어, 공공 서식 작성에 대해 아주 기본적인 지식밖에 없는 10대 초반의 자녀에게 소득세 신고서 작성을 부탁한다고 생각해보자. 이렇게 학습 과제가 수반되는 상황에서는 최선을 다하는 마음가짐으로 과업에 임하는 것이 좋다. 그래야 성공 가능성을 완전히 배제하지 않으면서도 처음부터 실현 가능성이 거의 없는 비현실적인 성과 목표를 강요하지 않게 된다.

측정이 불가능한 일은 실현도 불가능하다

로크와 래섬은 측정 가능한 목표를 세워야 보다 성실하고 꾸준한 노력을 기울일 수 있다는 사실을 알아냈다. 이들이 집필한 창의적인 교과서를 보면 "측정 불가능한 것은 실현도 불가능하다."라고 멋지게 요약되어 있다. 이 말의 의미는 목표는 의욕을 북돋고 구체적이어야 할 뿐만 아니라 그 실현 과정에 책임감을 보태는 기준, 즉 '하위 목표'가 있어야 한다는 것이다. 일례로 미국 대통령에 당선되기 위해서는 후보자들이 대권 경쟁을 계속할 것인지 결정할 수 있도록 대의원을 모으는 과정이 있다. 선거전을 계속 치르기에 충분한 돈이 있는가도 측정 가능한 목표의 일부분이다. 은행에 수백만 달러의 잔고가 없으면 제아무리 노련하고 카리스마 넘치는 정치인도 원하는 결과를 얻을 수 없기 때문이다.

목표를 세울 때는 측정 가능한 부분이 있는지 스스로 자문해보자. 노후한 주택을 다시 짓거나 학생들에게 교과서를 기증할 돈을 모금하려고 하는 지역사회를 위해 자원봉사를 하고 싶다면, "6월까지 5천 달러를 모금하려면 일주일에 두 시간씩 모여 모금 활동 방법을 논의해야 한다"처럼 확실하게 측정할 수 있는 부분이 있어야 한다. 이런 식으로 하위 목표를 세워두면 큰 그림에 압도당하지 않으면서 목표 달성을 위한 작은 걸음을 뗄 수 있다.

"지금보다 더 행복해지자"와 같은 목표는 측정이 불가능한 모호한 목표다. 이 목표를 언제까지, 어떻게 이룰 것인가? 어떤 방법으로? 누군가에게는 지금보다 행복해지는 것이 확실하게 의욕을 높이는 구체적인 목표일 수 있겠지만 진행 과정을 측정할 방법이 없다면 실현 가능성이 높은 목표라고 할 수 없다.

피드백

측정 가능한 목표의 필요성과 밀접한 관련이 있는 것이 바로 성공 가능성을 높이는 꾸준한 피드백이다. 이 말은 측정 가능한 목표의 일부분에 대해 피드백을 받은 뒤 이것을 이용해 효과가 없는 전략을 수정해야 한다는 뜻이다. 타이거 우즈는 동서고금을 통틀어 가장 위대한 골프선수가 되기 위해 주도면밀한 연습을 계속했다. 경기 실력을 향상시키려고 애쓰는 다른 골프선수들처럼 우즈도 연습용 그린에 자주 나와 한 양동이 가득 공을 치고는 했다.

하지만 자세히 살펴보면 우즈는 목표설정이론을 몸소 실천한 가장 훌륭한 예이며, 그와 동료 선수들 사이에 큰 차이가 생긴 것도 이 때문이다. 우즈는 양동이 가득 담긴 공을 담아 의욕을 높이는 구체적인 목표를 정한 뒤 확실한 측정 방법(핀에서 3미터 떨어진 지점에 공을 치는 것)을 이용했으며, 연습 경기를 하는 동안 받은 피드백(공이 자기가 원하는 만큼 핀 가까이 가지 않는 경우 등)을 활용해 자세와 스윙을 교정했다.

이런 식으로 우즈는 피드백을 이용해 구체적인 목표를 달성할 수 있었고, 덕분에 그의 전략은 구체적인 목표나 그 목표를 측정할 방법도 없고 피드백도 받지 못한 채 한 양동이 분량의 공을 친 다른 골프선수들과 확연히 다른 결과를 가져왔다.

지향 목표와 회피 목표

가장 좋은 목표에는 흥미와 열정을 자아내는 측면이 내포되어 있다. 이런 목표를 접하면 눈이 휘둥그레지고 심장 박동이 빨라지며 한시라도 빨리 목표를 달성하기 위해 시간을 바치고 싶어진다. 이런 목표를 가리켜 '지향 목표'라고 하는데 말 그대로 "9월 1일까지 근처 골프 코스에서 100타를 깬다"와 같은 긍정적인 결과를 지향하게 만든다. 가장 좋아하는 여가활동이 골프라면, 그리고 골프를 치면서 좋아하는 이들과 함께 어울려 시간을 보낼 수 있다면 이 목표를 통해 기쁨을 안겨주는 결과를 지향하는 것이다.

'회피 목표' 또한 글자 뜻 그대로다. 앞서 말한 골퍼가 "9월 1일까지 함께 골프를 치는 4인조 가운데 꼴찌를 면하자"라는 목표를 세웠다면 이는 부정적인 결과를 피하기 위한 목표인 셈이다. 이 두 가지 목표는 분명히 다르다(하나는 기대를, 다른 하나는 두려움을 내포하고 있다). 게다가 뭔가를 피하려 할 때는 그것을 지향할 때보다 정신적 육체적 에너지가 많이 소모되므로 지향 목표가 회피 목표에 비해 에너지 소모가 적다. 당신도 목표를 정할 때는 그것을 표현하는 단어나 바탕이 되는 감정에 주의를 기울여 회피하는 느낌을 없애야 한다.

내재적 목표와 외재적 목표

목표 설정과 관련된 자료들을 찾아보면, 자신을 위해 세운 목표, 본인의 진정한 욕구와 가치관, 관심사가 반영된 목표야말로 진정으로 즐기면서 최선을 다해 이루려고 노력하며 달성한 뒤에도 마음껏 기뻐할 수 있는 목표임을 알 수 있다. 이런 목표를 '내재적 목표' 혹은 '자기 조화적 목표' 라고 부른다. 어릴 때는 자기가 하고 싶은 일과 부모가 원하는 일을 구분하기 어려울 때도 있었지만, 어른이 된 뒤에는 스스로 이루려하는 일이 무엇이고 그것을 이루려는 이유는 무엇인지 확실히 알고 있어야 한다.

'외재적 목표'는 '내재적 목표'와 반대되는 개념이다. 이는 다른 사람이 정해준 목표이거나 억지로라도 이뤄야 한다고 여기는 목표다. 가족의 직업적 전통(예를 들면 의사나 교사)을 따르거나 누군가의 권유로 선택한 직업에 만족하지 못하는 사람들 사이에서 흔히 볼 수 있는 목표다. 외재적 목표는 다른 이들이 높이 평가하는 재산과 돈, 명성 축적을 중심으로 이뤄지는 경우도 많다.

미국 시장분석 전문업체 로퍼(Roper)의 조사에 따르면 돈이 곧 만족스러운 삶을 결정짓는다고 생각하는 미국인이 늘어나고 있다. 1975년에는 만족스러운 삶을 살려면 많은 돈이 필요하다고 대답한 미국인이 전체의 38퍼센트 정도였지만 1996년에는 63퍼센트로 늘어났다. 이는 1970년대와 1990년대 사이에 대학에 들어간 신입생들의 대답과도 일치한다. 전에는 의미 있는 인생 철학의 발전을 중요시하던 학생들이 이제는 돈을 많이 버는 것을 가장 중요한 가치로 꼽는 경우가 압도적으로 많아졌다(75퍼센트).

주의하지 않으면 훗날 이 외재적 목표가 당신을 괴롭힐지도 모른다. 1부에서 소개한 하버드대학교 교수이자 작가인 탈 벤 샤하르는 학생들이 빈틈없이 들어찬 강의실에서 긍정심리학을 가르친다. 그가 이 분야에 발을 들여놓게 된 이유는 한때 자기에게 기쁨을 준다고 여겼던 일 이스라엘의 스쿼시 챔피언이 되거나 박사 학위를 따는 것 등 대부분이 실은 그렇지 않다는 사실을 깨달았기 때문이다. 어떻게든 꼭 이루고 싶다는 열망 때문이 아니라 의무감 때문에 그런 목표를 세웠다는 사실을 깨달은 그는 30대 초반을 공허감 속에서 보냈다. 그러다가 결국 자기가 진짜 하고 싶은 일은 학생들을 가르치는 일임을 깨닫고는 그 쪽으로 에너지를 쏟기 시작했고, 그 결과 지금껏 느끼지 못하던 만족감을 얻었다.

래섬은 내재적 목표를 '무엇보다 중요한 비전 목표'에 비유하는데, 이는 자기 인생 전체에 대한 사명선언문을 작성하는 것과 비슷하다. 그는 마틴 루터 킹(Martin Luther King)의 "나에게는 꿈이 있습니다."라는 연설처럼 목표와 거대한 비전을 결합하면 개인과 조직이 많은 일을 이룰 수 있다고 말했다. 자신을 위한 목표를 세울 때는 스스로 '내 비전은 무엇이고 이것을 어떻게 목표와 연계시킬 수 있을까?'를 자문해 보자.

독립심과 역량 키우기

리처드 라이언(Richard Ryan)과 에드워드 데시(Edword Deci)는 1970년대부터 인간의 동기와 성취에 관해 연구하면서 우리에게 가장 큰 성취감과 긍정적인 결과를 안겨주는 것은 어떤 목표인지도 조사했다. 이들이 만든 자기결정성이론(Self-determination)에서는 내재적 목표에 다음과 같은 조건이 따른다고 가정한다.

- 내재적 목표는 자율적이고 독립적인 행동을 독려한다.
- 자신을 돌볼 수 있는 역량과 능력을 키우는 데 도움이 된다.
- 다른 사람과 관계를 맺고 그 관계를 잘 유지하도록 도와준다.

라이언과 데시는 이런 조건이 충족되면 목표를 달성할 수 있을 뿐만 아니라 여러 분야에서 활약하거나 자긍심을 높이는 데도 도움이 된다는 점을 알았다.

가치 중심적인 목표

이것은 본인의 가치관에 부합하는 목표는 자기 것으로 온전히 받아들여 실현할 가능성이 높다는 사실을 강조하는 말이다. 예컨대 본인의 가치관과 부합하는 목표는 다음과 같은 것이다.

줄리는 항상 가족과 함께 보내는 시간을 소중히 여겼으며, 어릴 때부터 부모님과 함께 보내는 시간은 지금껏 받은 어떤 선물이나 돈보다 중요하다는 사실을 알고 있었다. 이제 두 아이의 엄마가 된 그녀는 한 달에 두 번씩 출장을 다니고 출장을 가지 않을 때는 밤늦게까지 야근을 해야 하는 직장생활의 부담 때문에 내적 갈등이 심해지는 것을 느꼈다. 형편상 직장을 그만둘 수는 없었지만, 자신의 중요한 가치관과 현재의 인생 목표가 일치하지 않는 것 때문에 갈수록 힘들어졌다. 그래서 줄리는 두 아이와 보내는 시간을 늘리기 위해 약간 힘들지만 구체적이고 측정 가능한 목표를 몇 가지 세우기로 했다. 등하교 시간에 아이들을 돌볼 수 있도록 일주일에 두 번씩 일찍 퇴근하고, 한 달에 이틀은 재택 근무를 할 수 있게 해달라고 상사에게 부탁하기로 결심하고 이 일을 얼마나 잘하고 있는지 주기적으로 검토했다. 줄리는 또 해마다 아이를 한 명씩 데리고 휴가를 갈 계획도 세웠는데, 이 여행은 특정 장소 방문이 목적이 아니라 그저 같이 시간을 보내기 위한 것이었다. 줄리는 구체적인 목표를 가지고 계획을 세운 덕분에 즉시 기분이 좋아졌을 뿐만 아니라 이런 지향 목표가 자신의 내적 믿음을 반영한다는 사실에 더욱 들떴다.

상충되지 않는 목표와 지렛대 목표

어릴 때는 무슨 일이든 다 할 수 있고(우주 비행사도 되고 동시에 훌륭한 야구선수가 되어 명예의 전당에 이름을 올리는 등), 열심히 노력만 하면 마음먹은 일은 뭐든 다 이룰 수 있다고 생각하는 경우가 많았다. 이런 순진한 꿈을 깨뜨리고 싶지는 않다. 게다가 야심과 그릿이 있는 사람은 큰 포부를 실현하는 일도 종종 있기 때문이다.

하지만 나이가 들면 다른 목표를 뒷받침하거나 지렛대 역할을 하지 못하는 꿈과 인생 목표가 상충되지 않도록 하는 것에 신경을 써야 한다. 연구결과 논리적으로 서로 어울리지 않는 두 가지 목표를 가진 사람은 둘 중 한 가지도 제대로 이루지 못한다는 사실이 밝혀졌다. 일례로 30세까지 결혼하겠다는 목표를 세운 한 여인이 있었는데, 그녀는 그 도시에서 열리는 각종 행사에 최대한 많이 참석해 유명 신문의 사교 면에 자주 언급되라는 어머니가 정해준 목표 때문에 자기가 한 사람과의 관계에 깊이 얽매이는 것을 피하고 있다는 점을 깨달았다. 사교계 명사가 된다는 목표는 그녀에게 부과된 외재적 목표일 뿐만 아니라(그녀는 우리가 알려준 인생 목표의 수립 방안을 이용하기 전까지는 이 목표가 자신의 가치관과 일치하지 않는다는 사실조차 모르고 있었다), 누군가와의 관계에 전념하면서 다른 이들은 모두 배제한 채 그 관계를 끝까지 이루고 싶다는 내재적 목표를 이루는 것을 방해하고 있었다.

목표는 본인의 욕구나 꿈과 일치해야 하고 또 다른 목표 실현에도 활용할 수 있어야 한다. 다시 말해 목표를 하나 이루면 이것이 다른 목표 달성에도 도움이 된다는 얘기다. 요가 강사가 되어 교습소를 차리는 것이 소원이라면 "매년 가장 친한 친구와 요가 수련원에 들어간다", "인도에 다녀온다", "매주 새로운 요가 자세를 2개씩 연습한다"와 같은 작은 목표를 통해 큰 목표 실현에 도움을 받을 수 있다. 이렇게 다른 목표 실현에 활용할 수 있는 목표는 만족감을 높이고 추진력을 키우며 전체적인 목표 달성 가능성을 높인다.

글로 적으면 현실이 된다

목표 설정 전문가들은 목표를 글로 적으면 적지 않을 때보다 좋은 결과가 나온다고 단언한다. 언제든지 볼 수 있는 곳에 목표를 적어놓으면 자신의 다짐을 되새기는 효과가 있고, 목표 달성에 필요한 지원이나 아이디어도 얻을 수 있다(1부에서 소개한 드링크모어워터의 설립자 밥 페리니의 예를 기억하자). 유명한 스포츠 심리학자들은 운동선수의 경우 종일 목표를 되새길 수 있도록 항상 손닿는 곳에 있는 명함 같은 데에 곧 있을 트라이애슬론 경기에서 달성하고 싶은 랩타임 등의 목표를 적어놓으라고 한다.

일기 쓰기의 효과를 연구한 로라 킹은 일단 목표를 글로 적으면 목표 달성에 도움이 될 만한 사람이나 상황을 찾기 위해 자동으로 주변 환경과 머릿속을 검색하기 시작한다는 가설을 세웠다. 목표를 글로 적는 간단한 과정이 희망찬 심적 태도를 자극하고 이것이 다시 다양한 해결책을 제시하는 창의적인 사고 경로를 일깨운다. 목표를 글로 적으면 목표

갈등을 파악하고 자신이 추구하는 바를 제대로 조정할 수 있다. 예를 들어, 전 과목에서 A 학점을 받겠다는 목표를 세운 대학생은 사교클럽 활동에 적극적으로 참여하겠다는 두 번째 목표와 이 목표를 동시에 이루고 싶지는 않을 것이다.

게리 래섬은 "비즈니스계에서 구체적인 업무 목표를 수립하고 달성하기 위해 자주 사용하는 행동 계약은 꾸준한 노력을 이끌어내고 목표에 성공하는 데 놀라운 힘을 발휘한다"는 말도 했다. 이상적인 행동 계약에는 '내가 하고자 하는 일은 무엇이고, 그 일을 어떻게 이룰 것이며, 성공할 경우 내가 받게 되는 보상은 이것이다'와 같은 내용이 담겨 있다. 고집 센 학생이나 다이어트 중인 사람들을 대상으로도 이런 행동 계약에 관한 연구를 실시했다. 래섬은 "계약을 체결한 그룹은 계약을 전혀 체결하지 않은 그룹보다 훨씬 나은 성과를 보였다!"고 말했다.

당신도 이 책을 이용할 때 일기 쓰기의 힘을 활용해 자기 목표를 기록하고 계속 되새기는 것이 좋다. 하지만 일기 쓰기 외에도 컴퓨터 화면보호기에 목표를 적어놓거나, 판타제인(Fantazein)시계에 메시지를 삽입해 종일 시계에서 자기 목표가 번쩍이게 하거나, 인생 목표를 게시하는 사이트에 자기 목표를 올리거나, 친구 또는 본인에게 이메일로 목표를 적어 보내는 등 다양한 방법이 있다.

또 예전 방식 그대로 일기장을 사용하는 것도 가능한데, 오프라 윈프리도 자기 일기장을 가리켜 꿈이 실현된 장소라고 말했다. 오프라는 TV 방송국을 설립하겠다는 결정을 알리면서 그 목표가 15년 전에 일기장에서 처음 탄생했다고 덧붙였다.

플레인 화이트 티즈(Plain White T's)의 리드보컬인 톰 히겐슨은 2002년에 달라일라 디크레센조라는 아름다운 여성에게 한눈에 반해 그녀를 위한 노래를 작곡하겠다고 말했다. 히겐슨과 디크레센조는 그 후 꾸준히 연락을 주고받았지만 데이트는 하지 않았다. 그래도 히겐슨은 계속 그녀를 위해 노래를 작곡하겠다고 말했고 이런 쪽지도 보냈다.

"곧 노래를 작곡할 생각인데 지금까지 내가 만든 노래 가운데 최고의 곡이 될 겁니다. 우리를 유명하게 만들고 그래미상도 안겨줄 거예요!"

결국 〈헤이 데어 딜라일라(Hey There Delilah)〉는 2007년도 그래미상 올해의 노래 부문에 후보로 올랐고, 히겐슨은 마침내 그래미상 시상식에서 자기가 홀딱 반한 상대와 데이트하게 되었다. 그는 비록 상을 수상하지는 못했다. 하지만 좋은 인상을 주고 싶었던 여자에게 약속을 지킨 그의 이야기는 대중들의 마음을 확실히 사로잡았다.

사전 공약과 책임감

목표를 적을 때는 실행 방안을 미리 정해 스스로 책임져야 한다. 그리고 남들에게 자기 목표를 알리면 목표 달성 과정에서 막중한 책임을 느끼게 된다. 하지만 목표를 적어 자기 혼자만 알고 있어도 나름의 이점이 생긴다. 일례로 대학생들을 대상으로 한 연구에서 특정 과목을 공부할 때 필요한 교재를 모두 읽고 숙제도 빠짐없이 하겠다고 스스로 약속한 학생들은 그 단계를 거치지 않은 학생들보다 공부를 많이 했다.

하지만 인생 목표와 관련된 일에서는 자기 자신 외에 다른 사람에게도 책임을 느끼는 쪽이 좋은 결과를 가져온다. 다른 사람이 당신이 세운 목표를 알거나 그 달성 과정에 참여하면 끝까지 포기하지 않고 계속 노력할 확률이 훨씬 커진다. 새해 결심을 다른 사람에게 알린 이들은 알리지 않은 이에 비해 성공 확률이 10배나 높았다. 이런 결과가 나오는 이유는 여러 가지겠지만, 가장 확실한 이유는 다른 사람을 실망시키거나 체면을 잃지 않으려고 약속을 지킨다는 것이다.

현명하게만 처신한다면 일반 대중이나 자기가 아는 이들에게 책임감을 느끼는 것은 목표 달성을 위해 치러야 하는 대가라기보다 실행 과정에 자극이 될 수 있다. 정해진 만큼 체중을 감량하면 돈을 받을 수 있게 하는 전략이 과연 유용한지 분석한 경제학자는, 사무실 같은 공공 장소에 딱 달라붙는 수영복을 입은 본인 사진을 걸어놓는 것이 가장 효과적인 방법이라고 했다.

몰입 상태

미하이 칙센트미하이는 하이킹을 할 때마다 시간이 얼마나 흘렀는지도 잊고 감정도 평온해지는 몰입 상태에 빠진다는 사실을 알았다. 일반적으로 '몰입(flow)'이란 걱정이나 불안감, 자의식도 잊은 채 지금 하는 일에 완전히 푹 빠진 상태를 말한다. 운동선수들은 육체적인 노력을 통해 장애를 극복하거나 경주를 끝까지 완주하는 이런 상태를 가리켜 "경지에 다다랐다."고 말한다. 꾸준히 몰입 상태를 경험하는 것은 우리 자신이나 우리의 정서적인 행복에 두루 이롭다. 칙센트미하이는 일을 하거나 여가활동을 즐기면서 꾸준히 몰입 상태에 도달하는 사람이 가장 행복한 사람임을 알아냈고, 몰입의 순간을 경험하면 전보다 독특하고 개성적인 사람이 될 수 있다고도 말했다.

일반적으로 내재적 목표는 몰입을 활성화하지만 외재적 목표는 그렇지 못하다. 소중한 목표를 달성하기 위해 노력하면서 그 일에 몰입하는 것은 목표를 이루는 데 도움이 될 뿐만 아니라 그 과정에서 더 큰 행복을 느끼게 만든다. 448쪽의 '몰입' 워크시트를 이용해 언제 어디에서 이런 감정을 느꼈는지 확실히 알아보자.

Tip_ 칙센트미하이는 몰입은 TV를 보거나 비디오 게임을 하거나 과식, 과소비, 도박 등 자기가 하는 행동을 제대로 의식하지 못하는 지각 없는 상태에 빠져 시간 가는 줄 모르는 것과는 다르다는 사실을 강조한다. 이런 상태를 가리켜 '시시한 몰입'이라고 하는데, 이는 귀중하고 의미 있는 목표 달성을 위해서는 하등 도움이 안 된다. 이런 일들은 재미는 있을지 몰라도 도전 정신이나 기술도 필요 없고 정신을 멍하게 만들 뿐이다. 실제로 TV를 너무 많이 보는 사람의 뇌파는 우울증에 시달리는 이들의 뇌파와 비슷하다는 사실이 밝혀지기도 했다.

내 인생 목표는 어디쯤 와 있는가

현재 당신은 행복지수를 높이고 자신의 삶을 보다 만족스럽고 의미 있게 만들어줄 몇 가지 예비 목표를 적어놓은 상태다. 또 격려와 특별한 에너지가 필요할 때마다 활용해 스트레스를 낮추고 얼굴에 미소를 되돌릴 수 있는 활동과 생각, 상황 등을 모아놓은 자기만의 '넘치는 기쁨' 워크시트도 작성했다.

이제 배운 내용을 바탕으로 목표를 수정해보자. 최고의 목표는 다음과 같은 목표라는 사실을 명심해야 한다.

- 구체적이고 의욕을 북돋는 목표

- 회피 목표가 아닌 지향 목표(흥미롭고 매력적인 목표)
- 가치 중심적인 목표
  - 독립심과 유대감, 본인이 유능하다는 생각을 키우는 목표
  - 외재적 목표가 아닌 내재적 목표
- 측정 가능하고 피드백을 얻을 수 있는 목표
- 서로 상충되지 않고 다른 목표 달성에 도움이 되는 목표
- 글로 작성한 목표
- 사전에 공약하고 책임감을 느낄 수 있는 목표
- 몰입 상태를 유도하는 목표

인생 목표 설정 연습 및 워크시트

- '목표 달성 계획표'(438쪽 참조)는 구체적인 목표를 처음 세울 때 도움이 되고, 달성 가능성이 가장 높은 목표에 관한 다양한 요소를 생각해볼 수 있게 만든다. 인생 목표의 목록에 새로운 목표를 추가할 때마다 고려해야 할 여러 가지 요소를 확인하는 본보기로 이 양식을 이용하는 것이 좋다.

- '몰입'(448쪽 참조)은 개인적 및 직업적인 몰입을 경험하는 순간에 주목하면서, 어떤 목표가 내재적이고 가치 있는 목표인지 제대로 판단할 수 있게 만든다.

05 도움이 되는 인생 목표 만들기

나를 살아 숨 쉬게 하는 일이 무엇인지 자문해본 뒤 그 일을 하라.
세상에는 생생하게 살아 숨 쉬는 사람이 필요하다.

- 하워드 서먼(Howard Thurman)

:: 이제 아주 재미있고 인생을 바꿔놓을 가능성이 있는 일을 시작할 때가 되었다. 자리에 앉아 자기만의 목표가 담긴 목록, 내 삶을 희망과 영감, 열정과 헌신, 의미와 목적으로 가득 채워줄 목록을 만들 때가 된 것이다. 이 책 첫 부분에서는 인생 목표 목록의 중요성과 행복과의 상관관계, 그리고 가장 달성 가능성이 높고 신 나는 목표를 구성하는 요소들이 무엇인지 살펴봤다. 목록을 처음 만들 때는 438쪽의 '목표 달성 계획표'를 복사해 지침으로 삼는 것도 좋다. 언젠가 적당한 시기가 오면 실현하고 싶었던 감춰진 갈망들을 찾아낼 때마다 인생 목표의 목록에 추가한다. 자, 이제 잘 깎은 연필을 손에 쥐고 시작해 보자.

정답은 존재하지 않는다

나는 내 방식대로 살았다.

- 프랭크 시나트라(Frank Sinatra)

종교 전문가들은 신에게로 향하는 길이 무수히 많다고 하는데 인생 목표의 목록을 작성하는 방법도 마찬가지다. 전부 다 괜찮은 방법이지만 여기에 중요한 변수가 하나 있다면, 자기에게 맞는 방법을 택해야 목표 달성까지의 단계를 성공적으로 완수할 수 있다는 것이다. 상당수의 사람들은 시각 학습에 익숙하기 때문에 인생 목록도 미적 감각에 호소하는 방식으로 만들곤 한다. 또 어떤 사람은 직선적이고 현실적인 사고방식의 소유자라 사무적인 느낌을 풍기는 스프레드시트를 좋아한다. 그런가 하면 가상 소셜네트워킹 도구나 목표 수립을 도와주는 인터넷 사이트의 간편함과 실용성을 좋아하는 이들도 있다. 글을 쓰고 예쁘게 장식도 할 수 있는 스크랩북이나 일기장, 다이어리를 선호하는 사람도 물론 많다. 무엇보다 중요한 것은 본인에게 맞는 것을 선택해 이용하는 것이다.

목록을 만들기에 적절한 시기가 따로 있는가?

이 질문에 대한 대답은 그렇다이기도 하고 아니다이기도 하다. 누구나 행복하고 낙관적이고 희망차고 활력이 넘치고 열심히 살아야겠다는 의지가 샘솟을 때 인생 목표의 목록 만들기를 시작하고 싶을 것이다. 하지만 목록을 작성하는 동안에도 이런 강점을 누릴 수 있으니 인생 목표의 목록을 잘 작성하려면 하늘의 별들이 한 줄로 늘어설 때까지 기다려야 한다거나 완벽한 건강 상태를 회복해야 한다는 둥 시작하는 시기에 지나치게 신중을 기할 필요는 없다.

하지만 어떤 사람은 자기 발견을 시작하기 쉬운 특정한 시기가 있다고 생각하기도 하므로, 당신도 혹시 그런 경우에 해당하는지 내면의 시계에 주의를 기울이고 그것에 따르면서 변화와 성장에 필요한 정보를 수집하기 바란다. 어떤 사람에게 있어 새해의 시작은 명절 분위기에 젖어 지나치게 방탕한 시간을 보내던 것을 그만둬야 한다는 신호다. 1월 초에 다이어트나 운동기구 반액 세일 50% 할인행사가 많은 것도 이 때문이다. 1월은 또 전통적으로 자기계발서를 많이 구입하는 시기이므로, 동네 서점들도 한 해의 시작을 맞아 새로운 변신을 꾀해보라고 권할지도 모른다.

심리적인 면에서 어떤 사람은 자기 삶에 대한 봄맞이 대청소를 할 수 있는 시기를 기다리기도 한다. 이들에게 있어 꽃과 새들의 귀환은 부활과 갱생의 측면에서 인생을 다시 생각해보라는 신호이기 때문이다. 또 새 학기가 시작되는 9월을 맞아 자기 인생에서 불필요한 찌꺼기들을 털어내고 새로운 시작과 배움을 꿈꾸는 이들도 많다. 우리는 어떤 일을 하기에 완벽한 시간을 찾아내지는 못했지만, 당신에게 중요한 변화를 시작하기에 완벽한 시간은 분명 있다.

하지만 인생 목표의 목록을 처음 작성하기 시작할 때는 연습과 목록 작성을 위한 여유 시간을 가지는 것이 좋다. 가장 바람직한 방법은 집중력을 떨어뜨리는 전화나 다른 방해물을 전부 무시할 수 있을 때 이 작업을 하는 것이다. 어떤 사람은 목록 작성을 위해 커피숍이나 공원, 조용한 휴양지 같은 곳에 가기도 한다. 그러니 당신도 최대한 방해를 받지 않는 공간에서 충분한 작업 시간을 가질 수 있도록 가능한 모든 수단을 다 동원하기 바란다.

첫 번째 단계

대부분의 사람들은 자기가 이미 성취해서 자랑스럽게 여기는 일을 추억하거나 그에 대한 글을 쓰는 것부터 시작하기를 좋아한다. 목표 설정 과정을 시작할 때 이런 연습을 해두는 것이 중요한 이유가 몇 가지 있다. 첫째, 자기가 기존에 달성한 일을 떠올리면 긍정 정서와 이미지가 마음 가득 차올라 희망적인 정서를 느끼게 된다. 또 목표 달성 가능성과 행복을 예측하는 데 최고의 기능을 발휘한다는 사실이 알려진 자기효능감도 드높인다. 이런 기억을 다른 이들과 함께 나누면 사회적 유대관계를 공고히 하는 데도 도움이 된다.

자기가 이미 달성한 목표 가운데 자주 생각나거나 다른 이들에게 얘기해주곤 하는 5가지 목표를 아래에 적어보자. 앨범이나 추억을 자극하는 다른 기념물들을 훑어보면서 그때의 경험에 대한 기억을 새롭게 되살리고 싶을 수도 있다.

1. ______________________________
2. ______________________________
3. ______________________________
4. ______________________________
5. ______________________________

이제 당신은 몸은 현재에 머무르면서 아까보다 강해진 느낌과 자부심을 안고 미래를 향해 나아갈 수 있다. 자신의 노력과 에너지를 이용해 원하는 것을 얻었다는 사실을 꾸준히 되새길 수 있는 방법으로 과거의 성공을 기록해둬야 한다. 냉장고, 컴퓨터, 아이팟, 스마트폰, 기타 휴대용 장치에 붙여놓은 사진이나 큰 성공을 거뒀던 무렵에 유행했던 노래가 당시의 기억을 되새기는 데 도움이 될 수도 있다.

2008년에 브루스 헤디(Bruce Headey)는 전 세계 3500명 이상의 사람들을 15년 동안 추적 조사해 그들에게 만족감을 안겨주는 것과 그들의 삶을 의미 있고 행복하게 만드는 것이 무엇인지 알아보는 독보적인 연구를 실시했다. 이 연구에 따르면 가장 행복한 사람들에게는 다음과 같은 특징이 있다.

- 명확한 인생 목표에 따라 살아간다.
- 위험을 무릅쓰고 절대 변명하거나 포기하지 않는다.
- 우정, 사랑, 타인에 대한 봉사 등의 분야에 목표를 가지고 있다.

최고의 자화상 or 비전이 필요하다

당신은 1년 뒤나 5년 뒤, 그리고 인생을 마무리할 즈음에 어떤 위치에 있고 싶은지 이미 알고 있으며, 그 목표를 어딘가에 적어놓고 싶어 몸이 근질근질할 것이다. 만약 그런 마음이 들지 않는다면 이제 시작해야 할 때다. 이 일을 할 수 있는 재미있고 매력적인 방법이 많다. 앞서 소개한 소냐 류보머스키나 로라 킹이 인생에서 가장 원하는 것이 무엇인지 확실하게 파악하기 위해 사용한 '최고의 자화상'을 기록하는 일기 쓰기 과제는 삶에 대한 만족도를 높이고, 목표가 서로 상충되는 것을 막으며, 일기를 쓰는 사람에게 희망을 안겨주기도 한다. 킹은 단기 목표와 계획을 쓰기만 해도 기분과 건강이 좋아질 수 있다는 사실을 알아냈다.

'최고의 자화상'을 요약한 '마술 지팡이'라는 버전도 있다. 이 연습 과제를 할 때는 자기에게 아무 제약 없이 무한한 힘을 발휘할 수 있는 마술 지팡이가 있어서 간절히 바라는 인생이나 상황을 만들 수 있다고 상상한다. 자신의 성격적 결함, 금전적 딜레마, 도저히 해결할 방법이 없는 문제들이 모두 해결되고 무슨 일이든 다 가능하다고 상상해 보자. 자기 인생을 이런 식으로 생각해보면 본인이 가장 원하는 것이 무엇인지 금세 알 수 있다.

함께 하루를 보내고 싶은 사람

비밀스럽게 감춰져 있거나 겉으로 잘 드러나지 않는 목표를 알아내는 또 다른 방법은 기회가 생긴다면 어떤 사람과 시간을 보내고 싶은지 자문해 보는 것이다. 최근에 나온 한 베스트셀러는 이런 가상의 질문을 던져 독자들의 심금을 울리면서 할머니, 할아버지나 친구 등 소중한 이들과 함께 시간을 보낼 기회를 놓친 적이 없는지 생각해보게 했다. 후회할 가능성에 대한 질문은 본인의 가치관을 표현하고 현재의 목표를 드러내는 흥미로운 방법이다.

구사일생으로 목숨을 건진 경험이 있는 이들은 이런 현실적인 과제

-"앞으로 살 날이 얼마 안 남았다면 무슨 일을 하고 누구와 함께 시간을 보내겠는가?"-를 통해 큰 변화를 겪었으며, 상당수는 주어진 하루하루를 당연하게 받아들이는 것을 거부하고 현실적인 목표를 열심히 추구하기 시작한다.

당신도 생각을 자극하는 과제를 통해 자기만의 목표를 찾을 수 있다.

1. 현재 고인이 된 사람 가운데 한 명과 하루를 보낼 수 있다면 누구와 시간을 보내고 싶은가? 그에게 하고 싶은 말이나 묻고 싶은 질문이 있는가?

____

2. 내가 선택한 사람과 후회 없이 살 수 있다면 누구를 택할 것이며 그에게 하고 싶은 말이나 묻고 싶은 질문은 무엇인가?

____

내게 남은 30일

여러 기독교 단체에서는 '내게 남은 30일'이라는 운동을 벌여 신자들에게 앞으로 30일 동안 최대한 친절하고 다정한 태도를 취하고, 경건한 마음으로 남에게 베풀면서 최선을 다해 하루하루를 살아보라고 독려한다. 이 운동에 참여한 많은 이가 죽음이 임박했다고 상상하면 평소보다 선량한 사람이 되려고 노력하고 지금보다 긍정적인 유산을 남기려고 애쓰게 된다는 사실을 깨달았다. 이 아이디어가 마음에 들면 곰곰이 생각해서 본인의 생각을 아래에 적어보자.

앞으로 살 날이 30일 남았다면 나는 이런 일을 하겠다.

1. ______________________________
2. ______________________________
3. ______________________________

나는 어떤 가치관을 가지고 있는가?

앞에서도 말했듯이 자기만의 목표를 찾고 그것을 기존의 가치관과 연결하는 것은 설레는 마음으로 활기차게 목표를 추구할 수 있는지 여부를 알려주는 중요한 지표다. 자신의 가치관이 무엇인지 확실치 않거나 어떻게 설명해야 할지 모르겠다면 재미있는 방법을 알려주겠다. 책이나 영화, 연극, 문학 작품이나 대중매체에 등장하는 인물 가운데 좋아하는 인물을 하나 생각하면서 그 인물의 가장 두드러진 특징을 적는다. 그러면 내가 다른 사람을 볼 때 가장 감탄하는 부분이 무엇이고, 내 삶의 규범으로 삼을 만큼 중요시하는 것이 무엇인지 알 수 있다.

내가 아는 한 남성은 흔히 존 웨인(John Wayne)으로 상징되는 '남성다움'을 찬양하던 시기에 자란 덕분에 강인함과 신속한 회복력, 정직함을 바탕으로 한 가치 체계를 받아들였다. 위의 과제를 수행한 또 다른 남성은, 유명한 노트르담대학교 미식축구팀에 들어가겠다는 꿈을 버리지 않고 끝까지 노력한 결과, 놀라운 인내심으로 코치와 다른 팀원들의 존경과 우정을 한몸에 받은 미식축구 선수의 이야기를 담은 영화 〈루디 이야기(Rudy)〉를 언급했다. 성경에 등장하는 인물들을 좋아하는 역할모델로 대면서 욥의 근성과 예수가 성난 군중 앞에서 보여준 친절한 태도를 높이 산다고 말한 이도 있었다. 일반적으로 의미 있는 가치관은 최고의 행동을 유도하고 우리를 더 나은 존재로 만든다.

책이나 영화에 등장하는 인물 5명의 이름과 이들이 대표하는 속성을 아래에 적어보자.

등장인물	속성
1. ______	
2. ______	
3. ______	
4. ______	
5. ______	

왜 안 돼?

자기에게 가장 알맞은 방식에 따라 목표를 하나씩 적는 과정을 시작할 때는 본인의 미래를 상상하면서 스스로 "왜 안 돼?"라는 질문을 던져보기 바란다. 이렇게 무제한적인 사고를 펼쳐야 한껏 자유로워진 기분으로 목표를 설계할 수 있다. "왜 하필 나야?"라는 태도로 접근하는 것이 아니라 "나라고 왜 못하겠어?"로 생각을 바꾸면, 본인에 대한 인식이 바뀌고 그에 맞춰 목표까지 바뀌는 것이다. 이어질 내용에서는 이렇게 생각을 과감하게 바꾼 덕분에 놀라운 일을 이뤘을 뿐만 아니라, 주변 사람들까지 감화시켜 평소 가능하다고 생각했던 것보다 훨씬 많은 일을 한 이들에 대해 살펴볼 예정이다.

"왜 안 돼?"라고 생각하면서 자신에게 중요한 의미가 있는 일을 이루고 그 성공이 다시 다른 재미있는 목표로 연결된 사례를 살펴보자.

40대에 접어든 앨리슨 시게티는 두려움 때문에 중요한 인생 목표를 포기했다는 사실을 깨달았다.

"'나는 훌륭한 예술가가 될 수 있어'라고 생각만 하는 것은 안전하고 쉬운 일이지만, 일단 성공을 위해 노력하기 시작하면 그 완충 지대가 사라집니다. 실패할 수도 있다는 말이지요."

그녀는 함께 카약을 타던 친구들에게 돌연 이듬해에 열릴 그린란드 선수권대회에 출전하겠다고 선언하면서 인생의 크나큰 전기를 마련했다. 그리고 곧장 그때까지의 생활 패턴을 바꿔서 얼어붙을 듯 차가운 그린란드의 강물에 적응하기 위해 초대형 냉동고 안에서 자전거를 타거나 카약을 머리에 얹은 채 건물 계단을 오르내리는 등의 훈련을 시작했다. 두려움과 피로를 물리치고 훈련을 계속하면서 얼음처럼 찬 물 속에서 배를 젓는 법이나 작살 사용법, 녹초가 될 정도로 힘든 뱃줄 코스에서 실력을 발휘하는 법 등을 배웠다. 중년의 나이에 시작된 그녀의 변신은 그린란드 선수권대회로 생긴 흥분 상태를 이용해 그동안 머릿속에서 맴돌기만 하던 목표를 구체적으로 정하는 등의 방식으로 계속 이어졌다. 정지 신호에 멈춰선 차 안에서나 노래를 부르던 그녀가 본격적으로 노래 교습을 받기로 결심하고, 그 해가 다 가기 전에 아마추어 가수들이 모이는 카페에서 노래를 하겠다는 계획을 세우기도 했다.

"적극적으로 뛰어들면 인생이 훨씬 충만해집니다."

미소 띤 얼굴로 기자에게 설명하던 그녀는 자기에게 열의와 헌신을 가지고 중년의 변신을 추구할 결단력이 있었다는 사실에 새삼 감동했다.

행복의 집

인생 목표의 목록을 만드는 방법은 여러 가지인데, 처음 시작할 때는 '행복의 집'이라는 간단한 오려 붙이기 방식을 이용하는 것이 좋다. 이 방법은 본인의 가치관을 명확하게 밝혀주는 동시에 목표를 세우는 데도 유용하다. '삶의 질 치료와 코칭'이라는 방법을 바탕으로 하면서 여러 연구를 통해 효과가 입증된 이 방식은 본인의 만족도를 평가한 뒤 삶의 질을 높이는 목표 달성을 향해 전진하도록 도와준다. 당신도 실습을 통해 본인에게 가장 중요한 삶의 영역이 인생 목표의 목록에 잘 반영되었는지 확인할 수 있다.

사람들이 느끼는 행복 가운데 50~80퍼센트 정도는 스스로 통제가 가능하다. 구체적으로 말해 전 세계인들이 느끼는 행복의 중요한 기본 토대인 17가지 인생 영역에서 느끼는 만족도를 모두 합치면 이 정도 비율이 될 것이라는 얘기다(17번째 영역인 '영적'인 부분은 '목표 및 가치관'과 분리되어 있다). 당신도 17가지 삶의 영역을 이용해 행복의 집을 지을 수 있다.

본 실습을 위해서는 먼저 자신의 전체적인 행복을 떠받치는 삶의 17개 부분이 각각 하나의 방이라고 생각해야 한다. 이 방들을 본인의 가치관이 잘 반영되도록 배치해서 행복의 집을 만들 수 있다. 방법은 다음과 같다.

1. 다음 페이지에 나오는 방 소개 내용을 복사한다.
2. 행복의 집을 구성하는 모든 방을 가위로 오린다.
3. 종이에서 오린 방(본인에게 가장 의미 있는 인생 영역)을 이용해 행복의 집을 만든다. 행복의 집 1층에는 가장 중요하다고 생각하는 방들을 배치한다. 그리고 그보다 중요성이 조금 낮은 영역은 2층으로 올라간다. 3층은 그보다 덜 중요한 영역들이 차지한다. 자신에게 중요하지 않거나 별 상관없는 방은 치워버리자(완성된 모양이 실제 집 모양 같지 않아도 걱정할 필요 없다. 집을 꾸미는 데는 올바른 방식도 잘못된 방식도 따로 없으니 말이다).
4. 자기가 꾸미는 행복의 집에 17가지 인생 영역을 배치하면서 그 각각의 정의를 유념한다. 다양한 인생 영역에 대한 정의는 당신의 생각보다 광범위할 수 있다. 예컨대 '돈'은 현재 가지고 있는 자산과 소유물, 그리고 대학 학자금처럼 추후 필요한 자금을 충분히 마련할 수 있는가 등 생활 수준이나 금전적 안정에 중요한 3가지 요소

로 이루어져 있다.

5. 행복의 집을 구성하는 각 방의 뒷면에는 해당 영역에서 이루려고 하는 목표를 적는다. 내용을 컴퓨터로 작성해서 마음에 들 때까지 고칠 수도 있다. 그리고 완성되면 인쇄해서 각 방의 뒷면에 풀로 붙인다. 자기가 만든 행복의 집을 사진으로 찍어 꾸준히 목표를 되새길 수 있는 장소에 붙여놓자.

사라가 만든 행복의 집

사라가 만든 행복의 집을 소개한다. 실습을 하던 당시의 사라는 은퇴를 앞둔 중년의 변호사로 고통스러운 이혼 과정을 막 겪은 참이었다. 그래서 은퇴 뒤에 좀 더 의미 있는 시간을 보낼 수 있도록 중요한 인생 목표를 세우려 했던 것이다. 사라가 처음에 작성한 성취와 만족의 사다리(70쪽 참조) 점수는 '거의 성공하지 못함'에 해당했지만, 행복의 집 1층에 배치한 주요 목표부터 시작해 목표 중 상당수를 이루려고 노력하고 성공적으로 달성하는 사이에 점수가 '꽤 성공적'에 해당하는 범위까지 올라갔다.

행복의 17가지 인생 영역

건강 체력이 강하고 아프지 않으며 통증이나 육체적 결함이 없는 상태인지 생각해보자.	**자존감** 본인의 강점과 약점, 성공과 실패, 문제해결 능력 등을 모두 고려해 자기 자신을 좋아하고 존중하는 것이다.
목표와 가치관 삶에서 가장 중요한 것과 지금 그리고 장차 살아갈 방향에 대한 생각. 인생 목표, 옳고 그름에 대한 판단, 인생의 목적이나 의미 등도 생각해 보자.	**영적인 생활** 혼자 또는 뜻을 같이 하는 이들이 모인 영적 공동체의 일원으로서 추구하는 영적 또는 종교적 믿음이나 습관. 믿음이 강한 경우에는 영적인 생활이 개인의 목표와 가치관에서 중요한 위치를 차지하기도 한다.
돈 자기가 버는 돈, 소유하고 있는 물건(자동차나 가구 등), 장차 자기에게 필요한 돈과 물건을 가지게 되리라는 믿음 등을 고려해 본다.	**일** 직업 또는 자기가 대부분의 시간을 쏟는 일. 직장에 나가 일을 할 수도 있고, 집에서 가족을 돌볼 수도 있으며, 학교에 다니는 학생일 수도 있다. 직장에서 맡은 업무, 버는 돈(돈을 버는 경우), 함께 일하는 사람들도 일의 범주에 포함된다.

놀이 한가한 시간에 긴장을 풀거나 재미를 얻거나 자기계발을 위해 하는 일. 영화 감상, 친구 만나기, 스포츠 활동, 정원 가꾸기 등의 취미생활 등을 생각해 본다.	**학습** 관심 있는 분야의 신기술이나 정보 습득. 역사, 자동차 수리, 컴퓨터 사용 같은 주제에 관한 책을 읽거나 강좌를 수강하면서 학습하는 것이다.
창의성 일상적인 문제를 해결하거나 그림, 사진, 바느질 같은 취미 활동을 위한 새롭고 창의적인 방법을 고안하기 위해 상상력을 발휘한다. 집안을 꾸미거나 기타를 연주하거나 직장에서 발생한 문제를 해결할 새로운 방식을 찾는 일 등도 여기 포함될 수 있다.	**봉사** 곤경에 처한 사람을 돕거나 자기가 사는 지역사회를 더 살기 좋은 곳으로 가꾸는 일을 돕는 것. 봉사 활동은 혼자 할 수도 있고 교회나 근린 조직, 정당 같은 단체의 일원으로 할 수도 있다. 여기서 말하는 원조에는 학교에서 자원봉사 활동을 하거나 훌륭한 대의를 위해 돈을 기부하는 일 등도 포함된다. 원조란 자기 친구나 친척이 아닌 이들을 돕는 것을 말한다.
사랑 다른 사람과 맺은 매우 친밀하고 낭만적인 관계. 사랑이라는 감정에는 대개 성적인 이끌림이나 애정과 배려, 이해받는 느낌 등도 포함된다.	**친구** 자기가 잘 알고 관심이 있으며, 관심 분야나 의견이 비슷한 사람(친척 제외)이다. 친구와 함께 즐거운 시간을 보내고 개인적인 문제를 의논하거나 서로를 돕는지 생각해보자.
자녀 자녀와의 관계는 어떤가? 자녀들을 보살피거나 만나러 가거나 함께 놀 때의 관계가 어떤지 생각해보자.	**친척** 부모, 조부모, 형제 · 자매, 이모, 삼촌, 시가 또는 처가 식구들과의 관계는 어떤가? 친척 집에 가거나 전화 통화를 하거나 서로의 일을 돕는 등 함께 어울릴 때 관계가 어땠는지 생각해 보자.
집 자기가 사는 곳. 일반 주택이나 아파트와 그 주변 땅. 자기가 사는 집의 멋진 모습이나 크기, 집세나 주택대출금 상환 등에 대해 생각해 보자.	**이웃** 거주지 주변 지역. 동네의 근사한 풍경이나 주변 지역의 범죄 발생률, 이웃 사람들을 얼마나 좋아하는지 등에 대해 생각해보자.

지역사회 자기가 사는 도시나 마을, 시골 지역 전체를 가리킨다(인근 동네뿐만 아니라). 지역사회를 평가할 때는 그 지역의 멋진 경치나 범죄 발생률, 자기가 이곳 사람들을 얼마나 좋아하는지 등도 포함된다. 또 공원, 공연장, 운동 경기장, 식당 등 즐거움을 누리기 위해 찾는 장소들도 고려한다. 필요한 물건을 살 때 지불해야 하는 비용, 구직 가능성, 정부, 교육 시설, 세금, 인구 등도 고려할 수 있다.	

사라가 만든 행복의 집은 다음과 같은 가치관에 따라 각 층의 모습이 정해졌다.

▸1층

봉사 - 해비타트(Habitat for Humanity)운동에 참여한다. 가치 있는 일에 돈을 기부한다.

자녀 - 주일학교 교사 일을 다시 시작한다.

영적인 생활 - 선 수련원에 들어가 명상을 한다, 날마다 기도하며 하나님의 말씀에 귀 기울인다.

학습 - 야간 식사 제공 프로그램에 참여할 수 있는지 여부를 알아본다.

친척 - 언니의 참모습을 인정해 주고 알츠하이머병을 앓는 아버지와 꾸준히 연락한다.

창의성 - 집에 페인트를 칠하고 실내 장식을 다시 한다. 취미 삼아 양탄자 짜기를 다시 시작한다.

건강 - 잠을 하루에 8~9시간 이상 잔다. 체중을 줄이고 음주를 자제한다.

친구 - 가까운 친구들에게 매주 연락한다. 조언을 구하는 친구의 말에 진심으로 귀 기울이고 비판을 삼간다.

▸2층

사랑 - 새로운 애인을 찾는다.

돈 - 신용카드 대금을 청산한다. 금전 거래 내역은 모두 컴퓨터의 금전 관리 프로그램에 등록한다.

놀이 - 정원 가꾸기에 좀 더 힘쓴다. 날마다 웃는다.

자존감 - 자괴감에 빠지는 횟수를 줄인다. 스스로 유능한 사람이라고 느낄 수 있을 만한 일을 한다.

▸3층

일과 은퇴 - 파트타임으로 법조계 일을 계속한다.

집 - 매일 밤 커피메이커 타이머를 맞춰 놓는다. 식기세척기와 세탁기를 매일 돌린다.

이웃 - 이웃 사람들의 이름을 모두 외운다. 주민 모임에 가입한다.

지역사회 - 운동 경기를 자주 보러 다닌다. 다른 사람들과 함께 자연 속을 걷는다.

이 실습 방법을 이용해 목표와 가치관을 확립할 경우 얻게 되는 강점은 그 결과를 저장해서 자기가 날마다 볼 수 있는 장소에 붙여놓을 수 있다는 것이다. 사라는 실제로 목표를 문서로 작성해 컴퓨터 시작 메뉴에 저장해 놓았다. 덕분에 컴퓨터를 켤 때마다 그 목표를 떠올리면서 확실한 방향성과 성공 가능성을 느낄 수 있었다.

수많은 목표 때문에 중압감을 느끼는 경우에도 이 방법을 사용하면 어디서부터 목표 달성 노력을 시작해야 할지 알 수 있다. 일반적으로 '1층'에 속한 목표를 달성할 경우 '3층'의 목표를 달성했을 때보다 삶의 만족도가 높아진다. 또 여러 가지 중요한 영역에 속한 목표를 동시에 추구할 수 있고, 삶의 한 부분에서 느끼는 행복도가 높아지면서 생기는 잠재적인 확산 효과도 누리게 된다.

버킷리스트 방식

영화 〈버킷리스트〉의 등장인물을 비롯해 수많은 이가 시도해서 효과를 본 전통적인 목표 설정의 방법 가운데 하나가 바로 죽기 전에, 혹은 결혼, 40대 진입, 은퇴 등 인생의 특정한 이정표에 도달하기 전에 하고 싶은 일들을 메모지나 다이어리에 적는 것이다. 목표 달성에 성공한 이들 중에는 커피숍이나 해안가, 혹은 자기 집 거실 소파에 앉아 자기가 살면서 이루고 싶은 일들을 하나씩 신중하게 적는 더없이 간단한 방법을 이용해 목표를 이룬 이들이 많다. 예쁘게 꾸미거나 인생 영역별로 구분하지 않았더라도 이런 목록을 인생의 길잡이로 삼아 자주 참고하는 것이다. 색인 카드, 봉투, 종이 조각 등에 자기 꿈을 휘갈겨 쓰고는 이것이 닳아 해질 때까지 들고 다니면서 인생을 혁신한 비즈니스계와 스포츠계의 거물들도 이 간단한 방법으로 효과를 봤다.

버킷리스트 방식을 이용하려고 하는 사람은 필기구나 메모지 종류에 상관없이 어디에든 자기 목표를 적을 수 있다. 1부에서 '죽기 전에 하고 싶은 100가지 일'(422쪽 참조) 목록을 작성하는 일부터 시작해 보라고 얘기했다. 이 목록을 작성하면서 목표 달성을 위해 움직여야겠다는 자극을 받는다면 더없이 좋은 일이다. 100가지 목표가 다 생각나지 않아도 걱정할 필요 없다. 사실 처음에는 10가지가 채 안 돼도 상관없다! 중요한 것은 일단 목표 달성을 위한 노력을 시작해 우선 쉬운 목표부터 몇 가지 이루면서 그 일이 마음속에서 차지하는 자리를 점점 더 넓혀가는 것이다.

마인드맵

마인드 매핑(mind mapping) 기법을 이용해 커다란 프로젝트를 정리하거나 잘게 쪼개고, 목표 완수를 위해 책임감을 갖고 실행할 수 있는 목표를 만드는 이들이 많다. 한 작문 교사는 마인드맵을 이용해서 자세한 장별 개요를 비롯해 학생들이 처음부터 끝까지 책을 완성하도록 이끌었다. 변호사들은 사건 개요서를 작성하거나 방대한 양의 정보를 추적, 정리할 때 마인드맵을 자주 이용하며, 강의 중에 마인드 매핑 기술을 사용하면 기존의 노트 필기 방식보다 훨씬 도움이 된다고 말하는 학생들도 있다.

마인드맵은 보통 목표 지점을 나타내는 가운데 부분에서부터 사방으로 살이 뻗어 나가는 바퀴와도 같다. 각 살에서는 관련된 목표나 하위 목표가 다시 가지를 친다. 이런 체계를 이용했을 때 얻을 수 있는 이점은 자신의 목표를 시각적으로 확인할 수 있을 뿐만 아니라, 다양한 색상을 사용하거나 목표까지의 거리를 달리하는 등 여러 가지 방법을 통해 목표 달성까지의 단계를 개별적으로 표시할 수 있다는 것이다. 전형적인 틀에서 벗어난 텍스트 디자인을 이용하는 것을 좋아하는 이들이 많으며, 이들은 이런 디자인 방식 덕분에 보다 폭넓게 생각할 수 있다는 사실을 깨닫기도 한다. 이 방법을 사용해보고 싶으면 418쪽의 인생 목표 맵 샘플을 참조한다.

비전보드(Vision Board)

문자보다는 이미지를 통해 더 많은 영감을 얻는 사람이라면, 사진이나 잡지 이미지, 광고, 옷감 조각, CD 표지, 조리법, 반쪽짜리 티켓, 보석 같은 다양한 시각적 매체를 이용해 인생 목표를 표현하는 비전보드를 만드는 데 관심이 있을 수도 있다. 일반적으로 비전보드는 포스터 게시판을 이용한 거대한 콜라주라고 할 수 있는데, 냉장고 문이나 침실 거울을 비롯해 눈에 잘 띄는 장소라면 어디든지 비전보드로 활용할 수 있다.

한 사진작가는 앞으로 몇 년 동안 목표 달성에 집중할 수 있도록 본인의 기술을 활용해 다양한 이미지와 슬로건들을 모은 거대한 콜라주를 만들기로 결심했다. 그녀는 콜라주를 포스터 크기로 확대하고 이것을 저렴한 재료로 만든 틀에 집어넣은 뒤 자기 집의 작업실로 향하는 계단 벽에 죽 걸어뒀다. 벽에 걸린 이미지 중에는 결승선을 막 통과하는 여자의 사진도 포함되어 있었는데 이는 난생처음으로 마라톤을 완주하겠다는 목표를 나타내는 것이고, 평화로운 호수 사진은 살아가는 속도를 늦추고 일상 속에서 만나는 작은 즐거움을 만끽하겠다는 목표를 가리키는 것이다.

수십 장의 포스트잇으로 구성된 보기 드문 비전보드를 만든 사람도 있다. 그녀는 먼저 게시판을 5칸으로 나눠 연도를 표시한 뒤 포스트잇에 다양한 목표를 적어 그 목표를 이루려고 하는 연도 칸에 붙였다. 그리고 비전보드를 자기 침실에 두고 몇 주 동안 계속 살펴보면서 필요하다고 생각할 때마다 포스트잇의 위치를 바꿨다. 마지막으로 친한 친구를 몇 명 집으로 불러 이 독특한 인생 목표 게시판을 보여주고 어떻게 생각하는지 물었다. 놀랍게도 친구 한 명이 그녀가 쓴 쪽지 하나를 떼어내더니 그 실행 일정을 앞당기면서 이렇게 말했다.

"넌 이 목표를 올해 이루게 될 거야. 왜냐하면 나도 너와 함께 동참할 테니까. 우리 서로 목표를 이루도록 밀어주자."

이 일이 있은 뒤, 친구들이 자기만의 비전보드를 만들고 특정 목표에 대해서는 서로 도움이 될 수 있도록 힘을 합치자는 제안을 하는 것을 보고 놀라움과 기쁨을 동시에 느꼈다.

스크랩북

스크랩북은 다양한 활동에 알맞는 훌륭한 도구다. 우리가 본 가장 창의적인 스크랩북 활용법 가운데 하나는 각 페이지를 특정 목표와 관련된 이미지로 장식한 뒤, 가운데 부분에 그 목표를 실제 이룬 순간을 보여줄 공간을 마련해 나중에 실제 목표 달성 날짜를 적거나 그 순간의 모습이 담긴 사진을 붙일 수 있게 하는 것이었다. 스크랩북 크기는 개인의 취향에 따라 클 수도 있고 작을 수도 있으며, 다른 사람들의 도움을 받아 꾸밀 수도 있고 혼자 힘으로 꾸미는 것도 얼마든지 가능하다. 목표 스크랩북을 만들 때도 마인드맵을 작성할 때처럼 창의적인 재료와 색상을 사용할 수 있다.

인터넷 목표 달성 사이트와 블로그

첨단 기술의 강점 가운데 하나는 세계 각지의 사람들을 보다 가깝게 맺어준다는 것이다. 앞서 말한 것처럼 현재 인터넷에는 수준 높은 목표 설정 사이트가 여러 개 있어 자기와 비슷한 열정이나 목표를 지닌 사람과 인연을 맺고 싶어 하는 이들에게 적합한 가상 커뮤니티를 제공한다. 이런 사이트에서는 서로를 격려하거나 목표를 달성하는 다양한 방법을 알려주거나 일이 잘 풀리지 않을 경우 위로해 주는 모습을 흔히 볼 수 있다. 목표 달성용으로만 사용되는 개인 블로그 수도 급증하고 있는데 특히 체중 감량과 관련된 블로그가 눈에 많이 띄고, 랜디 포시의 감동적인 '마지막 강의'를 본 뒤에 갑자기 생겨난 것도 많다.

인생 목표의 목록을 만드는 별난 방법

목표를 적고 그 달성 과정을 꾸준히 추적하는 방법은 무수히 많다. 개중 가장 성공적이고 창의적인 방법 몇 가지를 소개한다. 당신도 이것을 보면 평범한 틀에서 벗어날 수 있는 좋은 영감을 얻게 될지도 모른다.

- **모자이크** 완성되지 않은 테이블 상판과 거울을 구입한 뒤 이것을 이용해 목표를 나타내는 모자이크를 만든 사람도 있다. 유럽에서 휴가를 보내는 동안 들른 교회의 바닥과 벽을 장식한 화려한 비잔틴 양식 모자이크를 보고는 이렇게 진심이 느껴지는 방식으로 인생 목표를 표현하겠다는 아이디어를 얻은 것이다.
- **타임캡슐** 매년 특별한 목적을 가진 파티를 여는 사람이 있다. 이 파티에 참석한 이들은 이듬해에 이루고 싶은 목표를 이야기한 뒤 그것을 종이에 적는다. 그리고 저녁식사 후 자기 목표를 적은 종이를 다른 참석자들과 교환한다. 1년 뒤 다시 파티에서 만나 밀봉해 둔 봉투를 열고 각자가 이룬 발전을 축하하면서 다시 그 이듬해를 위한 목록을 만드는 것이다!
- **퀼트 만들기** 어떤 여성은 여행 중에 공항에 걸려 있는 퀼트 작품을 보고는 자기가 과거에 이룬 일을 비롯해 여러 가지 인생 목표를 퀼트로 표현해 봐야겠다고 결심했다. 완성된 작품은 정말 근사했다. 각 퀼트 조각은 목표를 달성할 당시에 찍은 사진을 천에 옮긴 뒤 퀼트 형태로 만든 것이었다. 앞으로 이루려고 하는 목표를 표현할 때도 티셔츠와 다양한 아이템을 사용해 창의적으로 자기 꿈을 묘사했다. 퀼트가 완성되자 이것을 본 사람들이 자기 가족의 목표를

표현한 퀼트를 만들어 달라고 부탁하기 시작했고, 결국 이 일은 그녀에게 상당한 수입을 안겨주는 틈새 사업으로 성장했다.

- **수놓기** 어떤 이들은 스카프나 자수용 캔버스나 토트백에 자기 목표를 수놓아서 가지고 다니기도 한다.
- **자동차 번호판, 보안용 패스워드, 이메일 주소** 자동차 장식 번호판과 이메일 주소를 이용하면 한 가지 이상의 목표를 꾸준히 상기할 수 있다. 해안가 별장을 살 돈을 모으려는 어떤 여성은 충동구매를 자제해야 한다는 사실을 되새기기 위해 차에 "IMCHEAP(나는 알뜰하다)"라는 장식 번호판을 붙이고 다녔다. 또 어떤 작가는 평소 사용하는 인터넷 사이트 패스워드를 전부 "BestsellerInOneYear(1년 안에 베스트셀러 완성)"로 바꿔 그 목표를 입력해야만 온라인 작업을 할 수 있게 만들었다.
- **비디오** 이 방법을 시도했다는 사람은 아직 본 적이 없지만, 목표에 대해 이야기하는 자기 모습을 동영상으로 찍은 뒤 유튜브 같은 동영상 공유 사이트에 등록해 놓으면, 공공에 대한 책임감을 느끼게 되고 또 목표를 이야기할 때의 자기 얼굴 표정을 확인하는 부가적인 이익도 있다.
- **북 클럽** 목적의식을 잃은 채 매달 모여 와인이나 마시고 뜬소문이나 주고받던 북 클럽 회원들이 그들의 모임을 목표 설정 그룹으로 바꾸었다. 이제 회원들은 매달 모여 자신의 장단기 목표를 함께 이야기하고, 서로의 성공을 축하하고, 좋은 아이디어를 짜내고, 적극적으로 행동하는 시간을 갖게 되었다.

내 인생 목표는 어디쯤 와 있는가

당신은 이제 적극적으로 자신의 인생 목표의 목록을 작성하게 되었다. 그리고 목록을 작성할 때는 방금 살펴본 것처럼 시각적 이미지를 사용하든, 말로 공언하든, 종이에 직접 쓰든, 컴퓨터 문서로 작성하든 자기에게 잘 맞기만 하면 어떤 방법을 사용해도 상관없다. 어떤 방법을 선호하든 간에 당신에게 최대한의 융통성과 창의성, 그리고 성공에 필요한 책임감을 안겨주는 방법을 이용하라고 권하고 싶다. 이런 방법을 다양하게 조합하는 것이 본인이 목표 달성을 향해 전진하는 데 가장 알맞은 방법임을 깨닫게 될 수도 있다. 중요한 것은 어떻게든 일단 시작한 뒤 그 과정을 즐기는 것이다. 좀 더 자극이 필요한 사람은 아래에 소개하는 실습을 해보자.

인생 목표 설정 연습 및 워크시트

- 목표 달성을 독려하는 인터넷 사이트 몇 곳을 둘러본다. 1부에서 과제로 내줬을 때 이 작업을 하지 않았다면 지금 둘러보는 것도 좋다. 또 전에 이미 살펴본 곳이라 하더라도 다시 방문했을 때 어떤 새로운 목표가 불쑥 떠오를지 알 수 없는 일이다.

- '인생 목표 맵'을 만든다. 인생 목표 맵을 살펴보면서 이 새로운 시각적 방식이 자신에게 알맞을지 생각해보자(450쪽 참조).

06 내 곁에 두고 싶은 사람들

친구는 한 사람의 가치를 판단하는 가장 좋은 척도다.

- 찰스 다윈(Charles Darwin)

:: 이 장에서는 우정이 우리에게 어떤 도움이나 상처를 주는지, 자기도 모르는 새에 어떻게 타인의 좋은 기분이나 나쁜 기분에 영향을 받는지, 나의 발전이나 쇠퇴에 이바지하는 관계를 정확하게 판단하는 방법은 무엇인지, 최고의 상태에 올라 중요한 목표를 모두 이루게 도와주는 적극적인 지원 시스템을 구축하려면 어떻게 해야 하는지 등을 알아보자.

비만 = 친구의 영향

2007년에 〈뉴잉글랜드 의학저널(New England Journal of Medicine)〉이라는 유명 학술지에 발표된 한 연구 결과가 전 세계 영양학자와 개인 스포츠 트레이너, 다이어트업계에 큰 충격을 던졌다. 32년 동안 1만 2

천 명의 체중 증가 패턴을 조사한 하버드대 의과대학 연구자들은 수면 습관이나 운동 계획, 먹는 음식도 체중 증가에 영향을 미치기는 하지만 비만 가능성과 반드시 밀접한 관련이 있는 것은 아니라는 결론을 내린 것이다.

이들의 말에 따르면 장차 체중이 증가해 조기 사망할 가능성이나 각종 질병이 발생할 가능성이 높아질지 여부를 알려면 친하게 지내는 사람이 어떤 사람들인지 보면 된다고 한다. 사실 친구는 우리의 행동을 결정짓는 중요한 요소다. 따라서 가장 친한 친구가 체중이 늘면 그가 아무리 먼 곳에 살더라도 나까지 덩달아 체중이 늘 가능성이 171퍼센트나 높다고 한다. 가족의 습관도 영향을 미치기는 하지만 친구들의 행동이나 생각, 가치관이 미치는 영향에 비하면 그 정도가 미미하다.

연구를 주도한 니콜라스 크리스타키스(Nicholas Christakis) 박사는 조사결과에 대해 "주변인들의 모습을 보면서 사회적으로 용인되는 체형에 대한 생각이 바뀌게 되는 것"이라고 설명한다. 그리고 친한 친구가 비만이 되면 그 모습이 "그리 나쁘게 보이지 않는다"는 말도 덧붙였다. 컬럼비아대학의 루돌프 L. 라이벨(Rudolph L. Leibel) 박사 같은 비만 전문가들은 지금껏 생각지 못한 방법으로 중요한 주제를 고찰했다는 점에서 크리스타키스의 발견이 매우 혁신적이고 흥미롭다고 평한다. "일반적으로 검토하지 않는 환경적 측면까지 모두 살펴본 매우 섬세하고 정교한 방식"이라는 것이다.

대부분의 사람들은 하버드대학교의 비만 연구를 잡지 표지를 장식하는 자극적인 표제 정도로 받아들일지 모른다. 하지만 목표 설정 분야나 심리학계 종사자들은 자기와 함께 살고 일하고 놀고 교제하는 이들의 태도를 받아들이는 이런 사회적, 정서적 전염의 최신 증거를 보고도 별로 놀라지 않았다. 우리가 주변 사람이나 사교 네트워크에 속한 이들의 정서에 전염된다는 사실은 예전부터 알려져 있었다. 하지만 비만과 관련된 연구결과가 나오자 우정이 목표를 세우고 그것을 달성할 수 있는지 여부를 판가름하는 가장 중요한 결정인자 가운데 하나일 수도 있다는 사실에 주목하게 된 것이다.

정서적 전염 및 사회적 전염 이론

세속적인 우정은 악의 공모자이거나 쾌락의 동반자인 경우가 많다.

- 조셉 애디슨(Joseph Addison)

하버드대학의 비만 연구는 우리가 주변 사람의 정서에 영향을 받는 다양한 방식과 자기가 처한 환경적 영향을 통해 전염의 영향 범위를 넓히는 방법을 보여주는 정서적 전염 이론의 일부에 지나지 않는다. 대부분의 사람들은 특정한 상황이나 사람이 자기 기운을 앗아가기도 하지만 반대로 내가 가진 최고의 모습을 이끌어내는 관계도 있다는 사실을 직관적으로 안다. 하지만 그런 현상이 왜, 그리고 어떻게 일어나는지 연구한 결과를 보면 깜짝 놀라곤 한다.

이 장의 결론 부분에서는 당신이 함께 시간을 보내고 가치관을 공유하는 이들과의 관계를 도표로 그리고(451쪽의 '영향력 네트워크' 참조) 이 친구들이 현재 당신의 삶에 어떤 영향을 미치는지, 그리고 당신의 인생 목표에 앞으로 어떤 영향을 미치게 될지 생각해볼 것이다.

자기가 주위 사람들의 정서에 얼마나 쉽게 전염되는지 알려주는 연구결과를 보면 앞으로는 타인과의 관계를 조절하고 싶어질지 모른다. 어떤 관계와 상황이 내게서 최고의 모습을 끌어내는지 알고 싶다면 발전적인 우정이나 직장을 예측할 수 있는 간단한 수학 비율도 있다. 사회적 지지가 주는 힘을 활용하는 방법과 좋은 친구와 환경이 행복과 성공을 극대화한다는 사실을 알면 인생 목표를 성공적으로 달성할 수 있다.

다른 사람의 기분에 영향을 받는 경로, 즉 '사회적 전염'이 이뤄지는 경로를 살펴보자.

- **전화를 통한 기분 전염** 한 연구에서 다른 학생과 20분간 전화 통화를 한 대학생들의 경우, 대화를 시작할 때는 기분이 좋지도 나쁘지도 않았던 사람도 상대방 기분이 우울하면 대화가 끝날 무렵 우울한 기분을 느꼈다.
- **말 없는 전염** 스웨덴의 웁살라대학에서 실시한 연구에 따르면 무표정한 얼굴 이미지를 본 뒤 행복한 표정이나 화난 표정이 담긴 얼굴 사진을 30밀리초는(100초, 그 이미지를 의식적으로 기억하기에 충분치 않은 시간이다) 동안 본 사람은 자기가 방금 본 얼굴과 똑같은 표정을 지으면서 행복한 감정이나 화난 감정을 느낀다고 한다. 이와 비슷한 연구에서 기분이 좋지도 나쁘지도 않은 상태인 실험 참가자를 행복하거나 슬픈 감정을 느끼는 사람과 몇 분간 대화 없이 함께 있게 했더니, 기분이 아무렇지 않던 사람도 방을 나설 무렵에는 방금 얼굴을 마주봤던 사람과 같은 기분이 되어 있었다.
- **직장에서의 전염** 펜실베이니아대학 와튼스쿨의 시걸 바세이드(Sigal Barsade) 교수는 직장동료의 긍정 정서나 부정 정서에 자기도 모르게 영향을 받는다는 사실을 알아냈다. 그는 실험 참가자들을

4그룹으로 나눈 뒤 직원들에게 지급할 보너스를 나눠줬다. 그리고 각 그룹마다 배우를 한 명씩 집어넣어 연필로 책상을 탁탁 치면서 초조함을 드러내거나 남의 의견에 찬동하는 의미로 몸을 앞으로 기울이는 등의 행동을 하게 했다. 그러자 배우의 움직임과 표정에 그룹 전체가 감염되었고 금전적인 결정도 방 전체를 지배하는 정서에 따라 내렸다. 보험회사에서 진행한 실험에서도 신경쇠약이나 우울증을 앓는 직원은 동료들에게까지 그 정서를 전파하는 것으로 드러났는데 특히 업무 스트레스에 대한 대화를 나눌 때 그런 현상이 더욱 심해졌다.

낙관적인 상사 밑에서 일하는 사람은 비관적이고 냉소적인 상사 밑에서 일하는 사람보다 생산성이 높고 행복하다는 연구결과도 나와 있어, 경영자의 정서가 부서 전체에 미치는 영향력이 얼마나 큰지 알 수 있다.

- **결혼생활에서의 전염** 교차 연구결과 결혼생활에서도 배우자끼리 감정 모방이 일어난다는 사실이 알려졌다. 우울하거나 지루함을 느끼거나 신경이 쇠약해진 배우자는 상대방의 기분에 강력한 영향을 미친다. 뉴욕에 있는 아를렌 R. 고든(Arlene R. Gordon) 연구소에서는 나이 든 부부 가운데 한쪽이 우울한 기분을 느끼면 다른 쪽도 똑같은 정서를 느낄 가능성이 높다는 사실을 발견했다.
- **대학에서의 전염** 특정한 기분을 드러내는 사람과 함께 살거나 데이트하면 자기도 상대방의 영향을 받게 되므로 갈수록 파트너나 룸메이트 사이의 차이점이 사라진다. 텍사스대학 갤버스톤

(Galveston) 의대에서 진행한 연구를 보면 룸메이트 가운데 낙관적인 쪽이 우울한 쪽에게서 계속 안도감이나 지지를 얻으려 할 경우 둘 사이에 우울증이 전염될 확률이 특히 높다고 한다.

- **자살 전염** 뉴스에서 자살 소식을 듣거나 친구 사이에 자살이 발생하면 자살 충동이 전염될 수 있다고 한다. 특히 15~19세 사이의 젊은이들 사이에서 이런 현상이 자주 나타나는 이유는 사춘기 청소년들이 모방 현상에 취약하기 때문이다. 흥미로운 사실은 이런 현상이 최근 들어 나타나기 시작한 것이 아니라는 점이다. 1774년에 괴테의 소설 《젊은 베르테르의 슬픔(The Sorrows of Young Werther)》이 출간된 후 몇몇 유럽 국가에서 수많은 젊은이가 자살한 뒤부터 이런 현상을 '베르테르 효과'라고 부르고 있다. 당시 일부 국가에서는 영향 받기 쉬운 젊은이들을 보호하기 위해 이 소설의 판매를 금지하기도 했다.
- **몰입 전염** 네덜란드 음악 교사들을 대상으로 실시한 연구에서는 몰입 상태(어떤 일, 특히 자신의 재능을 모두 발휘해야 하는 일이 안겨주는 순수한 즐거움 때문에 그 일을 하게 되는 만족스러운 상태)에 빠질 가능성이 높은 교사가 가르치는 학생들은 그 몰입에 감염되어 자기도 그런 현상을 경험할 확률이 높다는 사실이 밝혀졌다!

낯선 사람들 사이에서 즉각적으로 생겨나는 사회적 유대감은 한 사람이 상대방의 행동이나 태도를 모방하는 데에 달려 있다. 어떤 사람이 상대방의 행동-다리를 꼬거나 미소를 짓거나 고개를 끄덕이는 등-을 거울처럼 그대로 따라하면 모방당한 사람은 따라 한 사람을 좋아하게 될 뿐만 아니라 따라 한 사람을 위해 이타적인 행동까지 하게 된다.

타인이 중요하다

오늘날 우리 인간들은 문명이 계속 살아남기 위해서는
인간관계 기술을 계발해야 한다는 부정할 수 없는 사실에 직면해 있다.

- 시어도어 루스벨트(Theodore Roosevelt)

긍정심리학 분야의 저명한 학자이자 미시건대학 교수인 크리스토퍼 피터슨은 수십 년 동안 행복과 웰빙의 속성을 연구하면서 이 주제와 관련된 수많은 논문과 책을 발표했다. 피터슨은 이 분야의 연구결과를 요약해 달라는 부탁을 받으면 긍정심리학의 특징을 짧은 문장으로 축약해서 '타인'으로 표현하곤 한다.

그는 타인은 우리의 정서와 행동에 영향을 미칠 뿐만 아니라 건강과 장수, 성공에도 많은 영향력을 발휘한다는 점을 보여주는 증거를 예로 들면서 타인이 중요하다고 말한다.

다시 말해 타인은 다음과 같은 이유 때문에 여러 가지 인생 영역에서 우리에게 지대한 영향을 미친다.

- **행복** 가장 행복한 사람은 활기찬 사교 네트워크를 구축하고 있으며, 자기가 맺은 관계를 중요시하고 어떻게든 그 힘을 강화하려고 애쓴다. 사회학자들이 공고한 사회적 관계가 우리의 전체적인 행복을 보여주는 주요 지표라고 말하는 것도 이런 이유 때문이다. 스스로 생활만족도가 높다고 자신하는 이들을 대상으로 한 실험에서 기분을 고조시키고 우울증을 물리치기 위해 사용한 가장 중요한 전략이 바로 '사교적 유대'였다. 또 사람들은 다른 이들과 함께 있을 때 더 행복한 기분을 느낀다고 말한다.

- **건강** 거대한 사교 네트워크와 원만한 가족관계는 환자들이 수술 후 통증을 견디는 데도 도움이 된다. 흉부나 복부 수술을 받은 환자 605명을 연구한 결과, 사교 네트워크 규모가 작은 환자들은 규모가 큰 환자에 비해 수술 후 통증을 호소한 경우가 거의 2배나 많았고 입원 기간도 길었다. 위 연구에 선임연구자으로 참여한 미시건대학 외과 교수 대니얼 B. 힌쇼(Daniel B. Hinshaw) 박사는 "일반 의사들은 문진 과정에서 환자들의 사회력을 파악할 때 흡연이나 약물 복용 여부는 물어도 실제 사회적 관계에 대해서는 묻지 않습니다. 하지만 문제의 진짜 원인은 이 부분에 있는 듯합니다"라고 말했다. 시카고대학에서 일하는 심리학자 루이스 호클리(Louise Hawkley)와 존 카치오포(John Cacioppo)의 말에 따르면 외로운 사람은 노화 속도가 빠르다고 한다. 외로운 사람은 공포나 극도의 경계 상태처럼 흥분이 고조된 상태에 있음을 보여주는 지표인 체내 에피네프린 농도가 높고 스트레스를 받을 때 사회적 지지를 얻으려 하지 않을 가능성이 높다. 또 신체가 스스로 재생하는 시간인 수면이 부족해 고통을 겪기도 한다.
- **체중 감량** 4개월간 체중 감량 프로그램에 참여한 이들을 두 그룹으로 나눴다. 한 그룹은 혼자 프로그램을 진행했고, 다른 그룹은 아는 사람이나 가족, 친구 3명과 함께 프로그램을 진행했다. 혼자 한 이들은 단 76퍼센트만이 프로그램을 완료했지만, 다른 이들과 함께 진행한 경우에는 95퍼센트가 프로그램을 끝마쳤다.
- **새해 결심** 새해 목표를 세운 이들은 최소 2년 동안 목표를 충실히 지킬 가능성이 높았고, 이와 관련해 다른 이들의 지지를 얻은 경우에는 기간이 최대 6년까지 길어졌다.

플로리시(번성, 지속적 성장)

바바라 프레드릭슨은 잘 웃고 주근깨가 많으며 숲이 울창한 채플힐 교외의 사무실 곳곳에 아이들 사진을 걸어둔 친절한 중년 여성이다. 그녀는 이곳에서 노스캐롤라이나주립대학 긍정심리연구소를 운영한다. 프레드릭슨은 수학자인 마셜 로사다(Marcial Losada)와 함께 '로사다 비율'을 만들었고 이를 자신의 '긍정정서의 구축 및 확장 이론'에 적용했다. 덕분에 발전적인 관계와 환경을 파악하고 구축하는 방법, 그리고 그것이 지금이나 앞으로 우리에게 해줄 수 있는 일을 이해하는 연구에 큰 발전을 이뤘다.

로사다 비율

1999년 마셜 로사다와 언어 부호화 전문가는 기업의 경영업무팀 60개를 모집해 이들이 연간 계획을 세우는 모습을 평면 유리 뒤에서 관찰했다. 그리고 팀원이 말할 때마다 그 말투를 '긍정적', '부정적', '질문', '자기', '타인'으로 분류해 정리했다. 그런 다음 수익성, 고객만족도, 상사와 동료, 부하직원의 평가라는 3가지 성공 지표를 기준으로 각 팀을 분석했다. 분석 결과 20개 팀은 '매우 플로리시(번성)', 나머지는 '현상유지'이거나 '저조하다'라는 결과가 나왔다.

언어 부호화 전문가가 매긴 점수를 업무 성과와 대조시키자 성과가 가장 뛰어난 팀은 부정적인 의견 1개에 대해 긍정적인 의견 2.9개의 경계선 - 이를 '로사다 라인'이라고 한다 - 을 계속 뛰어넘는다는 것을 알 수 있었다. 실제로 최고의 성과를 올린 팀은 부정적인 의견 1개 당 긍정적인 의견이 6개나 나왔다!

부정적인 의견에 대한 긍정적인 의견의 비율이 가장 높은 작업 팀은 팀원끼리 서로 의지하고 창의성과 회복력, 사회적 자원, 적정 기능, 유연성 수준이 계속 높아지는 것이 특징이다. 비율이 가장 낮은 팀은 이와 정반대되는 상황을 예견한다. 업무 효율이 떨어지는 작업 팀은 이기적인 옹호, 편협한 사고, 극심한 부정성, 융통성 부족 등이 특징이다. 긍정적인 의견 비율이 높아질수록 상황이 좋아지는 팀과 달리 긍정성 비율이 낮고 부정적인 의견이 많은 팀은 다른 방향으로 악순환을 겪다가 결국 의견이 경화되어 발전할 힘을 잃는다.

긍정성 비율

로사다가 이런 재미있는 연구를 하기 1년 전에 프레드릭슨은 '긍정 정서의 구축 및 확장 이론'이라는 혁신적인 이론을 발표해 고기능 환경에서 느끼는 긍정 정서는 사람을 행복하고 창의적으로 만들고 친구를 사귀게 해주는 것 이상의 효과를 발휘한다고 주장했다. 프레드릭슨은 여기서 한 걸음 더 나아가 사람들은 잠깐 동안 느끼는 이런 긍정 정서를 통해 자신의 사회적 자원과 신체적 자원, 심리적 자원을 구축하고 확장해 단순히 그 순간에만 성공을 거두는 것이 아니라 미래의 성공 가능성까지 높일 수 있다고 했다.

'긍정성 비율'이라고 하는 수학적으로 정확한 로사다 라인과 자신의 연구결과를 조화시킨 프레드릭슨은 이 중요한 비율에 도달하거나 그것을 뛰어넘으면 놀랍도록 많은 일이 일어난다고 말했다. 좀 더 구체적으로 말하자면 '긍정정서의 구축 및 확장'으로 우리의 '사고-행동' 레퍼토리가 다음과 같이 긍정적인 방향으로 확대된다는 것이다.

- **폭넓게 사고한다.** 긍정 정서 덕분에 창의력이 높아지면 좋은 해결책이 많이 떠오른다. 또 발전적인 관계나 환경에 둘러싸여 있으면 인종 편견 같은 차이점을 알아차리지 못한다.
- **호기심과 탐구심을 안고 새로운 환경에 접근한다.** 권태나 냉소 같은 부정 정서를 느끼면 바깥세상과의 접촉을 피하고 움츠러들게 된다. 하지만 긍정 정서는 세상을 탐구하면서 경험 학습을 촉진하고 타인을 통해 새로운 것을 배울 수 있게 해준다. 세상에 대한 지식이 늘어나면 목표를 이루려고 노력할 때 활용 가능한 지식이 많아진다.
- **친구를 사귄다.** 프레드릭슨은 발전적인 관계가 안겨주는 가장 중요한 이익 몇 가지는 미래에 나타난다고 말한다. 우정 같은 '지속적인 사회적 자원'을 마련해두면 지지해줄 사람이나 좋은 아이디어가 필요할 때 언제든지 기댈 수 있기 때문이다. 이런 자원은 여유 있을 때 은행에 넣어두는 예금처럼 미래에 이용 가능한 예비품이다.
- **'행복의 상향성 선순환'이 시작된다.** 긍정성 비율이 높으면 현재와 미래에 도움이 될 정서적 자원과 행동 자원을 마련하고 스스로 플로리시하여 상향성 선순환을 거듭하면서 시간이 갈수록 많은 이득을 주는 확장 및 구축 상향성 선순환에너지를 만들기 때문에 좋다.

긍정정서의 확장 및 구축 이론

긍정심리학이 등장하기 전까지만 해도 심리학에서는 주로 부정정서만을 연구했다. 부정정서에 대한 연구는 활발했어도 긍정정서에 대한 연구는 거의 없었다. 그러던 중 2001년 긍정심리학의 대가 바버라 프레드릭슨이 '긍정정서의 확장 및 구축 이론(The Broaden and Build of Positive Emotion Theory)'을 발표하여 수많은 심리학자들에게 호응을 얻었다.

긍정정서는 개인의 기쁨이나 만족감만 높여주는 것이 아니다. 조직 내에서 구성원들이 긍정정서를 경험하면 조직에서 가장 버리고 싶어 하는 정서인 분노, 불안, 좌절, 무기력 같은 부정정서를 줄여주며, 역경을 극복할 수 있는 회복력을 키울 수 있다. 직원 중에서 누군가 긍정정서를 경험하게 되면 조직의 다른 직원들에게 확산될 수 있고, 고객에까지 전달될 수 있다. 프레드릭슨의 긍정정서 확장 및 구축 이론을 중심으로 지금까지 과학적으로 밝혀진 긍정정서의 효과를 살펴보면 다음과 같다.

첫째, 긍정정서는 사고와 행동 목록을 확장시킨다

우리는 어떤 행동을 행할 때 정서가 반응하는데, 이때 부정정서는 상황에 대처하는 사고와 행동의 폭이 좁아지는 반면 긍정정서는 생각의 폭이 유연하고 넓어지는 경향이 있다. 그래서 인지지능과 기억력, 창의성, 수용성을 증진시켜 일시적으로 사고와 행동의 목록을 확장시킨다. 이와 같이 긍정정서에서 비롯되는 사고와 행동의 확장은 중요한 삶의 문제를 해결하기 위한 개인적 자원을 구축하는 데 도움이 된다.

둘째, 긍정정서는 '지속적인 자원을 구축하고 행복을 향상'시킨다

긍정정서는 질병에 대처하는 신체적 자원, 스트레스에 대처하는 심리적 자원, 거의 모든 삶의 도전들을 다루는 데 중요한 사회적 자원을 구축하는 데 도움을 준다. 긍정정서를 느끼게 되면 행동의 자발성이 증가할 뿐만 아니라 다른 사람을 돕는 이타적 행동을 더 많이 하게 된다. 부정정서는 면역기능을 약화시키는 반면, 긍정정서는 면역기능을 강화시켜 스트레스에 의한 감염질환인 감기와 같은 전염병에 걸리지 않게 한다.

셋째, 긍정정서는 '부정정서를 상쇄'시킨다

이를 증명하기 위해 프레드릭슨은 긍정정서와 부정정서가 심혈관에 미치는 효과를 살펴보았다. 좀 더 구체적으로 말해서 그들은 부정정서로 인해 심혈관 활동이 증가된 경우 긍정정서가 그 회복을 촉진시킬 수 있는가의 여부를 결정하는 연구를 설계한 것이다. 이를 통해 즐거움과 만족의 긍정정서 개입으로 불안의 심혈관 효과를 상쇄시킴을 증명했다.

불안, 압박감 같은 부정정서는 우리의 교감신경을 활성화시켜 근육을 긴장시키고 신체기관을 흥분시킨다. 이러한 흥분상태가 지속되면 우리의 몸에 손상이 초래될 뿐 아니라 사고의 폭을 위축시키고 기억력이나 언어력, 판단력까지 떨어뜨린다. 이때 긍정정서를 개입시켜라. 그렇게 하면 긴장과 압박은 순식간에 사라지면서 부정정서가 상쇄된다.

넷째, 긍정정서는 '회복력 지수(Resilience Quotient)'를 높인다.

회복력과 긍정정서와의 관계를 살펴보기 위해 프레드릭슨은 학생들의 자기보고를 통해 회복력을 측정했다. 이들이 사용한 척도는

도전적이고 스트레스를 주는 사건에 직면했을 때 사람들이 얼마나 강인함이나 자신감을 느끼는가를 평가하는 척도였다. 이를 통해 회복력이 높은 사람들은 순식간에 긍정정서가 부정적인 정서를 상쇄시킨다는 것을 증명했다. 긍정정서는 사람들로 하여금 역경을 이겨내게 하고 이전보다 더 강해지도록 하는 유효성분이다.

다섯째, 긍정정서는 나선형 상승효과를 낸다.

긍정정서는 우리의 마음과 생각을 열어주고 수용성과 창의성을 높여줌으로써 새로운 기술과 인맥, 지식 및 존재 방식을 발견하고 구축해서 개인과 조직을 더 나은 모습으로 변화시켜 준다. 결론적으로 긍정정서 확장 및 구축 이론은 우리의 일시적인 사고와 행동 목록을 확장시키고 나아가서 신체적, 심리적, 사회적, 지적 자원에 이르는 개인적인 자원을 구축하여 개인과 조직을 변화시키는 능력을 공유한다. 그리고 긍정정서를 경험하면 개인과 조직의 행복이 증가하고 업무 성과에 변화가 발생하여, 조직을 선순환시켜 나선형 상승(Upward Spirals) 효과를 나타낸다고 한다.(_옮긴이)

사랑연구소

위험을 무릅쓰지 않고 큰 보상을 얻는 것은 불가능하며,
우리가 받을 수 있는 가장 큰 상은 가정과 관련된 상이다.

- 시어도어 루스벨트(Theodore Roosevelt)

존 가트맨(John Gottman)과 그의 아내 줄리 슈워츠 가트맨(Julie Schwartz Gottman)은 20년 넘게 시애틀에 있는 워싱턴대학에서 결혼한 부부를 상대로 발전하는 관계와 쇠퇴하는 관계의 복잡한 심리 역할을 연구했다. 부부끼리 상호 작용하는 모습을 담은 수천 시간 분량의 비디오테이프를 살펴본 두 사람은 가장 완벽한 결혼생활의 '긍정성 비율'은 5대 1 또는 6대 1 정도로, 성과가 가장 뛰어난 작업 팀의 긍정성 비율과 동일하다는 결론을 내렸다.

오랜 기간 동안 부부관계를 잘게 쪼개서 관찰한 가트맨 부부는 미소, 상대를 격려하는 말, 장난스럽게 엉덩이를 치는 손길, 방어적인 태도, 눈동자 굴리기 등의 횟수를 세는 것만으로도 관찰한 부부 가운데 곧 이혼할 이들이 누구인지 90퍼센트 이상 정확하게 예측할 수 있었다. 부부관계를 깨는 가장 큰 요인은 경멸이나 혐오감을 드러내는 표정이다. 하지만 결혼한 이들에게 가장 중요한 것, 그리고 전체적인 만족도의 대부분을 차지하는 것은 일상적으로 나누는 우정의 성질이었다. 상대방이 하루를 어떻게 보냈는지 묻거나 함께 빨래를 개는 등의 평범한 행동이 힘겨운 시기가 닥쳤을 때 행복한 부부가 받는 충격을 완화하는 구실을 하는 것이다.

놀랍도록 나쁜 관계

명징한 언어의 가장 큰 적은 위선이다.
진정한 목표와 남들에게 공언한 목표가 서로 다른 사람은
사방으로 먹물을 뿜어대는 오징어처럼
긴 단어와 쓸데없는 관용구를 써서 이 사실을 숨기려고 한다.

- 조지 오웰(George Orwell)

특정 인물을 계속 곁에 두거나 특정한 상황을 계속 유지해야 하는지, 행복과 인생 목표 달성을 극대화하기 위해 해야 할 일은 무엇인지 등을 판단하는 데 도움이 될 놀라운 연구결과가 있다. 첫 번째로 놀라운 사실은 어떤 환경에서 사회적, 정서적, 신체적 이득을 얻고자 할 때 그 환경의 긍정정서에 한계가 있다는 점이다. 프레드릭슨과 동료들은 긍정성과 부정성 비율이 13대 1 이상인 환경은 긍정적 효과가 모두 사라지고 긍정성 비율이 기준 이하인 환경만큼이나 해롭다고 판단했다.

왜 그럴까? 가능성 있는 이유는 부정성이 자신의 행동을 보다 정직한 시선으로 분석하게 하는 등 우리 삶에서 중요한 역할을 하기 때문이다. 비판이나 슬픔은 없고 칭찬만이 가득한 환경에서 사는 사람은 그것이 비현실적이라는 사실을 본능적으로 알기 때문에 더 이상 칭찬을 믿지 않고 자기 자신을 제대로 파악하고 있는지 의아하게 여긴다. 옛말에도 있듯이 "어떤 인생에나 비가 오는 날이 있어야" 한다. 플로리시의 과학이 와해되는 것이 그 좋은 예다.

연구자들은 따뜻한 태도나 칭찬, 아부를 꾸며내는 사람들이 거짓으로 짓는 사교 미소를 대하면 우리 몸이 실제로 해를 입는다는 사실을 알아냈다. 바버라 프레드릭슨이 진행한 연구에서 몸에 민감한 모니터

링 장비를 부착하고 실험에 참가한 이들은 거짓으로 꾸민 사교 미소를 짓는 사람을 볼 때마다 미세한 심장허탈을 겪었다. 이런 미소는 의식 수준에서는 알아차릴 수 없지만 장기적인 심장 건강에 상당한 위험 인자가 될 수 있다. 반면 눈 주위와 얼굴 근육이 마음에서 우러나는 진정한 따스함으로 수축되는 뒤센 미소(Duchenne's smile)의 경우 그와 반대되는 효과를 지니지만, 칵테일 파티나 사교 모임에서는 이런 표정을 결코 볼 수 없을지도 모른다!

스트레스 때문에 뉴런이 죽는다

유해한 관계가 어떤 위험성을 품고 있는지는 살펴봤는데, 과학이 발전함에 따라 우리가 특정 방식으로 생각하거나 행동할 때, 그러니까 매우 부정적인 영향을 미치거나 스트레스를 주는 사람이나 대상과 마주쳤을 때 우리 몸속에서 어떤 일이 벌어지는지 보여주는 데이터가 계속 늘어난다. 생쥐를 이용한 동물 실험에서는 끔찍한 사고를 한 번이라도 겪으면 기억이나 정서와 관련된 뇌의 해마상 융기에 새로 생성된 뉴런의 3분의 2가 사라진다는 사실이 밝혀졌다. 만성적인 스트레스가 뉴런 성장을 억제해 우울증을 야기한다는 것은 예전부터 알려져 있었지만 이 실험을 통해 손상이 단시간 내에 발생할 수도 있다는 사실이 밝혀진 것이다. 따라서 성공하고 싶은 사람은 이런 상황에 처하지 않도록 조심해야 한다.

기준 이하의 긍정성 비율

지금까지 우정이 지닌 힘, 그리고 현재와 미래의 인생 목표 달성을 도와줄 감정과 행동을 이끌어내는 발전적 관계를 맺거나 건설적인 작업 환경에서 일하는 것이 얼마나 중요한지 보여주는 증거들을 살펴봤다. 또 바버라 프레드릭슨이 실험을 통해 관찰하고 존 가트맨과 줄리 슈워츠 가트맨이 행복한 결혼생활에서 목격한 긍정정서의 확장된사고-행동 레퍼토리를 경험하고 싶다면, 부정적인 의견 하나 당 긍정적인 의견을 3개 이상 내서 부정적인 의견을 상쇄하는 것이 중요하다는 점도 알게 되었다. 그리고 긍정적 또는 부정적인 사람이나 분위기에 전염되는 일이 얼마나 쉬운지, 상대방이 입을 열지 않을 때도 내게 영향을 미칠 수 있는 힘을 가지고 있다는 사실을, 모를 경우 어떤 일이 벌어지는지 알려주는 연구결과도 살펴봤다.

그렇다면 자기가 긍정성 비율이 매우 떨어지는 환경에서 살거나 일하고 있고 그런 분위기가 본인의 사고와 행동에 그대로 드러나고 있다는 사실을 갑자기 깨달을 경우 어떻게 해야 하나라는 중요한 의문이 든다. 자기 기분을 우울하게 하고 몸까지 아프게 만드는 힘겨운 관계와 작업환경에 갇혀 있다는 사실을 깨달은 이들 가운데 몇몇은 중대한 결정을 내렸다.

유명한 컨설턴트인 신시아는 자기가 쓴 책이 베스트셀러가 된 덕분에 미국 전역에 방송되는 토크쇼에도 출연하고 몇 년 동안 100만 달러 이상의 수입을 올리기도 했다. 하지만 이런 외적인 성공에도 불구하고 그녀는 지금보다 더 행복해지고 많은 목표를 이루면서(다른 책을 쓴다든가 하는) 자신과 어린 두 자녀가 보다 나은 삶을 꾸려갈 수 있는 새로운 방법을 시도해 보려고 했다.

신시아가 직접 쓴 그녀의 경험담을 읽어보자.

나는 우리 아이들을 돌봐주는 보모의 기분에 많은 영향을 받는다는 사실을 깨달았다. 그녀는 우리 집에 일하러 올 때마다 매번 늦거나 기분이 나쁜 상태로 왔다. 물론 그녀에게도 나름의 강점은 있지만 그녀의 행동이 내 하루에 얼마나 지대한 영향을 미치는지, 그리고 아이들이 비록 어리기는 하지만 분명 아이들도 영향을 받을 것이라는 사실을 깨달았다. 그래서 새 보모를 구하는 광고를 내면서 이번에는 전과 다른 기준을 내세웠다. 아이들을 잘 돌볼 뿐만 아니라 삶을 낙관적으로 바라보고 매사에 비관하기보다 낙관적으로 행동하며 항상 미소로 하루를 시작하는 사람을 구한다고 한 것이다. 그러자 응모한 사람들의 면면이나 면접 과정이 지난번과 얼마나 다른지 놀라울 정도였다. 지금까지와 다른 기준을 가지고 다른 방식으로 접근한 덕분에 함께 지내기에 정말 좋은 완벽한 사람을 찾을 수 있었다. 새 보모를 구하자 딸들도 전보다 행복해졌고 나는 전과 다른 기분으로 하루 일을 시작하게 되어 업무 생산성까지 높아지는 듯했다. 또 내 책 출판을 담당하는 대리인과의 관계에도 긍정성 비율이 매우 낮고, 그와 전화 통화를 하고 나면 늘 끔찍한 기분을 느낀다는 사실도 깨달았다. 나는 지나치게 비판적이고 너무 바빠 내 질문에 제대로 대답도 해주지 못하는 사람이 아니라 긍정적이고 내 작품을 칭찬해주는 사람과 함께 일할 자격이 있다고 결심했다. 그래서 대리인을 바꿔 지금은 내 능력을 믿어주고 기분을 북돋워 주는 담당자와 새로운 책 작업을 하고 있다.

자기가 다니는 직장의 긍정적인 면과 부정적인 면을 비교해 검토해

본 뒤 간호사 일을 그만두고 좀 더 사기를 진작시키는 환경에서 일하기로 결심한 사람도 있다. 재니스의 이야기를 들어보자.

대형 병원에서 간호사로 일할 때는 일과가 끝날 때면 진이 쭉 빠질 만큼 지쳤고 우울한 기분까지 들었다. 일이 끝나면 힘이 하나도 없어 꾸준히 운동을 하러 다니는 것도 불가능했다. 그래서 부정적인 업무환경이 기분에 영향을 미치는지 알아보기 위해 직장에서 듣는 긍정적인 의견과 부정적인 의견 수를 비교해 보기로 했다. 간단한 채점표를 만들어 긍정적인 의견을 듣거나 동료, 의사, 환자들과 좋은 관계를 유지한 경우 표시를 하고 부정적인 상호작용이 오간 경우에도 똑같이 했다. 일주일 뒤에 확인해 보니 병원 근무환경이 행복에 도움이 되지 않는다는 사실이 분명해졌다. 긍정적인 의견 하나 당 부정적인 의견이 3개나 되어 긍정성 비율이 1대 1 이하였던 것이다. 남편과 나는 내 간호 기술을 이용하면 좀 더 좋은 환경에서 지금까지와 다른 방식으로 일할 수 있으리라고 판단했다. 그래서 시장조사를 약간 해본 뒤 환자들 집으로 찾아가 도움을 주는 출장 간호사가 되기로 했다. 벌이는 별로 좋지 않았지만 삶의 질은 극적으로 높아졌다. 하루 일과가 끝나면 아침보다 더 행복한 기분을 느꼈고 다른 이들의 삶에 이바지한다는 느낌도 들었다. 간단한 조사를 통해 일터에서 실제 벌어지는 일이 큰 차이를 만든다는 점을 알 수 있었다. 이런 조사를 하지 않았다면 내가 직장의 부정적인 부분을 과장하고 있는지 아닌지조차 몰랐을 것이다. 하지만 지금은 이것이 옳은 결정이었음을 확신한다.

긍적 관계의 속성

긍정 관계는 본인에 대한 평가를 높이고 목표를 좀 더 낙관적인 시선으로 바라보게 해준다. 채점표를 사용해 주변 환경이 얼마나 긍정적인지 혹은 부정적인지 평가하는 것도 도움이 되지만, 누군가와 만난 뒤 미소 짓는 얼굴로 헤어지거나 찰나의 순간이라도 다른 이와의 상호 작용을 통해 생기가 빠져나가는 경험을 한 사람들은 대부분 그 사실을 본능적으로 깨닫는다. 심리학자 마틴 셀리그만은 우리 주변의 누가 이런 블랙홀인지 알아내기 위한 초기 단계 실험을 진행했다. 실험 참가자들이 무선호출기를 들고 다니면서 호출기가 울릴 때마다 지금 누구와 함께 있고 기분은 어떤지 기록하게 한 것이다. 당신도 휴대폰이나 컴퓨터, 시계 타이머가 2시간에 한 번씩 울리도록 설정해 놓고 직접 실험해볼 수 있다. 타이머가 울릴 때 함께 있는 사람의 이름과 그때의 기분이 긍정적 혹은 부정적인지 적어보자.

행복하고 친밀한 관계에서 찾아낸 긍정적인 속성을 몇 가지 더 살펴보자.

- **적극적이고 건설적인 반응기술** 당신에게서 좋은 소식을 듣고 싶어하고 당신의 성공과 발전을 다른 이들에게 전하라고 격려하는 사람은 적극적이고 건설적인 반응을 보이는 사람이다. 이들은 당신과 대화하는 것을 좋아하고 당신이 경험한 행운을 자세히 알고 싶어하며 언제나 지치지 않는 치어리더가 되어준다. 그 반대편에는 당신에게 생긴 좋은 소식을 무시하고 그 소식을 널리 알리라고 권하지 않으며, 심지어 좋은 일이 생길 때마다 공공연하게 흠을 잡기까지 하는 '소극적이고 파괴적'이거나 '적극적이고 파괴적'인 반응을

보이는 이가 존재한다. 다음은 마틴 셀리그만이 개발한 적극적이고 건설적인 반응기술의 예이다.

배우자의 긍정적 사건 공유	반응 유형	당신의 반응
"여보! 회사에서 승진하고 월급도 올랐어요!"	적극적이며 건설적	"대단해! 당신이 정말 자랑스러워. 그 승진이 당신에게 얼마나 중요한지 알고 있어! 어떻게 진행됐는지 어서 얘기해 봐. 사장이 어디에서 그런 말을 했어? 뭐라고 그래? 당신은 뭐라고 말했어? 밖에 나가서 축하해야 할 일이야." 비언어적 반응: 진정한 미소, 신체 접촉, 웃음 등의 태도로 감정 표현, 눈 맞춤 유지.
	소극적이며 건설적	"좋은 소식이네. 당신은 승진할 만해." 비언어적 반응: 적극적인 감정 표현이 거의 없음.
	적극적이며 파괴적	"책임이 늘었다는 소리로 들리는군. 이제 야근하는 날이 훨씬 더 많아지는 거야?" 비언어적 반응: 눈썹 찡그리기, 인상 쓰기 등 부정 정서 표현.
	소극적이며 파괴적	"저녁식사는 뭐야?" 비언어적 반응: 눈 맞춤 결여, 고개 돌리기, 방에서 나가기. 무시하기

- **귀 기울이기** 좋은 친구는 성심성의껏 귀를 기울인다. 데일 카네기는 학자들이 그의 베스트셀러 《카네기 인간관계론》의 내용을 뒷받침하는 증거를 찾아내기 한참 전부터 이런 사실을 알고 있었기 때문에 독자들에게 좋은 경청자가 되라고 충고했다. 카네기는 "2달 동안 상대방에게 진심으로 관심을 기울이면 다른 이들이 내게 관심을 갖게 하려고 2년 동안 노력하는 것보다 더 많은 친구를 사귈 수 있다"고 말했다. 이 말은 지금도 불변의 진리다.
- **서두르지 않기** 좋은 관계는 원한다고 해서 바로 맺을 수 있는 것이 아니다. 바쁜 생활 속에서 시간을 내 다른 이들과 관계를 맺고 그들에게 생기는 일에 관심을 기울이고 동정이나 조언, 지지를 필요로 할 때 적절한 반응을 보여야 한다. 물론 서로 얼굴을 맞대고 시간을 보내는 것이 가장 좋지만 자신의 일정이나 상황에 적합한 방법으로 연락을 유지하는 것이 연락을 전혀 하지 않는 것보다 훨씬 낫다.

친구를 잘 고르자

당신이 정예 부대로 꼽는 친구들은 어떤 이들이며, 그들을 정예 부대로 선발한 특별한 기준이 있는가? 이 자리에 지원한 이들을 모두 최고의 친구로 받아들일 수는 없으니 내 시간과 지원, 사랑을 받을 자격이 있는 사람이 누구인지 신중하게 고민해야 한다. 어떤 사람은 기력만 앗아가고 감정만 소모시키므로 무조건 참지만 말고 "이 관계가 내 강점을 밖으로 이끌어낼 수 있을까?", "이 친구가 내 기분을 고조시키고 활력을 주는가?", "내가 이 사람에게 긍정적인 영향을 미치고 있는가?" 등을 자문해 볼 필요가 있다.

성경을 보면 예수가 열매를 맺을 수 없는 바위투성이 땅에 씨를 뿌리는 우화가 나온다. 아무리 간절히 원해도, 또 아무리 많은 시간과 노력을 쏟아도 결실을 맺지 못하는 우정이 있다는 사실을 기억해야 한다.

좋은 친구가 되려면 어떻게 해야 하나?

자기가 아닌 다른 사람에게 집중하라.

- 랜디 포시(Randy Pausch)

아무리 친구 사이라도 세상에 공짜는 없다. 잘 가꾼 정원만이 풍성한 결실과 기쁨을 안겨주듯이 우정도 정성을 쏟아야만 꽃을 피운다.

어떤 이들은 친구가 자신을 소중한 존재라고 여기고 본인의 진가를 인정받고 있다고 느끼게 하기 위해 놀라운 창의력을 발휘하기도 한다. 이들이 최고의 우정을 키운 방법을 몇 가지 살펴보자.

- **1년에 한 번씩 친구들을 위한 감사 파티를 열어 그들의 우정에 감사를 표한다.** 암을 앓다가 회복한 어떤 사람은 자기를 병원에 데려다주고 식사를 준비해주고 아이들을 돌봐준 이들에게 많은 은혜를 입었다는 생각에, 아픈 동안 도와준 모든 이에게 감사를 표하기 위해 해마다 파티를 연다. 그리고 파티에 참석한 이들을 이웃사람들에게 소개해 새로운 우정을 싹트게 한다.
- **친구들 전화번호를 휴대폰에 입력해둔다.** 그러면 차를 타고 가다가

교통 체증에 걸렸을 때나 갑자기 시간 여유가 생겼을 때 언제든지 전화를 걸어 안부를 물을 수 있다.

- **훌륭한 치어리더가 된다.** 지지와 격려를 필요로 하는 친구들에게 긍정적인 도움을 줘야 한다는 사실을 늘 기억한다.
- **한 달에 한 번씩 자기 삶을 변화시킨 친구에게 감사 카드를 보내, 그가 자기 삶을 어떻게 바꿔놓았는지 구체적으로 얘기한다.** 어떤 사람은 항상 감사 카드를 넉넉히 비축해두기 위해 잡화점이나 문구류 전문점에 들를 때마다 카드를 구입한다. 요새는 인터넷에도 카드 사이트가 많이 생겨서 언제든지 생각날 때마다 감사 카드를 보낼 수 있으니 이런 사이트를 몇 군데 즐겨찾기 해두는 것이 좋다.
- **친구들과 조력 모임을 만들어서 목표를 공유하고 서로 돕는다.** 인생 목표 달성 속도를 두세 배 빠르게 하고 싶다면 친구들끼리 모여 자신의 목표를 이야기하고 달성을 도와주는 월례 모임 - 전화 회의 방식으로도 가능 - 을 시작하자.
- **1년에 한 번씩 친구 한두 명과 함께 여행을 떠나 유대감을 높인다.** 우리가 아는 몇몇 친한 친구들은 일상의 부산함에서 벗어나 여행을 떠나서 함께 보내는 시간을 즐기며 유대를 돈독히 한다.
- **밸런타인데이에 지역 신문에 광고를 내서 소중한 우정을 축하한다.** 밸런타인데이는 주로 로맨틱한 관계를 위한 날이라고 생각하지만, 이 날을 빌어 자기가 친구들을 얼마나 소중히 여기는지 공공연하게 알리는 것도 멋지고 좋은 방법이다.
- **친구들의 생일을 기억한다.** 페이스북 같은 인터넷 소셜네트워킹 사이트가 제공하는 유용한 기능 가운데 프로필에 생일 정보를 입력해두면 친구들에게 생일을 통보해주는 기능이 있다. 어떤 사람은,

아들이 생일날 페이스북을 통해 80개가 넘는 생일 축하 메시지를 받고는 한없이 기뻐하면서 사람들이 시간을 내 자기 생일을 기억하고 축하해 줬다는 사실에 감동 받는 모습을 보고 놀랐다. 덕분에 그도 몇 가지 결심을 하게 되었다. 그 가운데 하나는 페이스북에 자기 프로필을 등록하고 친구들도 모두 가입하게 한 뒤 생일을 물어본 것이다. 생일날 카드를 보내거나 밖으로 불러내 축하 식사를 하면서 중요한 날을 기념하기 위해서다. 이 방법을 통해 본인도 기분이 좋아졌지만 이런 행동이 친구들에게 얼마나 큰 의미를 주는지 보고 깜짝 놀라기도 했다.

존 크라카우어(Jon Krakauer)가 쓴 《인투 더 와일드(Into the Wild)》라는 책에는 알래스카 오지로 여행을 떠난 크리스 매캔들리스(Chris McCandless)라는 젊은이의 이야기가 담겨 있다. 매캔들리스는 그곳에서 외롭고 독립적인 생활을 하며 기쁨을 얻을 수 있으리라고 생각했다. 하지만 우연히 독이 든 야생 열매를 먹고 죽어가던 그는 너무 뒤늦게야 깨달은 지혜를 칠판에 썼다.

"행복은 다른 이들과 함께할 때 가장 아름답게 빛난다."

내 인생 목표는 어디쯤 와 있는가

이제 인생 목표의 달성을 도와줄 친구들의 이름이나 여러 가지 상황을 목록에 추가할 수 있다. 그리고 보강된 지원 시스템이 도움이 되리라고 생각하면 기존의 목표를 한층 의욕적으로 수정해도 좋다.

인생 목표 설정 연습 및 워크시트

- '영향력 네트워크.' 직장을 옮기거나 본인에게 가장 많은 영향을 미치는 범위에 변화를 주는 사건이 생기면 이 양식(451쪽 참조)을 업데이트하고 싶어질 것이므로 미리 몇 부 복사해둔다. 여기서 당신과 가장 가까운 곳에 있는 이들은 항상 당신이 높이 평가하고 당신이 가지고 싶다고 생각하는 속성을 갖추고 있을 것이다.

- '밝은 빛과 블랙홀.' 이 양식(436쪽 참조)을 이용하면 몇 시간에 한 번씩 자기 정서 상태가 긍정적인지 부정적인지, 그리고 그때 함께 있었던 사람이 누구인지 확인할 수 있다. 이것은 시간 단위로 주변 사람이 자기에게 어떤 영향을 미치는지, 또 그가 본인의 행동을 의식하든 의식하지 못하든 간에 그의 행동이나 기분, 말이 당신에게 어떻게 영향을 미치는지 알아낼 수 있는 훌륭한 도구다.

- 생일이나 특별한 기념일을 기억하도록 도와주고 전자 카드도 보낼 수 있는 인터넷 사이트에 가입하자.

07 심리적 프라임

우리는 늘 자기가 본 것만을 말해야 한다. 하지만 그보다 중요하면서 어려운 일은
항상 자기 눈앞의 일을 있는 그대로 봐야 한다는 것이다.

- **샤를르 페기**(Charles Peguy)

:: 이 장에서는 '프라임(Primes)'(특정한 방식으로 생각하거나 행동하도록 부추기는 주변 환경의 역할)이라는 주제를 중심으로 자기 삶을 면밀히 조사하는 탐정이 되어 목표 달성을 도와주는 것은 무엇이고 방해하는 것은 무엇인지 깨닫게 해줄 것이다. 이런 상세한 조사를 바탕으로 본인의 인생 목표 달성을 위한 활력을 얻으려면 어떤 관계를 장려하고 어떤 관계는 정리해야 하는지 판단하도록 도와줄 수 있다.

슈퍼 영웅처럼 행동하라

노력을 전혀 기울이지 않고도 인생 목표를 이룰 수 있다면 어떨까? 노력은커녕 자기가 지금 목표를 달성하고 있다는 사실조차 깨닫지 못한다면? 여기 아주 좋은 해결책이 있다! 최근 실험에서는 주변 환경의

프라임이 목표 달성 방식을 구체화하거나 해를 입히거나 도움을 준다는 사실이 명확하게 밝혀졌다. 이런 프라임은 언어, 음향, 색상, 냄새, 상황, 혹은 우리가 알지도 못하고 개입하지도 않은 특정 방식으로 행동하도록 부추기는 사람 등 매우 다양한 형태를 띤다. 우리는 아침에 일어나는 순간부터 밤에 잠자리에 드는 순간까지 계속 이런 프라임을 접하는데 평소 하는 행동의 최대 80퍼센트가 이런 단서에 대한 무의식적인 지배를 받는다.

아직 믿기지 않는다면 다음과 같은 시나리오를 생각해보자.

프린스턴 대학교 학부 재학생을 두 그룹으로 나눠 한 그룹은 초인의 속성과 초인이 특정한 상황에서 어떻게 행동할까에 대한 글을 쓰게 하고, 다른 그룹은 자기 기숙사 방에 있는 물건을 소재로 글을 쓰라는 작문 숙제를 내줬다. 초인을 주제로 작문 숙제를 한 학생들은 평소와 똑같은 생활을 하다가 3개월 뒤에 그동안 한 일을 묻는 설문지를 작성했다. 설문지를 바탕으로 학생들의 일상을 세부적으로 분석한 실험자는, 초인의 속성에 관해 글을 쓴 학생들이 기숙사 방에 관한 글을 쓴 학생들에 비해 훌륭한 대의를 위해 자발적으로 시간을 투자할 확률이 4배나 높다는 사실을 알아냈다.

학생들에게 눈에 보이지 않는 상대에 맞서 가상의 1대 1 투자 게임을 하게 했다. 이들은 게임이 진행되는 동안 두 가지 상황에 처하게 된다. 첫 번째 그룹의 학생들은 테이블 위에 배낭을 올려놓은 채로 게임을 한다. 두 번째 그룹은 전문가다운 느낌을 풍기는 작은 서류가방과 가죽 포트폴리오(서류가방 또는 자료수집철)를 테이블에 올려놓고 게임을 한다. 배낭을 보면서 게임을 한 학생들은 돈을 아낌없이 투자한 반면 서류가방을 앞에 놓고 게임을 한 이들은 훨씬 인색하게 굴었다. 학생들은 나

중에 이런 두 가지 상황에서 자기들이 서로 다른 행동을 보였다는 사실을 알고 놀랐다. 전문가다운 느낌을 풍기는 물건을 보며 마음의 준비를 한 그룹은 이기기 위해 인정사정없이 경쟁을 펼쳤다.

네덜란드 심리학자들이 대학생들에게 1인용 칸막이 안에 들어가 설문지를 작성해 달라고 부탁한 뒤 보답으로 잘 부스러지는 비스킷을 줬다. 첫 번째 실험에서는 학생들이 설문지를 작성하는 동안 옆에 레몬 세척제 냄새를 풍기는 물 양동이를 놓아뒀다. 두 번째 실험에서 다른 학생들이 똑같은 설문지를 작성할 때는 그 물 양동이를 치웠다. 그런 다음 학생들이 부스러지기 쉬운 비스킷을 먹는 모습과 그 주변 공간을 녹화했는데, 레몬 세척제 냄새를 맡은 학생들은 그 향에 노출되지 않은 학생들보다 자기가 먹은 자리를 깨끗이 치울 확률이 3배나 높았다.

탐정이 되자

여기까지 읽은 독자들은 우리가 왜 이렇게 잘 속는지, 어떤 냄새를 맡거나 90일 전에 쓴 수필 한 편 때문에 주변을 정리하고 자발적으로 다른 사람을 돕게 되는지 의아해하면서 머리를 긁적일지도 모른다. 그러나 주변 환경이 어떻게 우리의 행동을 바꾸고 특정 방식으로 반응하게 하는지에 대한 이런 최첨단 연구는 정말 놀라운 것이며, 일단 자기가 어떻게 영향을 받는지 알면 연구결과를 자신에게 유리하게 활용할 수 있다.

심리적 프라임에 대해 알게 된 뒤 이메일 주소나 자동차 색상, 식습관이나 독서 습관, 스마트폰에 저장해둔 음악, 사무실 책상 정리 형태

등 삶의 여러 부분에서 변화를 꾀한 이들이 많다. 당신도 몇 가지 변화를 이루고 싶을 것이다.

또 자신의 프라임을 '실행 의도' 혹은 '가정 상황 시나리오'라는 정교한 기술과 결합시키는 방법도 배우게 되는데, 여러 연구결과 이 기술은 어려운 목표를 달성할 확률을 3배나 높이고 기운을 아껴줘 목표 추구가 더 쉬워진다고 한다.

현재 뛰어난 성과를 올리고 있는 이들은 시행착오를 거치는 과정이나 연구에 비밀스럽게 관여한 심리학자들과 협력하는 과정에서 프라임과 의도를 결합하는 기술을 발견해 이미 그 비밀을 알고 있다. 생존과 번영을 위해서 최고의 성과를 올려야 하는 스포츠나 다른 중요한 분야에서도 이 방법을 성공적으로 활용한 이들이 많다.

살면서 남들보다 우월한 위치를 차지하고 싶어 하는 이들에게 지금까지 이 연구결과가 서적 형태로 제공된 적은 없다. 하지만 당신이 이 기술을 적절한 시기에 적절하게 이용한다면 본인의 삶을 직접 통제하고 인생 목표를 실현할 수 있다.

환경적 프라임

먼저 당신이 이 책을 읽는 동안 당신의 삶에 어떤 일들이 펼쳐지는지 살펴보자. 아는지 모르겠지만 이 책의 겉표지 색상과 디자인, 지금 읽고 있는 단어(심지어 폰트까지)도 당신에게 영향을 미친다. 지금 있는 방이나 장소도 기분에 영향을 주고 입고 있는 옷도 마찬가지다. 현재 앉아 있거나 서 있는 곳 주변을 둘러보자. 특히 집에 있다면 꼭 한 번 둘러보기 바란다. 가까운 곳에 사랑하는 이들의 사진이 있는가? 아니면 당신의 신뢰를 저버리고 목표 달성에 도움이 되지 않는 가족의 사진이 있는가?

지금 직장에 있다면 책상 위에 '생각하자'나 '성공' '행복'같은 슬로건이 놓여 있는가? 컴퓨터 화면에서 돌아가는 화면보호기는 회사 로고인가 아니면 자녀들의 사진으로 만든 슬라이드 쇼인가? 이메일 주소는 무엇인가? 자기 목표를 반영한 주소인가 아니면 이름이나 이니셜 같은 흔한 것인가? 주변에 꽃이나 마음을 달래주는 풍경을 담은 사진이 있는가?

창밖으로 시선을 돌려 자기 차를 바라보자. 자동차 색상은 무엇이고 번호판에는 어떤 글자가 적혀 있는가? 뻔한 숫자와 문자가 나열된 번호판인가 아니면 본인이 직접 고른 장식 번호판에 '아멘'이나 '혼돈' 같은 단어가 적혀 있는가? 오늘 아침에 누군가와 전화 통화를 했는가? 상대방의 기분은 어땠는가? 신문을 읽거나 아침 뉴스를 보거나 라디오를 들었는가? 어떤 소식이 나왔었나?

이런 상호작용이나 스쳐가는 순간 하나하나가 우리의 기분을 즐겁게 하거나 슬프게 하는 힘을 가지고 있으며 이 때문에 인생 목표가 강화될 수도 있고 반대로 훼손될 수도 있다는 사실을 아는가? 이것은 어떤 힘을 발휘하고 그런 영향력을 미치는 이유는 무엇일까?

잠재의식이 의식적인 사고만큼이나 강력한 힘을 가지고 있다고 생각하면서 아이디어와 시나리오를 살펴보자. 주변 환경에 존재하는 프라임 때문에 잠재의식이 우리에게 불리하게 작용한다면 자기도 모르는 새에 중요한 목표를 달성하려는 노력이 약화된다. 학자들은 프라임이 자신감이나 다양한 목표를 위한 노력에 얼마나 깊고 넓은 영향을 미치는지, 그리고 우리가 보거나 냄새를 맡거나 듣는 것에 자극을 받는 뇌 부위가 어디인지 등 많은 것을 알아내고 있다.

뜨거운 커피 연구

예일대학 심리학 교수 존 A. 바그(John A. Bargh)는 인간의 뇌가 기능하는 방식을 알아내기 위해 잠재의식이 우리 행동에 미치는 영향과 그것을 조종하는 방법을 연구하는 데 한평생을 바친 사람이다. 바그와 그의 동료들은 아래와 같은 실험을 통해 평범한 커피 한 잔이 우리가 다른 사람에게 느끼는 호의나 반감에 영향을 미칠 수도 있다는 사실을 증명했다.

이들의 실험은 다음과 같은 식으로 진행되었다. 실험실로 들어서던 학생들은 책과 서류, 교과서, 아이스커피 혹은 뜨거운 커피를 양손 가득 들고 씨름 중인 실험실 조교와 우연히 마주치게 된다. 조교는 학생들에게 자기가 물건을 다시 정리하는 동안 잠깐만 컵을 들고 있어 달라고 부탁했다. 이때 아이스커피가 든 컵을 들고 있던 학생들은 나중에 그 실험 진행자를 떠올리며 차갑고 사교성이 부족하고 이기적인 사람이었다고 평가하지만, 뜨거운 커피 잔을 들고 있었던 학생들은 실험 진행자를 너그럽고 친절한 사람이었다고 기억했다.

바그의 실험이나 이 분야에 종사하는 다른 연구자들의 실험결과를 살펴보면 우리의 잠재의식이 항상 눈에 띄지 않는 곳에서 영향력을 발휘하면서 우리의 합리적인 결정과 불합리한 결정에 영향을 미친다는 사실을 확실히 알 수 있다. 바그는 2007년 심리학회에 참석해 공동 연구자인 로렌스 윌리엄스(Lawrence Williams)와 함께 커피 연구결과를 발표하면서, 중요한 목표를 달성하거나 특정 방식으로 행동하고 싶어 하면서도 때로는 자기도 모르는 사이에 궤도에서 벗어나곤 하는 이들에게 이것이 얼마나 중요한 의미를 갖는지 설명했다.

"일정 시간 사이에 진행되는 행동에 있어서는 '다음에 뭘 하지?'가 상당히 중요한 문제입니다. 종일 우리에게 다음에 할 일을 끊임없이 제안해주는 무의식적인 행동 안내자가 있으며, 우리의 뇌는 의식적으로 자각하기 전에 그 제안을 고려한 뒤 그에 따라 행동하는 경우가 많다는 사실을 알아냈습니다. …… 이런 목표가 우리의 의식적인 의도나 목적과 일치하는 경우도 있지만 그렇지 않은 때도 있습니다."

때로는 무의식적인 목표(스스로 가지고 있는지조차 모르는 목표) 달성에 실패해 심리학자들이 말하는 '불가사의한 부정적 기분'에 사로잡히는 일도 있다. 무의식적인 목표란 과거 특정한 상황에서 일관되게 자주 선택한 탓에 스스로 그 사실을 의식하든 의식하지 못하든 상관없이 같은 계기가 생길 때마다 유발되는 목표를 말한다. 일례로 10대 소녀는 파티에 참석할 때 그곳에 가서 친구도 사귀고 남들에게 멋진 모습을 보이겠다는 의식적인 목표를 가지고 있는데, 그 목표가 훗날 성인이 되어 파티에 갈 때도 다시 유발되는 것이다. 그녀가 자신의 무의식적 목표 달성에 실패하면 우울한 기분이 드는데, 이것이 목표 달성 실패의 직접적인 원인이라는 사실도 모른 채 왜 이런 기분이 드는지 어리둥절해하게 된다.

일상적인 계기

프라임 연구의 함축적 의미가 빠른 속도로 늘어나고 있다. 아래에 설명한 흥미로운 조사결과를 보면 우리는 매일, 매 시간 스스로 의식하지 못하는 사이에도 주변 환경을 통해 엄청나게 많은 영향을 받으며 살아간다는 사실을 알 수 있다. 이 목록을 읽고 나면 자기 자신이나 자녀들의 생활을 즉각적으로 바꾸고 싶어질지도 모른다.

- **술과 관련된 로고가 들어간 모자나 티셔츠** 알코올 제품을 긍정적인 쪽으로 묘사한 로고 의상이나 포스터를 받은 중학생은 이와 유사한 물건을 갖고 있거나 입고 다니지 않는 동료 학생들에 비해 어린 나이부터 술을 마실 가능성이 높다.
- **슬픈 영화** 카네기멜론, 하버드, 스탠포드, 피츠버그대학의 전문 연구진들로 구성된 팀에서는 슬픈 영화 장면을 본 사람들은 별로 슬프지 않은 영화를 본 이들에 비해 병에 든 물을 사는 데 돈을 300퍼센트나 더 쓴다는 사실을 알아냈다. 하지만 슬픈 영화를 본 사람들은 모두 자기가 엄청나게 비싼 가격으로 물을 산 것이 슬픈 영화를 본 것과 아무 관련도 없다고 주장했다.
- **이타적 행동과 협동심을 불러일으키는 철자 바꾸기 놀이나 단어 이미지** 브리티시컬럼비아대학 연구진들은 '영혼', '성스러운', '신성한', '선지자' 같은 종교적인 단어의 영향을 받으면 이것이 도덕적 행동에 영향을 미치는지 알아보기로 했다. 이들은 두 차례의 연구를 통해 신자와 비신자 모두 영적이지 않은 단어가 포함된 글자 수수께끼보다는 이런 종류의 단어나 사회정의 혹은 시민참여와 관련된 단어가 포함된 글자를 가지고 철자 바꾸기 놀이를 한 경우 이타적

인 행동을 할 가능성이 더 높다는 사실을 밝혀냈다. 마찬가지로 학생들 앞에 컴퓨터 스크린을 놔두고 '신뢰할 수 있는'이나 '지지' 같은 단어를 잠깐 보여줘 잠재의식에 각인시킨 경우에는 그런 단어가 자기 눈앞에 나타났다는 사실을 인식하지 못하는데도 불구하고 남과 협력해 행동할 확률이 높아졌다.

- **나이 든 사람 같은 행동이나 대담한 행동을 야기하는 단어** 존 바그는 말콤 글래드웰(Malcolm Galdwell)의 베스트셀러 《블링크(Blink)》에 소개되면서 유명해진 또 다른 사전 주입 실험을 시행했다. 바그가 실험 참가자들에게 '햇빛', '만들다', '온도', '쭈글쭈글해지다', '건포도' 같은 단어 가운데 4개를 골라 문장을 만들게 하자, 이들은 실험을 마친 뒤 평소보다 느린 걸음으로 복도를 걸어갔다. 제시된 일련의 단어에는 우리 뇌가 노화에 대해 생각하게 만드는 단어들이 포함되어 있었고(이 실험에 사용된 단어 중에는 '플로리다'나 '은퇴하다' 같은 것도 있었다) 젊은 남녀가 나이 든 사람처럼 행동하게 된 것은 바로 이런 단어들이 영향을 미쳤기 때문이다. 바그가 참여한 다른 단어 실험에서는 학생들에게 2개의 문장 가운데 하나를 해독한 뒤 복도를 지나 다음 과제를 받으러 가라고 지시했는데, 그 장소에서 기다리고 있던 강사는 마침 너무 바빠 그들에게 신경을 써줄 수가 없었다. 이때 '어지럽히다', '억지로 들이닥치다', '침해하다' 같은 단어의 영향을 받은 학생들은 5분 정도 기다리다가 강사의 일을 방해한 반면 앞서 문제를 풀면서 '양보하다'나 '예의바른' 같은 단어를 봤던 학생들 가운데 82퍼센트는 강사를 방해할 생각을 전혀 하지 않았다(연구자들이 특히 깊은 인상을 받은 이유는 이들은 참을성 없기로 유명한 뉴욕 사람들이었기 때문이다!).

- **자기를 지지해주는 사람들의 사진과 이름** 한 연구에서는 자기를 지지해주는 사람들의 잠재적 이미지나 이름이 잠깐씩 스쳐 지나가는 것을 본 사람들은 그 후에 자신의 목표에 대한 질문을 받았을 때 매우 확실한 반응을 보이는 것으로 밝혀졌다. 무작위로 선택한 글자를 잠깐씩 본 대조군과 비교해 보면, 본인에게 중요한 의미가 있는 이들의 이름과 이미지를 본 사람들에게서는 다음과 같은 특징이 나타났다.

  1. 목표 달성에 성공할 수 있다는 확신을 가질 가능성이 높다.
  2. 목표를 이루기 위해 열심히 노력할 가능성이 높다.
  3. 자기와 비슷한 목표를 가진 사람들과 함께 시간을 보낼 가능성이 높다.
  4. 이런 목표를 이루기 위한 창의적인 해결책을 찾아낼 가능성이 높다.
  5. 자신과 로맨틱한 관계에 있는 파트너가 높은 기준을 세워둔 경우 본인도 기준을 높게 세울 가능성이 높다.

- **성취의 순간을 보여주는 사진** 우리 인생에서 중요한 인물들의 이미지를 보거나 이름을 간단히 언급한 것만으로도 우리의 감정과 행동에 영향을 미칠 수 있는 것처럼, 결승선을 통과하는 달리기 선수의 사진도 모금 활동 같은 목표를 이루기 위해 더 열심히 노력하는데 도움이 된다. 프라임이 작업 환경에서 세운 의식적인 목표에 어떤 영향을 미칠 수 있는지를 알아본 첫 번째 연구에서, 게리 래이섬은 모금 활동에 참여한 이들에게 지침서를 전달할 때 그 표지에 결승선을 통과하는 달리기 선수의 사진을 실으면 사진이 없는 똑같은 안내서를 배부했을 때보다 더 많은 금액을 모금한다는 사실을 알았다.

- **정크푸드 광고** 인디애나주립대학은 2005년에 카이저가족재단(Kaiser Family Foundation)의 의뢰를 받고 TV 식품 광고가 어린 시청자에게 미치는 영향을 알아보기 위한 대규모 연구를 실시했다. 연구결과 8세~12세 사이의 시청자들이 가장 많이 보는 광고는 지방과 설탕이 많이 함유된 식품 광고로 하루 평균 21개, 연간 51시간이나 이런 광고에 노출되는 것으로 드러났다. 과일이나 채소 소비를 높이기 위한 광고는 전혀 없었다. 이 연구결과는 오늘날의 아이들은 몸에 좋지 않은 식품 광고에 끊임없이 노출되면서 세뇌당하는 바람에 미국 역사상 가장 건강 상태가 나쁘고 비만율이 높으며, 자기 부모 세대보다 오래 살 확률이 낮은 첫 세대가 될 것이라는 주장을 뒷받침한다.
- **음악** 캔자스주립대학교 인지심리학 박사 과정에 재학 중인 엘리자베스 캐디(Elizabeth Cady)는 대학 신입생과 2학년 학생 124명에게 어린 시절과 청소년기에 유행한 노래를 듣고 떠오르는 가장 긍정적인 기억을 말해달라고 부탁했다. 캐디는 바닐라 아이스(Vanilla Ice), 뉴키즈온더블록(New Kids on the Block), 퀸(Queen) 같은 아티스트들을 조사 대상에 포함시켰다. 학생들은 노래를 1분 정도 듣거나 노래 제목, 앨범 표지, 아티스트 사진 등을 잠깐씩 살펴봤다. 그리고 이 단서들을 없앤 뒤 떠오르는 긍정적인 기억을 적으면서 그것이 얼마나 생생한지 혹은 즐거운 기억인지도 적었다.

학생들 모두 긍정적인 것과 부정적인 것을 아우르는 어린 시절의 강렬한 기억을 기록해 음악의 힘이 얼마나 보편적인지 보여줬다. 하지만 이들의 강렬한 감정과 생각을 일깨운 것은 음악을 듣는 것만이 아니었다. 캐디는 노래 가사를 읽거나 아티스트 사진을 보는 것도 실제로 음악을 듣는 것만큼이나 강력한 프라임이 되어 사람의 기분을 바꾸거나 향수를 불러일으킬 수 있다는 사실을 알고 놀랐다.

내 인생의 프라임

무의식에 작용하는 프라임이 우리의 감정과 행동을 좌우하고 때로는 이런 암시 때문에 기분이 좋아지거나 활기가 넘치기도 하고 반대로 우울해지거나 화가 날 수도 있다는 사실이 여러 차례 증명되었다. 따라서 우리는 스스로 조사하는 탐정이 되어 자기가 반응을 보일지도 모르는 시각적, 감정적, 신체적, 음악적, 상황적 단서에 면밀히 주의를 기울여야 한다. 자기 주변을 살펴보면서 눈에 띄는 물건, 풍경, 냄새, 소리, 주변 인물들을 적어보자. 그리고 이런 것들을 통해 어떤 기분을 느끼는지도 적는다.

긍정 프라임

1. ______________________________
2. ______________________________
3. ______________________________
4. ______________________________
5. ______________________________

부정 프라임

1. ______________________________

2. ______________________________

3. ______________________________

4. ______________________________

5. ______________________________

부정 프라임을 이기는 방법

특정한 프라임이 인생 목표 달성에 도움이 안 되는 행동을 유발한다는 사실을 깨달은 뒤 긍정적인 환경과 상황을 만들기 위해 적극적으로 노력한 사례를 살펴보자.

안드레아는 도량이 좁고 늘 싸움만 일삼으면서 자녀의 목표나 삶에는 별 관심이 없는 부모 밑에서 자랐다. 안드레아가 훌륭한 성과를 올릴 때마다 어머니는 딸을 친구들과 나쁜 쪽으로 비교하면서 그 일의 가치를 평가절하했다. 안드레아는 비참한 어린 시절과 자라는 내내 들은 부정 메시지를 상기시키는 가족 사진을 집에 놔둘 필요가 없다고 판단했다. 그래서 이제 마흔 중반이 된 안드레아는 골동품 상점에 가서 다른 가족이 찍은 사진을 여러 장 구입했다. 그리고 이 흑백 사진에 일일이 이름을 붙여 벽에 걸어뒀다. 새로운 '가족'은 자기 가족이 퍼부은 부정 메시지에 얽매여 살아갈 필요가 없다는 사실을 상기시켜 줬다. 이렇게 낯선 이들을 가족으로 여긴 덕분에 안드레아는 웃음을 되찾았고 인생의 모든 부분을 통제할 수 있다고 느끼게 되었다.

린다는 대체의학 관련 뉴스레터에서 "뉴스를 접하지 않는 것이 살면서 불필요하게 느끼는 부정 감정을 없애는 좋은 방법"이라는 글을 읽었다. 린다도 이것이 좋은 아이디어라고 생각했지만 어떤 식으로 도움을 주는지는 확신하지 못했다. 게다가 그녀는 직업상 워싱턴 D.C.에서 진행되는 최신 소식을 늘 파악하고 있어야 했다. 인생 코치와 상담한 린다는 단순히 조간신문 때문에 부정 감정이 드는 것은 아닐지도 모른다는 사실을 깨닫고, 아침에 직장에 도착할 때까지 최신 뉴스를 모두 숙지하면서도 긍정 감정을 유지할 수 있는 방법을 몇 가지 시도해 보기로 했다. 먼저 린다는 아침 자명종 소리를 가장 행복한 기억을 일깨워주는 노래로 바꾸고 매일 그 노래를 여러 번 들을 수 있도록 휴대폰 벨소리까지 바꿨다. 또 구글 데스크톱을 시작 페이지로 만들어 업무에 필요한 뉴스가 실시간으로 반영되도록 콘텐츠를 맞춤 구성했다. 그리고 긍정적이고 행복한 소식만 알려주는 블로그와 웹사이트를 즐겨찾기에 추가했다. 운전할 때 그날 하루를 보내기 위한 긍정적인 정보를 알려줄 뿐만 아니라 본인이 원하는 뉴스만 골라서 들을 수 있는, 채널이 있는 위성 라디오 네트워크에도 가입했다. 이제 조간신문과 TV 프로그램은 그녀 인생에서 완전히 사라졌다. 그리고 린다는 남들이 추천하는 뉴스를 전혀 접하지 않는 방식 대신 본인의 지적 수준에 맞고 직업이나 생활상의 필요도 만족시키는 해결책을 찾아냈다.

교묘한 프라임

목표 지향적인 행동을 끌어내기 위해 생활 속에서 만들어내는 새로운 프라임 수는 상상력의 제한을 받게 마련이다. 그래서 우리는 다음과 같은 아이디어가 당신의 생활에 곧바로 긍정 결과를 가져오게 되기를 바란다.

- **판타제인시계** 이 정교한 시계에는 부동액정 표시장치가 달려 있어서 메시지를 최대 20개까지 입력해 종일 파란색이나 빨간색으로 깜박이게 할 수 있다. 이 시계를 구입해서 자기 목표 기록이 깜박이도록 프로그래밍한 육상선수는 침실 책상 위에서 밤낮으로 목표를 알려주는 이 시계 덕분에 입력한 목표를 모두 달성했다고 단언한다.
- **새로운 이메일 주소** 직장에서 사용하는 이메일 주소에는 회사 규정상 제약이 따르기도 하지만 무료 이메일 계정을 이용해 본인의 목표를 암시하는 주소를 직접 만들 수 있다. 어떤 투자 브로커는 느리지만 체계적으로 목표를 달성하면 훗날 정당한 보답을 받을 것이라는 사실을 되새기려고 'GrittyTurtle(용기 있는 거북이)'라는 단어를 넣은 이메일 주소를 만들었다. 조경사로 일하는 어떤 이는 고객의 정원을 아름답고 우아하게 가꾸는 자기 사명을 상기하려고 이메일 주소를 'LuvYourGarden2Day(정원을 사랑하자)'로 바꿨다.
- **장식 번호판** 고속도로를 달리다가 'SPDRCER(속도를 즐기는 레이서)'이라고 적힌 장식 번호판을 단 차를 보았다고 가정하자. 그 차에 가까이 다가가고 싶겠는가? 아마 아닐 것이다. 자기 차나 다른 사람의 차에서 'ALELUIA(할렐루야)', 'BLESSED(축복)', 'THANKS(감사)', 'AQWAMAN(바다사나이)', 'WEHVFUN(즐겁다)',

'PEGHAPY(행복해)', 'LUV4KDZ(아이들에게 사랑을)' 같은 번호판을 보면 어떤 영향을 받을까? 또 당신 차에 'BADKIDS(나쁜 아이들)', 'MAGNATE(거물)', 'RUTHLES(잔인한)', 'F-IRAC(나쁜 이라크)' 같은 번호판이 달려 있거나 다른 사람 차에서 이런 내용을 보면 기분이 어떻겠는가?

차량용 자석도 훌륭한 프라임 구실을 한다. 이런 자석은 범퍼 스티커처럼 한 자리에 계속 붙여놓는 것이 아니라 어디든 옮겨 붙일 수 있고 서류 정리용 캐비닛이나 냉장고 문처럼 자석이 붙는 곳이면 어디든 부착 가능하다.

- **문신** 운동선수들은 문신을 통해 포부를 일깨우는 것을 좋아하기 때문에 수영선수 마이클 펠프스의 엉덩이나 세계 최고의 단거리 선수 모리스 그린(Maurice Greene)의 손처럼 선수들의 몸 어딘가에 올림픽 오륜이 새겨져 있는 모습을 심심치 않게 볼 수 있다. 모리스 그린이 새긴 'GOAT'라는 문신은 '역사상 가장 위대한 선수가 되기 위해서는 최선을 다해 열심히 훈련해야 한다'는 사실을 일깨워주는 문신이다. 하지만 2008년에 노던 일리노이대학 강의실에서 총을 쏴 무고한 학생을 여러 명 죽인 스티븐 캐즈미어책의 경우처럼 문신은 폭력적이고 자기 파괴적인 목표를 상기시키는 구실도 한다. 캐즈미어책은 사건이 벌어지기 6개월 전에 눈에 잘 띄는 팔뚝에 핏방울에 둘러싸인 죽음의 사자 문신을 새겼다.
- **휴대폰 벨소리** 음악은 힘과 행복지수를 안겨주고 목표 추구를 뒷받침하는 기억과 이미지를 끌어낸다는 사실이 밝혀졌기 때문에, 현재 휴대폰 벨소리를 전략적으로 이용하는 사람이 꽤 많다. 예를 들

어, 어떤 사람은 시트콤 〈해피 데이즈(Happy Days)'〉주제가를 들으면서 아침잠을 깨는데 이 음악을 듣고 나면 몇 시간 뒤에도 계속해서 '행복'이라는 단어가 생각난다고 한다. 휴대폰 벨소리를 직접 만들 줄 아는 사람들이 많아진 덕분에 말소리부터 라디오에서 흘러나온 좋아하는 노래에 이르기까지 다양한 음향을 벨소리로 이용할 수 있게 되었다. 휴대폰 액정에 자기 목표를 담은 배너를 만들 기회도 놓치지 말자.

- **작은 장식물이 달린 팔찌** 여성의 경우 자녀 생일이나 즐거운 휴가, 함께 달성한 영광, 좋아하는 취미 등 뿌듯하고 행복한 일을 떠올리게 하는 작은 장식물을 팔찌에 달 수 있다.
- **행복한 사진** 사진이 기분 변화에 얼마나 큰 힘을 발휘하는지 증명하는 자료가 무수히 많다. 사진은 가장 쉽게 이용할 수 있는 심리적 프라임 가운데 하나다. 행복한 기억을 떠올리게 하는 사진을 이용해 컴퓨터 화면보호기나 디지털 사진 액자, 달력, 사진을 넣은 머그잔, 열쇠고리, 냉장고 자석, 티셔츠 등을 만들 수 있다. 한 여성은 세 자녀의 사진으로 장식한 가방이 마음에 들어 디자이너의 멋진 핸드백을 포기하기까지 했다.

"이 가방을 들고 다니면 종일 애들 얼굴을 볼 수 있는데 뭐 하러 디자이너 이름이 새겨진 가방을 갖고 다니겠어요? 게다가 이 가방을 보고 감탄하는 사람들에게 설명도 해줄 수 있답니다."

정말 감탄할 만한 생각이다.

- **비전 게시판** 비전 게시판은 예전부터 목표 설정 전문가들이 선호하던 방법이며 최근에는 심리적 프라임에 대한 연구를 통해 이런 게시판의 놀라운 효과가 입증되기도 했다. 단기 목표와 장기 목표

를 반영해 만든 비전 게시판은 본인의 목표를 상기하는 데 매우 효과적이며 용기를 북돋워 주는 단어나 어구, 자기를 신뢰하는 이들의 사진을 집어넣으면 그 효과가 더욱 커진다.

당신도 포스터 게시판과 사진, 신문 헤드라인, 그리고 목표 지향적인 생각과 행동을 유도하는 대상들을 모두 이용해 자기만의 비전 게시판을 만들 수 있다. 구체적인 목표나 특정 기간 내에 달성하려고 하는 일을 표현할 수도 있고 역할모델이나 나를 믿어주는 이들의 사진 등 다양한 물건을 모아 콜라주를 만드는 것도 가능하다. 스티커나 매직 마커, 게시판을 화려하게 꾸밀 물건들을 총동원하고 다채로운 색상을 마음껏 활용하자. 프라임으로 적합한 단어로는 '환희!', '미소!', '승리!' 등이 있다. 그리고 비전 게시판을 사무실이나 주방, 벽장 문 등 날마다 볼 수 있는 장소에 걸어둔다.

"오늘 밤은 안 돼, 여보."

회사 일을 마치고 집으로 돌아가는 샌드라는 그날 낮에 남편과 계획한 대로 따뜻한 물로 샤워를 하고 열정적인 섹스를 즐기려는 기대에 부풀어 있었다. 이들 부부는 각자가 고대하는 일을 목록에 추가했고 샌드라는 각종 공과금이나 직장에서의 의무, 자녀양육, 나이 든 부모님에 대한 걱정 등이 일상을 지배하기 전인 신혼 시절에 남편과 얼마나 즐거운 시간을 보냈는지 떠올렸다.

집 앞에 차를 세우는 동안 샌드라의 기분에 약간 변화가 생겼지만 의식적으로 느낄 만한 정도는 아니었다. 하지만 집안에 들어가서 잔뜩 어질러진 주방과 테이블 위에 흩어져 있는 아이들 숙제, 그리고 저녁이 준비되는 낌새가 전혀 없는 것을 본 그녀의 기분은 기대감에서 분노로 바뀌었다. 한껏 들떠서 집에 일찍 돌아온 남편 로저가 계단을 달려 내려와 진한 입맞춤으로 아내를 맞았지만 샌드라는 기쁨이 아닌 불안감이 밀려오는 것을 느꼈다.

당연한 일이지만 두 사람만의 즐거움과 친밀함이 가득하리라 기대했던 저녁은 지금까지의 수많은 밤처럼 실패로 돌아가고 말았다. 샌드라와 로저가 종일 상상력을 발휘해 계획을 세웠는데도 말이다. 남편의 열렬한 환영 인사에 샌드라는 "오늘 밤은 안 돼, 여보"라고 반응했고 이 때문에 그녀는 자기가 정말 남편을 사랑하기는 하는지 의구심이 들었다. 그녀는 주방을 쿵쿵거리고 돌아다니면서 아침에 쓴 그릇을 씻고 서둘러 저녁을 준비했다. 또 카풀 일정을 의논하고 집 앞쪽에 페인트칠을 다시 하는 데 드는 비용을 받아봐야겠다고 생각하면서 "내가 대체 왜 이러지?"라고 의아해했다.

"탄트라 섹스 워크숍이라도 가봐야 하는 거 아냐? 지난번에 토크쇼를 보니까 이런 얘기들을 하던데."

그녀는 이런 일이 벌어질 때마다 로저가 실망에 차서 투덜거린 것처럼 자기도 엄마를 닮아 냉담한 여자가 아닌가 하는 걱정이 들기 시작했다. 샌드라는 엄마를 닮은 여자가 되는 것을 무엇보다 두려워했기 때문에 로저가 성적 욕구를 충족시키지 못한 실망감에 분노를 퍼부을 때마다 상처 입고 겁을 먹었다. 아니면 벌써 폐경기가 시작된 것일지도 모른다는 불안이 들기도 했다. 그녀에게는 단순히 약국에서 얻을 수 있는 것 이상의 해답이 필요했다.

가장 이해하기 어려운 점은 집에 돌아와 다른 식구가 방에서 빈둥거리는 동안 혼자 처리해야 할 중요한 일들이 많다는 사실을 눈으로 확인한 순간 흥분이 싸늘하게 식어버린 이유가 뭐냐는 것이다. 왜 그녀는 잔뜩 어질러진 집안을 못 본 체하고 좋은 기분을 유지할 수 없는 것일까? 남편과의 친밀감을 회복하는 것은 영영 불가능할까? 그날 밤도 다른 수많은 밤처럼 로저가 조용히 책을 읽으며 무거운 생각에 잠겨 있는 동안 샌드라는 혼자 울다 잠이 들었다. 이들은 결혼생활을 지킬 수 있을까?

중심 목표를 보호하라

샌드라와 로저에게 실망만 안겨주고 끝난 이 흔한 시나리오는 육체적 문제나 호르몬, 지루하고 틀에 박힌 섹스, 무책임한 아이들과 아무 관련도 없다. 이것은 목표 설정 전문가들이 '상충하는 프라임'의 전형이라고 부르는 상황이며, 침실뿐만 아니라 삶의 각 영역에 세워둔 목표를 모두 이루고 싶다면 반드시 해결 방법을 찾아야 하는 문제이기도 하다.

연구자들은 본인에게 의미 있는 목표가 자극을 받았을 때 어떤 일이 벌어지는지 조사했다. 본인에게 어떤 일이 벌어지는지 전혀 눈치 채지 못하는 경우에는 자신의 중심 목표-샌드라의 경우 아이들이 잠자리에 든 뒤 남편과 즐거운 잠자리를 갖는 것-가 손상을 입는다. 엉망으로 어질러진 집안, 저녁 준비, 아이들 숙제 확인, 원하던 친밀함과 아무 관련도 없는 잡다한 일 등 다른 프라임이 생각과 행동을 지배해버리기 때문이다. 샌드라는 화가 나 속을 부글부글 끓이면서 무성의하게 이 일들을 처리하기 때문에, 모든 일이 하나같이 제대로 진행되지 않을 뿐만 아니라 로저가 지나치게 억압되어 있다고 판단한 그녀의 기분 상태도 계속 그대로 유지된다.

샌드라가 달리 취할 수 있는 방법은 무엇일까? 이런 상황을 연구한 전문가들은 주변 상황 때문에 본인 의도와 다르게 생각하거나 행동하게 되는 상황에 처했을 때 원래의 소중한 목표를 보호할 수 있는 효과적인 해결책 두 가지를 찾아냈다.

- **주의를 산만하게 하는 것을 모두 없앤다.** 서로 상충되는 프라임 때문에 계획이 수포로 돌아가는 상황만 아니라면 의식이나 잠재의식에 작용해 주의를 산만하게 하는 문제들과 맞설 필요도 없다. 샌드라와 로저가 휴가를 떠나거나 집 밖에서 만날 때는 늘 근사한 섹스를 즐기고, 결혼생활 카운슬러들이 다양한 장소와 복장, 행동 등으로 성생활에 "새로운 묘미를 더하라"고 자주 충고하는 것도 바로 이 때문이다. 중심 목표와 상충하는 프라임을 모두 제거하고 목표 달성으로 향하는 명확한 길만 남겨두며 정서적 혹은 신체적인 혼란을 야기하는 일들은 피해야 한다.

남학생 혹은 여학생만 다니는 학교에서는 교육 기회를 극대화한다는 목표를 이루기 위해 이성이 교실에 들어와 학생들의 주의를 산만하게 하는 것을 막는다. NFL 미식축구 코치들은 중요한 경기를 치르기 전에 선수들이 곧 있을 경기에만 정신을 집중할 수 있도록 아내나 자녀들이 호텔 방에 오지 못하게 하는 것으로 악명이 높다.

- **프라임이 서로 상충하는 경우에도 중심 목표만 생각한다.** 이 단계에서는 자신에 대한 철저한 이해가 필요하며 어떤 사람이나 상황, 신호가 자기 기분을 어떻게 변화시키고 어떤 식으로 평소와 다른 행동을 하게 만드는지 잘 알아야 한다. 샌드라는 싱크대에 쌓인 그릇과 아이들이 어질러놓은 숙제를 무시하고 남편과 로맨틱한 밤을 보내는 데만 집중할 수도 있었지만 평범한 가정의 일상에 휘말리는 쪽을 택하고 말았다. 다른 일보다 중요한 목표를 상기시키는 몇 가지 암시만 있었어도 샌드라는 남편과 다정한 밤을 즐길 수 있었을 것이다.

특수부대에서 훈련할 때는 악천후나 적의 교묘한 책동, 임무를 위험에 빠뜨릴 수 있는 활동 등 부대원의 주의를 흐트러뜨리는 일이 벌어질 경우 임무에 집중할 수 있는 방법을 가르친다. 한 그린베레(Green Beret. 게릴라전을 목적으로 조직된 미 육군 특수부대. 녹색 베레모를 쓴 데서 붙은 이름 - 옮긴이)는 자기가 완수해야 하는 목표를 상기해야 할 때마다 "내게 중요한 것은 임무뿐이다"라는 주문을 되뇌었다고 한다. 당신도 서로 상충하는 프라임 때문에 목표에 집중할 수 없는 경우 이런 주문을 사용하면 좋다.

성공 가능성을 3배 높이는 '가상 시나리오'

컵을 입까지 가져가는 동안에도 얼마든지 실수할 가능성이 있다.

- 작자 미상

심리학자들이 목표 달성과 관련해 성공 가능성을 높이거나 낮추는 다양한 방법을 심도 깊게 연구하는 동안 독일 콘스탄츠대학에서 독특하고 성공적인 이론이 등장했다. 페터 골위처(Peter Gollwitzer) 교수가 성공 가능성을 3배나 높이는 간단한 방법을 발견한 것이다.

골위처는 '의사결정 전', '행동 전', '행동', '행동 후'로 구분되는 4단계 목표 추구 과정 중 가장 어려운 단계는 행동에 돌입하기 전부터 실제 행동까지라는 사실을 알아냈다. 이때는 목표를 세운 뒤 목표 달성 가능성을 높이는 구체적인 행동을 통해 앞으로 전진하겠다고 결심하는 중요한 순간이다. 예컨대 메리가 피아노를 배우겠다는 목표를 세웠지만(행동 전), 아직 적당한 선생님을 찾을 시간을 내지 못했다면(행동), 그녀의 목표는 허무한 공상으로만 남을지도 모른다.

골위처는 일을 진전시키고 행동 전 단계에서 행동 단계로 나아가는 데 필요한 구체적인 행동을 취하겠다는 의식적인 목표를 가지도록 부추기는 환경적 프라임-커피포트를 바라보거나 어떤 건물에 들어가는 것 등-을 이용해 자기 가설을 시험해 보기로 했다.

프라임에 행동을 연결시키는 문장의 예로 "일요일 아침에 잔디 깎는 기계를 보면 기름을 채워야겠다"와 같은 것이 있다. 또 다른 예로 "제인의 책상에 놓여 있는 사탕 통이 보이면 발걸음을 멈추고 단 것을 먹지 않도록 계속 걸어가겠다" 등도 있다.

이런 시나리오를 가리켜 골위처는 "가정 상황" 또는 "실행 의도"라고 부른다. 이런 시나리오는 우리가 임무에 계속 집중하게 해줄 뿐만 아니라 다른 일에 몰두하느라 놓쳤던 일을 깨닫고 처리하는 데도 도움을 준다.

중요한 목표 달성을 위해 다음과 같은 실행 의도 문장을 활용해 보자.

> **"내가 특정 상황(생각, 사람, 시각적 단서 등)에 처할 경우 다음과 같은 행동(특정한 처신이나 생각)을 통해 (목표)를 이룰 것이다."**

골위처와 이 분야에서 일하는 다른 연구자들은 성공 가능성을 극대화하고 싶은 경우 이런 가상 조치가 얼마나 중요한지를 되풀이해서 증명했다. 이런 방법은 매우 확실한 효과를 발휘하기 때문에 골위처는 이를 "긴급 습관"이라고 부르기도 했다.

긴급 습관의 효과를 증명하는 연구 사례를 살펴보자.

100명 정도의 대학생들에게 크리스마스 휴가 기간에 끝내고 싶은 프로젝트를 하나씩 고르게 했다. 학생들 말에 따르면 크리스마스 직전은 학기 중 가장 힘든 시기로 악명이 높아 다들 지쳐 있기 때문에 휴가 동안 어떤 일을 하겠다고 결심해도 그것을 실제로 해낼 가능성은 높지 않다고 한다. 하지만 휴가 동안 어떤 일을 하고, 목표 지향적인 행동을 시작하기 위해 어떤 상황을 이용할 생각이며, 언제 그 일을 마무리하고 싶은지 확실하게 정하라는 요청을 받은 학생들 가운데 가상 상황 시나리오를 만든 학생들은 62퍼센트나 계획을 달성하지만, 이런 별도의 단계를 밟지 않은 학생들은 22퍼센트만이 성공을 거뒀다. 이들이 달성한 목표로는 보고서 작성, 소설 완성, 전공과 관련된 교과서 구입 등이 있었다.

남자 대학생 60명을 모아 적대적이고 인종 차별적인 발언을 녹화한 비디오를 보여줬다. 그리고 이를 반박하는 견해를 언제쯤 내세울지 실행 의도("비디오가 2분 정도 진행됐을 때 반론을 펴겠다" 등)를 구상하라는 지시를 받은 학생들은, 인종 차별적인 관점에 반박하기에 적당하다고 생각될 때마다 의견을 내라는 말만 들은 학생들에 비해 자기 의견을 내세울 확률이 3배나 높았다.

여성을 두 그룹으로 나눈 뒤 각자 자궁경부암 검사 예약을 하게 했다. 예약을 하겠다고 구두로만 약속한 그룹은 69퍼센트가 실행에 옮기지만, 반면 가상 상황 시나리오("화요일 점심시간이 끝난 뒤에 예약하겠다")를 만든 여성들의 경우에는 실제 검사 예약을 한 비율이 90퍼센트 이상이나 되었다.

실행 의도가 효과를 발휘하는 이유는?

가상 상황을 표현한 문장을 목표와 결합시키면 계획 실행에 큰 영향을 미치며 특히 어려운 목표의 경우 그 효과가 두드러진다. 그 목표가 건강검진이든 다이어트든 아니면 개별적인 학습 프로젝트를 위해 일정 시간 동안 공부를 하는 것이든 간에, 특정 시간에 구체적인 행동을 하겠다거나 특정한 신호에 반응을 보이겠다고 말한 이들은 대부분 다른 동료들에 비해 성공 확률이 3배나 높아졌다.

골위처와 다른 연구자들은 사람들이 아직 잘 모르는 이 기술을 활용하면 일반적인 목표 설정 과정을 거쳤을 때에 비해 목표를 세운 이들이 몇 가지 중요한 이익을 얻을 수 있다고 생각한다.

- **상반되는 감정 배제** 실행 의도가 생기면 목표를 이루려고 노력할 것이냐 말 것이냐에 대한 의문이 모두 사라진다. 특정한 시간에 특정한 방식으로 행동을 취하겠다고 결심하면 "이 일을 해야 하나?" 혹은 "하지 말아야 하나?" 같은 의문이 방정식에서 제거되고 목표를 향한 전진이 당연시된다.
- **부정적인 상황을 긍정적인 상황으로 전환** 대립되는 상황을 잘 이용하면 목표 달성 의지를 약화시키는 것이 아니라 오히려 성취 가능성을 높일 수도 있다. 일례로 당신의 자신감을 저하시키는 직장동료를 대할 때 실행 의도를 이용하면 건설적인 조치를 취하기 위한 자극을 받을 수 있다. "회의실에서 마샤를 만나면 당황하지 말고 그녀의 눈을 똑바로 쳐다보면서 내 의견을 분명하게 말하겠다"와 같은 식으로 말이다.
- **체력 아끼기** 미리 프로그래밍된 기계적인 행동을 하는 사람은 체력과 자기통제력을 계속 유지할 수 있다. 자기제어 문제를 연구한 이들은 우리가 행동을 순간적으로 제어할 경우 혈당 수치가 격감할 뿐만 아니라 자기통제력도 낮아진다는 사실을 되풀이해서 증명했다. 익숙한 행동을 하거나 어떤 일을 하도록 지시하는 환경(우회전을 하라고 알려주는 도로 표지판 등)에 의존해서 행동하면 피로감이 덜하다.
- **습관 기르기** 실행 의도를 여러 번 되풀이하다 보면 습관처럼 몸에 배게 된다. 어떤 운동복을 입거나 보행 측정기를 착용할 때마다 자동으로 러닝머신 위에 올라가거나 8킬로미터를 걷는다는 조건을

스스로 부여하면 꾸준한 운동 습관이 몸에 밸 가능성이 크게 높아진다.

실행 의도(가상 상황 시나리오)는 목표 달성에 필요한 중요한 행동을 취할 가능성을 3배나 높이므로 이루기 힘든 목표에 활용하면 더없이 효과적이다.

시계와 빅맥

습관은 우리 사회의 회전 속도를 조절하는 거대한 바퀴이며,
가장 중요한 보수적 힘이다.

- 윌리엄 제임스(William James)

여기서도 최고의 운동선수들이 성과를 올리는 방식을 보면서 많은 것을 배울 수 있다. 눈앞에 많은 것이 걸린 이들은 불필요한 에너지 소모를 피하는 법과 최대한 쉬운 방법으로 꾸준히 위업을 달성하는 방법을 찾아냈다. 어떤 운동선수는 자기가 경기를 앞두고 의식적으로 하는 일들을 가리켜 "미신"이라고 말하기도 하지만 사실 이것은 프라임의 정의에 꼭 들어맞는 일이다. 수영계의 전설이 된 올림픽 금메달리스트 마이크 바로우만(Mike Barrowman)은 중요한 경기를 치르기 전날 밤에 빅맥햄버거을 먹는 것으로 경기 전 의식을 시작했다. 이런 익숙한 프라임이 본인도 모르게 떠오르는 일련의 생각과 예측 가능한 행동에 시동을 걸어, 그를 최상의 컨디션으로 올려놓고 10년 동안 유지된 세계신기

록을 비롯해 여러 가지 업적을 이루게 만들었다.

야구계의 슈퍼스타인 웨이드 보그스(Wade Boggs)는 몸과 마음을 항상 준비된 상태로 유지하고 언제든지 경기장에서 뛸 채비를 하기 위해 이례적으로 많은 의식을 치러 여기저기서 놀림거리가 되기도 했다. 하지만 그가 치른 의식 가운데 몇 가지는, 주변 환경을 이롭게 이용해 항상 최선의 결과를 얻도록 스스로 암시를 주는 방법을 보여주는 고전적인 사례이기 때문에 눈여겨볼 만한 가치가 있다.

- 보그스는 플로리다 주 세인트피터즈버그에서 훈련하거나 경기를 치를 때면 항상 오후 1시 47분 정각에 트로피카나 필드로 출발했는데, 정해진 시간에서 1초도 빠르거나 늦는 법이 없었다.
- 보그스는 트로피카나필드 중앙에 있는 시계가 오후 4시 37분을 가리키면 3루를 향해 전력 질주했는데 달리면서 꼭 2루를 밟고 지나갔다.
- 공을 던지는 사이사이 보그스는 왼발로 자기 앞에 쌓인 흙을 치우고 글러브를 두세 번 톡톡 친 뒤 모자를 고쳐 썼다.
- 보그스는 타석에 들어설 때면 행운을 비는 의미에서 신발 밑창으로 흙에 '하이(chai', 히브리 어로 '인생'이라는 의미 - 옮긴이)라는 단어를 썼다.

성공을 불러오는 가정 상황 조건문

실행 의도가 어려운 목표를 실현하는 데 특히 효과적이라는 사실이 밝혀졌으니 당신도 인생 목표를 달성할 때 이 기술을 응용하는 것이 좋다. 간절히 바라지만 시도하기 두려운 목표를 몇 가지 살펴보자. 정말 관심이 많지만 자기 힘으로는 도저히 달성할 가능성이 없어 보이는 그런 목표 말이다. 원하는 삶을 가꾸는 일에 한 걸음 더 가까워지기 위해 다른 이들은 어떤 가정 상황 조건문을 이용해 행동을 개시했는지 보여주고 싶다. 이들이 인생 목표를 성공적으로 달성하기 위해 이용한 가정 상황을 몇 가지만 소개하겠다.

- 크리스마스 파티 장소에 도착해 피터를 보면 뭔가 먹을 것을 들고 그에게 다가가 이번 주에 함께 점심을 먹자고 청할 것이다.
- 아침에 자명종이 울리면 곧장 불을 켜고 수영 연습을 하러 갈 준비를 하겠다.
- 차에 둔 운동 가방이 보이면 곧장 체육관으로 차를 몰고 가 수업을 듣겠다.
- 빨간색 파워 넥타이를 매는 날에는 오전 10시가 되기 전에 영업 전화를 3통 걸겠다.

내 인생 목표는 어디쯤 와 있는가

당신은 이제 몇 가지 목표를 고르거나 갑자기 떠오른 새 목표를 추가한 뒤, 목표 이루기를 시작하거나 상충되는 프라임 문제를 피해 계속 성공에 집중할 수 있게 하는 실행 의도를 생각해볼 수 있다.

인생 목표 설정 연습 및 워크시트

다음의 두 가지 워크시트는 인생의 긍정 프라임과 부정 프라임을 파악하고, 그것이 당신에게 어떤 영향을 미치는지 기록하면서 도움이 되지 않는 것은 제거하고, 손쉽게 목표를 달성하고 만족감을 얻게 하는 것들을 추가할 수 있게 만든다.

- '프라임을 피하는 방법' 워크시트(452쪽 참조).
- '내 인생의 프라임' 워크시트(458쪽 참조). 이 워크시트는 효과적인 실행 의도를 만들어내는 과정을 안내하고, '가정 상황 조건문'을 이용해 목표 달성 가능성을 3배로 높인다.
- '만약, 그리고, 하지만' 워크시트(440쪽 참조).

Creating Your Best Life:
The Ultimate Life List Guide

3부

인생목표를 이루어 주는 힘, 그릿GRIT의 비밀

3부에서는 인생목표를 이루는데 중요한 역할을 하는 그릿GRIT에 대해 알아보고 그릿을 기르기 위한 성격적 특성인 자기통제력, 용기, 낙관성에 대해 알아본다.

08 그릿GRIT을 발휘하자

불평하지 말고 더 열심히 일하라.

- **랜디 포시**(Randy Pausch)

:: 그릿GRIT은 장기적인 목표 달성을 위한 끈기와 열정이라고 정의할 수 있다. 왜 갑자기 그릿이 인생 목표 달성에 영향을 미치는 특성들 가운데 가장 중요한 위치로 부상했을까? 그리고 그릿은 장기적인 성공에 영향을 미치는 다른 개인적 특징들과 어떻게 다를까? 이 장에서는 그릿에 감춰진 모든 비밀을 밝히고 이를 평가하고 키워 당신이 인생 목표로 삼은 모든 분야에서 그릿을 발휘하는 법을 알려줄 생각이다.

철자 맞추기 대회와 웨스트포인트 훈련

2005년 워싱턴 D.C.에서 열린 스크립스 내셔널 스펠링 비(Scripps National Spelling Bee) 세계 최대 규모의 영어 철자 말하기 대회 - 옮긴이) 대회에 참가한 한 소년이 머뭇거리는 걸음으로 마이크 앞에 다가섰다. 현장에서 초조한 표정으로 지켜보던 수십 명의 부모와 생중계를 보던 시청자 수만 명이 소년의 모습을 주시했다.

"발모광(拔毛狂, Trichotillomania. 강박증으로 머리카락을 뽑는 것-옮긴이)."

심사위원이 단어를 제시했다.

"발모광."

소년은 자신 있게 정확한 철자를 대기 전에 혼잣말로 몇 번씩 중얼거리며 손등에 철자를 적었다. 그리고 결국 정답을 맞혀 우렁찬 박수갈채를 받았다. 잔뜩 긴장해서 땀을 흘리던 소년은 안도감을 느끼며 재빨리 자리로 돌아갔다. 다시 자기 차례가 돌아와 앞으로 평생 듣거나 사용할 일이 없을 다른 단어의 철자를 대기 전까지는 안전한 것이다.

스크립스 내셔널 스펠링 비는 단순히 철자 맞추기에 자신이 있는 미국, 푸에르토리코, 괌 등지의 우수한 학생들이 모여 대학 등록금에 보탬이 될 넉넉한 상금을 놓고 경쟁하는 미국 고유의 행사가 아니다. 2005년에 열린 이 행사는 장기적인 인생 목표 달성에 필요한 주요 결정인자로 보이는 속성, 즉 그릿을 정량화하는 실험실로 사용되기도 했다.

그릿이 인생에서 성공하는 데 매우 중요하다는 인식이 갈수록 커지고 있기 때문에 미국 웨스트포인트 육군사관학교 같은 곳에서는 종래의 정보 수집 방식 대신 그릿을 이용해 어떤 생도가 '짐승 우리'라는 이름의 혹독한 첫 하계 훈련을 끝까지 참아낼 자질을 갖추고 있는지 판단한다. 웨스트포인트의 입학 담당관이 지옥 같은 첫 여름과 그 이후에 계속 이어질 훈련을 견디지 못하고 사관학교를 중퇴할 인물이 누구인지 확실하게 예측할 수 있다면, 이런 생도를 미래의 리더로 훈련시키는 데 들어가는 수십만 달러의 비용을 절감할 수 있고, 또 상황이 어려워졌을 때도 끝까지 참아내는 자질을 갖춘 리더들을 찾아낼 수도 있다.

목표를 달성하지 못하는 사람 vs 목표를 초과 달성하는 사람

1990년대 중반에 보스턴 지역의 여러 공립학교에서 학생들을 가르쳤던 한 젊은 교사는 머리가 좋아서 자기보다 지능이 낮은 동료 학생들보다 유리한 위치에 있으면서도 정작 성적은 남들보다 항상 뒤처지는 몇몇 학생을 보고 이들이 성과를 올리지 못하는 이유가 무엇인지 의아하게 여겼다. 하버드대학 졸업생이자 마샬 장학생이던 안젤라 더크워스(Angela Duckworth)는 이런 모순에 흥미를 느껴 가족과 함께 필라델피아로 이사를 가서 박사과정을 밟으며 이 현상을 연구했다. 더크워스는 펜실베이니아대학에서 긍정심리학 창시자인 마틴 셀리그만의 지도를 받으며 10년 이상 이 문제를 연구했는데 그녀가 알아낸 사실들은 장기적이고 심오한 목표를 이루려고 하는 이들에게 매우 중요하다.

셀리그만과 더크워스는 성공한 사람과 그렇지 못한 이를 구분 짓는 특성이 무엇인지 알아내기 위해 여러 분야에서 놀라운 성과를 올린 이들을 연구해 보기로 했다. 작곡가, 운동선수, 투자은행 경영진, 투자자, 기타 자기가 선택한 분야에서 남다른 성과를 올린 이들을 인터뷰한 결과, 이들은 단순히 재능만으로 그런 성과를 올린 것이 아니라는 사실을 알게 되었다. 이들을 묘사할 때면 늘 "끈기 있는", "근면한", "열정적인", "장애물 앞에서도 굽히지 않는" 등의 수식어가 따라붙곤 했다. 또 이들은 자기와 재능이 비슷하거나 더 뛰어나면서도 결국 해당 분야를 떠난 이들에 비해 기술을 익히고 연마하는 데 더 많은 시간을 들였다.

인터뷰 내용을 면밀히 검토하고 선천적 재능에 대한 자료를 검토한 두 사람은 뛰어난 성과를 올리는 이들은 자제심이나 지능, 야망과는 다른 매우 중요한 속성을 공유하고 있다는 결론을 내렸다. 그리고 이 속성을 그릿이라고 불렀다. 그리고 다른 이들에게서 이 속성을 측정할 방법을 찾기 시작했다. 예전에 교사로 일했던 더크워스는 그릿을 따로 분리해서 정량화하면 다른 사람의 삶을 변화시킬 수 있다는 사실을 알았다. 특히 상황이 어려워졌을 때 그 일을 꾸준히 지속하지 못하는 바람에 중요한 목표를 달성하지 못했다고 한탄하는 이들의 얘기를 자주 들었던 사실에 비춰보면 더욱 그러했다. 이제 그릿의 속성과 사람들이 그릿을 키우는 방법을 알아내는 것이 그녀의 임무가 되었다.

그릿의 역사

100년 넘게 사회학자와 심리학자들의 흥미를 돋운 이 막연한 속성에 대한 연구를 시도한 것은 더크워스와 셀리그만이 처음이 아니었다. 1890년대 초에 프랜시스 갈톤 경(Sir. Francis Galton)은 성공한 시인, 판사, 정치가 등의 전기를 연구한 끝에 재능은 뛰어난 성취를 가능케 하는 조건의 일부일 뿐이라는 결론을 내렸다. 그는 성공을 정의하는 가장 명확한 속성은 '고된 일을 할 수 있는 재능과 열성을 결합시키는 능력'이라고 생각했다. 그로부터 수십 년이 지난 뒤에 또 다른 연구자는 어릴 때부터 '꾸준한 동기 유지와 노력, 자신의 능력에 대한 신뢰, 뛰어난 능력, 성격적 특성' 등의 속성을 지니는 것이 장기적인 인생 성공에 꼭 필요하다고 덧붙였다.

그릿에는 '과업 집착'도 포함된다

조셉 렌줄리(Joseph Renzulli)는 코네티컷대학에서의 연구와 미국국립영재연구소 책임자를 역임한 경험을 바탕으로, 타고난 재능의 속성과 관련해 가장 많이 인용되는 논문 중 하나를 집필했다. 그는 '과업 집착'(인내심, 지구력, 근면성)이 타고난 재능의 3가지 기본 요소 가운데 하나이며 '그것이 압도적으로 강하다'는 사실에 주목했다. 과업 집착은 타고난 재능을 이루는 다른 2가지 기본 요소인 타고난 지적 능력이나 창의성과는 아무런 관련이 없기 때문에 이것은 상당히 대담한 주장이다.

그릿이 다른 변수를 모두 압도한다

1980년대 미국 대학 9곳에서 운동 분야에서의 성취, 음악적 재능, 리더십, 공동체 참여 등의 변수가 대학에서의 성공에 어떤 영향을 미치는지 알아보는 '인성 프로젝트'를 실시했다. 이때 이용한 변수 가운데 하나가 바로 끝까지 포기하지 않는 불굴의 의지인 그릿이였는데, 이것을 정의하자면 "결단성의 증거, 다양한 분야에서의 산발적인 노력과 대비되는 특정한 활동에 대한 지속적인 노력"이라고 할 수 있다. 전문가 위원회는 학생들이 제출한 입학지원서와 개인 생활에 대한 데이터를 검토한 뒤 그들이 보여준 끈기에 대해 1~5점 사이의 별점을 매겼다.

인성 프로젝트에 참여한 대학에 다니는 3500명 이상의 학생들을 조사한 결과 그릿은 SAT 점수나 고등학교 성적 등 다른 변수를 모두 능가했고, 이들이 과학, 미술, 스포츠, 커뮤니케이션, 조직 및 다른 모든 분야에서 상당한 업적을 이룰 수 있음을 예언했다. 또 전체적인 성공 가능성을 예측할 때, 고교 시절의 과외 활동 참여도보다는 끈기에 대한 평가가 보다 확실한 결과를 보여줬다.

크리스 코스트(Chris Coste)는 모두가 포기한 뒤에도 자신의 열정을 계속 추구하는 용기 있는 사람의 완벽한 표본이다. 그는 자그마치 11년 동안이나 마이너리그에 소속된 여러 팀을 전전하면서 다양한 포지션의 기술을 갈고 닦았다. 10년 넘게 계속되는 불운과 낮은 급여, 신체적 퇴보를 겪은 끝에 마침내 2006년 5월 21일, 코스트는 33살의 나이에 메이저리그 구단의 호출을 받아 필라델피아 필리스(Philadelphia Phillies)의 백업 포수가 되었다. 그리고 입단한 시즌에 눈부신 활약을 펼쳐 총 65경기에서 홈런 7개를 치고 32타점을 올려 3할 2푼 8리의 타율로 시즌을 마무리했다.

위대함의 비밀

1990년대 후반 체스, 음악, 스포츠, 시각 미술 등의 분야에서 활동하는 전문가들을 철저하게 검토한 끝에 장기적인 노력 및 위대함과 관련해 비슷한 결론에 도달했다. 플로리다주립대학의 K. 앤더스 에릭슨(K. Anders Ericsson)과 동료들은 각 분야에서 활약하는 우수한 개인을 남들과 구분하는 주요 차이점은, 최소 10년 이상 꾸준히 지속한 일상적이고 계획적인 연습이며 이런 노력을 20년 동안 기울일 경우 세계적인 수준의 업적을 이룰 수 있다고 주장했다. 또 연구자들은 지능이나 재능 등의 타고난 유전적 결정인자는 일반적으로 생각하는 것보다 중요성이 떨어지며 오랜 기간에 걸친 성실한 노력이야말로 위대함을 좌우하는 요소라고 결론지었다.

그릿 척도

셀리그만과 더크워스는 그릿에 대한 포괄적인정의를 내리고 어린이와 성인이 지닌 그릿 정도를 측정하는 방법을 찾아내 인간의 노력이라는 분야를 극적으로 발전시켰다. '그릿 척도(grit scale)'는 여러 차례의 반복 시험과 엄격한 유효성 확인을 거쳐 개발되었으며 17개의 질문으로 구성되었다. 이 간단한 테스트는 웨스트포인트에서 첫 여름을 버티지 못하고 낙오할 생도는 누구이고, 내셔널 스펠링 비 대회의 최종 우승자는 누가 될 것인가 등 무수히 다양한 결과를 예측하는 최고의 도구임이 확인되었다. 최근 펜실베이니아대학 학부 재학생들을 대상으로 수행한 또 다른 연구에서는 그릿 점수가 높은 학생의 경우 다른 능력은 이들과 다 같지만 그릿은 부족한 것으로 드러난 학생들에 비해 높은 평균 학점을 받았다.

그릿 척도 검사

이 그릿 검사는 최초엔 17개 문항으로 시작하여 8개 문항으로 수정됐으며, 최종 10개 문항으로 확정지었다. 이제 그릿 검사를 받아보고 자녀에게도 실시해보라. 다음의 기준을 이용해서 아래 10가지 문항에 대답하라.

1 = 전혀 그렇지 않다

2 = 별로 그렇지 않다

3 = 다소 그렇다

4 = 대체로 그렇다

5 = 매우 그렇다

___ 1. 새로운 생각과 계획 때문에 기존의 생각과 계획에 집중하지 못할 때가 있다.*

___ 2. 나는 좌절을 해도 용기를 잃지 않는다.

___ 3. 나는 특정 아이디어나 프로젝트에 잠깐은 집착하지만 나중에는 흥미를 잃는다.*

___ 4. 나는 열심히 노력한다.

___ 5. 나는 목표를 세우지만 나중에는 다른 목표를 추구하기로 결정할 때가 많다.*

___ 6. 나는 시작한 것은 무엇이든지 끝을 낸다.

___ 7. 나는 두세 달 이상 걸려야 완성하는 프로젝트에는 계속 집중하기가 어렵다.*

___ 8. 나는 부지런하다.

___ 9. 나의 흥미는 해마다 바뀐다.*

___ 10. 나는 중요한 도전을 이루기 위해 좌절을 극복해 왔다.

* 별표 문항은 점수가 반대다. 1점이 5점이되는 것이다.

점수 계산은

1) 2, 4. 6. 8. 10번 문항의 점수를 더하여 5로 나눈다

2) 1, 3. 5. 7. 9번 문항의 점수를 역산한 다음 5로 나눈다.

3) 1, 2 합산을 한다. 참고로 1의 합계 점수는 끈기 점수이고 2의 합계 점수는 열정 점수이다.

다음은 남성과 여성의 평준 점수 및 표준 편차이다.

십분의 수(1/10)	남성(4,169명)	여성(6972명)
1st	2,50	2.20
2nd	2,83	2.88
3rd	3.06	3.13
4th	3.25	3.25
5th	3.38	3.50
6th	3.54	3.63
7th	3.75	3.79
8th	3.92	4.00
9th	4.21	4.25
10th	5.00	5.00
평준, 표준 편차	평준 3.37 표준편차 0.66	평균 3.43 표준편차 0.68

* 남자의 경우 평준 3.37이고 표준 편차가 0.66이다. 응답자 분포가 2.71에서 4.03까지 있다는 것이다.(옮긴이 주)

그릿은 재능 있는 사람과 위대한 사람, 혹은 똑똑한 사람과 현명한 사람의 차이를 만드는 특별한 무엇이라는 사실을 이제 알게 되었다. 그릿은 어린 시절부터 감지되는 특징이지만 적절한 환경과 적합한 역할 모델만 있으면 나중에라도 얼마든지 육성해서 개인의 강점에 포함시킬 수 있다.

그릿의 실제 사례를 몇 가지 살펴보기 전에 그릿과 구분되는 다른 특성들은 알아보자. 이 특성들은 엄격하게는 그릿과 구분되지만 그릿을

길러주는 중요한 역할들을 한다.

- **자기통제력** 자기통제력은 로이 바우마이스터 같은 전문가가 되풀이해서 역설하는 것처럼 목표 달성에 꼭 필요한 요소다. 하지만 자기통제력은 해서는 안 될 일을 삼가는 능력을 뜻하므로, 장기적으로 끈기 있게 노력하는 데 필요한 열의와 열정은 부족한 셈이다. 예컨대 자기통제력이 강하고 공부를 방해하는 단기적인 유혹을 참는 능력이 있어 평균 학점이 높게 나오는 웨스트포인트 생도의 경우에도 짐승 막사 같은 심한 압박감을 견뎌내려면 그릿 같은 성품이 더 필요하다. 더크워스의 말처럼 자기통제력은 그릿을 발휘하는 데 필요한 요소일지는 몰라도 그것만으로는 충분하지 않다.
- **끈기** 끈기도 그릿의 일부이지만 단순한 끈기는 어떤 일을 하는 기간이나 숙련도에 상관없이 그 일을 중단하지 않고 계속 하는 능력일 뿐이다. 제대로 주의를 기울이지 않으면 단순히 생산성을 높이기 위한 활동일 뿐인데 이를 착각해 잘못된 목표 달성을 위해 끈기 있게 노력하는 것도 얼마든지 가능한 일이다.
- **성실함** 성실함도 그릿과 겹치는 부분이 있기는 하지만 성실하고 성취 지향적인 사람은 장거리 마라톤 주자라기보다는 단거리 경주 선수일 가능성이 높다. 그릿이 넘치는 사람은 이례적으로 긴 시간이 소요되는 일도 성실하게 완수한다.
- **야망** 야망도 그릿의 일부이기는 하지만 이것은 어떤 목표를 이루고자 하는 욕구일 뿐, 그것을 실제 이룰 수 있는지 없는지는 별개의 문제다. 캘리포니아대학 데이비스 캠퍼스의 딘 사이먼튼(Dean Simonton)은 "아무리 야망이 큰 사람이라도 그것이 노력과 결합되

지 않는다면 위대한 업적을 이룰 수 없다"고 말했다. 또 야망은 그 형태와 크기가 매우 다양하므로 쾌감대(confort zone, 인체에 가장 쾌적하게 느껴지는 온도·습도·풍속에 의하여 정해지는 어떤 일정한 범위-옮긴이) 밖으로 손을 뻗을 필요가 없는 낮은 목표도 포함될 수 있다. 개를 훈련시키거나 벽장 청소를 하는 것이 본인의 야망일 수도 있지만 이런 노력에는 자신을 향상시킬 과업에 장기적이고 열정적으로 매진하는 일이 수반되지 않는다.

- **열정** 그릿이 있는 사람은 열정도 있지만 열정적이라고 해서 반드시 그릿이 넘치는 것은 아니다. 열정적인 사람 중에는 자기통제 능력이 부족한 사람이 많으며 최종 기한 앞에서 열정이 사라지기도 한다. 아니면 밤에는 정열적으로 파티를 즐기지만 낮에는 팔방미인 행세만 할 뿐 정작 제대로 하는 일은 없을 수도 있다.
- **낙관성** 낙관적인 사람은 그릿도 강할 수 있지만 항상 그런 것은 아니다. 하지만 자기를 믿어주는 사람이 아무도 없는 상황에서도 계속 그 일에 매달리려면 자기 능력에 대한 낙관적인 시선이 필요하다. 특히 그릿이 높은 사람은 긍정적인 피드백이 전혀 없는 상황에서도 자기 목표를 추구해야 하는 일이 많기 때문에 더욱 그렇다.

그릿을 발휘한 위대한 인물들

프린스턴대학의 명민한 교수 앤드류 와일즈(Andrew Wiles)가 '페르마(Fermat)의 마지막 정리'에 대해 처음 들은 것은 겨우 10살 때의 일이었다. 지난 350년 동안 위대한 수학자들을 괴롭힌 문제는 바로 다음과 같은 것이다.

페르마의 마지막 정리

$x^n + y^n = z^n$

x, y, z가 0이 아닌 정수이고, n이 3이상의 자연수인 경우 이 관계를 만족시키는 자연수 x, y, z는 존재하지 않는다.

이 문제에 호기심을 느낀 와일즈는 이 풀리지 않은 수수께끼를 한시도 잊지 않고 계속 다시 살펴보면서 해법을 찾으려고 이리저리 궁리했다. 이런 노력은 그가 대학에 입학하고 학자가 되고 결혼하고 아이를 가진 뒤에도 계속되었다. 세상에 알려지지 않은 채 수천 시간 동안 조용히 노력을 거듭한 그는, 1993년 영국에서 3차례의 역사적인 강연을 통해 증명을 발표해 언론을 들끓게 했다. 그런데 와일즈의 증명을 이해할 만한 능력이 있는 수학자가 천 명 중 한 명도 안 되었기 때문에 발표 후 몇 달이 지나서야 겨우 이 증명의 사소한 결함이 발견되었다. 하지만 와일즈는 다시 연구실의 제도판 앞으로 돌아가 이 부분까지 완벽하게 증명해냈다.

1995년에 와일즈는 〈피플〉이 뽑은 '올해의 가장 흥미로운 인물'로 선정되었지만 그는 자기에게 슬그머니 주어진 록 스타 같은 지위를 경멸했다. 와일즈는 다른 사람은 아무도 해내지 못한 일을 어떻게 할 수 있었는지 묻는 질문을 받을 때마다 자신의 재능이나 두뇌가 아닌 끈기에 대해 얘기했다.

"가장 중요한 것은 그것이니까요."

꾸밈없는 그의 말이다.

J. K. 롤링(J. K. Rowling)이 작가가 되겠다는 목표를 실행에 옮기기로 결심했을 때 그녀는 근근이 벌어먹고 살면서 혼자 어린 아기까지 키워야 하는 상황 때문에 심한 우울증을 앓던 가난한 이혼 여성이었다. 롤링은 딸 제시카가 유모차에서 낮잠을 자는 동안 카페에 앉아 '해리 포터(Harry Potter)'와 '헤르미온느(Hermione)'라는 등장인물과 '퀴디치(Quidditch)'라는 경기에 대한 설명을 급히 휘갈겨 쓰곤 했다. 그로부터 10년 뒤, 7권의 베스트셀러를 출간하고 이를 바탕으로 영화까지 여러 편 제작되자 롤링은 영국 여왕보다 돈이 많다는 말을 듣게 되었다.

1965년 레코드 및 실황 연주 부문에서 최고의 위치에 오른 피아니스트 레온 플라이셔(Leon Fleisher)는 국소성 이긴장증(focal dystonia)이라는 질환 때문에 손가락 두 개가 굽었다. 당시 플라이셔의 나이는 겨우 35세밖에 안 됐지만 이 병 때문에 경력이 곤두박질쳤고 연주는커녕 오른손을 전혀 쓸 수 없는 상황에까지 이르렀다. 플라이셔는 자신의 음악적 열정을 학생 지도와 지휘 쪽으로 돌렸지만 치료법을 찾기 위한 노력은 한시도 멈추지 않았다. 그리고 장장 40년 동안 롤프식 마사지부터 아로마요법에 이르기까지 온갖 방법을 끈질기게 시도한 끝에 결국 치료법을 찾아냈다.

보톡스 주사가 단단히 굳은 손 근육을 풀어준 덕분에 플라이셔는 2004년에 〈투 핸즈(Two Hands)〉라는 제목의 컴백 앨범을 발표하면서 다시 스타로 거듭났다. 플라이셔는 치료법을 찾기 위한 40년 동안의 노력을 언제든지 포기할 수도 있었지만 그의 열정과 낙관성, 끈기 덕분에 70대의 나이에 의기양양하게 건반 앞으로 돌아갈 수 있는 행운의 돌파구를 찾게 되었다.

천 년 동안 이어지는 끈기 정도면 충분할까?

그들이 누구인지는 다들 안다. 나이가 겨우 22살밖에 안 됐으면서 장시간 일에 매달리는 것을 꺼리고 선택한 직업의 정상 부근에서 일을 시작할 수 있기를 바란다. 또 자기 자신에게 몰두하면서 마이스페이스(MySpace)나 페이스북에 주변 관계나 외모 이야기를 계속 업데이트하는 데 익숙하다. 이들은 휴대폰 음성 메시지를 좋아하지 않는다. 버튼을 몇 개 더 누르고 다른 사람의 목소리에 귀 기울이는 것보다는 문자 메시지를 이용하는 쪽이 간편하기 때문이다. 이들은 자존감 운동이 고조되던 시기에 성장했기에 존재하는 것만으로도 훌륭하다는 말을 들으며 자랐다. 축구 경기장에 모습을 보이기만 해도 트로피와 포상을 받던 시절이었다. 이들이 다니던 학교 가운데 상당수는 학생들끼리 서로 경쟁해야 하는 운동 시합이나 경연 대회를 금했기 때문에 아무도 자기가 승자라고 단언할 수 없었다. 학교 관계자는 학생 가운데 진정한 승리자가 나타나면 다른 학생들이 감정을 상하기 때문이라고 진지하게 설명했다.

컨설턴트나 심리학자, 동기부여 전문가, 기업들은 혼자만의 생각에 빠져 살면서 출퇴근시간 기록도 질색하고 보상 지연에 익숙하지 않은 이 성인 세대의 여러 가지 특성에 대해 벌써부터 걱정하고 있다. 1990년대의 닷컴 버블 때 생겨난 백만장자들은 많은 이에게 짧은 시간 안에 손쉽게 부자가 될 수 있다는 생각을 심어줬다. 이들은 돈을 받고 정식으로 일한 경험이나 하계 인턴십 체험이 아니라 자연보호 구역을 돌아다닌 일이나 비싼 모험 여행을 떠났던 것을 경력으로 직장에 들어간다.

메리 크레인(Mary Crane)이라는 컨설턴트는 어린 시절이나 청년기에 자존감 운동을 경험한 이들은 대부분 힘든 노동 현실과 끈기를 발휘해야 하는 상황에 대한 각오가 되어 있지 않은 상태라고 경고했다. "자기는 자동으로 승자가 될 수 있고 얼굴만 비춰도 그에 대한 보상을 받을 수 있다는 기대를 안고 자란 세대가 이제 직업 현장으로 들어가고 있다"라는 것이다. 크레인은 이제 고용주들이 이런 젊은이와 함께 일하려면 그들을 마구 부리는 것이 아니라 부드럽게 가르치면서 이끌어줘야 하는 상황이 되었다는 말도 덧붙인다.

"이 젊은이들에게 '이 일을 해야 한다'고 말하면 그냥 달아나버릴지도 모릅니다. 유명 법률회사와 대기업들도 모두 이것이 자기들의 미래라는 사실을 알고 있습니다."

크레인의 설명이다.

어린 시절 신동 소리를 듣고 자란 이들 대부분은 성인이 된 뒤에 훌륭한 업적을 이루지 못한다. 어릴 때 거둔 성공 때문에 끈기를 배우지 못했기 때문이다.

"너무 일찍부터 성공을 경험한 신동들은 본인에 대한 주변의 숭배가 사라질 경우 벌어질 일들에 제대로 대비하지 못하므로 경쟁자들이 이들을 따라잡기 시작하면 상황이 더 힘들어집니다."

미시건주립대학의 로버트 루트 번스타인(Robert Root-Bernstein)의 말이다.

"나는 이 아이들에게 과제 집착이나 집단 압력을 견디는 끈기, 비판을 이기는 법 등에 대해 가르치는 사람을 본 적이 없습니다. 다들 '와, 너 정말 똑똑하구나'라고만 말하지 '하지만 네 분야에서 제대로 된 업적을 이루려면 주당 60시간씩 일하면서 노력해야 한다'는 말은 해주지 않기 때문입니다."

그릿 기르기

그릿은 각계각층의 사람들이 모두 가지고 있는 속성임이 분명하다. 노숙자 생활을 하다가 안정된 직장과 집을 가지려면 연주회 전문 피아니스트가 되기 위해 필요한 만큼이나 많은 끈기와 노력이 필요하다. 그릿은 우리 삶에서 중요한 목표 대부분을 이루는 데 꼭 필요하며, 특히 가족의 지원 부족, 기타 어려운 상황이 뒤따르는 장기적인 야망을 품은 사람에게는 더더욱 필요하다. 비판을 받거나 어떤 힘든 일을 하라는 요구를 받은 적 없는 풍족한 유년기를 넘어서는 데도 그릿이 필요할 수 있다.

그릿을 기르는 방법은 다양하다. 이 분야 최고의 학자들이 소개하는 좋은 아이디어를 몇 가지 알려주겠다.

- **겁쟁이가 되지 말자.** 중요한 목표를 향해 전진하다가 지치거나 용기를 잃으면 그만 손을 떼고 싶다는 유혹이 든다. 하지만 끈기 있게 끝까지 밀고 나가지 못하면 자기가 원하는 일을 이룰 가능성을 모두 잃게 된다.
- **용감한 사람들을 곁에 둔다**. 더크워스는 이런 강점을 키우려면 어떻게 해야 하냐는 질문을 자주 받는데, 이에 대해 그녀는 웨스트포인트는 그릿이 넘치는 이들을 입학시켜 더욱 그릿 만만하게 키운다고 답한다. 그러니 정신적, 육체적 강인함을 중시하는 문화를 찾고 자기 자신에게 최선을 요구하는 이들과 함께 시간을 보내보자. 체중 감량을 위한 신병 훈련소 프로그램 같은 데서도 군대에서 요구하는 그릿이 어느 정도 수준인지 경험할 수 있다.
- **낙관성을 기른다.** 앞서 말했듯이 낙관성이 직접적으로 그릿을 길러

주는 것은 아니지만, 낙관성은 힘든 상황에서도 끝까지 포기하지 않고 자신의 능력을 믿을 수 있게 하는 학습 가능한 강점이다.

- **그릿 넘치는 사람의 전기나 성공담을 읽는다.** 신문과 각종 매체는 거절을 받아들이지 않고 목표를 끝까지 추구해 달성한 이들의 실제 성공담으로 가득하다. 예를 들어, 마이클 조던(Michael Jordan)은 고등학교 농구팀에서 쫓겨났고, 직업 윤리와 관련해서도 나쁜 소문이 났지만, 결국 성인이 된 뒤 해당 스포츠 분야에서 위대한 업적을 이뤘다. 월트 디즈니는 사랑스러운 생쥐 캐릭터 미키 마우스로 성공을 거두기 전까지 몇 번이나 파산을 겪었다. 이런 기사를 오려 사무실이나 침실 벽에 붙여두고 성공을 위해 필요한 것이 무엇인지 계속 되새기자.
- **열정을 가지고 추구한다.** 그릿이 강한 사람은 본인의 일에 열정적이며 위대한 업적을 이루기 위해 악착같이 노력하는 동안에는 '일과 생활의 균형'을 별로 걱정하지 않는 경우가 많다. 이는 극단적인 생활 방식일지 모르지만 적어도 달성하기 어려운 장기적인 인생 목표에 열정을 품고 있다는 사실만은 분명하게 드러나며, 이를 통해 힘든 시기에도 꾸준히 전진할 수 있는 유리한 고지를 차지하게 된다.
- **용기를 갖고 도전 앞에서 물러나지 않는다.** 그릿이 가장 강한 이들 가운데 상당수는 본인이 원하는 일을 이루지 못할 것이라는 말을 예전에 들은 적이 있기 때문에 그 목표를 계속 추구했다고 말한다. 그릿을 기르는 유일한 방법은 도전을 받아들이고 지속적으로 쾌감대를 벗어나는 것이다. 도전 앞에서 물러나는 것은 그릿과 정반대되는 행동이기 때문이다.

- **실패나 비판이 자신을 규정하지 않게 한다.** 그럿이 강한 이들은 비판과 실패에서 교훈을 얻으려 하고, 이에 대처하기 위한 감정적인 전략을 수립하며, 실패를 딛고 다시 일어선다. 이런 회복력은 자기효능감이나 자신감이 강한 사람의 특징이기도 하므로 이런 일을 잘하는 사람을 찾아 도움을 구하자.

내 인생 목표는 어디쯤 와 있는가

인생 목표의 목록 중에서 다른 목표보다 많은 노력과 끈기를 필요로 하고 달성하기도 더 힘들며 시간도 오래 걸리는 목표에 한동안 집중하자. 이런 목표를 몇 가지 골라 따로 목록 – '슈퍼스타' 명단 – 을 만든 뒤 상황이 어려워졌을 때 당신의 치어리더가 되어줄 이들과 공유한다.

09 자기통제력: 목표달성의 열쇠는 자기통제력이다

말을 조심하는 사람은 자신의 생명을 보존하지만,
입을 함부로 여는 사람은 자신을 파멸시킨다.

- 잠언 13장 3절(Proverbs 13:3)

:: 목표 달성에 있어 무엇보다 중요한 능력은 상황이 힘들어지면 그만둬도 괜찮다고 말하는 내면의 작은 목소리에 굴복하려는 충동을 이기는 능력이다. 연구자들은 지난 수십 년간 다양한 형태의 자기통제력에 관해 연구했는데 이들이 내린 결론은 늘 한결같았다. 유혹을 이기고 불편한 일이 생겨도 꾸준히 계속하는 것이 목표 달성의 열쇠라는 것이다. 이런 능력을 지니지 못할 경우 사방에서 그 영향이 드러나는데 이 장에서는 그중 몇 가지를 살펴보겠다.

눈에서 멀어지면 마음도 멀어진다

캘리포니아에 있는 스탠포드 대학에서는 미취학 아동 수십 명을 대상으로 동서고금을 통틀어 가장 유명한 심리 실험을 진행했다. 연구자들은 아이들에게 간식을 하나씩 나눠준 뒤 15분 뒤 실험자가 돌아올 때까지 혼자 조용히 앉아 있으면 상으로 간식을 하나 더 주겠다고 말했다. 하지만 도저히 기다리지 못할 경우 벨을 눌러 실험자를 부르면, 그 즉시 실험이 끝나고 아이는 이미 받은 간식 한 개를 가지고 돌아갈 수 있다는 말도 했다.

정해진 시간이 흐르는 동안 관찰자들은 편면유리 뒤에 모여서 아이들이 다양한 방법으로 유혹을 이겨내는 모습을 지켜봤다. 어떤 아이는 간식의 유혹에 저항하지 못하고 즉시 먹어버렸다. 어떤 아이는 잠깐 기다리는 듯하더니 몰래 간식을 삼켰다. 벨을 누르고 실험을 끝낸 아이도 몇 명 있었다.

하지만 60퍼센트에 달하는 상당수의 아이들은 유혹을 뿌리칠 전략을 궁리했는데, 대부분 금지된 대상에 시선이 가는 것을 막아 당장의 충동을 없애는 전략을 썼다. 선견지명이 있는 4살짜리 아이들 몇 명은 양팔을 포개고 그 사이에 머리를 묻는 전략을 썼다. 노래를 부르거나 이리저리 돌아다니면서 주의를 딴 데로 돌리려는 아이도 있었다. 그런가 하면 간식에 등을 돌리고 앉아 아예 쳐다보지도 않으려는 아이도 있었다. '눈에서 멀어지면 마음도 멀어진다'는 전략이 대부분의 아이들에게 효과를 발휘했음이 분명하다.

쿠키에서 SAT 점수까지

10여 년 뒤로 달려가 보자. 연구자들은 위 실험에 참가했던 아이의 부모들에게 우편으로 설문지를 보내 자녀의 성적, SAT 점수, 태도, 인기, 음주 여부, 교우관계 등에 대해 물었다. 그 결과 4살 때 유혹을 이겨 내 간식을 두 배로 받은 아이들은, 10년 뒤에도 사교성이 뛰어나고 근면하며 언변이 뛰어나고 태도가 성숙한 10대로 자랐다는 사실을 확인하게 되었다. 이들은 또 스트레스를 잘 관리하고 할 일을 미리 계획하며 매사에 이성적으로 대응하고, 필요한 경우 뛰어난 집중력을 발휘할 가능성이 높다는 평도 받았다.

연구자들은 어린이에게 자신의 행동을 통제하는 법을 가르치면 부모의 생활이 편해지고 스트레스가 줄어들 뿐만 아니라 그보다 더 큰 효과를 얻을 수도 있다는 증거를 처음 손에 넣었다. 4살이라는 어린 나이에 충동을 억제하는 모습은 이들이 장차 자신을 바라보는 태도나 다른 사람과 상호 작용하면서, 평가받는 방식, 그리고 인생에서 가장 감수성이 예민한 시기에 맞닥뜨리는 여러 장애물을 극복하고 성공을 거둘 수 있는지 여부를 포함 그 아이가 살아갈 삶의 궤도를 예측할 수 있다는 사실이 분명해졌다.

이제 성격 특성- 4살 때 상을 받으려고 15분 동안 참고 기다리는 능력- 하나가 살면서 거두는 성공의 장기적인 결과를 예측하는 힘을 지녔다는 사실이 명백해졌다. 이 책이나 우리 프로그램에서 자기통제력이 그토록 중요한 위치를 차지하는 이유도 이 때문이다. 현재 자신의 자기통제력이 어느 정도이고 가장 필요할 때 더 강한 자기통제력을 발휘하려면 어떻게 해야 하는지 아는 것, 이것은 지금 그리고 앞으로 최선의 삶을 살면서 인생 목표를 이루는 데 꼭 필요한 기본 토대 가운데 하나다.

인생 목표를 이루려면 자기통제력이 필요하다

위에서 얘기한 월터 미셸(Walter Mischel)이 스탠포드 대학교에서 실험한 보상 지연에 관한 창의적인 연구는 지난 50년간 자기통제력 연구자들이 여러 차례 되풀이했다. 이것은 원하는 인생 목표를 달성하고 질 높은 삶을 영위할 수 있는 능력이 있는지 여부를 예측하는 일과 직접적인 관련이 있음을 알게 되었다. 유혹을 느꼈을 때 이를 물리치지 못하거나, 지쳤을 때 충동을 제어하지 못하거나, 새롭고 흥미로운 일을 시작하지 못하거나, 중요한 일을 달성하는 최종 단계에 다다랐을 때 자기통제력을 발휘하지 못한다면 자신에게 많은 것을 요구하지 않는 쾌적한 삶은 살 수 있겠지만, 자신의 잠재력을 최대한 발휘하거나 목표를 이루는 것은 불가능해질 것이 분명하다.

하지만 목표를 이루려고 할 때만 자기통제력이 중요한 것이 아니다. 자기통제력은 곧 개인과 사회적 안정의 기초이며, 인간과 동물을 구분하는 가장 큰 차이라고 여기는 사람들이 많다. 사실 명절 때마다 식구들이 다 모인 자리에서 내 요리 솜씨를 혹평하는 시어머니의 머리 위에 소스를 쏟아 붓는다면 일이 어떻게 되겠는가? 화장실을 찾을 때까지 기다리고 싶지 않다며 다들 공공장소에서 용변을 본다면? 또 함께 일하는 동료나 상사에게 화가 나거나 그들이 한 일 때문에 짜증이 난다고 그들에 대해 평소 생각하던 바를 솔직하게 다 말해버린다면 사무실 업무가 어떻게 돌아가겠는가?

플로리다주립대학의 사회심리학자인 로이 바우마이스터(Roy Baumeister) 박사는 자기통제력의 중요성과 그것을 키우는 방법이나 우리가 자기통제력을 잃는 이유를 연구하며 평생을 바쳤다. 그는 "오늘날 선진 국가에서 살아가는 이들을 괴롭히는 개인적 문제와 사회적 문제대부분은 자기통제력 실패로 인해 발생한다"고 말했다. 그가 말하는 문제에는 약물중독이나 폭력, 비만, 도박, 신용카드를 이용한 과소비, 운동 부족, 대부분의 자기 파괴적인 행동 등이 포함되지만 여기에 국한되지는 않는다.

연구자들이 자기통제력 문제를 제대로 이해하려고 애쓰는 주된 이유는 기술 발전과 그것이 약속하는 즉각적인 만족 앞에서 자기 절제가 모호해지는 듯 보이기 때문이다. 예를 들어, 대부분의 고등학생들은 문자 메시지를 읽는 속도가 더 빠르기 때문에 휴대폰 음성 메시지를 잘 사용하지 않는다. 편지 쓰기는 이제 잊힌 기술로 애도의 대상이다. 이메일을 이용하면 편지를 쓸 때보다 수고는 덜 들이면서 보다 신속한 응답이 가능하기 때문이다. 체중을 줄이거나 피부 보호를 위해 직사광선을 피하는 등 장기적인 자제심이 필요한 일도 이제 위 절제 수술이나 점심시간을 이용해 받는 간단한 박피 시술을 통해 그 모든 힘든 노력을 피할 수 있게 되었다.

긍정심리학의 《성격강점과 미덕》을 공동 개발한 크리스토퍼 피터슨과 마틴 셀리그만은 자기통제력은 시간을 바쳐 키워야 할 가장 중요한 속성 가운데 하나라고 여겼는데, 그들이 이런 생각을 가지게 된 데는 명백한 이유가 있다. 이들은 미국인들이 갈수록 개신교적인 직업윤리를 버리고 자존감을 높이는 데만 몰두하는 바람에, 근면과 장기적인 보상의 가치를 이해하지 못한 채 나약하고 자아도취적이며 제멋대로 구는 자녀 세대를 낳게 되지 않을까 걱정했다. 이는 또 대다수 미국인들의 강점 목록에서 자기통제력이 하위권을 차지하는 이유이자 수없이 되풀이하는 새해 결심이 순식간에 깨지는 이유이기도 하다.

자기통제력이라는 렌즈를 통해 본인의 인생 목표를 재빨리 살펴보면서 깨달음을 얻자. 자기가 세운 목표 가운데 평소보다 더 열심히 노력하고, 자주 말을 삼가며, 좀 더 일찍 일어나고, 더 늦게까지 일하며, 금전 문제와 관련해 결연한 자기통제력을 발휘해야 하는 목표가 몇 개나 되는가? 아마 중요한 목표들은 대부분 어느 정도 자기통제력을 발휘해야만 이룰 수 있는 목표일 것이다.

자기통제력 척도

미셸이나 다른 연구자의 말처럼 어떤 사람은 선천적으로 조심성이 많고 신중하며 충동적인 행동을 자제한다. 이것이 타고난 특성이 아니라면 어떤 아이는 간식의 유혹을 이기지 못하고 금세 먹어치우지만, 다른 4살짜리 아이는 어른이 말해준 적도 없는데 간식 2개를 얻기 위해서는 딴 데로 주의를 돌려야 한다는 사실을 어떻게 알고 있겠는가? 주의력 결핍 문제를 겪는 아이들은 처음부터 불리한 처지이기 때문에 효과적인 행동 교정 방안이나 약물치료법 등 도움이 될 만한 다양한 방법을 알고 있어야 한다. 또 부족한 자기통제력을 높이는 과학적 방법을 터득해 목표 달성 가능성을 높이는 것도 좋다.

로이 바우마이스터, 준 탱니(June Tangney), 앤지 루치오 분(Angie Luzio Boone)이 고안한 자기통제력 척도는 본인의 자기통제력이 어느 정도이고, 일반적인 상황에서 자기통제력을 고갈시키는 4가지 요소인 생각과 감정, 충동, 성과를 통제하는 능력이 얼마나 뛰어난지 알아볼 수 있는 효과적이고 정확한 방법이다.

다음은 이 테스트에서 사용하는 제시문인데 리커트 척도(Likert scale,

개인, 대상, 관념, 현상 등에 대한 개인의 태도나 성향의 강도를 측정하는 기법으로 응답자의 평가를 부정적인 단계부터 긍정적인 단계까지 분류해 등급을 매긴다-옮긴이)에 따라 1부터 5까지 점수를 매긴다.

1. 나는 장기적인 목표 달성을 위해 효과적으로 노력할 수 있다. ___
2. 재미있고 즐거운 일에 푹 빠져 할 일을 다 끝내지 못하는 경우가 있다. ___
3. 다른 사람을 방해하는 일이 종종 있다. ___
4. 항상 시간을 잘 지킨다. ___
5. 잘못된 일이라는 것을 알면서도 그 일을 그만두지 못하는 경우가 있다. ___

당신의 자기통제력이 현재 어느 정도 수준이든 간에 이 책이 제시하는 인생 목표의 목록 작성 계획은 당신을 삶의 많은 부분에서 남과 다른 방향으로 행동하게 해주며 그 과정에서 많은 행복도 느끼게 된다.

앞에서도 말했듯이 자기통제력이 부족하면 최고의 삶을 살기 힘들다. 게다가 자기통제력이 부족할 경우 난감한 문제가 몇 가지 발생할 수 있기 때문에 살면서 이런 부분에 특히 관심을 기울여야 한다.

스스로 충동을 제어하지 못하거나 제어하지 않을 경우 다음과 같은 일이 발생할 수 있다.

• 펜실베이니아주립대학에서 미취학 아동을 대상으로 실시한 헤드스타트(Head Start, 빈민구제사업의 일환으로 저소득층 자녀가 충분한 교육을 받지 못해 빈곤의 악순환을 겪는 것을 막기 위해 취학전 아동을 대상으로 시행하

는 미국의 교육 지원 제도-옮긴이) 프로그램은 충동적인 반응을 제어하지 못하거나 주의력이 부족한 아이들의 경우 훗날 교육을 받을 때 수학 분야에서 많은 어려움을 겪게 된다는 사실을 발견했다.

- 자기통제력이 부족한 10대 청소년과 성인은 상습적인 음주, 섭식 장애, 범죄 행동, 사생아 출산, 약물 남용 문제를 겪을 확률이 높다.
- 자기통제력이 부족한 성인은 업무 성과가 낮아 승진 기회가 줄어든다.
- 자기통제력이 부족한 사람은 평생 대인관계가 나쁘고, 주위 평판이 낮으며, 공격적인 행동을 보일 수 있다.
- 자기통제력이 부족한 이들은 불안장애나 우울증, 공포증, 강박행동 등 여러 가지 심리적 장애가 자주 나타난다.

미셸의 실험에 참가한 미취학 아동들은 자기통제력 테스트를 받은 날로부터 10년 이상 지난 뒤에 개인의 자기통제력이 훌륭한 성적과 뛰어난 SAT 점수, 높은 인기, 남다른 추론 능력을 예언할 수 있다는 사실을 처음으로 입증했다. 하지만 이것이 다가 아니다. 다음과 같은 긍정적인 이득도 따라올 수 있다.

- 신속한 회복력과 장애 극복 능력
- 학교와 직장에서 뛰어난 성과 발휘
- 높아진 평판과 동료의 신뢰
- 타인에 대한 공감대 형성
- 수치심을 느끼는 일이 줄고, 필요할 때 적절한 죄책감을 느끼는 일이 많아지며, 타인의 결점을 비난하기보다는 잘못된 일을 바로잡

기 위한 조치를 취하게 된다.

- 섭식 장애, 약물 남용 문제, 기타 중독 행동 감소
- 저축 능력 향상 및 충동적 소비 감소
- 체중 감량, 금연, 체력 단련 등 자기통제력이 필요한 목표의 성공률 향상

내 자기통제력은 어디로 사라졌는가?

자기통제력이 부족하다고 이미 결론을 내린 상태라 해도 절망할 필요는 없다. 수십 년 동안 많은 사람과 일해본 결과 노력만 하면 누구나 변화를 이룰 수 있다는 확신을 얻었다. 본인의 삶을 통제해 목표를 달성할 수 있다는 사실을 깨달으면 기적 같은 변화를 이룰 수 있다.

자기통제력은 자기도 모르는 새에 바닥나곤 한다. 점심시간에는 디저트 접시에 눈길도 안 주고 지나칠 수 있지만, 저녁식사 후에는 침대에서 아이스크림 한 통을 다 먹어치우는 희한한 일이 벌어지는 이유도 이 때문이다. 아니면 장장 6시간 동안 진행된 힘든 구직 면접을 성공적으로 마친 사람이 저녁식사 자리에서 생각 없이 던진 경솔한 인종 차별적 농담 때문에 꿈꾸던 직장에 입사할 기회를 놓치는 일도 있다. 이런 상황이 생각보다 훨씬 자주 일어나지만 자기통제력을 높이는 기술을 습득하면 이런 상황에 처하는 것을 피할 수 있다.

자기통제력을 이해하려면 이것이 날마다 사용하는 양에 따라 강해질 수도 있고 약해질 수도 있는 근육과 똑같은 특성을 지녔다는 사실을 먼저 알아야 한다. 로이 바우마이스터와 그의 동료들은 여러 가지 창의적

인 실험을 통해 우리가 매일 아침 일정한 양의 자기통제력을 지니고 일과를 시작하는데, 생각이나 행동, 감정 억제처럼 자동으로 이뤄지는 것이 아니라 의도적으로 본인의 행동을 통제해야 할 때마다 자기통제력이 점점 소모된다는 결론을 내렸다. 자기통제력이 모두 고갈되면 운동, 적당한 음주, 성적 유혹 물리치기, 효율적인 금전 관리처럼 자기통제가 필요한 다른 일을 할 기력이 별로 남지 않는다.

낮 시간에는 여러 분야에서 멋지게 자기통제력을 발휘했지만 자기통제력 근육이 고갈된 저녁 시간에 결국 결정적인 실수를 저질러 장기적으로 악영향을 입게 된다. 제임스라는 남자의 사례를 살펴보자.

컨설팅 회사에 다니는 제임스는 부사장으로 승진하려고 애쓰는 중이다. 하지만 그는 예쁜 여자에게 약하기로 소문이 자자하기 때문에 부사장으로 승진하려면 직장 내에서 여직원들을 대하는 태도를 특히 조심해야 했다. 본격적인 승진 경쟁에 뛰어든 그는 몇 주 동안 자신의 감정을 억누르고 동료와 직속부하 몇 명을 해고하는 힘든 결정을 내려야만 하는 까다로운 프로젝트에 매달렸다. 야근이 잦아지면서 평소 늘 하던 운동도 못하게 되고, 늦은 밤에 퇴근할 때면 힘든 하루를 보내며 쌓인 긴장을 풀기 위해 술을 몇 잔씩 마시기 시작했다. 비용 절감을 위한 구조조정 업무에 시달리던 제임스는 감정이 피폐해지는 것을 느꼈고, 결국 아름다운 비서 수산나의 유혹을 물리치지 못한 채 어느 날 밤 회사 근처 모텔에서 그녀와 잠자리를 함께하고 말았다. 이들의 행동은 사무실 내에서 뒷공론거리가 되었고, 제임스는 사생활에서 자기통제력을 발휘하지 못하는 바람에 열심히 노력한 일에 대한 보답도 받지 못하게 되었다. 그는 승진 기회를 놓쳤을 뿐만 아니라 동료와 가족 사이에서의 평판도 잃었다.

자기통제력을 고갈시키는 것과 아무 영향도 미치지 않는 것

다음 주제로 넘어가기 전에 자기통제력을 고갈시키는 것은 무엇이고 아무 영향도 미치지 않는 것은 무엇인지 알아보자. 이런 중요한 부분의 미묘한 차이를 이해하지 못하면 본인의 자기통제력이 바닥난 것을 알아차리기 힘들기 때문이다. 제임스의 이야기에 몇 가지 단서가 들어 있다. 그는 날마다 다른 사람의 인생에 영향을 미치는 어려운 결정을 내려야 했다. 동료들을 해고하거나 임금을 삭감할 때마다 그들의 친구 입장에서 일을 처리하고 싶은 충동을 억눌러야 했다. 또 예쁜 여자 앞에서는 자기통제력이 약해지는 사람이라는 사실이 널리 알려져 있었다. 늘 하던 운동(매일 아침 집 주변을 3킬로미터 정도 달리는 것)도 제대로 못했고, 밤에는 평소보다 술을 많이 마셨다. 이런 요소들이 모두 합쳐진 최악의 상황이 빚어지는 통에 평소 발휘하던 자기통제력을 잃고 자기 삶에 오래도록 영향을 미칠 큰 실수를 저지르고 말았다. 만약 그가 이런 과정을 거치는 동안 민감한 부분에서 어떤 일이 벌어질지 미리 알았더라면 최악의 상황은 피할 수도 있었을 것이다.

다음은 자기통제력을 상실할 가능성이 있는 상황들이다.

- **일상적인 충동 억제** 상사를 책망하거나 진지한 회의 도중에 웃음을 터뜨리는 등 사회적으로 부적절한 언행을 하고 싶은 충동을 억누

르는 것.

- **자기통제력이 필요한 결정을 내리느라 정신적 에너지를 많이 소모하는 것** 가계 예산을 정하는 등의 의도적인 계획.
- **어떤 생각을 하지 않으려고 애쓰는 것** 회사 뉴스레터에 실을 중요한 기사를 쓰면서 아이가 원하는 대학에 불합격한 일을 생각하지 않으려고 애쓰거나, 다이어트를 하는 동안 주방에 있는 달콤한 간식 생각을 하지 않으려고 애쓰는 등 뭔가를 생각하지 않으면서 다른 일에 정신을 집중하려는 것.
- **서로 상충되는 2가지 목표가 있는 경우** 부엌 식탁에 놓인 초콜릿 케이크를 외면하면서 건강에 좋은 저녁식사를 만들려고 하는 경우 등.
- **자신과 관련된 일을 숨기려고 계속 애쓰는 것** 혼외정사나 과거에 저지른 범죄 등 자신의 사회적 지위를 해칠 수 있는 일을 숨기려고 하는 경우.

반대로 다음과 같은 상황은 귀중한 자기통제력을 고갈시키지 않으므로 늦은 저녁 시간에도 중요한 일을 처리하는 데 필요한 자기통제력이 남아있게 된다.

- **어려운 일 또는 정신적으로 힘든 일을 하는 것** 수학 문제를 푸는 것처럼 뭔가 어려운 일을 할 때는 자기통제력을 동원할 필요가 없고, 또 업무 난이도가 높다고 판단되는 일을 하는 사람도 그 직후에 자기통제력을 시험받더라도 자기통제력이 낮아지지는 않는다.
- **정신적으로 지쳤을 때** 단순히 피곤에 지친 사람은 자기통제에 실패한 징후를 드러내지 않으며, 오히려 피곤할 때는 자기통제력 시험

을 성공적으로 통과할 수도 있다. 이 시험은 스스로 통제하는 데 사용되는 것과는 다른 능력을 요구하는 새로운 과제이기 때문이다.

- **자존감이 낮은 경우** 한 연구에서는 참가자들에게 자기통제 과업을 수행하게 한 뒤 그 성과에 대해 긍정적인 피드백을 받은 이들과 부정적인 피드백을 받은 이들의 두 그룹으로 나눴다. 하지만 앞서 어떤 피드백을 받았든 상관없이 두 그룹 모두 두 번째 자기통제력 시험에서는 성적이 떨어져, 자기효능감과 자기통제력 사이에는 아무 상관관계도 없다는 것이 증명되었다.

어떤 일 때문에 자기통제력이 고갈되면 본인이 보는 앞에서 자기통제력이 사라져 무기력하고 수동적인 상태에 빠지기 쉽다는 증거가 있다. 켄터키주립대학에서는 실험 참가자들을 두 그룹으로 나눠 한 그룹은 맛있어 보이는 달콤한 음식이 가득 담긴 접시를 쳐다보면서 당근을 먹게 하고, 다른 그룹은 당근을 보면서 달콤한 음식을 먹게 했다. 그런 다음 두 그룹에게 어려운-거의 풀기가 불가능한- 철자 바꾸기 문제를 풀게 했다. 그러자 달콤한 음식을 외면하느라 에너지를 소모한 그룹은 문제를 풀면서 끈기를 발휘하지 못하지만 음식 앞에서 자기통제력을 발휘할 필요가 없었던 그룹은 훨씬 긴 시간 동안 열심히 문제를 풀었다. 또 다른 실험에서는 제시된 단어를 보면서 글자가 가리키는 단어를 있는 그대로 말하는 것이 아니라 단어의 색상을 말하는 데 집중해야 했던 이들은, 의식적으로 떠오르는 단어를 무시하느라 애쓸 필요가 없었던 이들에 비해 성적으로 부적절한 언어를 사용하거나 성적 충동에 굴복할 확률이 높은 것으로 드러났다. 마지막 세 번째 실험에서는 참가자 그룹에게 북극곰에 대한 생각을 하지 말라고 요청한 뒤 악력 테스트를 실시하자 떠오르는 생각을 의식적으로 억누르라는 요구를 받지 않은 다른 그룹에 비해 육체적인 힘이 저하된 것으로 나타났다.

자기통제력을 키우는 방법

이 분야는 새롭게 등장한 최첨단 연구 분야이기 때문에, 지금까지 자기 통제 수준을 즉각적으로 회복시키고 자기통제력 저하 문제를 이겨낼 힘을 주는 것으로 입증된 방안이 2개밖에 없다.

- **긍정정서 느끼기** 북극곰 연구에 참가한 이들을 두 그룹으로 나눈 뒤 한 그룹에게는 재미있는 비디오를 보여주고, 다른 그룹에게는 돌고래와 인간이 조우하는 모습을 담은 영화를 보여줬다. 재미있는 비디오를 보면서 행복지수를 느낀 참가자들은 그 후 주어진 작업에서 자기통제력이 저하되는 모습을 보이지 않았지만, 자극적이지 않고 별다른 특징도 없는 돌고래 비디오를 본 참가자들은 기운을 빨리 회복하지 못했다.
- **소량의 설탕 섭취** 자기통제력이 필요한 테스트를 받은 이들에게 인공 감미료가 아닌 진짜 설탕이 든 레모네이드를 한 잔 마시게 하자 두 번째 테스트를 받을 즈음에는 기력을 완전히 회복했다.

연구자들은 다양한 분야에서 자기통제력을 키우는 방법을 찾아냈다. 이런 발견 덕분에 깔끔한 필체와 올바른 자세를 강조하고 정해진 교복을 입게 하는 등 가톨릭계 부속학교에서 흔히 볼 수 있는 행동의 효능에 신빙성이 더해졌다. 껌을 씹으면 안 된다는 등의 행동 규칙이 정해져 있는 사립학교의 경우도 학생들이 스스로 그 사실을 의식하든 의식하지 못하든 간에 자기통제 능력을 키우는 데 도움이 된다.

효과가 검증된 자기통제력 강화 방법을 몇 가지 소개한다.

- **마음을 흔드는 물건 치우기** 책상 위에 초콜릿을 올려놓은 사람들은 간식과 책상 사이의 거리가 2미터 이상 되는 이들에 비해 자기통제력을 잃고 간식을 먹을 확률이 높았다. 미셸의 실험에 참가한 미취학 아동들처럼 마음을 사로잡는 대상을 눈에 안 보이게 하면 유혹을 이겨낼 가능성이 높아진다.
- **정기적인 운동 프로그램** 메건 오튼(Megan Oaten)과 켄 쳉(Ken Cheng)은 호주에서 실험 참가자들을 모집해 역기 들기, 저항력 훈련, 에어로빅 같은 운동 프로그램을 2달간 진행했다. 이 프로그램을 마친 이들은 카페인과 담배, 알코올 소비가 줄고, 정크푸드 섭취가 줄었으며, 몸에 좋은 음식을 많이 먹었다. 뿐만 아니라 감정 제어 능력이 향상되고, 소비 습관이 개선되었으며, TV 시청 시간까지 줄었다!
- **금전 관리 프로그램 개시** 오튼과 쳉은 자기통제와 관련된 실험을 진행하면서 참가자들에게 4개월간 본인의 재무관리 습관을 모니터하게 했다. 이 실험에서도 한 분야의 습관을 통제하면 다른 분야에서의 자기통제력까지 향상되어 몸에 좋은 식습관이나 집안일 관리, 바람직한 학습 습관, 흡연 및 음주량 감소, 카페인 섭취 감소 등의 결과가 나온다는 사실을 발견했다.
- **음주 자제** 로이 바우마이스터의 연구를 비롯한 여러 연구결과 알코올은 목표 유형에 상관없이 자기통제를 위한 노력을 모두 약화

시킨다는 사실이 드러났다. 술을 자주 마시는 사람은 돈을 쓰거나 분노를 조절하거나 음식을 먹거나 자기통제력이 필요한 행동을 할 때, 술을 마시지 않는 사람보다 자기통제력을 발휘하지 못할 가능성이 크다.

인생 목표를 이루고 자기통제력도 키우고 싶은 사람은 자신에게 계속 "안 돼"라고 말해야만 자기통제의 달콤한 열매를 모두 맛볼 수 있다. 사실 이것은 최신 아이디어는 아니다. 벤저민 프랭클린도 76세의 나이에 '성품 향상 프로젝트'를 진행하면서 똑같은 말을 했다. 프랭클린의 노력은 큰 성공을 거둬, 목표를 세우고 달성하는 법을 가르쳐주는 프랭클린 코비(Franklin Covey)라는 유명한 조직적 체계를 만드는 데 영감을 주기도 했다. 자기 행동을 검토하고 개선하기 시작하려면 402쪽에 소개한 '벤저민 프랭클린의 교훈' 워크시트를 살펴보자. 그리고 유혹을 이겨내고 집중력을 높이는 데 도움이 되는 방법을 몇 가지 더 소개하겠다.

명상

명상이 긍정적인 결과만을 안겨주는 묘책 가운데 하나라는 증거가 갈수록 늘어나고 있다. 명상은 충동적인 행동을 억제하고 친절한 태도를 취하고 남에게 공감을 잘하고 건설적으로 행동하는 등의 긍정적인 효과를 갖고 있는데, 특히 자애 명상을 할 경우 그 효과가 더욱 커진다고 한다. 이런 연구의 최선봉에 서 있는 위스콘신주립대학의 리처드 데이비드슨(Richard Davidson)은 명상 상태에서 접어들었을 때 뇌의 어느 부위가 자극을 받는지 알아내기 위해 달라이 라마를 비롯한 티베트 불교도들을 연구했다. 신경 자극을 통해 다양한 행동이 유도되는 방식을 좀 더 제대로 이해하기 위해서였다.

장기간 명상 수행을 한 사람에게, 기능적 자기공명영상(fMRI) 센서를 연결하자 감정과 관련된 뇌 앞부분 섬에서 세포 활동이 증가하는 모습이 보였다. 명상가가 깊은 연민을 느낄수록 그 부위에서 많은 세포 활동이 관찰되었다. 또 측두엽과 두정엽이 맞닿은 부분, 특히 감정 이입을 담당하는 것으로 알려진 뇌 오른쪽 부위에서도 활발한 활동이 감지되었다. 데이비드슨은 자기통제력이 향상되는 것도 명상의 부수적 효과라고 말하면서 "완전히 나쁜 쪽으로 빠질 위험이 있는 나이의 아이들에게 감정을 제어하는 법을 가르치는 도구로 명상을 사용할 수도 있다"고 덧붙였다.

섭식 장애를 앓는 여성이 호흡명성법을 배우면 과식이나 음식과 관련된 충동적인 행동을 억제하는 자기통제력이 높아진다. 호주 그리피스대학의 심리학자 미셸 하니쉬(Michelle Hanisch)와 앤젤라 모건(Angela Morgan)은 여성들이 호흡명성법을 통해 "생각과 감정은 우리에게 아무 힘도 발휘하지 못하는 그저 스쳐 지나가는 현상이며, 결코 영원하지 않다는 사실을 배우게 된다"라고 말한다. 또 섭식 장애로 고생하던 이들이 명상 수련을 한 뒤부터는 자기 몸에 대해 느끼던 불만이 줄고, 자존감이 높아졌으며 대인관계도 좋아졌다.

마음의 여유를 찾아서

하찮고 중요하지 않은 일들 때문에 밤낮으로 소란을 떨다가
정말 보람 있는 일이 찾아왔을 때, 그것을 이룰 시간이 없는 상황이
되풀이되어서는 안 된다. 일이든 놀이든 마찬가지다.
그저 살아남는 데 급급했던 하루는 축하받을 이유가 없다.
일상을 약간만 변화시켜도 정말 많은 일을 이룰 수 있는 능력을
가지고 있는 사람들이 소중한 시간을 낭비하고 있어서는 안 된다.
더 이상 일에 매여 살지 말자. 이제 성공을 피해 달아나지 말자.
성장을 위한 시간과 마음의 여유를 남겨놓자.
지금. 바로! 내일이 아니라 지금!

- 오그 만디노(Og Mandino)

우리 삶 깊숙이 파고든 기술 덕분에 이제 알람이나 문자 메시지 수신음이 1시간에 한 번 이상 울리지 않는 날이 드물고, 고등학생과 대학생들은 휴대전화 소리나 컴퓨터로 전송되는 인스턴트 메시지의 수신음 때문에 자주 방해를 받는다. 캐나다에서 실시한 연구에 따르면 기술의 맹공으로 인한 시간 낭비와 학습 · 업무 방해 때문에 미국에서만 연간 500억 달러의 비용 손실이 생기고, 프로젝트를 제시간에 시작하거나 끝내지 못하는 만성 늑장꾸러기들의 수가 갈수록 늘고 있다.

자기통제력이 약한 사람도 습관적인 늑장꾸러기이므로 이메일이나 온라인 포커, 온라인 쇼핑을 통해 즉각적인 만족을 얻는 것을 막으면, 자기통제력이 강해지고 꾸물거리며 미루는 버릇을 야기하는 원인이 사라진다. 전문가들은 첨단 기술과 그 유혹적인 함정 때문에 생긴 꾸물거리는 버릇과 자기통제력 문제를 해결할 방법을 입을 모아 조언한다.

- **이메일은 하루 두 번만 확인한다** 받은 지 5분 안에 확인해야 하는 이메일은 별로 많지 않다.
- **컴퓨터에 설치되어 있는 인스턴트 메시지 프로그램을 지우거나 정해진 시간에만 사용한다** 몇 시간씩 문자 대화에 매여 실제 업무에 지장을 주는 인스턴트 메신저를 여는 프로그램을 삭제하자 업무 생산성이 크게 높아졌다.
- **컴퓨터와 휴대폰에 저장되어 있는 게임을 모두 삭제하자**

자신의 행동을 제대로 관리하지 않으면 변화할 수 없다. 연구결과 행동 관리에 실패하면 자기통제가 느슨해진다는 사실이 밝혀졌다. 로이 바우마이스터는 우스갯소리로 바에서 술을 적게 마시는 가장 좋은 방법은 바텐더에게 부탁해 자기가 마신 빈 술잔을 치우지 말고 전부 앞에 놔두는 것이라고 했다. 그러면 실제로 술을 얼마나 많이 마셨는지 알 수 있기 때문이다!

내 인생 목표는 어디쯤 와 있는가

목록을 작성한 지 얼마 안 됐지만 그 가운데 특히 강한 자기통제력이 필요한 목표가 무엇인지 살펴보고, 필요하다면 자기통제력을 키우기 위한 계획을 세워야 한다.

인생의 목표 설정 연습 및 워크시트

- 자기통제력을 키울 수 있는 '벤저민 프랭클린의 교훈'이라는 워크시트를 작성해 보자. '벤저민 프랭클린의 성품 함양 프로젝트(434쪽 참조)'에 경의를 표하는 마음으로 '자기통제력 향상 프로젝트'를 모니터링하는 '자기통제 워크시트'를 만들었다. '자기통제력 향상 프로젝트'에는 2주 동안 제한속도 지키기, 남에게 징징거리지 않기, 매일 아침 3킬로미터씩 걷기, 타인을 위해 기도하기 등이 포함될 수 있다.

10 용기: 원하는 것을 얻으려면 위험을 무릅쓰는 용기가 필요하다

과감히 위험을 무릅쓰자! 그것이 어떤 일이든지!
이제 다른 사람의 의견은 신경 쓰지 말자.
세상에서 가장 힘든 일을 하자.
자유롭게 행동하자.
진실과 직면하자.

- 캐서린 맨스필드(Katherine Mansfield)

:: 용기를 갖고 위험을 무릅쓰는 것은 인생 목표를 성공적으로 완수하는 데 없어서는 안 될 부분이다. 일상적인 쾌감대(comfort zone, 인체에 가장 쾌적하게 느껴지는 온도 · 습도 · 풍속에 의하여 정해지는 어떤 일정한 범위-옮긴이)에서 벗어나 두렵지만 꼭 필요한 일에 착수하는 것은, 긍정적인 변화를 이룰 가능성을 높이고 계속 똑같은 일만 하면서 원치 않는 결과를 낳을 확률을 줄이는 가장 확실한 방법 중 하나다. 금주협회 같은 데서 진행하는 12단계 프로그램에 참가하면, 살면서 행복하려면 안전한 길을 택해야 한다고 자신을 속이는 것이 얼마나 쉬운지 자주 듣는다. 그러면 결국 아인슈타인의 말처럼 "어리석은 사람은 늘 똑같은 일을 되풀이하면서 그때마다 다른 결과를 기대한다"와 같은 상황이 되는 것이다.

불편을 전혀 감수하지 않고 저돌적인 목표를 달성할 수 있다고 생각하는 것은 정말 미친 짓인지도 모른다. 문제는 위험을 무릅쓰는 것이 두렵다는 점이다. 목표설정이론을 세운 에드윈 로크는 두려움-'변화에 대한 두려움, 진실을 말해야 한다는 두려움, 잘못을 저지를지 모른다는 두려움, 남과 다르게 행동해야 한다는 두려움, 자주적인 생각을 가져야 한다는 두려움, 실패에 대한 두려움, 잠재의식과 자신의 진정한 동기를 깨닫게 되는 일의 두려움, 실망에 대한 두려움, 반대에 부딪힐지 모른다는 두려움, 상처에 대한 두려움, 취약한 상태가 된다는 두려움, 새로운 것에 대한 두려움, 자신의 가치관을 옹호해야 한다는 두려움'-이 목표 달성과 성공을 가로막는 주요 원인이라고 말했다.

위험을 무릅쓰는 것이 중요한 이유

두려움을 느낀 사람은 눈앞의 상황을 피하려 한다.
그래서 결국 특출한 재능을 발휘하지 못하고,
창의성도 무뎌져 인생의 패자가 되고 만다.

- 프랜 타켄튼(Fran Tarkenton)

대학을 졸업한 메리라는 젊은 여성은 자기 아버지와 오빠처럼 30세의 나이에 직접 회사를 세워 운영하는 모험을 감행하고 싶었다. 코칭 모임에 참석한 메리는 아버지와 오빠가 위험을 무릅쓰고 회사를 설립해 운영하다가 상당히 유리한 조건으로 매각해 이익을 얻는 모습을 지켜봤지만, 자기에게도 과연 그런 배짱이 있는지 확신이 서지 않는다며 웃었다.

메리와 마주앉은 코치는 그녀가 지금껏 감행한 중요한 모험 몇 가지와 그런 모험을 감행해서 얻은 이익을 적으라고 했다. 조용히 작업을 마친 그녀는 과제 덕분에 중요한 돌파구를 찾아냈다고 말했다.

메리의 말을 들어보자.

고등학교 졸업반 때 정말 다니고 싶은 대학에 입학지원서를 보냈던 일이 떠오릅니다. 지원서를 보낸 학생이 수천 명이나 될 테니 저처럼 다른 주에 사는 지원자를 받아줄 가능성은 낮다는 것을 알고 있었습니다. 그래서 용기를 내 사진을 넣은 스노우볼(snow globe)을 만들었습니다. 사진에는 그 학교가 저를 받아줘야 하는 10가지 이유와 제가 학생들 사이에서 얼마나 특별한 존재가 될지 적은 표지판을 든 제 모습이 담겨 있었습니다. 입학사정관들이 스노우볼을 보고 감상적이라거나 건방지다거나 그냥 어리석은 짓이라고 생각할지도 모르지만, 어쨌든 남들보다 눈에 띄려면 어느 정도 위험을 무릅써야 한다는 것을 알고 있었으니까요. 그래서 스노우볼을 만들어 보내면서 합격을 간절하게 빌었고, 결국 입학 허가를 받았습니다! 입학 승인 편지에는 그 스노우볼이 지금까지 받아본 가장 창의적이고 기억에 남는 입학지원서였다고 적혀 있었습니다. 그런 모험을 감행한 덕분에 제 인생에서 가장 큰 보상을 받았습니다. 대학에 다니는 동안 사귄 친구들, 전공과 관련해 들은 수업, 참가한 활동 등이 지금의 저를 만드는 데 일조했습니다. 덕분에 위험이 클수록 보상도 크다는 깨달음을 얻었지요!

코칭 강좌를 들은 앨리슨은 자기가 세상 무엇보다 원하는 일, 즉 의과대학 진학의 꿈을 이루기 위해 무릅써야 하는 위험 앞에서 떨고 있었다. 문제는 그녀의 나이가 벌써 서른에 가까웠고 현재 대도시에서 보수가 좋은 금융컨설턴트 일을 하고 있는데, 그것을 포기해야 한다는 점이었다. 또 주변 친구들 모두 자기가 선택한 직업에 만족하지 못하면서도 변화를 위한 행동에 나서는 사람은 아무도 없었다. 앨리슨은 대학에 다닐 때 이미 의대 진학에 필요한 필수 과목을 대부분 수료했으면서도 계속 의대 진학을 망설이느라 생긴 우울증과 무력감에 진절머리가 났다. 하지만 그녀는 여전히 다른 길을 알아보라거나 변화를 위해 적극적인 행동을 취하라고 등을 떠밀지 않는 친구들과 함께 어울리며 시간을 보냈다.

그러던 중 중요한 코칭 모임에 나간 앨리슨은 본인이 의사가 될 수 있을지 알아보기 위해, 위험을 무릅쓰지 않는다면 나이가 들어 자기 삶을 되돌아봤을 때 어떤 기분이 들 것 같으냐는 질문을 받았다.

앨리슨은 곰곰이 생각에 잠겼다. 그리고는 "아마 비참한 기분이 들겠죠"라고 조용히 말했다. 앨리슨은 결혼을 약속한 남자 친구를 따라 대도시로 나왔지만 그 과정에서 의대에 지원하겠다는 꿈을 버리고("그 사람은 내가 의대에 다니는 동안 집에 앉아서 주부 노릇이나 할 수는 없다고 말했어요") 그에게 미래의 아내로서 좀 더 매력적인 모습을 보이기 위해 스스로 만족하지 못하는 금융 관련 직업을 얻게 되었다는 말도 덧붙였다.

그런데 이렇게 모든 노력을 다 기울였는데도 그 사람은 결국 앨리슨을 떠나버렸기 때문에, 그의 마음에 들려고 자신을 개조했던 일들이 모두 허사가 되어버렸다. 이제 앨리슨은 씁쓸한 후회에 젖어 미래의 성공 가능성에 회의적인 기분을 느꼈다. 그러다가 옛 친구의 설득에 인생 코치를 만나 인생 목표의 목록을 작성하기로 결심했고, 결국 다른 사람이 아닌 본인의 진정한 목표가 반영된 새롭고 타당한 모험을 감행하기로 마음을 굳혔다.

앨리슨은 의대 진학에 필요한 조건부터 알아보기 시작했고, 곧 대학에 다닐 때 이수하지 못한 필수 과목을 수강하기 위해 학교에 등록했다. 그리고 의대 예비학교에 대한 정보와 입학 방법 등을 알아보았다. 초조감 속에서 몇 주를 보낸 그녀는 상사에게 의대 지원을 위한 추천서를 써달라고 부탁하는 과감한 행동을 취했다. 이는 앨리슨이 직장을 그만두고 싶어 한다는 확실한 신호였기 때문에 이런 부탁을 할 경우 무척이나 바라던 연말 보너스를 받지 못하게 될 수도 있었던 것이다.

놀랍게도 앨리슨의 상사는 의대에 진학하고 싶다는 그녀의 꿈에 큰 관심을 보이면서 어떻게 그런 용기를 낼 수 있었냐고 묻기까지 했다. 앨리슨은 자신의 대담한 움직임이 친구들과 상사에게 깊은 영향을 미쳤고, 이를 통해 자신에 대한 생각도 바뀌게 되었음을 깨달았다. 이제 그녀는 자기가 용감하고 목적의식이 분명한 사람이라고 생각하게 되었고, 새롭게 싹튼 자신감을 이용해 다른 인생 목표 2가지도 이루기로 결심했다. 그래서 3종 경기 훈련을 받은 뒤 평소 가보고 싶어 하던 도시에서 열린 대회에 참가해 끝까지 완주했다.

앨리슨은 늘 살고 싶었던 도시에 있는 의대 예비학교에 입학했다. 비록 수입이 크게 줄고 아는 사람이라고는 한 명도 없는 곳으로 이사했지만, 동기생 가운데 가장 나이 많은 의사가 되기 위해 길을 떠나는 그녀의 마음속에는 오랫동안 느껴보지 못한 진정한 행복이 넘실거렸다.

위험을 무릅썼는데도 보답을 얻지 못하는 경우

행동하는 데는 어느 정도 위험과 희생이 따르지만,
편안히 아무 행동도 하지 않았을 때 장기적으로 치러야 하는
대가에 비하면 아무것도 아니다.

- 존 F. 케네디(John F. Kennedy)

메리와 앨리슨의 실화는 우리가 두려워하던 모험을 감행해 인생 목표를 실현했을 때 얻을 수 있는 전형적인 결과를 보여준다. 일반적으로 위험을 감수해서 즉각적으로 얻을 수 있는 이익은 자신감 고조, 목표 달성을 향한 꾸준한 전진, 삶의 다른 영역에서 느끼는 만족감 상승 등이다.

하지만 항상 그런 것은 아니다. 앨리슨의 이야기는 위험을 무릅썼다가 특정한 순간에 자기가 원하는 것을 얻지 못해 후회하게 된 대표적인 사례다. 남자 친구를 따라 마음에 들지 않는 도시로 이사를 가고 의대에 입학하겠다는 꿈을 포기하고 관심 없는 분야의 직장을 구한 앨리슨은, 다른 사람을 기쁘게 하기 위해 본인의 중요한 가치관을 손상시킨 것이다. 이는 분명 모험이지만 그에 상응하는 보답을 받지 못했다. '두 사람은 영원히 행복하게 살았답니다'라는 앨리슨이 품었던 환상은 산산이 조각이 나고 그 뒤로 그녀는 불행의 늪에 빠졌다.

시도하지 않은 것을 후회한다

사람이 살면서 저지른 어리석은 행동 가운데

나중에 가장 후회하는 것은,

기회가 왔을 때 그 일을 하지 않은 것이다.

- 헬렌 롤랜드(Helen Rowland)

연구결과 우리가 단기적으로 고통을 주는 위험을 무릅쓰지 않으려고 하는 이유가 밝혀졌다. 경제학자들은 사람들이 돈을 나중에 되찾을 가능성이 있다 하더라도 어떻게든 금전적 손실을 야기할 만한 선택을 피하기 위해서 무슨 일이든 다 한다는 사실을 알았다. 주식가격이 떨어진 상태에서는 팔기를 꺼려하는 이들이 많은 것도 이런 이유 때문이다. 손실 기록을 남기지 않고 전보다 더 가난해졌다는 현실을 외면하는 쪽을 택하는 것이다. 우리가 생각하기에 이런 행동은 이겼을 때 느끼는 뿌듯함보다 졌을 때 느끼는 상처가 더 지독하기 때문인 것으로 풀이된다. 우리에게는 선천적으로 위험을 피하려는 성향이 내재되어 있어, 상황을 더 악화시킬 수 있는 위험을 무릅쓰기보다는 항상 만족스러운 현 상태를 유지하는 쪽을 선호하는 듯하다.

경제학자들은 단기적인 손실의 아픔에도 불구하고 몇 년이 지나면 자신에게 이득을 안겨주지 못한 일들을 안타깝게 여기는 대신, 용기를 내 시도하지 못했던 일을 더 후회하게 되는 티핑포인트가 찾아온다고 말한다! 위험을 무릅썼지만 효과를 보지 못한 때로부터 3~7년 정도가 지나면 이런 시점이 찾아온다. 그리고 이때가 되면 결과에 슬퍼하는 대신 자기에게 뭔가 의미 있고 어려운 일을 추구할 용기가 있었다는 사실에 감사하게 된다.

매우 힘든 수영 400미터 개인 혼영 부문에서 세계 최고의 자리에 올라간 선수 가운데 한 명인 케빈 클레멘츠(Kevin Clements)는 2000년 올림픽 예선전에서 3위, 2004년 올림픽 예선전에서는 5위를 차지해 올림픽에 출전하겠다는 어린 시절의 꿈을 간발의 차이로 놓치고 말았다(예선전에서 1, 2위를 차지한 선수들만 올림픽에 출전할 수 있다). 하지만 이런 아까운 탈락에 대해 처음에 느꼈던 슬픔과 회한은 10년도 채 안 되어 대학 수영 코치로서 다른 수영선수들이 중요한 목표를 세우고 달성하는 것을 돕겠다는 열정으로 바뀌었다. 지금 와서 돌이켜보면 그는 자기가 올림픽 출전권을 얻기 위해 그토록 오랫동안 열심히 노력한 것이 감사하게 느껴진다고 한다. 그리고 처음에 느꼈던 비탄은 이제 먼 과거의 일이 되어 괴롭고도 즐거운 추억으로 남았다.

과감한 시도가 이긴다

배는 항구에 있을 때 가장 안전하다.
하지만 배는 항구에 묶어두려고 만든 것이 아니다.

- 작자 미상

관중의 외침이 귀를 찌른다. 동점 상황. 많은 것이 걸려 있는 시합이다. 포스 앤드 롱(fourth and long. 네 번째 다운이고, 퍼스트 다운을 얻기까지 5야드 이상 남은 상황 - 옮긴이) 상황에서 퍼스트 다운을 얻으려고 도박(gamble)을 했다가 실패할 경우, 유리한 필드 위치를 차지하고 있는 상대 팀에게 공이 넘어가 그쪽이 손쉽게 점수를 얻고 경기에서 이기게 될 상황이라면 미식축구 코치는 어떻게 해야 할까? 이런 상황에서 NFL 코치들이 가장 자주 사용하는 플레이는 비록 자기 팀이 점수를 얻지 못하더라도 공을 상대팀에서 최대한 멀리 떨어진 안전한 곳으로 차내는 것이다. 하지만 NFL에서 경기를 승리로 이끈 경험이 가장 많은 코치들은 나쁜 결과가 나올 가능성이 있음에도 불구하고, 네 번째 다운 기회를 과감하게 활용해 쿼터백에게 패스하라고 지시한다.

2007년에 무패 행진을 거듭하면서 거의 완벽한 시즌을 보낸 뉴잉글랜드 패트리어츠(NewEnglandPatriots)의 수석코치 빌 벨리칙(Bill Belichick)은 네 번째 다운을 과감하게 시도해 대부분 성공시키는 것으로 유명하다. 수많은 NFL 미식축구 경기를 치르면서 나온 데이터를 보면, 수석코치들 가운데 벨리칙처럼 행동하는 이는 매우 드물며 필드 위치를 지키는 쪽을 택하는 이가 월등히 많다. 하지만 캘리포니아대학의 경제학자 데이비드 로머(David Romer)는 두려움을 억누르고 과감한 시도를 한 코치가 안전하게 경기를 진행한 코치들보다 경기에게 이긴 경우가 더 많다는 사실을 발견했으며, 패트리어츠가 전무후무한 최고의 팀 가운데 하나로 역사에 남게 된 이유도 이 때문이다.

위험을 무릅쓰면 높은 보상을 받을 수 있다는 사실을 입증한 스포츠계의 또 다른 사례는 야구에서 찾아볼 수 있다. 동료들보다 타율이 약간 낮은 타자들은 승패를 결정짓는 홈런을 치고 싶다는 소망 때문에 타석에서 실패할 위험을 무릅쓰고 과감한 시도를 하는 경우가 많다.

뉴욕 양키스(New York Yankees)의 전설적인 강타자 레지 잭슨(Reggie Jackson)은 포스트 시즌 플레이오프에 진출해야 한다는 압박감 속에서도 뛰어난 성적을 올리는 유명한 능력 덕분에 미스터 옥토버(Mr. October)라는 별명을 얻었다. 위험 감수 전략을 통해 훌륭한 성과를 올리는 인물의 전형이었던 셈이다. 잭슨의 평생 타율은 2할 6푼 2리로 별로 주목할 만한 성적이 아닌데다가 역사상 삼진 아웃을 가장 많이 당한 타자이기도 하다. 하지만 잭슨은 금전적으로 풍족한 보상을 받았고, 타석에서 과감한 승부수를 띄운 덕분에 야구 역사에 이름을 남긴 대부분의 선수들보다 많은 홈런을 쳐서, '미국 야구 명예의 전당'에 이름을 올리기도 했다. 만약 그가 안전하게 경기를 풀어나가자고 결심하거나 타율을 높이기 위해 계속 1루타와 2루타만 쳤다면 그저 그런 괜찮은 선수 정도로만 역사에 남았을 테고, 그의 대담한 플레이로 자극받았던 소속팀들도 월드시리즈 우승을 차지하지 못했을지 모른다.

악한 행동을 하는 것은 비열한 짓이다.
위험하지 않은 상황에서 선한 행동을 하는 것은 흔한 일이다.
하지만 가진 것을 모두 걸어야 하는 상황에서도
위대하고 고결한 행동을 하는 것은
선한 사람에게서만 보이는 특징이다.

- 플루타르크(Plutarch)

위험을 감수하는 것은 미식축구 경기에서 점수를 올리거나 야구 경기에서 홈런을 치거나 어려운 목표를 달성하는 확실한 전략일 뿐 아니라, 위험을 견디고 살아남으면 자신감을 얻게 되고 살면서 어떤 일이 벌어져도 자신을 보다 긍정적이고 적극적인 시각에서 바라볼 수 있는 좋은 기회이다. 위험 부담에 대해 시련이 닥쳐도 해결할 수 있다는 믿음이 생긴다고 말한다. 우리가 사는 불확실한 세상에서는 이런 강인한 정신력을 갖춰야 성공할 수 있고 그렇지 못한 사람은 수렁에 빠져 허우

적대게 된다. 물리적인 위험이 닥쳐 목숨이 위태로운 지경이 되면 정말 중요한 일에만 정신을 집중할 수 있다. 우선순위가 높은 것과 낮은 것을 신속하게 구분해 결정을 내릴 때도 이런 속성을 발휘하면 좋다.

후회를 변화의 기폭제로

세상에는 두 부류의 사람이 있다.

유혹에 넘어가기 쉬운 사람과 죽은 사람.

상처를 피하는 것만이 삶의 목적인 사람은 살아있는 시체나 다름없다.

- 에드윈 A. 로크(Edwin A. Locke), 목표설정이론의 공동 창시자

2005년 10월, 한창 인생의 전성기를 구가하던 샤이나라는 젊은 여성이 새롭게 빠져든 대담한 취미생활을 즐기기 위해 생애 10번째 스카이다이빙을 시도했다. 비행기에서 뛰어내리는 순간까지는 평소와 다를 바 없었지만, 매고 있던 낙하산이 펴지지 않는 바람에 1만 1천 피트 상공에서 그대로 땅으로 곤두박질쳐 거의 목숨을 잃을 뻔한 위험한 상황이 발생했다. 그러는 사이 그녀에게 스카이다이빙을 가르친 강사 남자친구는 어떻게 손도 써보지 못한 채 허공을 맴돌며 헬멧에 장착된 카메라로 추락하는 그녀의 모습만 찍고 있었다.

샤이나는 머리부터 거꾸로 바닥에 떨어져 얼굴뼈가 모두 부러지고 안와(眼窩, 머리뼈 속 안구가 들어가는 공간-옮긴이)가 산산이 조각났으며 오른쪽 다리가 부러지고 이도 5개나 빠졌다. 하지만 간신히 목숨만은 건졌다. 그리고 땅으로 곤두박질치는 순간 곧 죽은 친척들을 만나게 되는

줄 알았다.

하지만 정작 샤이나는 죽은 친척들의 얼굴이 아니라 아직 이루지 못한 목표가 눈앞을 스쳐가면서 살아있는 동안 달성해야 할 일들에 대해 용기나 열정이 떠오르는 것을 보고 놀랐다. 샤이나는 무사히 살아남았을 뿐만 아니라 자기가 임신 10주째라는 사실도 알게 되었다. 현재 그녀는 열성적인 엄마로, 그리고 멋진 인생이 찾아와 주기를 기다리고만 있는 것이 아니라, 자기가 세운 목표를 모두 이루기 위해 열심히 노력하는 여성으로 변모해 있다.

샤이나는 꿈을 실현할 두 번째 기회를 얻을 정도로 운이 좋았고, 이 기회를 제대로 활용할 수 있을 만큼 똑똑했다. 거의 죽을 뻔했던 강렬한 경험과 오랜 기간 재활에 힘쓰면서 얻은 새로운 관점을 통해 그녀는 위험을 무릅쓰고 꿈을 실현하는 편이 해보지도 않은 일을 후회하는 것보다 훨씬 가치 있다는 판단을 내렸다.

그런데 결코 위험을 무릅쓰지 않고 늘 안전한 길로만 가려고 한다면 어떤 일이 벌어질까? 아비가일 스튜어트(Abigail Stewart)와 엘리자베스 반드워터(Elizabeth Vandewater) 같은 연구자들은 중년을 맞아 자기 삶을 되돌아보면서 이런 후회를 곱씹은 이들에게 실제 어떤 일이 벌어지는지 연구했다. 그러자 상당히 흥미로운 결과가 나와 후회의 에너지를 그냥 낭비하는 것보다 이것을 이용해 중요한 목표를 세우고 추구하는 편이 옳다는 생각을 뒷받침해줬다.

이들이 알아낸 중요한 사실을 몇 가지 살펴보자.

- 후회는 정상적인 감정이다. 누구나 후회를 하는데 대부분 다른 이들과의 관계를 포기하고, 특정 인물과의 관계만 유지하거나 마음

에 드는 두 가지 전공 가운데 하나만 선택하는 등 다양한 기회를 포기하는 결정을 내리는 20대 초반부터 후회가 쌓이기 시작한다.

- 하지만 선택한 목표가 여전히 유효한지 자문하게 되는 중년의 나이에 접어들면 가보지 못한 길에 대한 후회가 더 뼈아프게 사무친다.
- 주부들은 집안일에만 너무 에너지를 쏟은 것을 가장 후회하며 젊을 때 공부를 더 하거나 직장을 다녔으면 좋았을 것이라고 생각한다. 하지만 커리어우먼도 후회를 느끼기는 마찬가지다. 특히 자녀가 있는 여성은 아이들과 긴밀한 유대를 쌓을 기회를 놓친 것을 후회하지만, 전업주부처럼 자신의 선택을 크게 안타까워하지는 않는다.
- 중년을 맞아 인생을 되돌아본 이들은 대부분 현재의 삶을 바꿀 수 있는 목표를 세우려고 하지만, 목표만 세우고 말면 생활만족도나 인생을 변화시킬 수 없다.
- 가장 잘 지내는 이들은 중년에 느낀 후회를 변화의 연료로 사용해서 목표를 세우고 원하는 일을 이루려고 행동을 취한 이들이다.
- 변화를 이루지 못하는 이들은 돈이나 생활 형편 같은 외부적 장애 때문에 변화를 중단한 것이 아니다. 변화의 가장 큰 장애물은 자신에 대한 자신감 부족과 원하는 결과를 얻을 수 있는 능력 부족이다. 이런 이들은 계속해서 후회와 슬픔, 벌어지지 않은 일에 대한 가정만 곱씹는다.

우리 회사의 코칭 과정 고객인 에이미는, 자기 아이와 의붓자식 두 명을 끊임없이 보살피느라 직업적 목표가 수면 아래에 가라앉은 것을 슬퍼했다는 사실조차 몰랐다는 점을 뒤늦게야 깨달으면서 놀라운 변화의 순간을 맞았다.

"내 목표를 이루기에는 너무 늦은 나이가 될 때까지 계속 꾸물거리고만 있었습니다."

코치와 대화를 나누던 중에 그녀가 한 말이다. 하지만 이런 깨달음의 순간과 재빨리 써내려간 명확한 인생 목표 덕분에 그녀는 55세의 나이에 어릴 때부터의 꿈이던 필체 분석 공부를 시작하게 되었고, 조정(漕艇)팀에도 들어갔다.

두려움 없애기

그가 부끄럽게 여기는 것은 사실 자기 자신이다.
스스로 두려움을 느낀다는 사실 때문에 자신을 부끄러워하는 것이다.

- 로빈 G. 콜링우드(Robin G. Collingwood. 1889~1943), 영국 역사가 겸 철학자

합리적 정서행동치료의 창시자인 앨버트 엘리스(Albert Ellis)는 심리치료 분야의 중추적인 리더 가운데 한 명이다. 우리의 사고방식을 바꿔 불쾌한 상황을 호의적으로 해석해서 보다 생산적이고 두려움이 덜한 방식으로 행동할 수 있게 해줬기 때문이다. 감정에 휩쓸려 인생이 좌우되어서는 안 된다는 엘리스의 꾸밈없는 스타일과 현실적인 접근방안은 1960년대 후반부터 대중들에게 받아들여지기 시작했고, 역서《합리적이고 기분 좋은 삶을 위한 안내서(A Guide to Rational Living and Feeling Better)》나《기분을 고조시켜 그 상태를 유지하라(Getting Better, Staying Better)》 같은 베스트셀러도 여러 권 나왔다. 스토아 철학자인 에

픽테토스(Epictetus)의 사상에 기초한 엘리스의 방식은 현재 대부분의 심리학자들이 사용하고 가르치는 주요 연구 방식인 인지행동 운동을 탄생시켰다.

논란의 여지가 많지만 그만큼 효과도 좋은 엘리스의 '두려움 없애기' 연습은 우리가 두려움이나 위험 부담과 맞설 수 있게 만든다. 엘리스는 자기가 수치심과 두려움 때문에 살면서 원하는 일들-여자와의 데이트 등-을 제대로 이루지 못했으며 그 두려움에 대처하는 유일한 방법은 정면으로 맞서는 것뿐이라는 사실을 깨달으면서 이 방법을 개발했다. 19살의 나이에 지독히도 수줍음이 많았던 엘리스는 뉴욕 식물원 벤치에 혼자 앉아있는 모든 여성과 대화를 시도하라는 과제를 자신에게 내렸다.

"내가 말을 건 여자들 가운데 30명은 곧장 자리에서 일어나 멀리 걸어가버렸다."

그는 이렇게 말했다. 하지만 이런 좌절과 불안감에도 불구하고 그는 수십 명의 여자들과 대화를 나눴는데 그로서는 난생처음 경험하는 일이었다.

"구역질을 하면서 달아난 사람은 아무도 없었다. 경찰을 부른 사람도 없었다."

결국은 전과 다르게 생각하고, 다르게 느끼고, 무엇보다 다르게 행동함으로써 수줍음을 극복하게 되었다.

두려움 없애기 연습은 대부분 바보같이 노래를 목청껏 부르거나 지하철을 타고 가면서 정거장 이름을 큰 소리로 외치거나 회사에 출근할 때 전혀 어울리지 않는 옷을 입고 가는 등 남들 앞에서 엉뚱한 일을 하는 식으로 진행된다. 다들 이런 과정을 통해 엘리스와 똑같은 사실을 깨닫게 되므로 연습을 마치면 전보다 용감하고 행복해진 자신을 느끼게 된다. 당신이 위험을 무릅쓴다고 해서 구토를 하거나 죽는 사람은 아무도 없지만, 당신 자신은 새로운 기술을 배우고 자신의 두려움과 당당히 맞서면서 전보다 훨씬 대담하고 적극적인 사람으로 거듭나게 되는 것이다.

다라의 가족은 늘 품위 있는 예절을 중시했고 남들 눈에 띄거나 이목을 끄는 일을 해서는 안 된다고 강조했기 때문에 그녀는 남들 앞에서 평범하지 않은 행동을 하는 것을 두려워했다. 나이가 들면서 자신의 이런 성향 때문에 친구들에게 손을 내밀거나 직장에서 승진을 요구하는 데 어려움이 있다는 사실을 깨달은 그녀는 2시간 동안 외향적이고 사교적인 성격을 시도해볼 수 있는 독자적인 두려움 없애기 연습을 고안했다. 지방 대학교의 학교 마스코트 업무에 지원하면서, 자기는 뒷일 걱정 없이 낯선 이에게 다가가 포옹을 하거나 머리를 톡톡 두드리거나 하이파이브를 하는 등의 경험을 해보고 싶으니 이 일을 딱 한 번만 하게 해달라고 말했다. 그리고 마스코트 복장을 입는 대가로 이 대학교 장학재단에 돈을 기부했다. 덕분에 몇 시간 동안 거대한 깃털 투성이 새가 되어 중앙 광장에서 엉덩이를 흔들거나 수천 명의 관객이 지켜보는 앞에서 대학 취주악단과 함께 춤을 추거나 군중 속으로 뛰어들어 남자들의 벗겨진 머리를 토닥거리는 등 평소 원해왔던 외향적인 행동을 마음껏 할 수 있게 되었다. 대학교 마스코트가 되는 모험을 시도한 그녀는 이제 인형 옷 뒤에 숨지 않고도 다른 모험을 감행할 수 있게 되었고 결국 보다 재미있고 활기찬 방식으로 자신의 인생 목표를 이루는 자유를 손에 넣었다.

CEO들은 어떤 위험을 무릅쓸까?

위험을 무릅쓰는 사람을 이길 도리는 없다.

- 존 스컬리(John Sculley)

일부 기업들은 소극성 타파를 위해 임원, 특히 CEO에게 육체적 위험을 무릅쓰게 한 뒤 이를 통해 이사회에서 과감하게 모험을 시도할 용기를 얻는 법을 가르친다. 한 영국 회사의 최고재무책임자(CFO)는 '익스트림 스키(extreme skiing)'를 배운 덕에 마음의 문이 열려 전보다 더 나은 사람, 나은 직원이 되었다고 말한다.

"회사에서 자기 방식만 엄격하게 고수하는 이들을 매일 만납니다. 요즘처럼 눈부시게 빠른 속도로 움직이는 세상에서 그런 행동은 성공을 가로막는 거대한 장벽입니다. 자신의 한계를 끝까지 밀어붙이면 어떤 압박감 속에서도 편안한 마음을 유지할 수 있습니다."

눈이 번쩍 뜨이는 경험을 한 뒤 그녀가 곰곰이 생각해낸 결론이다.

다른 기업 리더들도 스카이다이빙이나 보디빌딩 대회 참가, 하키 경기, 오토바이, 번지점프 등 자기가 질겁하던 일을 꾸준히 하는 동안 쾌감대에서 벗어나 두려움의 대상을 이겨낼 수 있다는 사실을 배우게 되었다고 털어놓는다. 리더들이 위험을 감수하면서 배운 여러 가지 교훈 가운데 하나는 두려움을 느낄 때도 정신을 집중하고 한 가지 일에 전념할 수 있다는 점이다. 이들은 위험을 무릅쓰고 그 결과를 당당히 받아들이고 두려움이 자신을 지배하게 해서는 안 된다는 사실을 알면 삶의 다양한 부분에서 더 나은 사람이 될 수 있다고 증언한다.

위험을 감수하는 능력

계산된 위험을 감수하는 것은 무모한 행동과는 완전히 다르다.

- 조지 S. 패튼(George S. Patton)

근육과 지구력을 빠르고 효과적으로 키우고 싶다면 인터벌 트레이닝만큼 확실한 방법도 없다. 인터벌 트레이닝은 1~4분 정도 자기 한계의 약 85퍼센트까지 육체를 몰아붙인 뒤 그보다 강도가 약한 운동으로 변화를 줬다가 다시 강도를 높이는 식으로 진행되는 훈련법이다. 이런 운동 형태는 노련한 운동선수는 물론이고 그보다 체력이 떨어지는 이들에게도 놀라운 효과를 발휘하는 것으로 입증되었다. 두 그룹 모두 매주 하는 운동 프로그램에 이 방식을 도입하자 체력이 강해지고 회복 속도가 빨라졌으며 더 많은 칼로리를 소모할 수 있게 되었다고 한다.

위험을 감수하는 능력을 키우고 싶을 때도 이 기술이 도움이 된다. 감정적 쾌감대에서 잠시 벗어났다가 안전한 수준으로 돌아오고 다시 쾌감대를 벗어났다가 정상 수준으로 돌아오는 것을 반복하면 두려움이 주는 불편한 감정에 서서히 익숙해져 위험 때문에 생기는 스트레스를 이기는 능력이 커진다. 이런 연습을 많이 할수록 때로는 낭떠러지에 서야만 원하는 결과를 얻을 수 있다는 사실을 알게 된다.

위험을 감수할 용기

전에는 감히 생각지도 못했을 위험을 감수할 용기를 얻기 위해 당신이 할 수 있는 일이 몇 가지 더 있다. 특히 효과가 좋은 '의식 고양'이라는 방법이 있는데, 이는 타성에서 벗어나 행동하려고 하는 이들이 움직이는 데 도움이 된다고 한다. 담배를 끊고 싶어 하는 이들의 의식을 고양하기 위해 장기 흡연자들의 얼굴에 나타난 손상 흔적을 담은 사진을 보여주는 방법이 있다. 중독성 행위를 극복하는 방법으로 널리 사용되고 있는 변화단계 모델을 고안한 제임스 프로차스카(James Prochaska)는 의식 고양이 효과가 있는 것은 이를 통해 우리가 원하는 목표에 명확히 집중하게 하는 강렬한 감정이 전신에 넘쳐흐르게 되기 때문이라고 말한다.

노인병 전문의인 베스는 업무 중에 관찰한 결과 노인 환자 중에서도 가장 허약하고 늘 자리보전만 하는 환자는 특히 척추가 뻣뻣한 환자라는 사실을 깨달으면서 의식이 고양되는 경험을 했다고 한다. 이런 관찰 덕분에 그녀는 매주 요가 수업에 나가겠다는 목표를 세우고 실천했다. 위의 두 사례에서 드러나듯이 의식 고양은 때로는 본인이 원치 않는 미래의 모습을 보여주기 때문에 상당히 고통스러울 수도 있지만 반대로 매우 건설적이면서도 효과적인 방향으로 의식 고양이 이뤄질 수도 있다.

닉은 대기업 투자 상담가로 상당히 잘 나가던 인물이었는데 회사를 그만둘 상황에 처하자 일주일 동안 회사 최고의 브로커 한 명을 그림자처럼 따라다녀 보기로 했다. 그의 목표는 브로커가 하는 일 가운데 본인의 성공에 도움이 될 만한 것들을 모두 배우는 것이었지만, 한편으로는 남들보다 일찍 퇴근해 아이의 크리스마스 연극을 보러 가는 등 그가 거둔 성공의 열매를 직접 확인하면서 전보다 더 열심히 일해야겠다는 자극도 받게 되기를 바랐다.

이렇게 집중적으로 노력한 것이 효과를 발휘해 닉은 보다 긍정적이고 적극적인 사고방식을 가질 수 있었다. 이후 닉은 그의 서비스를 원치 않는다고 거절한 이들을 다시 찾아다녔고, 이런 끈질긴 노력 덕분에 일을 계속하는 데 필요한 고객을 확보할 수 있었다. 이제 닉은 자기가 그림자처럼 따라다녔던 사람과 비슷한 수준의 삶을 살게 되었다. 그는 근면한 노력을 통해 얻을 수 있는 잠재적인 성과를 보며 의식을 고양시킨 덕분에 일을 그만두지 않고 계속 버티면서 더 번창할 수 있었다는 사실을 감사하게 여긴다.

시각화

평소 두려워하던 일을 시도할 용기를 내는 데 도움이 되는 또 하나의 방법은 마음의 눈을 통해 자기가 그 일을 하는 모습을 그려보는 것이다. 2004년 오하이오주립대학에서 진행한 한 연구에 따르면, 제 3자의 눈을 통해 자기가 투표하는 모습을 머릿속에 그려본 유권자들은 90퍼센트가 실제 투표를 하지만, 본인의 눈을 통해 자기가 투표하는 모습을 상상한 이들의 경우에는 실제 투표율이 72퍼센트밖에 안 됐다고 한다. 연구자들은 첫 번째 유형의 시각화를 이용했을 때 성공 가능성이 높아진 이유는 다른 사람이 자기를 지켜볼지도 모른다고 상상하면서 느끼는 사회적 압박감 때문일 수 있다고 설명한다.

"실험 참가자들이 다른 사람의 눈을 통해 자신을 바라보면 실제 투표를 하러 가야겠다는 의욕이 높아집니다."

이 연구를 공동 진행한 연구자는 이렇게 설명하면서 "본인이 투표할 가능성이 높다고 생각하면 그것이 실제 행동으로 연결되는 것이지요."라고 덧붙였다.

그러니 경연 대회에 출전하거나 지역 주민 모임에서 연설을 해야 하는데 용기가 나지 않는다면 다음과 같은 방법을 사용해 보자. 눈을 감은 뒤 자기가 두려워하는 일을 하는 모습을 가장 친한 친구가 지켜보고 있다고 상상한다. 평소 입던 옷을 입은 모습, 매일 거울 속에서 보는 자신과 똑같은 모습으로 상상해야 한다. 이 기술이 두려움을 극복하는 데 도움이 될지도 모르니 한 번 시도해 보자.

'잃어버린 과거의 자신'에게 작별을 고하자

현재의 삶에 더 이상 어울리지 않는 옛날 목표에 계속 매달린 채 과감하게 새로운 방향으로 나아가는 것을 두려워하는 이들이 있다. 이런 낡은 목표가 얼마나 많은 에너지를 앗아가는지 의식하지 못하는 것이다. 학자들은 이런 '잃어버린 과거의 자아'가 우리를 현실에 안주시킬 뿐 아니라 현재 갖고 있는 목표를 달성하는 데 필요한 열정까지 감소시킨다는 사실을 밝혀냈다.

이 분야의 유명한 학자인 미주리대학의 로라 킹은 이혼을 하거나 다운증후군을 앓는 아이를 출산한 여성을 연구해, 아내나 어머니로 '영원히 행복하게 살아간다'는 낡은 이미지에 작별을 고한 이들은 자신의 현 상황을 반영한 새 목표를 세우고 적극적으로 살아갈 수 있다는 사실을 알아냈다. 과거의 자신을 잊고 유연한 사고방식을 갖춘 이들은 남들보다 행복하며 인생 목표를 달성할 확률도 높다.

주위 상황이 바뀜에 따라 현실성이 떨어진 목표에서 벗어나 상황에 맞는 적당한 목표나 다른 분야의 목표를 세우기로 결심한 10대 청소년의 경우도 마찬가지다. 현실을 받아들이기를 거부하고 계속 고집스럽게 가능성 없는 목표만 좇는 청소년은 병에 걸리거나 기분이 우울해질 가능성이 높지만, '잃어버린 과거의 자신'을 인정하고 다른 길로 옮겨간 이들은 행복지수가 높고 회복이 빠르며 성공 가능성도 높다.

하지만 킹 박사의 연구결과를 제대로 활용하려면 목표 추구를 중단하는 것과 바뀐 환경을 현실적으로 받아들이는 것의 차이를 이해해야 한다. 그녀의 연구에 참여한 여성들은 잃어버린 과거의 자아가 무엇인지 분명하게 파악했고, 현실과 유리된 목표가 새로운 목표 설정이나 그것을 달성하기 위한 노력을 방해한다는 사실을 알았다.

상황을 좀 달리해, 키가 178센티미터가 넘었으면서도 여전히 체조선수로 성공하겠다는 꿈에 매달려 있는 여자 선수를 상상해 보자. 이렇게 키가 큰 사람은 체조계에서 성공하기 어려우므로 이 선수는 아마 비참한 심정을 맛보게 될지 모른다. 하지만 보트 경주나 수영, 장대높이뛰기처럼 키가 큰 여성에게 적합한 스포츠 분야를 찾아보면 자기 시야를 가리던 잃어버린 과거의 자아에 작별을 고하고 보다 현실적인 목표를 정할 힘과 도구를 얻게 될 것이다.

내 인생 목표는 어디쯤 와 있는가

지금쯤이면 목록에 포함된 목표를 수정하는 것이 버릇이 되었을 테니, 이제 가까운 시일 안에 감행해야 하는 모험, 두렵지만 중요한 목표 달성에 도움이 될 모험에 대해 생각해 보자.

인생 목표 설정 연습 및 워크시트

- 444쪽의 '인생 목표를 세우는 것은 위험한 일이다'라는 워크시트를 작성한다. 당신이 이미 실행에 옮겨 도움이 되었던 모험 몇 가지를 상기하고 앞으로의 목표 달성에 도움이 될 다른 모험의 기회를 찾는 계기가 될 것이다.

- 배를 몰고 넓은 바다로 나가 항해를 떠나는 대신 안전한 항구에 계속 머물러 있을 때 얻을 수 있는 이익과 치러야 하는 대가가 무엇인지 자문해 보자. 지금과 같은 경로를 계속 유지할 경우 1년 뒤, 5년 뒤, 그리고 10년 뒤 자신의 인생이 어떻게 되어 있을지 아래 빈칸에 적어보자.

11 낙관성: 낙관성은 열정과 끈기를 갖고 나가게 하는 힘이다

가장 유능한 사람조차 하루에 몇 번씩 벽에 부딪치다. 낙관적인 사람은 어려운 역경을 극복하고 반드시 성취를 이루어 낸다.

- 마틴 셀리그만(Matin Seligman), 긍정심리학 창시자

:: 미래에 대한 희망과 기대가 없으면 인생 목표를 이루어가는 과정에서 유발되는 역경을 극복하기가 어렵다. 낙관성이란 무엇일까? 낙관성은 미래에 대한 긍정적인 기대와 전망이며, 미래에 일들이 긍정적으로 잘 펼쳐질 것이라는 전반적인 기대이고, 자기 행동과 노력으로 인해서 추구하는 목표를 성취할 수 있을 것이라는 희망이다. 미래에 대한 긍정적인 기대와 희망은 시련이 닥쳤을 때 쉽게 포기하거나 좌절하지 않고 일어날 수 있는 원동력으로 작용한다. 살면서 아무런 시련도 겪지 않고 살기란 불가능하다. 누구나 크든 작든 수없이 많은 시련과 역경을 만나는데, 이때 희망의 끈을 놓지 않고 열정과 끈기를 갖고 목표를 이루어 나갈 수 있게 만들어주는 힘이 바로 '낙관성'이다.

낙관성은 무조건 긍정주문이 아니다

낙관성이라고 하면 어려운 상황이 닥쳤을 때 무조건 "괜찮아, 걱정하지 마, 다 잘 될 거야"라고 긍정의 주문을 맹목적으로 되풀이하는 것으로 오해하는 사람들이 있다. 사실 긍정적으로 생각하는 것도 중요하다. 정확한 사고와 원인을 분석하는 것이다. 진정한 낙관성이란 앵무새처럼 긍정적인 주문을 되풀이해 외우는 것이 아니다. 현실을 정확히 인식하면서 미래에 대한 희망을 포기하지 않는 것이 진정한 낙관성인 것이다.

예를 들어 판단 착오로 주식투자에 실패했을 경우 낙관적인 사람과 비관적인 사람은 대응방식이 다르다. 낙관적인 사람은 "왜 실패했을까? 아무래도 종목 분석이 충분하지 못했어. 아무리 믿을만한 사람이 추천해주었어도 직접 분석해보고 확신이 들 때 투자했어야 하는데, 다음번엔 실수하지 말자."라고 생각한다. 만약 실패의 원인을 분석해보지 않고 무조건 낙관적으로 "괜찮아, 벌 때가 있으면 잃을 때도 있는 거지." 대수롭지 않게 생각하고 또 투자를 하면 백전백패다.

낙관성이란 맹목적인 믿음이 아니라 실패를 했을 때 부정적인 사고를 하지 않는 것이다. 비관적인 사람은 주식투자에 실패했을 경우 "내가 하는 일이 그렇지 뭐. 이럴 줄 알았어."와 같이 말한다. 그렇게 생각하면 삶은 절대 바뀌지 않는다.

낙관적인 사람은 현실을 받아들이면서도 스스로를 부정하지 않고, 자신이 유능하다고 믿고 자신이 미래의 긍정적 결과에 영향을 미칠 수 있다고 믿는다. 그래서 희망을 품고 위험을 감수하고 인내하기 때문에 성공할 가능성이 높은 것이다. 또한 낙관적인 사람은 장애에 부딪히거나 좌절을 겪을 때 막연한 믿음만이 갖는 게 아니라 좋아질 것이라고 믿고 창의성을 발휘해 문제를 해결할 수 있는 대안 해결책을 찾아낸다.

어떤 상황에서도 최종 목표를 보고 간다.

비현실적 낙관성과 현실적 낙관성

낙관성은 현실적 낙관성과 비현실적 낙관성이 있다. 현실적 낙관성은 개인의 행복과 성공을 이루게 하지만 비현실적인 낙관성은 개인을 곤경에 빠뜨리고 재앙을 초래할 수 있다. 결코 불안해하는 법이 없는 사람, 만사가 언제나 잘될 거라고 믿는 사람, 뻔히 보이는 위험을 감수하고 투자해서 재정적 위기에 빠진 적이 있는 사람, 정크 푸드를 먹고 운동도 안 하면서 언제나 건강할 거라고 자신하는 사람들이다.

이런 사람들은 위험을 경시한다. 흡연자는 담배를 피우면서도 자신이 폐질환에 걸릴 확률이 아주 낮다고 추정한다. 위험한 성생활을 하거나 마약 주사기를 돌려쓰는 사람들도 마찬가지다. 그들은 자신이 에이즈에 걸릴 가능성이 별로 없다고 믿는다. 전형적인 비현실적인 낙관적성을 지닌 사람들의 모습이다. 위험을 직시하지 못하니 해결할 문제가 있다는 것을 깨닫지 못하고, 문제 해결에 착수해야 한다는 생각은 더더욱 하지 못한다.

비현실적 낙관성은 실재하는 위험을 경시하기 때문에 우리로 하여금 해로울 수도 있는 행동에 참여하게 만든다. 그렇다면 어째서 그렇게 많은 사람이 장밋빛 안경을 쓰고 있는 것일까? 그것은 모두 믿음의 문제로 귀착된다. 우리는 자신에 대한 믿음, 강점과 약점, 능력에 대한 믿음을 갖고 있다. 또한 사람들이 교통사고를 당하는 이유, 콜레스테롤 수치가 높고 폐암에 걸리는 이유에 관한 믿음도 갖고 있다. 비현실적으로 낙관적인 사람은 다른 사람을 위험에 빠뜨리는 약점(암 유전자 등)이 본인에게는 없다고 믿는다. 또는 다른 사람에게는 없는 강점(뛰어난 운전 실력 등)을 갖고 있어서 위험이 비껴간다고 믿는다. 그들은 자신이 전형적인 '피해자'와는 다르다고 믿으며, 따라서 실제 위험에 처해 있다는 사실을 깨닫지 못할 때가 많다.

낙관성은 선택이다

아빠는 갓 태어난 딸이 요람에서 자는 모습을 내려다보고 있다. 방금 병원에서 집으로 데려왔다. 어여쁜 딸의 모습에 경외감과 감사의 마음이 복받친다. 아빠는 딸이 고개를 돌려 자기를 바라보지 않을까 기대하면서 딸의 이름을 부른다. 하지만 딸의 눈은 움직이지 않는다. 요람 난간에 달린 장난감을 집어 흔들어도 아기의 눈은 움직이지 않는다. 아빠는 덜컥 겁이 났다. 혹시 아기에게 문제가 있는 것은 아닌지 걱정하며 아내에게 방금 일어난 일을 얘기한다.

"애가 소리에 전혀 반응하지 않는 것 같아. 듣지 못하는 것은 아닐까?"

"우리 아기는 틀림없이 다 정상이야." 아내가 잠옷을 추스르며 말한다. 그리고는 함께 아기 방으로 간다.

엄마가 아기의 이름도 부르고 딸랑딸랑 방울소리도 내보고 손뼉도 쳐본다. 엄마가 아기를 들어 올리자 아기가 바로 몸을 뒤로 젖혀 꿈틀대면서 옹알거린다.

"이를 어째! 애가 듣지를 못해."하고 남편이 말한다.

"괜찮을 거야." 아내가 말한다. "그렇게 말하기엔 너무 일러. 태어난

지 얼마나 됐다고. 아직 눈의 초점도 못 맞추는데."

"그래도 그렇지. 손뼉을 아무리 세게 쳐도 꼼짝도 않잖아."

여전히 불안해하는 남편을 보며 아내는 책장에서 책을 한 권 꺼내 '청각' 항목을 찾아 소리 내어 읽는다. "신생아가 큰 소리를 듣고도 놀라지 않는다거나 소리 나는 쪽으로 몸을 돌리지 않는다고 놀라지 마십시오. 깜짝 놀라는 반사행동과 소리에 주의를 기울이는 행동이 발달하는 데는 어느 정도 시간이 걸릴 수 있습니다. 필요하다면 소아과를 방문하여 아기의 청각에 대한 검사를 의뢰할 수 있습니다."

다 읽고 아내가 "이제 좀 안심이 돼?" 말하지만 남편은 불안감을 떨쳐버리지 못한다. 여전히 딸이 아무것도 듣지 못한다는 사실을 되풀이해 이야기하며, 할아버지가 청각장애였기 때문에 딸도 청각장애일 가능성이 있다며 걱정한다.

"잠깐! 왜 자꾸 나쁜 쪽으로만 생각해? 월요일에 바로 소아과에 전화해보면 되잖아. 일단 기운을 내라고. 자, 담요 바로 하게 애기 좀 안고 있어. 담요가 다 흘러내렸네."

남편은 아기를 받아 안았다가 얼마 안 있어 아내에게 다시 안겨 준다. 주말 내내 남편은 다음 주 업무준비를 위해 서류가방을 열 기운도 없다. 아내를 따라 집안을 왔다 갔다 하며, 만약 아기가 청각장애라면 그 아이의 일생이 어떻게 될까 시름에 잠겨있다. 듣지 못하고 그래서 언어도 발달하지 않을 것이며 결국에는 자신의 어여쁜 딸이 사회와 격리된 채 홀로 소리도 없는 세상에 갇혀 살지 모른다는 등 최악의 경우만 머릿속에 떠올린다. 그는 절망에 빠진 채 일요일 밤을 보내야 했다. 아내는 소아과 전화응답 서비스를 통해 월요일 이른 시간으로 예약을 해 두었다. 그리고는 집안일도 하고 책도 읽고 남편도 진정시키며 주말을 보냈다.

소아과 검사결과는 부모를 안심시킬 만한 것이었다. 그러나 남편의 마음은 가벼워지지 않았다. 일주일 후 지나가는 트럭의 소리에 아기가 처음으로 깜짝 놀라는 반응을 보이자 비로소 마음이 풀리면서 딸을 얻은 기쁨을 다시 누리기 시작했다.

위의 사례에서 남편과 아내는 세상을 서로 다른 눈으로 바라본다. 남편은 비관적이다. 안 좋은 일이 생기면 계속 나쁜 쪽으로만 생각한다. 그럴수록 불안감은 더 커지고 최악의 상황을 상상하며 우울해한다. 그런 상태가 오래 가면 건강도 안 좋아진다. 반면 아내는 낙관적이다. 설령 나쁜 일이 닥쳐도 가능한 한 좋은 쪽으로 생각한다. 그저 일시적일 뿐이며 이겨낼 수 있는 것 또는 극복해야할 도전이라고 생각한다. 뜻밖의 일을 당해도 금세 털어버리고 곧 원기를 회복한다. 건강도 아주 좋다.

비관적인 사람의 핵심 특징은 안 좋은 일들이 오랫동안 지속되어 자신의 모든 일들을 위태롭게 하고 나아가 이런 것들이 모두 내 탓이라고 쉽게 생각하는 데 있다. 낙관적인 사람은 세상을 살면서 똑같이 어려운 일에 부닥쳐도 비관적인 사람과 정반대로 생각한다. 낙관적인 사람은 실패를 겪어도 그저 일시적인 후퇴로 여기며 그것의 원인도 일부로 보는 경향이 있다. 실패가 자기 탓이 아니라 주변여건이나 불운 또는 다른 사람 때문에 생긴 것이라고 생각한다. 이런 사람들은 실패에 주눅 들지 않는다. 안 좋은 상황에 처하면 이것을 오히려 도전으로 간주해서 더 열심히 노력한다.

인생 목표를 이루려면 당연히 낙관적인 눈으로 세상을 바라봐야 한다. 어떤 눈으로 바라보는 가는 선택이다. 성격적으로 태어날 때부터 낙관성이 강한 사람도 있지만 삶을 바라보는 관점은 생각하기에 따라 얼마든지 바꿀 수 있다.

낙관성이 성공을 좌우한다

대부분의 사람들은 성공의 요인으로 재능과 욕망을 꼽는다. 하지만 재능과 욕망은 성공의 필요충분조건이 될 수 없다. 재능과 욕망이 충분하더라도 낙관성이 부족하면 실패할 수 있다. 재능이 많음에도 실패하는 사람들은 부지기수로 많다. 하버드대를 나올 정도로 공부를 잘하고 재능이 뛰어남에도 직장생활에 적응하지 못하고 백수로 지내거나 사업을 벌였다가 망하는 경우가 흔하다.

욕망도 마찬가지다. 성공에 대한 뜨거운 욕망이 있으면 성공할 확률이 높아지는 것은 사실이지만 욕망만으로는 부족하다. 욕망은 쉽게 타오르고 금방 식는다. 계속 욕망을 부채질하지 않는 한 시간이 지나면 식게 마련이다. 예를들어 재치 있는 광고는 과거에 있지도 않았던 욕망을 순식간에 만들어낸다. 직원교육을 통해 직원들의 동기를 북돋우고 열광케 만드는 것도 그리 어려운 일이 아니다. 그러나 이런 모든 격정은 일시적인 것이다. 어떤 상품의 매력은 몇 분도 안 돼 잊히거나 다른 상품의 매력으로 대체될 것이다. 동기부여를 위한 세미나는 기껏해야 며칠 또는 몇 주 효력을 발휘하고 말 것이며 그러면 또 다른 동기부여가 필요하게 될 것이다. 재능과 욕망으로 채울 수 없는 것을 채워 성취를 이끌어내는 것이 '낙관성'이다. 어떤 면에서는 재능이나 욕망보다 성공하는 데 중요한 역할을 하는 것이 '낙관성'이다. 성공에 필요한 재능과 욕망을 다 갖췄는데도 실패하는 사람들은 대개 비관적인 사람들이다. 반대로 재능은 조금 부족하더라도 성공한 사람들을 보면 대개 낙관적이다. 셀리그만은 성공의 전제조건으로 낙관성이 재능과 욕망보다 중요하다는 사실을 상기시키며 다음과 같은 질문을 던진다.

- 낙관성 또는 비관성이라는 제 3의 요소가 재능이나 욕망만큼 중요하다면 어떻게 할 것인가?
- 성공에 필요한 재능과 욕망을 다 갖췄지만 비관적인 사람이기 때문에 여전히 실패할 수 있다면 어떻게 할 것인가?
- 학교에서든 직장에서든 낙관적인 사람이 더 뛰어나다면 어떻게 할 것인가?
- 낙관성을 학습할 수 있으며 이렇게 습득한 기술을 영원히 간직할 수 있다면 어떻게 할 것인가?
- 자녀에게 이 기술을 심어줄 수 있다면 어떻게 할 것인가?

낙관적인 직원이 조직의 성과를 높인다

여러 직업 중에서도 특히 낙관성을 필요로 하는 대표적인 직업 중 하나가 '보험'이다. 일반적으로 보험 회사 직원들은 밥 먹듯이 거절을 당한다. 10명의 고객을 만나면 적어도 9명에게서 딱지를 맞는다고 한다. 어쩌다 한두 번이 아니라 매일 수시로 거절을 당하면 누구나 위축되고 일에 재미를 느끼기 어렵다. 실제로 보험회사 직원들은 이직률이 아주 높다. 그것도 동종 업계로의 이직이 아니라 아예 보험 업계를 떠나는 경우가 많다. 보험회사마다 조금씩 다르지만 통상적으로 입사한 지 1년 안에 직장을 떠나는 사람이 절반이 넘고, 4년이 지나면 80%가 직장을 떠난다고 한다.

직원들의 이직률이 높으면 회사에도 타격이 크다. 미국 메트로폴리탄 라이프 보험회사는 이런 문제를 해결하고자 긍정심리학 창시자인 셀리그만에게 도움을 청했다. 셀리그만은 낙관성이 문제를 해결하는 열쇠라 판단하고 낙관성과 보험일과의 상관관계를 조사했다. 우선 이미 성공적으로 보험 일을 하는 직원들이 얼마나 낙관적인 사람부터 알아보았다. 200명의 경력사원을 대상으로 낙관성을 측정하는 질문지를 돌렸는데, 대상자의 절반은 실적이 매우 좋은 직원들이었고, 나머지 반은 실적이 아주 형편없는 사람들이었다. 조사 결과, 실적이 좋은 사람들이 실적이 나쁜 사람들보다 훨씬 더 낙관적인 것으로 나타났다. 낙관성 점수를 기준으로 실험 대상자를 낙관성이 좋은 그룹과 나쁜 그룹으로 나누었을 때 낙관성이 좋은 그룹이 입사한 뒤 2년 동안 37%가량 더 많은 실적을 올렸음을 확인할 수 있었다. 또한 낙관성 점수가 상위 10% 안에 드는 직원들은 하위 10%에 드는 직원들보다 88%나 더 많은 실적을 올렸다.

이직률에도 낙관성이 영향을 미치는 것으로 나타났다. 메트로폴리탄 라이프 보험회사는 오래 전부터 판매원으로 적합한 사람들을 선별하기 위한 검사법 중의 하나인 '경력분석표(Career Profile)'를 시행해 적어도 12점 이상을 얻은 사람들 중에서 직원을 선발했다. 셀리그만은 경력분석표를 통과해 발령 전 교육까지 마친 104명의 직원들을 대상으로 낙관성 검사를 했다. 보험 회사 신입 사원들은 놀라울 정도로 낙관적이었다. 낙관성 점수를 10점 만점으로 했을 때 보험 회사 신입 사원들의 낙관성 점수는 평균 점수는 7점 이상으로 다른 직종의 평균점수를 훨씬 웃돌았다. 결국 아주 낙관적인 사람들이 보험회사에 지원한 셈이었다.

셀리그만은 1년 뒤 신입 사원들을 회사에 잘 다니고 있는지 조사했다. 그 결과 입사 첫해에 104명 가운데 59명이 사직한 것으로 나타났다. 어떤 사람들이 사직했는지를 알아보기 위해 전체를 낙관성 점수가 높은 그룹과 낮은 그룹으로 나누었을 때 상대적으로 낙관성 점수가 낮은 그룹의 사직률이 그렇지 않은 그룹보다 2배가량 높았다. 낙관성 점수가 아래로부터 1/4에 해당하는 직원들은 점수가 높은 위 1/4에 속하는 직원들보다 3배나 더 높은 사직률을 보였다.

이러한 조사 결과를 바탕으로 셀리그만은 낙관성의 중요성을 확인하고, 메트로폴리탄 라이프 보험회사 경영진의 동의하에 직원을 채용할 때 전통적인 검사방법인 경력분석표와 셀리그만이 개발한 ASQ 낙관성 검사(가정상황에 대한 귀인유형 설문지: Attributional Style Questionnaire)를 모두 실시했다. 그런 다음 1만 5천명의 지원자 중 천 명은 기존의 방식대로 경력분석표를 통과한 사람들 중에서 채용했고, 낙관성 점수는 고려하지 않았기 때문에 낙관적인 사람들과 비관적인 사람들이 절반씩 섞여 있었다.

이와는 별도로 낙관적인 직원들로 구성된 '특수인력'을 조성했다. 즉 경력분석표를 아깝게 통과하지 못한(9~11점 사이) 지원자들 중 낙관성 점수가 상위 절반에 속하는 사람 129명을 뽑았다. 물론 이들에겐 그들이 특수인력이라는 사실을 알리지 않았다.

셀리그만은 2년에 걸쳐 경력분석표를 기준으로 선발된 1천명의 정규직원, 낙관성 점수로 뽑은 129명의 특수인력을 관찰했다. 그 결과 1천명의 정규인력 가운데 낙관적인 사람들은 비관적인 사람들보다 많은 판매실적을 올렸다. 첫 해에는 겨우 8% 더 많은 실적이었지만 입사 2년째에는 낙관적인 사람들이 31%를 더 많이 팔았다.

특수인력의 실적은 사뭇 놀라웠다. 이들은 정규인력 가운데 비관적인 사람들보다 입사 첫해에 21% 더 많은 판매실적을 올렸다. 그리고 2년째에는 57%를 더 많이 팔았다. 게다가 이들은 정규인력의 평균과 비교해 보아도 입사한 지 2년에 걸쳐 27% 더 많은 판매실적을 올렸다. 실제로 이들은 최소한 정규인력 가운데 낙관적인 사람들만큼 좋은 판매실적을 올렸다.

이처럼 낙관성은 조직의 성공에 큰 영향을 미친다. 직원을 채용할 때는 적성과 동기도 중요하지만 낙관성이 없으면 시련이 닥쳤을 때 인내하지 못하기 때문이다. 특히 보험회사처럼 거절을 많이 당하는 직업은 낙관성이 가장 중요하다. 보험회사처럼 신입사원 모집과 훈련에 비용이 많이 들고 이직률이 높은 직업의 경우에는 직원을 채용할 때 낙관적인 사람을 선발하는 것이 좋다. 낙관적인 사람들이 낙관적인 조직을 만들어 개인과 조직 모두를 발전시킬 수 있기 때문이다.

낙관성의 두가지 개념(무기력 학습, 설명 양식)

비관적인 사람과 낙관적인 사람은 무엇이 다를까? 비관적인 사람은 뭔가 안 좋은 일이 생기면 먼저 최악의 것들을 상상한다. 파산해서 감옥에 가는 것은 아닐지, 이혼이나 해고로 이어지는 것은 아닐지 노심초사한다. 쉽게 우울해지고 한동안 매사가 귀찮아지고 건강까지 영향을 받는다. 이와 반대로 낙관적인 사람은 나쁜 일이 닥쳐도 좋지 못한 쪽으로는 거의 생각하지 않는다. 그저 일시적일 뿐이며 이겨낼 수 있는 것 또는 극복해야할 도전이라고 생각한다. 뜻밖의 일을 당해도 금세 털어버리고 곧 원기를 회복한다.

비관적인 사람의 핵심 특징은 안 좋은 일들이 오랫동안 지속되어 자신의 모든 일들을 위태롭게 하고 나아가 이런 것들이 모두 자기 탓이라고 쉽게 생각하는 데 있다. 낙관적인 사람들은 세상을 살면서 똑같이 어려운 일에 부닥쳐도 비관적인 사람과 정반대로 생각한다. 낙관적인 사람은 실패를 겪어도 그저 일시적인 후퇴로 여기며 그것의 원인도 이 한 경우에 한정된 것으로 보는 경향이 있다. 실패가 자기 탓이 아니라 주변여건이나 불운 또는 다른 사람 때문에 생긴 것이라고 생각한다. 이런 사람들은 실패에 주눅 들지 않는다. 안 좋은 상황에 처하면 이것을 오히려 도전으로 간주해서 더 열심히 노력한다.

왜 이런 차이가 생기는 것일까? 낙관적인 사람과 비관적인 사람의 차이를 이해하기 위해서는 낙관성의 '설명 양식'으로 이 둘은 서로 밀접한 관계가 있다.

무기력 학습

셀리그만은 자신이 할 수 있는 게 하나도 없는 충격적인 사건을 처음 경험한 동물인 개는 점차 수동적으로 변해서 역경에 맞서는 것을 포기한다는 사실을 발견했다. 최초의 충격적인 사건을 무기력하게 경험하고 나면, 동물들은 그 후부터 경미한 전기 충격에도 그저 가만히 앉아 고통을 고스란히 겪으며 도망치려는 시도도 하지 않고 충격이 사라지기만을 기다린다. 이것이 바로 '무기력 학습'으로 포기반응, 어떻게 해도 안 된다는 생각에 단념하는 반응을 말한다. 즉 자신이 뭔가를 변화시키려고 시도했지만 변화시킬 수 없다고 여기고 스스로 포기하는 것이다.

하지만 똑같은 충격을 받았더라도 다 무기력 학습 반응을 나타내는 것은 아니다. 첫 번째 경험에서 똑같은 강도의 전기 충격을 받았지만 도망칠 수 있었던 동물들은 그 후에 무기력해지지 않았다. 그들은 무기력 학습에 대한 면역이 생긴 것이다. 그것이 낙관성으로 발전했다.

설명양식

설명 양식이란 사건이 일어난 이유를 스스로에게 습관적으로 설명하는 방식이다. 이것은 무기력 학습을 크게 좌우하는 역할을 한다. 낙관적인 설명양식은 무기력을 없애고 비관적인 설명양식은 무기력을 퍼뜨린다. 설명양식이란 "마음속 세상"을 비추는 거울과도 같은 것이다. 설명양식을 보면 당신이 비관적인 사람인지 낙관적인 사람인지를 알 수 있다. 설명 양식에는 다음과 같은 세가지 핵심적인 차원이 있다.

- **개인적 차원(책임의 주체)**: 나쁜 일이 일어난 건 "내 탓(내부)"인가 "남 탓(외부)"인가?
- **영속성 차원**: 나쁜 일은 "항상(지속적)" 일어나는가 "가끔(일시적)" 일어나는가?
- **만연성 차원**: 삶 "전부"를 실패 했는가 "일부"를 실패했는가?

아래 세가지 차원의 예를 보고 당신이 낙관적인 사람인지 비관적인 사람인지 확인해보자. 1번과 같은 반응을 한다면 당신은 비관적인 사람일 가능성이 크고, 2번과 같은 반응을 많이 한다면 낙관적인 사람일 가능성이 크다.

- **개인적 차원(책임의 주체)**: 나쁜 일이 일어난 건 "내 탓(내부)"인가

"남 탓(외부)"인가?

당신은 손쉽게 물건을 팔 수 있는 기회를 놓쳤다. 당신은 어떤 반응인가?

1. 내가 그렇지 뭐. 나는 형편없는 영업사원이야.

2. 오늘 고객이 무척 시간에 쫓긴 것 같아, 내일 다시 만나서 팔아야지

1번을 골랐다면 기분이 가라앉았을 것이고, 2번을 골랐다면 기분이 나빠질 이유는 없을 것이다. 그런데 몇 번을 골랐든 돌이켜보면 평소 일이 잘못됐거나 나쁜 일이 생길 때마다 비슷하게 생각했을 것이다. 당신은 일이 잘못되거나 틀어지면 주로 누구 잘못이라고 생각하는가? 내 탓? 아니면 남 탓이나 그럴 수밖에 없었던 주변 환경의 탓? 비관적인 사람들은 습관적으로 '내 탓'이라고 생각한다. 특히 이런 사람들은 전면적인 자기 비난으로 이어지는 경우가 많다. 1번의 보기처럼 손쉽게 물건을 팔 수 있는 기회를 놓친 것은 나는 형편없는 영업사원이라고 생각하는 것이다.

하지만 2번의 보기처럼 생각한다면 어떻게 달라질까? 적어도 문제의 원인이 다른 데 있다고 생각하기 때문에 비관적인 사람들처럼 우울해하고 자기 비하를 하지는 않는다. 물론 무조건적인 '내 탓'이 문제인 것처럼 무조건적인 '남 탓'도 위험하다. 중요한 건 습관적으로 내 탓이라는 생각을 버리는 일이다.

- **영속성 차원:** 나쁜 일은 "항상(지속적)" 일어나는가 "가끔(일시적)" 일어나는가?

이번 달 실적이 좋지 않을 때 당신은 어떤 반응인가?

1. 나는 항상 이 모양이야. 상사 눈 밖에 났을 거야. 이제 난 완전히 끝

장이야.

2. 열심히 했는데 기대만큼 안 나왔네. 그래도 저번 달에는 잘 했으니까 다음에도 잘 할 수 있을 거야.

1번을 골랐다면 절망했을 것이고, 2번을 골랐다면 실망은 했겠지만 그래도 다음번에는 더 노력했을 것이다. 낙관적인 사람은 나쁜 일이 생겼을 때 일시적이고 특수한 것으로 보기 때문에 어쩌다 한 번 나쁜 일이 생겼고 금방 지나갈 것이라고 생각한다. 이에 비해 비관적인 사람은 나쁜 일에 대해서는 '항상'이라고 생각한다. 영속적이고 보편적인 것으로 생각하기 때문에 자기에게 나쁜 일은 항상 일어나고 앞으로도 나쁜 상태가 쭉 지속될 것이라고 받아들인다.

반대로 좋은 일에 대해서 낙관적인 사람은 자신에게는 항상 좋은 일이 생기고 지속될 것이라고 받아들이고, 비관적인 사람은 가끔 생긴다고 받아들인다. 좋은 일과 나쁜 일을 정반대로 받아들이는 것이다. 낙관성을 키우려면 나쁜 일이 생겼을 때 계속 지속되는 것이 아니라 금방 지나갈 것이라고 생각하는 습관을 가져야 한다. 처음엔 오랫동안 굳은 사고방식을 바꾸기가 어렵겠지만 자꾸 노력하다보면 사고습관을 바꿀 수 있을 것이다.

• **만연성 차원**: 삶 "전부"를 실패했는가 "일부"를 실패했는가?

면접에서 떨어졌다면 당신은 어떤 반응인가?

1. 나는 정말 쓸모없는 사람이야. 면접도 떨어졌는데 운동은 해서 뭐 하겠어? 잠이나 자자.
2. 꼭 들어가고 싶었는데 실망스럽네. 할 수 없지, 뭐. 운동으로 기분이

나 풀어야겠다.

1번을 골랐다면 비관적인 사람이고, 2번을 골랐다면 낙관적인 사람이다. 면접에서 떨어졌다면 대부분 실망한다. 낙관적인 사람도 마찬가지다. 다만 낙관적인 사람은 다른 일자리를 찾으려고 다시 이력서를 쓰고 노력을 기울이면서 생활을 평소처럼 지속해 나간다. 친구도 만나고 운동도 하면서 실패를 그 문제에만 국한시키는 것이다. 그래서 자신감은 좀 떨어지겠지만 다른 일에 도전하기도 한다. 하지만 비관적인 사람은 모든 일에서 자신감을 잃어버리고 만다. 하던 운동도 그만두고 친구들도 안 만나고 삶 전체를 포기해 버리는 것이다. 이렇게 절망감을 한 가지 영역에만 국한시키는지 아니면 다른 영역에까지 확산시키는지를 결정하는 게 만연성이다. 낙관적인 사람은 만연성의 측면에서 볼 때 어떤 실패를 겪어도 그 실패를 일부로 생각하지만, 비관적인 사람은 자신의 실패를 삶 전체로 해석한다. 낙관성을 키우려면 쓸데없이 실패를 확대해석해서는 안 된다. 반대로 좋은 일이라면 전체로 확대해 생각하면 낙관성을 키울 수 있다.

ABC 확인으로 낙관성 키우기

케이티라는 여성은 2주 동안 엄격한 다이어트를 하고 있었다. 그러다 오늘밤 일을 마치고 친구들과 어울려 술도 마시고 친구들이 주문한 나초와 닭 날개도 몇 개 먹었다. 그러고는 곧바로 다이어트를 망쳤다는 느낌이 들었다.

그는 혼자 생각했다. "잘했어, 케이티. 오늘밤 다이어트를 완전히 망쳐버렸군. 나는 너무 너무 나약해. 고작 친구들하고 술집에 와서 폭식가가 되었군. 친구들이 나를 바보로 여기겠지? 에라, 2주 동안 다이어트 한 것이 모두 수포로 돌아갔군! 그래, 정말로 돼지가 되는 거야. 냉장고에 있는 케이크도 먹자."

케이티는 집으로 돌아와 냉동식품을 뜯어 초콜릿 과자 전체를 맛있게 먹었다. 오늘밤까지 성실히 지켜오던 다이어트가 망가지기 시작했다.

케이티가 나초와 닭 날개 몇 개를 먹은 일과 그 다음에 정말로 마구 먹어댄 일 사이에는 필연적인 연관이 없다. 둘을 잇는 것은 자기가 왜 나초를 먹었나에 대해 스스로 생각해낸 설명이다. 그의 설명은 매우 비관적이다. "내가 너무 나약해." 그의 결론 또한 매우 비관

적이다. "다이어트 한 것이 모두 수포로 돌아갔군!" 그러나 실제로는 다이어트가 수포로 돌아간 것이 아니었다. 지속적이고 만연적이며 개인적인 설명을 하게 되면서 스스로 포기한 것이었다.

케이티가 처음에 자동적으로 머릿속에 떠오른 설명을 스스로 반박하기만 했어도 나초를 먹은 일은 전혀 딴판의 결과를 낳았을 것이다.

"케이티, 속도를 늦추자." 하고 스스로에게 말할 수도 있었을 것이다. "무엇보다도 내가 술집에서 폭식가처럼 행동한 것은 아니잖아? 라이트 맥주 두 잔을 마셨고 닭 날개 두세 개와 나초 두세 개를 먹었지. 따로 저녁은 안 먹었고. 결국 따져보면 다이어트를 위해 먹어야 할 양보다 겨우 조금 더 많은 열량을 섭취한 셈일걸. 다이어트가 딱 하룻밤 조금 빗나갔다고 해서 내가 나약한 것은 아니지. 2주 동안 엄격하게 다이어트를 지켜 왔잖아? 게다가 나를 바보로 여기는 사람은 아무도 없어. 내가 무엇

을 먹는지 유심히 지켜본 사람이 있을까? 게다가 몇몇은 내가 살이 빠져 보인다고 했잖아? 어쨌든 설령 내가 먹지 말았어야 할 것을 먹었더라도 그렇다고 해서 다이어트를 그만두고 아예 더 뒤로 퇴보할 필요는 없지. 그것은 무의미한 짓이야. 실수 조금 했다고 나를 욕하고만 있을 게 아니라, 될수록 손실을 줄이고 지난 2주 동안 했듯이 엄격하게 다이어트를 계속 하는 것이 최선이야."

이것은 ABC의 문제다. 사람들은 나쁜 일을 겪으면 그것에 관해 이러저러한 생각을 하게 된다. 그리고 그 생각들은 금세 믿음으로 굳어진다. 이런 믿음이 습관처럼 굳어지면 의식적으로 주의를 집중하지 않으면 자기가 그런 믿음을 갖고 있다는 사실조차 깨닫기 어렵다. 게다가 이런 믿음은 어떤 감정을 느끼고 어떤 행동을 할지를 결정한다. 따라서 믿음의 성격에 따라 결과도 크게 달라진다. 그 믿음이 올바른 것이라면 큰 문제가 없지만 행복지수가 낮은 사람들은 사실을 왜곡시킨 잘못된 믿음을 갖는다. 믿음 자체가 왜곡된 것이니 결론 또한 제대로 나기가 어렵다. 마치 도미노처럼 불행한 사건(A)이 왜곡된 믿음(B)을 낳고, 이는 다시 잘못된 결론(C)으로 연결된다. 이 악순환의 고리를 끊지 않고서는 낙관성을 키우기 어렵다.

ABC 확인하기

앞에서도 이야기했지만 왜곡된 믿음이 굳어져 있으면 자각하기조차 쉽지 않다. 하지만 악순환의 고리를 끊으려면 자신의 삶 속에서 ABC가 일상적으로 어떻게 작동하고 있는지를 살펴보아야 한다. 우선 ABC의 작동원리를 이해하기 위해 다음 빈 칸을 채워보자. 나쁜 일(A)과 관련된 믿음(B)과 결과(C) 중 하나만 제시되어 있다.

상황1. A. 주차할 데를 보고 대려고 하는데 다른 사람이 새치기했다.

B. 나는 ______________________라고 생각했다.

C. 나는 화가 나서 창문을 내리고 그 사람한테 소리를 질렀다.

상황2. A. 숙제를 안 한다고 애한테 큰소리를 질렀다.

B. "내가 개떡 같은 엄마지."라는 생각이 들었다.

C. 나는 ______________________을 느꼈다 (또는 했다).

상황3. A. 가장 친한 친구가 전화를 받지 않았다.

B. 나는 ______________________라고 생각했다.

C. 나는 하루 종일 우울했다.

상황4. A. 가장 친한 친구가 전화를 받지 않았다.

B. 나는 ______________________라고 생각했다.

C. 그 일로 불쾌하지 않았고 내 할 일을 했다.

상황5. A. 아내와 (또는 남편과) 다투었다.

B. "내가 뭐 하나 제대로 하는 것이 없지."하고 생각했다.

C. 나는 ______________________을 느꼈다 (또는 했다).

상황6. A. 아내와 (또는 남편과) 다투었다.

B. "저 사람이 원래 기분이 엄청 안 좋았지."하고 생각했다.

C. 나는 ______________________을 느꼈다 (또는 했다).

상황7. A. 아내와 (또는 남편과) 다투었다.

B. "나는 언제든지 오해가 풀리게 할 수 있어."하고 생각했다.

C. 나는 ______________________을 느꼈다 (또는 했다).

일곱 가지 상황에 대한 빈칸을 채우다 보면 ABC가 각각 어떻게 상호작용하는지를 알 수 있다. 우선 첫 번째 상황에서는 새치기에 대한 생각이 화를 촉발했다. B가 "저 도둑놈이 내 자리를 훔쳐갔네." 혹은 "저런 뻔뻔하고 치사한 짓을 하다니."와 같은 부정적인 믿음이었을 때 나올 수 있는 느낌이고 행동이다.

두 번째 상황은 나쁜 상황이 일어난 원인을 자기 자신에게서 찾은 경우다. 사실은 아이가 숙제를 안 해 소리를 지른 것임에도 자신이 '개떡 같은 나쁜 엄마'이기 때문에 소리를 질렀다고 자책하며 슬퍼한다. 이처럼 나쁜 일이 개인적인 특성 때문에 생긴 것이라고 생각하면 낙담하고 포기하기 쉽다. 게다가 그 특성이 지속적이고 만연적인 것이라면 낙담도 오래 갈 것이다.

상황 3과 4는 둘 다 가장 친한 친구가 전화를 받지 않은 상황이다. 만약 세 번째 예에서처럼 뭔가 지속적이고 만연적인 것을 생각했다면(예컨대 "나는 늘 이기적이고 남 생각을 할 줄 몰라. 그러니 놀랄 일도 아니지."하고 생각했다면) 우울해질 것이다. 그러나 만약 네 번째 예에서처럼 불쾌함을 느끼지 않았다면 "그 친구 이번 주 내내 야근하고 있지." 또는 "친구가 기분이 안 좋은가 보네."라고 생각했을 것이다. 이처럼 원인을 일시적이고 일부분이며 자신이 아닌 외부에 있다고 생각했다면 마음이 심란해질 일이 없다.

5, 6, 7도 아내와 혹은 남편과 다툰 같은 상황이다. 만약 다섯 번째 예에서처럼 "내가 뭐 하나 제대로 하는 것이 없지."하고 생각한다면(영속적이고 만연적이며 개인적인 설명), 우울해지고 화해의 시도도 하지 않을 것이다. 반면에 만약 여섯 번째 예에서처럼 "저 사람이 원래 기분이 엄청 안 좋았지."하고 생각한다면(일시적이고 외부적인 설명), 어느 정도 화가 나고 조금 낙담하면서 일시적으로만 침체될 것이다. 그러나 기분이 풀리면 아마도 뭔가 화해를 시도할 것이다. 만약 일곱 번째 예에서처럼 "나는 언제든지 오해가 풀리게 할 수 있어."하고 생각한다면, 화해를 시도할 것이고 나아가 금방 기분도 좋아지면서 기운이 넘치게 될 것이다.

이처럼 ABC는 어떻게 믿느냐(B)에 따라 결과(C)가 달라진다. 이 작동원리를 이해하는 것이 악순환의 고리를 끊는 출발점이다.

ABCDE 반박하기

ABC를 확인했다면 낙관성을 키우는데 반은 성공한 것이나 마찬가지다. 나쁜 일이 생겼을 때 어떻게 생각하고 믿는가에 따라 결과가 달라진다는 것을 깨달으면 비관적인 생각을 바꿔 낙관성을 키울 수 있다. 그러려면 기존의 자신의 생각과 행동을 지배하던 ABC에 반박해야 한다.

어떻게 반박을 해야 하는지 걱정하지 않아도 된다. 사람은 누구나 반박할 수 있는 능력을 갖고 있다. 그 능력은 특히 자신이 무심코 저지른 실수를 비난하는 사람들과 맞설 때 잘 발휘된다. 예를 들어 직장에서 경쟁자가 "당신은 직원들을 위해서도 부사장이 되면 안 돼. 그럴 자격이 없어. 당신은 몰인정한데다 이기적이어서 누구도 당신을 지지하지 않을 거야"라고 비난하면 당신은 그 사람이 지적한 사항에 대한 반증을 구체적으로 제시하며 낱낱이 반박할 수 있다.

반박하는 방법

일단 타당한 근거가 없다고 생각되는 자신의 비관적인 생각을 파악했다면 아래의 ABCDE 방법으로 반박하는 연습을 하자. 불행한 사건에 뒤따르는 왜곡된 믿음들을 효과적으로 반박하면 낙담과 포기라는 습관적인 반응을 없애고 활기와 유쾌한 기분을 되찾을 수 있다. 따라서 불행한 일을 겪은 뒤에 이를 당연시하는 자신의 믿음을 효과적으로 반박하면, 다양한 기회와 행복을 지레 포기하는 당신의 절망적인 태도를 바꿀 수 있다.

A(Adversity): 당신에게 생긴 불행한 사건

B(Belief): 그 불행한 사건을 당연하게 여기는 왜곡된 믿음

C(Consequence): 그 왜곡된 믿음을 바탕으로 내린 잘못된 결론

D(Disputation): 자신의 왜곡된 믿음에 대한 반박(명백한 증거 제시하기, 대안 찾기, 숨은 진실 찾기, 실질적인 접근)

E(Energization): 자신의 왜곡된 믿음을 정확하게 반박한 뒤에 얻은 활력

이해를 돕기 위해 예를 들어보자. ABC를 반박했을 때 결과가 어떻게 달라지는지를 보여주는 예이다. 한 강사가 강의를 하고 강의 평가서를 받았는데, 그 중 다음과 평가가 있었다.

"나는 이 수업에 몹시 실망했다. 인상 깊은 점이 있다면 그 교수는 어쩌면 그토록 시종일관 지루한 수업을 할 수 있을까 하는 것뿐이었다. 리치먼드 교수보다 차라리 시체가 더 활기찰 것 같은 생각이 들 정도였다. 다른 건 몰라도 이 수업만큼은 듣지 말기를!"

그 평가서는 강사에게 생긴 불행한 사건(A)임이 분명하다. 그 평가서를 본 강사는 평가를 인정하지 않고 학생 탓을 한다. 학생이 시건방져서 그런 평가를 한 것이고, 요즘 학생들이 디지털 사운드 시스템을 갖춰놓고 수업하기를 바라기 때문에 화려한 멀티미디어가 없으면 따분해 할 수밖에 없다고 믿어버린다. 또한 충실하게 자료를 준비해서 생각할 기회를 제공한다고 해도 그 애들은 감당할 능력이 없다고 매도하며 악의적인 평가는 무시해버리는 게 좋다고 생각한다. 왜곡된 믿음(B)의 전형적인 모습이다.

믿음이 왜곡되었으니 결론(C) 또한 부정적이다. 학생에게 잘못을 돌려도 화가 나서 도저히 참을 수가 없어 그 강사는 아내에게 전화를 걸어 고래고래 고함을 치면서 강평을 읽어준다. 너무나 건방지고 버릇없는 요즘 학생들이 괘씸해 늦은 밤까지 분을 삭이지 못한다.

여기서 끝나면 강사는 행복과는 거리가 멀어질 수밖에 없다. 하지만 반박을 통해 생각을 다음과 같이 바꿨다고 가정해보자(D).

"그 학생이 무례한 건 사실이야. 하지만 내 강의라고 싫어하는 학생들이 왜 없겠어. 그러니 상심할 일은 아니야. 그건 수많은 평가서 중의 하나일 뿐이니까. 많은 학생들은 내 강의를 좋아하는 것 같아. 그렇지만 솔직히 이번 강평 결과는 예전만 못한 것 같군. 내가 강의 준비에 소홀한 점도 없지 않았을 거야. 혹독한 강평을 반성의 기회로 삼아야 해. 학습 교재를 준비하는 데도 좀더 노력해야지.

생각을 바꿔 상황을 다시 정리하자 강사는 화가 많이 누그러졌다. 그 학생의 표현방식에 대해서는 여전히 괘씸한 생각이 들지만, 전체적 시각으로 받아들일 수 있게 되었다. 강의 준비를 소홀히 해왔다는 사실을 인정하긴 싫지만, 강의 수준을 높이는 데 심혈을 기울일 수 있게 되었다. 아울러 새로운 학습도구 개발에도 더욱 신경을 쓰고 기존 강의안도 보안해야겠다는 생각도 했다. 반박을 함으로써 활력(E)을 얻게 된 것이다.

비관적인 생각에 반박하는 방법

왜곡된 믿음과 그에 따른 결과를 반박하면 활력을 얻을 수 있다. 하지만 오랫동안 왜곡된 믿음을 갖고 있었다면 스스로 그 믿음에 반박하기가 쉽지만은 않다. 반박이 잘 안 될 때 자신을 효과적으로 설득할 수 있는 방법이 있다. 명백한 증거 제시하기, 대안 찾기, 숨은 진실 찾기, 실질적인 접근 등 네 가지 방법을 이용해 반박하면 된다.

'명백한 증거 제시하기'는 그 믿음이 사실과 전혀 다르다는 것을 밝히는 것이다. 충분한 시간을 두고 유리한 증거를 확보하는 것이 좋다. 파국을 부르는 왜곡된 믿음을 뒤집을 수 있는 명백한 증거를 찾으면 반박하기가 쉬워진다.

'대안 찾기'는 부정적인 믿음을 갖게 한 원인을 찾고, 그 중에서 덜 파괴적인 원인에서 대안을 찾는 것이다. 그러려면 자신의 왜곡된 믿음이 생기게 한 모든 가능성들을 샅샅이 조사해 바꿀 수 있는 원인에 먼저 초점을 맞추는 것이 바람직하다.

'숨은 진실 찾기'는 부정적인 믿음이 불리하게 작용할 때 그 불행의 구렁텅이에서 해방시킬 수 있는 방법이다. 설령 부정적인 믿음이 사실이라도, 그 믿음 안에 내재되어 있는 의미가 무엇인지 따져보는 것이 중요하다. 다시 부정적인 믿음을 반박할 '증거'를 찾아봐야 한다.

마지막으로 '실질적인 접근'은 말 그대로 효과적으로 반박할 수 있는 방법을 찾아보는 것이다. 공평한 세상이라는 믿음을 얻으려면 어떤 마음가짐으로 살아야 할지를 생각해보고 공평한 미래가 되게끔 세상을 바꿀 수 있는 방법을 모색한다. 자신의 삶을 어떻게 바꿀 것인지 생각해보는 것도 중요하다.

인생 목표 설정 연습 및 워크시트

반박 연습하기

실제로 반박하는 연습을 돕기 위해 여기에 한 가지 예를 싣는다. 일상생활에서 겪게 되는 사건에 대하여, 자신에게 생기는 믿음이 어떤 것인지 생각하고 그 결과를 관찰하여 자신의 믿음을 철저하게 반박한다. 그런 다음 반박에 성공했을 때 어떤 활력이 생기는지 살펴보고 그 결과를 적어보는 것이다. 자신의 부정적인 믿음을 반박하는 위의 네 가지 방법을 활용하면 큰 도움이 될 것이다.

- 불행한 사건: 남편과 아이가 생긴 뒤 모처럼 첫 외식을 하면서 그만 말다툼이 벌어졌다. 처음에는 종업원 말투가 상냥하다 아니다 하며 사소한 말다툼으로 시작했는데, 나중에는 애가 외가 쪽을 닮아 눈이 작다느니, 친가 쪽을 닮아 고집이 세다며 싸움이 커졌다.

- 왜곡된 믿음: 아이 때문에 좋았던 부부관계가 금이 갔다고 생각한다. 이혼 밖에는 길이 없다고 생각하면서도 과연 혼자서 아이를 키울 수 있을까 걱정한다.

- 잘못된 결론: 너무나 슬프고 절망적이고 두렵다. 도저히 식사를 할 수가 없고 남편을 바라보는 것조차 끔찍하다.

- 반박: 환상 속에서 살고 있는 자신 발견한다. 지난 두 달 동안 단 3시간도 편안하게 잠을 못 잤다. 낭만적인 생각을 한다는 건 무리였다. 지금도 젖이 불어서 흘러내릴까 걱정이다. 이번 외식을 망쳤다고 그게 이혼 사유가 될 수는 없다. 우리부부는 이보다 훨씬 더 힘든 시련도 이제껏 잘 이겨내지 않았던가. 좀 더 여유를 갖고 우리 부부만의 오붓한 시간을 보낼 수 있도록 노력하기로 마음먹는다. 다음에는 훨씬 더 좋은 시간이 될 거야.

- 활력 얻기: 기분이 한결 좋아지고 오로지 남편만 생각하기 시작함. 젖이 흘러내릴까 걱정된다는 말도 남편에게 솔직하게 털어놓는다. 종업원의 태도에 대해서도 웃어넘길 수 있는 여유가 생긴다. 부부는 이번 실수를 교훈 삼아 다음 주 근사한 저녁 데이트 약속한다. 솔직히 털어놓으니까 남편도 나도 훨씬 더 즐겁고 사랑이 더욱 깊어졌다.

Creating Your Best Life:
The Ultimate Life List Guide

4부

내 삶의 구체적인 인생 목표 이루기

4부에서는 6개 장에 걸쳐 우리의 다양한 인생 영역들을 관련 있는 것끼리 나눠서 살펴볼 생각이다. '행복의 집' 실습을 마친 당신에게는 가장 중요한 인생 영역-자녀와의 관계나 건강 등-과 관련해 마음속에 구체적인 목표가 생겼을 것이다. 아직 구체적인 목표를 세우지 못한 사람들을 위해서는 각 영역이 전체적인 삶의 질과 어떤 관계가 있는지 보여주는 연구결과도 소개한다. 각 섹션의 마지막 부분에는 본인의 인생 목록을 새로운 시각에서 바라볼 수 있는 구체적인 힌트와 다른 이들이 세운 목표를 소개해 신선한 아이디어를 제공한다.

12 사명선언과 교훈

자신의 가치관을 알면 결정을 내리기도 쉽다.

- 로이 디즈니(Roy Disney)

:: 이 장에서는 목표에 의미를 부여하고 목표를 정의하는 인생 영역들을 살펴보자. 이는 인생에서 가장 중요하다고 생각하는 목표와 가치관, 그것을 위해 세운 목표, 그리고 평소 실천에 옮기면서 소중히 여기는 정신적, 종교적 습관인 영성 등을 말한다. 어떤 사람은 영적 믿음에 따라 가치관을 형성하기 때문에 이 모든 영역이 하나로 묶이는 경우도 있지만 전혀 다른 카테고리로 분류하는 이들도 있다. 이 책에 제시된 인생 목표를 이루는 방법을 통해 목표를 세우고 추구하면서, 인생을 풍요롭게 만든 이들의 경험담을 읽고, 자신에게 가장 올바르고 적합하다고 생각되는 방식대로 행동하기 바란다.

목표와 가치관

가장 심오한 가치관을 통해 생긴 목표는 억지로 주어진 목표나 의무감 때문에 받아들인 목표보다 달성 가능성이 훨씬 높다는 사실을 앞에서 확인했다. 목표를 세우고 최선을 다하도록 도와주는 가치관으로는 정직, 청렴, 탁월함, 친절에 대한 욕구 등이 있다.

이제 본인의 인생 목표 목록에 포함된 모든 목표를 세우고 달성하는 데 기본이 되는 것이 무엇인지 생각해보기 바란다. 그리고 간단한 방법을 통해 이 두 가지 개념을 결합시키면 그냥 가치관만 확인하는 것보다 더 깊은 곳까지 파고들 수 있다.

구체적 목표 이루기 1

사명선언문 작성

생각은 목적을 낳고, 목적은 행동으로 이어지며,

행동은 습관을 형성하고,

습관은 성격을 결정지으며, 성격은 우리 운명을 정한다.

- 타이론 에드워즈(Tyron Edwards)

인생 목표를 점검하는 가장 재미있는 방법은 목표 설정을 유도하고 삶에 대한 태도나 결정을 내리는 방식에 도움을 주는 사명선언문을 작성하는 것이다. 짐 뢰어(Jim Loehr) 박사가 플로리다 주 올랜도에서 사흘 동안 진행하는 '몰입 프로그램' 같은 수준 높은 기업 워크숍에는 해마다 전 세계 수천 명의 기업 임원과 운동선수들이 참여하는데, 이 프로그램의 중요한 주제 가운데 하나가 바로 자신의 개인적인 인생철학을 정의하는 사명선언문을 작성하는 것이다. 흥미롭게 표현한 사명선언문은 가치관을 생생하게 전달할 뿐만 아니라 목표를 가깝게 느끼고 행동을 바람직한 방향으로 이끌어주는 자석 같은 구실도 한다. 하나의 단어나 문장, 어구로도 표현 가능한 사명선언문은 도덕성과 행동의 시금석이 될 만한 힘을 지니고 있다.

일례로 한 신학교는 "열심히 놀고 열심히 공부해서 훌륭한 사람이 되자"를 사명으로 삼았다. 어떤 엄마는 "아이들을 웃게 해주자"를 자기 사명으로 삼겠다고 결심했다. 인기 있는 포스트잇 제품을 생산하는 3M의 사명은 "아직 해결되지 않은 문제를 혁신적인 방법으로 해결하는 것'이다. 그린베레는 '억압받는 자들을 자유롭게 해방시킨다"는 사명을 가슴에 품고 살아간다. "만나는 모든 이를 조금이라도 기분 좋게 해주자"는 사명을 일기장 표지에 커다랗게 적어놓은 사람도 있다. 또 다른 엄마는 "아들에게 모범을 보이는 거울이 되자"라는 사명을 만들었다. 그리고 마틴 셀리그만의 개인적인 사명은 "전 세계의 행복지수를 증가시키는 것"이다.

다음과 같은 4단계를 따르면 개인적인 사명선언문을 작성하는 데 도움이 된다.

1단계: 자신의 인생 지침인 핵심가치를 리스트로 작성한다.

"변화를 받아들이고 추진한다", "성장과 배움을 추구한다", "건강과 행복을 추구한다"

2단계: 자신의 대표 강점에 대해 숙고해 본다.

24가지 성격강점을 토대로 자신의 대표강점 네다섯 가지를 찾는다.

3단계: 핵심가치를 확인하기 위해 스스로 질문한다.

“자신이 가장 자랑스러워하는 업적은 무엇인가?”, “자신이 세상에 남기고 싶은 유산은 무엇인가?”, “자신이 최상의 상태일 때는 언제인가?”

4단계: 이렇게 되면 자신의 핵심가치들, 자신의 대표강점 작동 중인 핵심가치가 모아진다. 이것이 사명선언문의 토대가 된다. 다음 형식에 따라 두 문단으로 작성한다. 첫 번째 문단은 개인이 중요시하는 가치를 묘사함으로써 자신에 대해 서술한다. 두 번째 문단은 그 가치를 구체적으로 어떻게 실현할 것인지에 대해 서술한다. 예로써 제시한 다음 두 문단의 사명선언문이다.

문단 1(핵심가치 묘사) 나는 성장을 중요시한다. 나 자신의 지속적인 배움에 관심이 있으며, 연령이나 배경에 상관없이 다른 사람들이 배움을 통해 성장할 수 있도록 도와주는 것에 관심이 있다. 나는 타인의 성장을 도와주는 행위가 세상을 더 좋은 곳으로 바꿀 것이라고 믿는다. 그런 행위를 통해 그들을 더욱 성장시키고 그들과 더 좋은 관계를 맺게 될 것이기 때문이다.

문단 2(문단 1의 가치를 실현할 보다 구체적인 방법) 긍정정서는 개인적 성장에 결정적인 요소다. 나는 유머와 스토리텔링을 이용해서 사람들이 성장할 수 있는 지지적이고 비위협적이고 확장적인 환경을 창조할 것이다. 교사, 멘토, 코치, 연구자, 작가로서의 역할을 십분 활용해서 타인이 성장할 기반을 마련해줄 것이다. 타인이 잠재력을 발휘할 수 있도록 도와줄 때 내가 가장 많이 성장한다는 점을 나는 알고 있다.

사명선언문은 흥미롭고, 행동 지향적이며, 고무적이고, 간단하며, 이해하기 쉬워야 한다. 당신의 목표를 즉각적으로 밝히는 동시에 최고의 자아와 가장 믿을 만한 행동을 이끌어내면 된다. 이렇듯 아주 쉬운 일이다. 이것을 쓰면서 사람들은 점차 활기를 띠고 희망에 찬다. 몰입하며 열의를 느낀다. 그런데 많은 사람은 사명선언문 작성을 앞두고 거의 언제나 바짝 긴장해서 굳어버린다. 그 이유는 선언문이 완벽해야 한다거나 모든 것을 포함해야 한다고 생각하기 때문이다. 처음부터 제대로 된 사명선언문을 만들지 못하더라도 걱정할 필요 없다. 언제든지 수정할 수 있다. 자신에게 꼭 맞는다는 느낌이 들 때까지 계속 노력하면 된다.

호이트 팀(Team Hoyt)

1962년에 태어난 릭 호이트(Rick Hoyt)는 뇌성마비와 경련성 사지마비를 진단받아 다들 그가 영영 말을 배울 수 없을 것이라고 생각했다. 의사들은 부모에게 아들을 포기하고 수용 시설에 맡기라고 조언했지만, 그의 부모는 이를 단호히 거부하고 릭을 다른 형제자매들과 똑같이 대했다. 나중에는 교사들도 릭이 제대로 교육을 받지 못할 것이라며 말렸지만, 그는 특수 컴퓨터로 의사소통을 하면서 정식 교육을 받았고 결국 보스턴대학에서 특수교육 학위까지 받았다. 어느 날 릭은 아버지 딕에게 도보 경주에 나가고 싶다는 메시지를 전달했다. 이 제안을 수락한 릭의 아버지는 경기 내내 아들의 휠체어를 밀면서 달렸다. 그리고 결승선을 통과하는 순간 부모는 아들의 얼굴에 평생 가장 행복한 미소가 떠오르는 것을 보았다. 경기가 끝난 뒤 릭 호이트는 휠체어가 경주로를 날듯이 달리는 동안 자신의 장애가 모두 사라진 듯한 느낌을 받았다고 말했다. 그 말을 들은 릭의 아버지는 아들과 함께 참가할 수 있는 스포츠 경기란 경기에는 모두 참가하기로 결심하고 필요한 훈련을 받았다(달리기를 할 때는 휠체어를 밀면서 달리고, 수영을 할 때는 앞에서 끌어주고, 자전거 경주에 나가면 앞뒤로 연결된 자전거를 타는 등). 1992년 이후 두 부자는 6차례의 철인경기를 비롯해 총 200회가 넘는 철인3종경기를 완주했고 마라톤 대회에도 65번이나 참가했다. 운동 경기에 참가하면서 큰 즐거움을 느끼는 릭의 모습을 보고 아버지 딕 호이트는 "육체적인 제약을 받는 이들도 우리와 똑같은 일상생활을 누리게 해주겠다"는 숭고한 사명을 가지게 되었고, 장애를 앓는 아들 덕분에 이런 가치 있는 목표를 품게 된 것에 감사했다.

인생 목표 수립에 도움이 될 만한 교훈

- 인생 목표는 우리의 행동과 생각을 좌우한다. 가치관을 형성하는 것은 물론 다른 목표를 정하거나 좌절을 겪을 때의 반응에 영향을 미치며 앞으로 기울일 노력을 뚜렷하게 밝혀준다.
- 사명선언문은 본인의 신념을 매력적인 언어로 전달하고, 날마다 최선을 다하도록 자극하는 효과적이고 구체적인 방법이다.

구체적 목표 이루기 2

영적, 종교적

영적인 에너지가 흘러들어와 현상 세계에 영향을 미친다.

- 윌리엄 제임스(William James)

대부분의 인생 목표 목록에는 영적 목표나 종교적인 목표가 포함되어 있다. 가장 흔한 목표는 영적인 가르침을 추구하는 시간을 늘리거나 건설적인 예배 의식을 치르고 싶다거나 자기와 생각이 비슷한 사람들이 모인 그룹에 들어가 개인적인 신념과 목표를 공유하고 싶다는 진실한 갈망 등이다. 우리가 이런 유형의 관계를 갈망하는 이유 중 하나는, 이것이 사회적 관계를 강화하고 살면서 받은 축복에 감사하는 마음을 표현할 수 있는 길을 제공해 만족스러운 기분을 느끼게 해주기 때문이다. 실제로 호프칼리지의 데이비드 G. 마이어스(David G. Myers)는 여러 전통사회를 연구한 결과 활발한 영적 삶을 추구하는 것과 깊은 만족감, 행복, 안정된 결혼생활, 약물 또는 알코올 남용 위험 감소 등이 서로 관련이 있다는 사실이 계속 밝혀지고 있다고 말한다.

확실한 영적 신념 체계와 행복 사이의 연결 고리는 성인에게서만 확실하게 드러나는 것이 아니라 아이들의 경우 그 둘 사이의 관계가 더욱 긴밀하다. 브리티시컬럼비아대학에서 9~15세 사이의 아동 315명을 연구한 결과 아이들의 행복에서 영성이 차지하는 비율은 16.5퍼센트나 되는 반면 성인들의 경우 5퍼센트밖에 안 됐다.

"우리가 볼 때 엄청나게 큰 영향력이라고 생각합니다."

브리티시컬럼비아대학 심리학과 부교수인 마크 홀더(Mark Holder)는 이렇게 말한다.

"아이들의 영성은 아직 미완성 상태라 행복에 그다지 영향을 미치지 못할 것이라고 생각했거든요."

2007년에 미국인 3만 5천 명을 대상으로 실시한 전화 조사에서 조사 참가자 가운데 4분의 1 이상이 어릴 때 믿던 종교를 버리고 현재 다른 종교를 믿거나 아예 종교를 믿지 않게 되었다고 답했다. 남자의 경우 공식적으로 가입한 종교단체가 없다고 답한 비율이 거의 20퍼센트에 달하지만 여성은 이 비율이 13퍼센트에 머물렀다. 신자 수가 가장 많이 감소한 종교는 천주교였고, "가입한 종교단체가 없다"거나 "특정 종교를 믿지 않는다"고 답한 이들의 증가폭이 가장 눈에 띄었다. 이 결과를 검토한 전문가들은 미국인 가운데 종교단체에 소속되지 않은 이들이 늘어났다고 해서 이들의 종교적인 성향이 감소한 것은 아니라고 지적했다. 보스턴대학 종교학부 학부장인 스티븐 프로테세로(Stephen Protethero) 교수는 이런 현상을 가리켜 "예전보다 개인적인 방식으로 종교를 추구하는 경향이 높아져 복음 전도자들이 그에 필요한 방식을 제공한다"고 하면서 복음주의 교회에서 10대들을 위한 소규모 목회를 진행하는 것 등을 예로 들었다.

9·11의 영향

인생 코치들은 9·11 테러 이후 결코 오지 않을지도 모르는 미래의 언젠가를 기다리기보다는 지금 당장 인생에서 많은 것을 얻고자 하는 이들이 늘어났다는 사실을 알아차렸다. 몇 주 동안 언론에서 줄기차게 보도하는 어마어마한 사망자 숫자와 불타는 빌딩에서 뛰어내려 죽은 이들의 모습을 보면서 자애로운 신이 왜 종교적 이유로 촉발된 그런 추악한 행동을 묵과했는지 이해하지 못하는 이들에게 영적인 위기가 찾아온 것이다.

어떤 이들은 9·11 사태를 겪은 뒤 영적 믿음이 표류하게 되었지만 어떤 이들은 가장 소중한 것을 잃었음에도 믿음이 더욱 깊어지는 경험을 했다. 길라 바르즈비(Gila Barzvi)와 트래비스 홈즈(Travis Holmes)의 경험담이 이런 정반대되는 현상을 보여준다.

가이 바르즈비는 29세의 나이에 세계무역센터에서 사망했다. 그의 어머니 길라 바르즈비는 "하늘이 내 아들을 데려갔을 때 남아 있던 믿음도 모두 사라졌다"고 말했다. 9·11 사태로 아들을 잃고 몇 년 뒤 길라의 남편도 사망했는데 아마도 심한 낙담 때문이었을 것이라고 미망인은 말했다. 이런 상실과 비탄의 복잡한 문제를 이해하도록 도와줄 뭔가를 바라기는 하지만, 지금도 그녀는 자신을 지탱해줄 영적인 틀 하나 없이 그날그날을 살아가고 있다.

혼자서 아들을 키우던 리즈 홈즈도 세계무역센터에서 사망했는데, 당시 12살이던 그녀의 아들 트래비스는 어머니를 찾아 이 병원 저 병원으로 돌아다녔다. 하지만 어머니를 찾게 해달라던 그의 기도는 결국 어머니가 없는 세상에서 버텨나갈 수 있도록 자신을 보살펴 달라는 기도로 바뀌었다.

"우리가 원하던 때나 방식은 아니지만 하나님이 그런 일을 하신 데에는 뭔가 이유가 있다는 것을 알아요."

그는 나중에 이렇게 말했다.

"그런 일은 우리가 정한 시간이 아니라 하나님이 정한 시간에 일어나는 법이니까요."

갤럽조사연구소에 따르면 성인 가운데 54퍼센트, 10대 청소년 가운데 37퍼센트는 항상 신이나 창조주에게 감사를 표한다고 한다. 자신을 종교적인 존재나 영적인 존재로 여기는 이들은 그렇지 않은 이들에 비해 감사하는 마음을 품을 확률이 높았다.

인생 목표 수립에 도움이 될 만한 교훈

- 영적 목표와 종교적 목표는 자신의 신념을 심화시키거나 필요에 부합하는 신념을 찾으려고 하는 욕구에서 생겨난다.
- 영적인 삶을 사는 이들은 특정한 믿음이 없는 사람들보다 행복한 경우가 많다.

고려해볼 만한 목표

우리가 다른 이들의 인생 목표 목록에서 본 영적, 종교적, 가치 중심적 목표 가운데 당신이 고려해볼 만한 것을 몇 가지 소개한다.

- 아이들 전부의 의견을 물어 가족을 위한 사명 선언문을 작성하고

이것을 주방에 붙여놓는다.

- 날마다 길을 이끌어 달라고 기도하고 응답에 귀 기울인다.
- 내 행동을 통해 더 나은 세상을 만든다.
- 아이들에게 옳고 그른 것의 차이를 가르치고 좋은 본보기가 된다.
- 다른 사람에게 해가 미치지 않는 경우라면 반드시 진실을 말한다.
- 명상하거나 영적 인도를 받는다.
- 성경 공부 모임에 가입하거나 일과를 시작하기 전에 성경 구절을 읽는다.
- 다른 사람에게 잘못된 행동을 했을 때는 진심으로 사과한다.

13 행복의 성배(聖杯)

좋은 친구 한 명이 친척 천 명보다 낫다.

- 이탈리아 속담

:: 타인과의 관계는 당신의 건강, 행복, 삶의 질에 지대한 영향을 미치므로 이런 유대관계를 맺거나 키우는 일과 관련된 인생 목표는 늘 만족스러운 결과를 안겨준다. 가족, 친구, 직장동료들과 탄탄하고 건설적인 관계를 맺고 있는 사람은 남들보다 만족스러운 삶을 살고 본인에게 중요한 목표를 세워 달성할 가능성이 높다. 자기보다 친구가 적거나 타인과의 긍정적인 유대감이 부족한 동료들에 비해 행복하다는 보고도 있다. 또 자신의 삶에 의미를 안겨주는 대상이 무엇이냐는 질문을 받았을 때 가장 먼저 나오는 대답은 가족이나 친구, 낭만적인 동반자와 친밀한 관계를 맺고 싶은 욕구라고 한다.

이 장에서는 우정, 애정 관계, 가족관계 등 인간관계와 관련된 삶의 면면을 살펴보고 이런 유대감을 키우고 향상시키는 일이 왜 자신의 삶에 극적인 영향을 미치고 다양한 부분에서 삶을 풍요롭게 만드는지 그 이유도 알아보자.

구체적 목표 이루기 3

친구

친구는 그 사람의 가치를 판단하는 가장 좋은 척도 가운데 하나다.

- 찰스 다윈(Charles Darwin)

우정의 속성은 삶의 만족도에 매우 심대한 영향을 미치며 17가지 삶의 영역 중에서 가장 큰 보람을 안겨주는 부분이다. 당신도 우정을 인생 목표의 의미 있는 일부로 만들 수 있는 방법을 유심히 살펴보기 바란다. 예를 들어, 친구들-자기가 잘 알고 관심을 기울이는 대상이라고 규정한 이들-은 우리가 세운 목표 가운데 몇 가지에 직접 관여할 수도 있고, 위로가 절실한 순간에 다정한 위로를 건넬 수도 있다. 아래의 사례 연구는 항상 이런 관계를 키우고 가꾸는 일이 얼마나 중요한지 보여준다.

9·11 사태가 발생한 아침, 테러리스트들이 미국 민간 항공기 몇 대를 납치해 미국 영토를 아수라장으로 만들고 있다는 소식을 들었을 때 엘리자베스는 어린 세 자녀와 함께 집에 있었다. 비행기가 납치된 주요 항공사 가운데 하나에 항공기 승무원으로 재직 중이던 엘리자베스의 어머니는 연락이 닿지 않았고 엘리자베스는 공포와 슬픔에 사로잡혀 어찌할 바를 몰랐다. 엘리자베스는 두 번 생각할 것도 없이 아이들을 불러 모은 뒤 곧장 가장 친한 친구네 집으로 차를 몰고 갔다. 그리고 그 집에 종일 앉아 TV에 시선을 고정시킨 채 자기 곁을 지켜주는 친구의 온정과 연민에 위안을 얻었다. 나중에 엘리자베스는 어머니가 워싱턴 교외

에 있는 덜레스 공항에서 출발하는 다음 비행을 위해 대기 중이었던 관계로 펜실베이니아에 추락한 불운한 비행기에 탑승하는 것을 간신히 면했다는 소식을 들었다. 그녀는 자기 인생에서 가장 힘든 순간을 견딜 수 있게 도와준 그 친구가 없었더라면 그날 하루를 도저히 버텨내지 못했을 것이라고 말했다.

배려와 친교

우리 삶은 많은 우정을 통해 힘을 얻는다.
사랑하고 사랑받는 것은 존재의 가장 큰 행복이다.

- 시드니 스미스(Sydney Smith)

스트레스에 대한 엘리자베스의 반응-아이들을 데리고 곧장 친구 집으로 간 것-은 투쟁 도주 반응이 활성화되었을 때 분출된 다량의 화학물질 때문이라는 사실이 UCLA의 연구결과 밝혀졌다. 남성과 달리 스트레스가 쌓인 여성의 경우 코티솔이나 아드레날린 같은 스트레스 유발성 화학물질만 다량으로 분비되는 것이 아니라 타인과의 유대를 활성화하는 옥시토신도 함께 분비된다(옥시토신은 어머니가 아이에게 젖을 먹일 때도 분비된다).

포옹의 약효

영국에서 진행한 연구결과, 런던에 거주하면서 만성 우울증을 앓는 여성의 72퍼센트는 1년 동안 친구 역할을 해주는 자원봉사자와 대화를 나누거나 외출하거나 커피를 마시는 것만으로도 우울증 증세가 완화되었다는 사실이 밝혀졌다.

연구자들은 2002년에 실시한 UCLA의 획기적인 연구에서 나타난 남을 배려하고 친교를 맺으려고 하는 여성들의 욕구는 여성이 마음을 가라앉히고 타인과의 관계를 강화하는 방식 가운데 하나라는 결론을 내렸다. 여성에게 있어 우정의 중요성은 말로 다할 수 없을 정도다. 하버드대 의과대학에서 실시한 유명한 '간호사 건강 연구'에서도 친구가 많은 여성일수록 나이가 들었을 때 신체적 장애를 겪을 확률이 낮아지고, 즐거운 삶을 영위할 확률은 높아진다는 것이 밝혀졌다.

남자와 여자는 스트레스에 대응하는 방식이 다른 경우가 많지만 우정은 남녀 모두에게 확실한 이점을 안겨준다. 듀크대학 메디컬센터에서는 친구가 4명 이하인 사람은 그보다 친구가 많은 이들에 비해 심장질환으로 사망할 확률이 2배나 높다는 사실을 알아냈다. 친구가 4명 이상이라고 해서 건강에 더 큰 이점이 생기지는 않지만 해를 주지 않는 것만은 분명하다.

바바라 이스라엘(Barbara Israel)과 토니 안토누치(Toni Antonucci)의 말에 따르면, "친구와 가족들이 자신의 목표에 자주 관심을 표하고 도움과 격려를 보낼 경우 행복지수가 더 높아진다"고 한다.

우정을 목표로 할때

고독은 최악의 빈곤이다.

- 마더 테레사(Mother Teresa)

사람들은 굳이 듣지 않고도 본능적으로 우정의 절묘한 힘을 깨닫는 경우가 많으며 이런 유대관계를 공고히 할 수 있는 인생 목표를 세우고 싶어 한다. 다음 이야기는 아무리 바쁜 사람이라도 이런 소중한 관계를 가꿀 시간을 내고 그것을 통해 이득을 얻을 방법이 있음을 보여준다.

줄리아는 몇 년 동안 회사 일과 아이들 돌보는 일에만 매달린 나머지 심신이 지쳤을 뿐만 아니라 소중한 우정까지 다 잃었다는 사실을 깨달았다. 아이들을 돌보지 않을 때는 컴퓨터 앞에 앉아 사업을 꾸려야 했다. 두 가지 역할이 끊이지 않고 이어지는 바람에 자기가 원하는 만큼 자주 친구를 만날 시간도 없었다. 그래서 이런 상황에 변화를 가져올 적극적인 목표를 몇 가지 세우기로 결심했다. 먼저 대학 시절에 가장 친했던 친구들과 1년에 한 번씩은 꼭 만나자는 생각에 자기가 먼저 나서서 모임을 조직했고, 덕분에 해마다 즐거운 모임을 가지게 되었다. 줄리아는 친구들과 3일간의 여행을 마치고 돌아올 때면 늘 가족들도 한눈에 알아볼 만큼 활력에 넘치고 만족스러운 모습이었다. 또 몇 주마다 한 번씩 이웃사람들과 카드놀이를 즐길 시간을 냈고, 친한 친구 한 명에게는 두 사람의 우정을 꾸준히 다질 수 있도록 아침 시간에 정기적으로 산책을 하자고 청하기도 했다.

실베스터는 직장동료들과는 잘 지냈지만 취미생활을 통해 만난 친구들과는 오랫동안 사이가 소원했다. 그래서 그는 친구들과 함께 즐거운 시간을 보내면서 동시에 몸매도 가꿀 수 있도록 합동 경기를 하는 우정 목표를 세워야겠다고 결심했다. 현재 실베스터는 1년에 한 번씩 대학 시절 친구들과 함께 유타 주나 와이오밍 주로 산악자전거를 타러 다닌다. 또 자기 아이와 자주 노는 아이들의 아버지와 더 친하게 지내기 위해 같이 농구 또는 축구 경기를 하거나 함께 골프를 치러 가기도 한다.

인생 목표 수립에 도움이 될 만한 교훈

- 우정은 행복과 삶의 만족도를 높이는 효과적인 약이다.
- 정원을 가꾸듯이 우정도 정성껏 가꿔야 한다. 관계를 꾸준히 이어가려면 특별한 배려와 계획이 필요하다.
- 마켓대학교의 심리학자 데브라 오스왈드(Debra Oswald)의 말에 따르면 의사소통, 최선의 노력, 상호 작용(전화나 직접 만나기), 긍정적인 태도의 4가지 기본적인 행동이 우정의 지속 여부를 판가름한다고 한다.

소셜네트워킹 도구 덕분에 온라인상에서 연락을 취하거나 자기와 관심사가 비슷한 이들과 새롭게 우정을 쌓는 일이 점점 더 쉬워지고 있다. 어떤 이들은 인생 목표 목록에 "페이스북에 프로필을 등록한다"나

"내 링크드인(LinkedIn) 프로필에 친구 3명을 추가한다"와 같은 목표를 추가하기도 한다.

구체적 목표 이루기 4

연인과 애정 관계

남자의 생활은 명예이지만 여자의 생활은 연애 그것이다

- 오노레 드 발자크(Honore de Balzac)

"내게 꼭 맞는 짝을 찾아 결혼하고 싶다."

"해안가에서 태양이 뜨는 모습을 바라보며 파트너와 사랑을 나누고 싶다."

"20년 뒤에도 지금처럼 남편과 행복하게 살고 싶다."

이것은 꿈에 그리던 사람, 혹은 진실한 파트너가 될 만한 사람과 함께 사랑과 만족 찾기를 간절히 바라는 이들이 세운 인생 목표다. 실제로 사람들에게 가장 소중한 욕구를 열거하라고 하면 사랑과 관련된 목표가 '죽기 전에 하고 싶은 100가지 일'의 상위 10가지 목표에 포함되거나 '행복의 집' 실습(138쪽 참조)에서 '1층'을 차지하고 있는 모습을 자주 볼 수 있다.

워윅대학 연구자들은 기혼 남성이나 여성의 경우 배우자가 삶에 만족할 경우 본인의 행복지수도 훨씬 높아진다는 것을 알아냈다. 일례로 배우자의 생활만족도 점수가 30퍼센트 증가하면 실업처럼 힘겨운 일도 완전히 잊을 정도가 된다고 한다. 결혼보다 동거를 선택한 커플의 경우에는 이런 효과가 나타나지 않았다.

우리는 사랑과 대인관계 부문에서의 목표를 이루도록 도와줄 여러 가지 창의적인 방법을 찾아냈다. 이들이 사랑을 통해 행복을 찾을 경우 그 삶의 질이 얼마나 긍정적인 영향을 받는지 지켜보는 것은 언제나 즐거운 일이다.

실제로 달성된 사랑과 관련된 인생 목표 몇 가지를 살펴보자.

스테파니는 자신을 육체적, 감정적으로 흥분시키는 남자와 결혼하고 싶었기에 일기장에 자기가 바라는 남성의 외모까지 자세히 적었다. 마흔 살이 되기 전에 파리처럼 낭만적인 도시에서 결혼하고 싶다는 등 자세한 소원 목록을 적은 뒤, 친구들에게 그 꿈을 얘기하면서 혹시 그에 적합한 인물을 알고 있는지 물었다. 그러자 친구 남편 가운데 한 명이 스테파니가 묘사한 이상적인 남자와 기묘할 정도로 외모가 일치하는 자기 형을 만날 수 있도록 주선해 주었다. 빌은 그녀와 마음이 맞았을 뿐만 아니라 스테파니가 첫 번째 결혼에서 얻은 아들과도 잘 지내 그녀가 늘 염려하던 부분도 해결되었다. 연애하는 동안 스테파니는 소프트볼 등 빌이 좋아하는 활동 몇 가지를 자기 삶에 추가했고, 빌은 스테파니의 아들을 데리고 농구 경기를 보러 가거나 장시간 드라이브를 하기도 했다. 스테파니는 40세 생일 전날, 코치에게 엽서를 보내 파리에서 결혼식을 올리러 떠날 채비를 하고 있다고 알렸다. 그러면서 남자에게 원하는 바를 전부 적어보라는 숙제를 내준 데 대해 고맙다고 인사했다. 꿈을 종이에 자세히 적은 덕분에 이상에 맞지 않는 이들은 모두 걸러내고, 상상할 수 있는 가장 건설적이고 확실한 방법을 통해 친구들을 이 문제에 끌어들여 함께 의견을 주고받을 수 있었기 때문이다.

해리는 아내가 예전처럼 사랑과 애정이 어린 태도로 자신을 대하지 않는다는 느낌을 받았기에 아내의 기분을 좋아지게 하는 일이 무엇인지 알아내 결혼생활에 낭만을 되찾겠다는 목표를 세웠다. 그런데 놀랍게도 아내는 장미도, 여행도, 새 옷도 원치 않았다. 그녀는 일과 가족에 대한 의무에서 벗어나 혼자 지낼 수 있는 자유 시간이 늘어나기를 바랐고, 또 신혼 때처럼 둘만의 데이트를 즐길 수 있기를 바랐다. 해리는 자기가 아이들을 돌보는 동안 아내는 좋아하는 일을 하면서 보낼 수 있도록 여가 시간을 마련해줬고 아내는 그 보답으로 감사와 애정의 마음을 표현했다. 그리고 밤에 외출할 때 아이들을 돌봐줄 보모를 찾는 일도 아내에게 맡기지 않고 자기가 직접 한 덕분에 둘만의 시간이 더욱 풍요로워졌다. 그리고 자기 삶에 사랑과 배려를 되찾겠다는 해리의 목표도 이뤄졌다.

새로움은 결혼한 지 오래된 부부가 데이트를 할 때 신선한 맛을 더해주는 향신료다. 중년 부부도 두 사람 모두의 마음에 드는 새로운 활동을 하거나 전에 접해보지 못한 환경에서 정기적으로 데이트할 경우 애정 생활에 다시 불을 붙일 수 있다는 사실이 몇몇 실험을 통해 밝혀졌다. 애정 부활 계획에 즐거운 데이트만 추가한 부부는 평소 습관에서 과감히 벗어나 위험 부담을 무릅쓰고 뭔가 새로운 일을 시도한 부부에 비해 관계 개선 효과가 크지 않았다.

인생 목표 수립에 도움이 될 만한 교훈

- 원만한 애정 관계는 여러 부분에서 삶의 질을 높여준다.
- 오랫동안 애정 관계를 쌓아온 이들은 식사나 사교, 놀이에서 새로운 시도를 할 경우 좋은 반응을 보인다.

구체적 목표 이루기 5

가족

내 가족 나무에는 최고의 열매만 달려 있다.

- 작자 미상

가족 화합을 중요한 목표로 삼는 이들이 많지만 어떤 사람에게는 도저히 이루기 어려운 목표이기도 하다. 그래서인지 인생 목표 목록 중에는 사이가 틀어진 자매와 화해하고 싶다거나, 친구나 외부인의 방해 없이 매년 가족끼리 휴가 여행을 즐기고 싶다거나, 시가나 처가 식구들과 원만하게 지내고 싶다는 등의 목표가 담긴 것들이 많다. 시어머니나 장모에 관한 농담은 재미있지만 그것도 어느 정도까지다. 가족 모임이 있을 때마다 자기 며느리나 사위는 요리도 하나 제대로 못한다거나 망가진 변기도 못 고친다며 빈정대는 말을 내뱉어 분위기를 망치는 시가나 처가 식구들과의 관계 때문에 자기 삶의 질이 저하된다고 생각하는 이들이 많다.

인생의 중요한 17가지 영역에 속하는 친척이나 아이들과의 긍정 관계를 중요시하는 이들이 많다는 것은 기쁜 일이다. 연구 결과 행복한 가정에서 자란 아이는 어느 분야에서나 뛰어난 활약을 보일 가능성이 높다고 한다. 이런 가족 안에도 성격이 이상한 삼촌이나 괴벽스러운 숙모가 있기는 하지만 그래도 각자 나름의 자리를 차지하고 있는 듯하다. 학자들은 가족 내에 기묘한 친척을 위한 자리가 마련되어 있고, 식구들끼리 의견 차이가 생겨도 결국 해결되는 모습을 보면서 자란 아이는 남과 다른 자기만의 특징을 드러내는 것을 주저하지 않고 결국 남보다 행복하게 살면서 열린 자세로 인생을 받아들인다고 말한다.

대부분의 사람들은 무엇보다 가족을 우선시했고 이 중요한 관계를 개선하는 데 노력을 집중했다. 그리고 그 결과 만족스러운 보상을 받았다.

콜레트가 회사에서 최우수 영업사원으로 뽑히자 남편은 하던 일을 그만두고 집에 들어갔다. 일에서 큰 성공을 거둔 것은 좋지만 이는 큰 딸과의 관계를 희생하고 얻은 결과였다. 딸은 방과 후 집에 돌아오면 부모가 아닌 보모와 TV에 의지해서 자라야 했다. 인생 코치와 상담을 시작한 콜레트는 딸과 주말여행을 떠나 둘 사이의 관계를 개선하는 것을 가장 중요한 사명으로 삼았다. 둘이서만 떠나는 주말여행의 규칙은, 콜레트가 다른 일거리를 가져와서는 안 된다는 것이었다. 딸은 차로 3~6시간 거리에 있는 곳이면 어디든지 목적지로 고를 수 있었으며, 주말 동안 할 일도 결정할 수 있었다. 콜레트가 나중에 한 말에 따르면 엄마가 오직 자기에게만 관심을 집중하는 데 큰 감동을 받은 딸은 6개월 뒤에 또 둘이서만 여행을 가자고 졸랐다고 한다. 딸에게 엄마 얼굴을 자주 보는 것이 얼마나 중요한 일인지 깨닫고 그동안의 일을 후회하며 집에 돌아온 콜레트는 일주일에 다섯 번은 남편과 함께 집에서 저녁을 먹을 수 있도록 조수를 한 명 더 고용했다.

더그는 아버지가 돌아가시기 전에 꼭 사랑한다는 말을 하고 싶었다. 더그가 살아온 내내 두 사람은 부자연스러운 관계를 유지했지만, 그는 아버지가 자기를 사랑한다는 사실을 알고 있었다. 다만 그것을 제대로 표현하지 못할 뿐이었다. 그는 아버지의 태도 때문에 그에게 손을 내밀려고 하는 자신의 의지까지 수그러드는 것을 원치 않았다. 그래서 이 목표를 본인의 인생 목표 목록 1번에 올려놓고, 코치가 코칭 수업이 끝나자마자 바로 아버지에게 전화를 걸라고 했을 때 더그는 망설이면서도 그러겠다고 했다. 나중에 그는 이 일은 자기가 지금까지 도전한 목표 가운데 가장 두렵지만 멋진 일이었으며, 자기가 오랫동안 무의식적으로 바라던 해방감을 맛봤다고 말했다.

콜로라도대학 연구진은 물질적인 소유물보다는 인생 경험에 투자했을 때 더 오랫동안 유지되는 기쁨과 만족감을 느낀다는 사실을 알아냈다. 리프 밴 보벤(Leaf Van Boven)은 인간은 경험을 통해 개인의 정체성이 만들어지고, 성공적인 사회적 관계를 맺는 데도 도움이 된다는 사실이 연구를 통해 증명되었다고 말한다. 소유물은 우리의 진정한 본질과 유리된 채 항상 그곳에 존재하기 때문에 그것과 일체감 또는 자부심을 느끼기 어렵지만, 경험은 곧바로 우리의 일부가 된다는 말도 덧붙였다.

인생 목표 수립에 도움이 될 만한 교훈

- 가족관계는 상당히 미묘한 문제일 수 있지만 유대감을 높이고 화합을 이루려고 하는 목표를 세우면 인생이 달라질 수 있다.
- 행복한 가족은 뒤뜰에서 미식축구를 하거나 지하실에서 즉흥 재즈 연주를 하는 등 정기적으로 함께 노는 시간을 가진다. 가족들과 함께 즐기는 걸 목표로 삼는 것도 좋은 생각이다.

고려해볼 만한 목표

우리가 인생 목표의 목록에서 본 흥미로운 목표 가운데 모든 종류의 관계에 적용 가능하고 당신의 목록에 새롭게 추가하거나 기존 목표를 변경하는 데 도움이 될 만한 것을 소개하겠다.

- 매일 밤 아이들에게 책을 읽어준다.
- 이메일이나 문자 메시지를 통해 대학에 다니는 아들과 날마다 안부 인사를 주고받는다.
- 50주년 결혼 기념일을 맞은 시부모나 장인, 장모를 위해 자녀들의 과거 일화와 사진을 모아 스크랩북을 만든다.
- 날마다 파트너에게 감사하게 여기는 일을 한 가지씩 말한다.
- 아이들을 고향에 있는 조상의 묘에 데려간다.
- 내가 관심 있는 주제를 놓고 매달 열리는 여성 모임에 참가한다.

14 몸과 마음, 그리고 영혼의 목표

정신적으로는 불행하지만 다른 부분은 모두 건강한 성인에게는,
8킬로미터 정도 열심히 걷는 것이
세상 모든 약품과 심리치료보다 더 도움이 된다.

- 폴 더들리 화이트(Paul Dudley White)

:: 이 장에서는 우리가 건강, 자존감, 자발적인 행동 같은 부분과 관련이 있는 '몸과 마음, 영혼의 목표'라고 부르는 것들을 강화하고 최대한 활용하는 방법을 중점적으로 살펴보자. 이런 영역은 모두 우리가 좀 더 활발하고, 남에게 공감을 잘하고, 자신 있게 살아갈 수 있도록 도와주는 부분들을 성장시키며, 우리에게는 각 분야의 중요성을 뒷받침하는 연구결과도 있다. 모든 인생 목표의 목록에는 이런 분야에 해당되는 목표가 포함되어 있어야 하므로, 다음에 소개하는 사례들을 잘 읽고 자신의 목표에 도움이 될 아이디어를 얻자.

구체적 목표 이루기 6

건강

우리 내면에는 언제든지 들어가서

자신을 회복할 수 있는 고요한 성소가 있다.

- 헤르만 헤세(Hermann Hesse)

인생 목표의 목록에는 모름지기 '5킬로그램 감량', '3종경기 완주', '중요한 일에 사용할 기금 조성을 위한 걷기 대회 완주'와 같은 건강과 관련된 목표가 빼곡히 들어차 있게 마련이다. 대부분의 사람들은 자신의 신체 상태를 개선하고 싶어 한다. 운동하거나 몸에 좋은 음식을 먹는 것은 그리 즐거운 일이 아니지만, 그래도 병원을 찾지 않게 해주고 정신 건강을 개선하는 데 도움을 주기 때문이다.

하버드대 의과대학 존 래티(Joh Ratey) 박사에 따르면 운동은 두뇌 기능을 극대화하는 가장 확실한 방법이며 몸이 건강해질수록 정신도 건강해진다고 한다.

"실험을 통해 운동이 항우울제만큼이나 효과가 좋다는 사실을 알았습니다."

래티는 운동이 뇌를 자극하고 식물을 쑥쑥 자라게 하는 미라클 그로(Miracle-Gro)라는 비료처럼 뇌에 다량의 에너지를 공급한다고 덧붙였다.

유산소 운동을 무술이나 사교댄스 같은 복잡한 운동과 결합하면 행복지수를 높이거나 두뇌 기능을 강화하는 데 특히 효과적이다. 운동이 복잡하거나 새로운 동작을 배워야 하는 경우 두뇌가 자극을 받고 새로운 신경 경로가 생성되어 뇌 기능이 최적화된다.

일상적으로 운동 하려고 할 경우 선택 가능한 활동은 매우 다양하지만, 전문가들은 자기 성격에 맞는 활동을 택하고 작심한 일을 끝까지 해내려면 어느 정도 책임감을 느껴야 한다고 말한다. 예를 들어 내성적인 사람은 장거리 달리기나 1인승 스컬 보트, 수영처럼 혼자 하는 활동이 잘 맞지만, 외향적인 사람은 운동하면서 다른 사람과 얘기를 나누고 서로 상호작용을 할 수 있는 팀 환경에서 빛을 발한다.

책임감은 목표의 성공 가능성을 높이는 데 중요하다. 특히 체력 단련을 위해 운동할 때는 옷을 갈아입고, 익숙지 않은 신체적 노력을 기울이고, 특정 장소까지 가는 등 의식적인 선택 과정이 필요하기 때문에 책임감이 더욱 중요하다. 걸음 수를 세는 저렴한 보행 측정기를 매일 착용하는 것이, 걷기 목표 달성을 위해 꾸준히 노력하는 데 큰 영향을 미친다는 것을 알게 된 사람들도 많다. 실제로 보행 측정기를 착용하고 걸은 이들은 보행 측정기 없이 걸은 이들에 비해 하루에 약 2천 걸음을 더 걸은 것으로 나타났다. 매달 한 번씩 체중 감량 전문가와 만나는 것도 혼자 하는 것보다 꾸준히 더 많은 체중을 감량하는 데 도움이 되었다. 또 계속 삑 소리를 내면서 매일 정해진 운동을 마쳤는지 물어보는 PDA를 사용하면 목표 진행 과정을 종이에 기록할 때보다 운동 시간이 두 배 이상 늘어나는 효과가 생겼다.

역기 들기나 다른 운동을 할 때 개인 트레이너에게 지나치게 의존하는 사람은 혼자 운동하는 데 자신이 없는 사람이다. 자신감과 자기제어 능력을 키우고 트레이너의 도움을 받을 수 없을 때 게을러지는 것을 피하려면, 처음에는 트레이너가 맡았던 운동에 대한 책임을 적당한 시기에 자기가 이어받아야 한다.

건강 관련 목표 달성 사례

인생 목표의 목록에 등장하는 건강 관련 목표는 건강관리 전 분야에 걸쳐 있으면서 그 목표를 달성하는 이들의 열정을 높이고, 미래를 낙관적으로 바라볼 수 있게 해준다. 그중 두 사람에게 효과를 발휘한 건강 관련 목표를 살펴보자.

패트리샤는 판에 박힌 체력 단련 운동에 활력을 불어넣을 뭔가 색다른 일을 하고 싶었고, 또 이왕이면 딸도 운동에 참여시키고 싶었다. 그래서 두 사람은 동네 태권도 도장에 등록하고 검은 띠를 딸 때까지 들어가는 교육비를 미리 납부해 운동에 대한 책임감을 높였다. 패트리샤는 마흔 살의 나이에 10살짜리 딸과 함께 검은 띠를 땄을 뿐만 아니라 필요한 경우 자기 몸을 보호할 수 있다는 자신감을 얻었고, 무술을 배우려는 열정을 나눌 수 있는 새로운 친구들도 사귀었다. 또 체중과 엉덩이 둘레가 줄고 어디서든지 자신감 있는 태도를 유지했으며, 이런 자신감이 삶의 다른 부분에서도 넘쳐흐르게 되었다.

루시가 처음 목표를 세우기 시작했을 때는 체력 단련과 관련된 목표가 하나도 없었다. 학교 체육 시간이든 아니면 다른 곳에서든 운동과 관련해서는 늘 실패만 거듭했기 때문에 새삼 그런 목표를 이룰 자신이 없었던 것이다. 하지만 코치의 격려를 받은 루시는 체력과 유연성을 높이기 위해 역기 드는 법을 배우겠다는 목표를 세우고 트레이너와 함께 일주일에 한 번씩 운동하기로 했다. 처음 체육관에 간 날은 남들 앞에서 땀 흘리는 모습을 보여주는 일에 익숙하지 않았기 때문에 얼간이가 된 듯한 기분이 들기도 했지만 그래도 포기하지 않고 끈질기게 노력했다.

몇 달 뒤에는 동네 고등학교 운동장을 매일 한 바퀴씩 걷겠다는 목표를 추가하고 거리도 조금씩 늘려갔다. 그리고 몰워커(몰 이곳저곳을 둘러보는 것을 운동으로 삼는 부류- 옮긴이) 모임에 가입해 추운 겨울에도 쇼핑몰에서 윈도우 쇼핑을 하고 커피를 마신 뒤 한 시간씩 씩씩하게 쇼핑몰을 걸으면서 새로운 친구들을 사귀었다. 이제 루시는 예전과 완전히 달라진 듯한 기분을 느끼며 수십 년 만에 처음으로 기운이 넘치고 건강 상태도 좋아졌다고 증언한다.

유니언퍼시픽 철도회사 직원 가운데 꾸준히 운동 한 직원의 75퍼센트는 전반적인 업무 집중력과 생산성이 높아졌다고 보고했다..

구체적 목표 이루기 7

자존감

모두 승자가 되었으니 당연히 상을 받아야 한다.

-《이상한 나라의 앨리스(Alice in Wonderland)》에 나오는 도도새의 말

1980년대의 지나친 자존감 고취 운동을 날카롭게 비판한 〈미트 페어런츠(Meet the parent)〉라는 코미디 영화에서 가장 우스운 장면은, 버니 포커가 아들의 약혼녀 부모에게 아들이 예전에 받은 트로피와 상을 자랑하자 예비 사돈이 이상하다는 표정으로 "9등에게도 상을 주는 줄은 몰랐는데요"라고 말하는 장면이다. 그러자 버니 포커는 만족스러운 표정으로 이렇게 대답했다.

"10등에게도 줬는데요, 뭘. 노력상도 선반에 보면 수없이 많답니다."

앞의 '그릿을 발휘하자'에서 말한 것처럼 21세기 초에 성년이 된 미국 아이들 일부는 그저 살아있는 것만으로도 장하고 축구장에 모습을 보이기만 해도 자기 할 일을 다 한 것이며, 실패한다는 생각이나 그로 인한 고통은 무슨 수를 써서라도 피해야 한다는 자존감에 대한 잘못된 개념 속에서 성장했다. 심지어 캘리포니아 주에서는 아이들의 자존감을 키우는 방법이라는 절박한 문제를 연구하는 위원회까지 구성했고, 수많은 선의의 부모와 교육자들은 긍정의 말과 상을 이용해 모든 아이가 승자가 될 수 있게 하려고 독려했다. 이런 추세를 가장 극단적으로 보여주는 예가 바로 서로 경쟁을 벌여야 하는 운동 종목, 즉 초등학교의 장거리 달리기 대회, 전국적인 규모로 열리는 철자 맞추기 시합이나 지리 퀴즈 대회까지 이 모두를 아이들의 삶에서 없애버린 것이다. 이런 경기가 지나치게 경쟁적이고, 이기지 못한 아이의 자존감을 손상시킬 수 있다는 것이 그 이유였다. 사람은 누구나 훌륭한 존재이고 우리의 행동이 기본적인 자존심에 반드시 영향을 미치는 것은 아니라는 데는 동의하지만, 아무리 그래도 의욕을 북돋워 주는 구체적인 부분이 없이 자존감 목표를 세우는 것은 바람직하지 않다. 심지어 요새는 걸스카우트도 자기효능감과 행복에 도움이 되는 강점과 능력을 강조하면서 자존감을 키우는 것을 장려하고 있다.

"전에는 네가 하는 일은 모두 다 훌륭하다고 말했지요."

조직 연구를 이끈 수석 연구책임자 해리엇 모사체(Harriet Mosatche)는 이렇게 말한다.

"자존감에 대한 이런 구식 개념을 잘못 사용하면 좋지 않습니다. 비현실적인 데다가 도움도 안 되니까요."

이런 경고를 명심하면서 자존감 함양을 위한 성공적인 노력을 몇 가지 살펴보자.

캐롤린다가 법 집행 업무를 담당하면서 많은 스트레스를 받는 남자와 사귀던 당시 그녀의 몸무게는 90킬로그램이 넘었다. 남자친구는 잘생기고 용감하고 건장했다. 아니, 최소한 그녀는 그렇게 생각했다. 술에 잔뜩 취한 그가 자기 친구와 하지도 않은 외도를 했다고 거칠게 비난하면서 그녀를 난폭하게 대하기 시작할 때까지는 말이다. 캐롤린다는 당시 체육관에 가서 역도 과정에 등록할 무렵의 자신은 자존감이 달팽이만도 못한 상태였다고 말했다. 하지만 몸이 건강해지면 정신력도 강해질 것이라는 사실을 알고 있었다. 캐롤린다는 폴이 술을 마시고 화를 낼 때 자신을 지키자는 목표를 세웠다. 그리고 열심히 운동하고 거울을 통해 그 결과를 확인하며 흡족해하면서 이제 그 일이 가능해졌다는 사실을 알았다. 그녀가 살을 빼고 건강해질수록 폴은 더 화를 냈지만, 캐롤린다는 30킬로그램이 넘는 체중 감량 목표를 달성하는 순간 집에서 나와 접근금지 명령을 받았다. 캐롤린다의 자존감이 높아진 것은 자기 삶과 육신을 통제하려고 노력하면서 얻은 자부심 덕분이었고, 이를 통해 삶의 다른 부분에서 느끼는 행복지수도 급격히 높아졌다.

앤은 제안서를 작성하고 이런저런 조사 작업을 하고 고객을 유치하는 등 더없이 바쁘게 일하는 와중에, 정부 컨설팅 업무까지 자기에게 미루는 남자 파트너 두 명에게 왜 늘 양보만 하는지 이해할 수가 없었다. 코치 앞에서도 소심한 태도를 보이던 그녀는 자존감을 높여 파트너들과 업무와 관련된 수익 분배 문제를 다시 협상하고 싶다고 말했다. 그리고 대중 연설 강좌를 수강해 그 목표를 이루기로 결심했다. 앤은 남들 앞에서 의견을 말하는 것을 너무 두려워했기 때문에 파트너들과 회의할 때도 입을 꾹 다물고 있기 일쑤였지만, 연설 능력을 키우면 주저하는 태도를 극복하고 자신감을 얻게 되리라고 생각했다. 그녀의 생각은 옳았다. 지역사회에서 진행하는 3개월 강좌를 들은 앤은 남들 앞에서 말할 때의 두려움을 극복했을 뿐만 아니라, 강좌를 같이 듣는 학생들 앞에서 어떤 식으로 파트너에게 접근해 자기 요구 사항을 전달할 것인지 계획을 소개하는 시범 연설까지 했다.

인생 목표 수립에 도움이 될 만한 교훈

- 자존감은 행복과 직결되는 중요한 요소지만 무조건적인 긍정이나 거짓 칭찬을 통해서는 자존감을 얻을 수 없다.
- 자신의 진취성과 근면성을 자랑스러워할 수 있는 힘들고 구체적인 목표 달성을 통해 자존감을 고취시켜야 한다.

구체적 목표 이루기 8

기부와 봉사

가장 높은 자리에 있는 사람은

누구나 남을 위해 봉사해야 합니다

- 교황 프란체스코(Francis)

'기부'나 '봉사'와 관련된 목표가 포함되지 않은 인생 목표 목록을 아직 본 적이 없다. 원조와 봉사는 자신의 돈과 시간, 자원을 도움이 필요한 사람이나 조직에 기부하는 것을 비롯해 매우 다양한 형태로 이뤄질 수 있다. 우리가 만난 이들 중에는 자기 부모의 이름을 붙인 도서관을 기부하고 싶다거나, 60세가 될 때까지 1백만 달러를 기부한다거나, 자연 재해로 모든 것을 잃은 이들에게 집을 지어주고 싶다는 등 다양한 목표를 지닌 이들이 많았다. 또 자기가 사는 지역 학교의 이사 선거에 출마하거나, 학부모교사연합회(PTA)에서 일하면서 공교육 운영을 돕겠다는 등 정치적인 활동이 수반되는 목표를 세운 이들도 봤다.

베풂을 깨달음에 이르는 주요 경로 가운데 하나라고 생각하는 영적 전통도 많다. 수피교, 유대 신비교, 불교, 기독교의 수도원 생활 등 관조적인 태도를 취하는 여러 영적 전통은 시간을 내 이런 관대함을 발휘하라고 독려한다. 토머스 머튼(Thomas Merton)처럼 존경받는 수도사도 타인에 대한 친절하고 끈기 있는 봉사는 곧 "이웃을 네 몸처럼 사랑하라."는 기독교 계명을 실천하는 일이라고 말했다.

소냐 류보머스키 같은 행복 연구가들은 타인을 돕고 봉사하는 행위는 자기가 사는 공동체와 이웃의 가치를 인정하는 데도 도움이 된다고 말한다. 또 낯선 사람과 이웃을 모두 내 친구처럼 받아들이고 행동하는 공동체가 진정한 번영을 누릴 수 있다는 연구결과도 있다. 봉사하면서 자기가 얼마나 운 좋은 사람인지 깨달을 수 있기 때문에 봉사는 감사의 마음도 일깨운다. 그리고 타인을 도우면서 사회적 관계를 맺거나 가꿔 갈 수도 있다.

미국인 600명을 대상으로 실험한 결과, 하루 5달러 정도만 다른 사람을 위해 써도 행복도가 크게 높아진다고 한다. 브리티시컬럼비아대학의 심리학자인 엘리자베스 던(Elizabeth Dunn)은 이런 실험 결과를 언급하면서 "수입이 얼마인가와 관계없이 다른 사람을 위해 돈을 쓴 사람은 행복도가 높아지지만, 자기를 위해 더 많은 돈을 쓴 사람은 그렇지 않았다"고 말한다.

후원자의 고귀한 목표

타인을 위해 봉사하고 나눔을 베푸는 창의적인 방법이 무수히 많지만 다음과 같은 사례를 통해 몇 가지 아이디어를 얻자.

> 참전 용사로 많은 훈장을 받은 심리학자 폴은 60세에 자기 직업의 정점에 다다른 뒤, 상담료를 낼 여유가 없거나 정신건강 보험에 가입하지 않은 이들에게 자기가 받은 것을 돌려줄 방법을 생각하기 시작했다. 그는 부대 배치 후 고향에서의 생활에 적응하지 못해 고생하면서도 지역 재향군인국에서 제대로 된 치료를 받지 못하는 이라크 전쟁참전용사들을 상담하는 일에 자원하기로 했다. 폴은 이 일이 자기가 지금껏 했던

모든 일 가운데 가장 보람차고 만족스러운 일이라고 말한다. 자신의 경험을 통해 다른 이들에게도 교전 지역에서 살거나 일하다가 돌아온 뒤에도 원래 생활에 적응할 길을 찾을 수 있다는 희망을 안겨줬기 때문이다. 이 일은 또 감사하는 마음을 더욱 깊게 해줬고, 장기간 해외에 살면서 받은 상처를 치료하는 데도 도움이 됐다.

마사는 북동부에 있는 도시로 이사하면서 가족들이 다니게 된 새 교회에 잘 적응할 수 있기를 바랐기 때문에 지역 무료급식소에서 요리를 하는 일에 자원했다. 그녀의 12살 된 아들은 매주 참치 요리를 만드는 일에 열심히 참여했고, 요리가 완성되면 자기 기증품을 얼른 포장해 교회 주방으로 가져가고 싶어 했다. 마사는 이 자원봉사를 통해 유대감과 행복지수가 높아졌을 뿐만 아니라, 아들이 교회에 매주 가고 싶어 하게 된 것이야말로 무엇보다 큰 수확이라고 생각했다.

인생 목표 수립에 도움이 될 만한 교훈

- 자원봉사를 통해 지역 학교에서 봉사하거나 자기가 믿는 종교단체에서 벌이는 자선활동에 참여할 수 있다. 그리고 정치 활동을 통해 지역사회에 봉사하거나 가진 것을 익명으로 나눠주는 등 다양한 방법으로 가능하다.

고려해볼 만한 목표

사람들의 인생 목표은 목록에 멋지고 관대한 목표가 얼마나 많은지 언제 봐도 놀랍다. 당신의 목록에도 포함시킬 수 있는 것들을 몇 가지 골라 소개한다.

- 비영리 가족재단을 설립해 가족의 수입 일부를 정기적으로 기부한다.
- 집안에만 갇혀 지내는 이들을 교회에 데려간다.
- 한 달에 한 번씩 시각 장애가 있는 친구를 원하는 곳에 데려다줘 그녀가 택시를 부를 필요가 없게 한다.
- 1000원짜리 지폐로 감싼 작은 간식거리를 항상 준비해뒀다가 노숙자들에게 나눠준다.
- 매달 수입의 10퍼센트를 십일조로 낸다.

15 살고 웃고 사랑하자!

인생도 연극과 마찬가지로 얼마나 오래 지속되는가가 중요한 것이 아니라
그 내용이 얼마나 훌륭한지가 중요하다.

- 세네카(Seneca), 1세기 로마의 철학자

:: 17가지 소중한 인생 영역 가운데 이번에 살펴볼 분야는 놀이와 창의성, 학습과 관련된 분야다. 이 영역은 웃음과 즐거움, 주변에서 벌어지는 새롭고 흥미로운 일들에 대한 감사의 마음을 통해 우리 삶을 풍요롭게 만든다. 타인과의 유대를 깊게 하려면 놀이나 기분 전환과 관련된 목표를 세우고 창의성과 호기심을 적극적으로 드러내며 마음과 정신이 항상 젊음을 유지하도록 열성적으로 배움을 계속해야 한다. 이 장에서는 당신의 인생 목표의 목록에도 이런 의미 있고 보람 찬 목표가 들어갈 수 있도록 이 분야의 주요 목표와 관련된 연구결과를 소개한다.

구체적 목표 이루기 9

놀이와 기분 전환

기쁨이란 사물에 있는 곳이 아니요, 우리 안에 있는 것이다.

- 와그너(Wagner)

"즐겁게 살고 싶고 재미있게 놀고도 싶지만 어떻게 해야 할지 모르겠다! 꼬부랑 노인이 된 기분이다!"

이런 탄식은 사람들에게 일상적인 즐거움을 얻기 위해 어떤 일을 하느냐고 물었을 때 자주 들을 수 있는 대답이다. 머릿속으로 조용히 여러 가지 활동이나 자기와 함께 놀거나 농담을 주고받는 친구들을 떠올리려 애쓰는 경우도 많다. 하지만 어떤 사람은 놀이 파트너가 누구인지 떠올리는 데 전혀 어려움이 없다. 가족과 함께 정기적으로 자전거, 수영, 새 관찰, 유람선 여행, 짧은 여행, 게임 등을 즐기기 때문이다. 하지만 이렇게 사교성이 풍부하고 재미있는 사람은 많지 않은 것이 현실이므로 꾸준히 즐거움과 기분 전환, 자기개선을 추구할 방법을 찾으려는 이들에게는 도움이 필요하다.

최근 진행된 여러 연구결과 골프, 테니스, 수영, 하이킹, 자전거, 스키 같은 야외 스포츠 참가율이 낮아지면서 야외에서 여가활동을 즐기는 이들이 꾸준히 감소하고 있다고 한다.

아이들은 태어날 때부터 노는 법을 안다

우리는 나이가 들어서 노는 것을 그만둔 것이 아니라,

노는 것을 그만뒀기 때문에 나이가 든 것이다.

- 올리버 웬델 홈즈(Oliver Wendell Holmes)

놀이 목표가 중요한 이유는 우리 삶에 즐거움과 열정을 안겨주는 것 말고도 여러 가지가 있다. 유명한 학자이자 '우아하게 나이 들기' 분야의 권위자인 하버드대 의대 조지 베일런트(George Vaillant) 박사는 일상생활에 놀이를 포함시키는 것은 평생을 활기차게 사는 비법 중 하나라고 말한다. 그와 다른 학자들은 아이들이 에너지가 넘치고 열의와 호기심으로 가득한 것은 타고난 속성임을 밝혀냈다. 실제로 활기는 모든 문화권의 아이들이 지닌 5대 강점에 포함되지만, 나이가 들어 더 이상 놀이와 재미를 추구하지 않으면 강점 목록의 최하위로 떨어진다.

베일런트는 성인이 더 많은 즐거움을 누리려면 살면서 '활기'나' '놀이'를 추구해야 한다고 생각한다. 아이들은 우리의 역할모델이며 어디서부터 어떻게 시작해야 할지 모를 때, 아이들의 행동을 보며 영감을 얻을 수 있다. 아이들은 놀이터 그네를 타면서 자기가 우스꽝스럽게 보이지 않을까 걱정하며 주저하거나 할로윈 복장을 입어야 할지 말아야 할지 고민하지 않는다.

베일런트는 단호한 어투로 이렇게 말한다.

"아이들의 행동을 그대로 따라하십시오! 길거리를 깡충깡충 뛰어다니고 집 앞 진입로에서 농구도 하고요! 아이처럼 행동하다 보면 어느새 기분까지 아이가 된 듯 느껴질 겁니다!"

아이처럼 행동해도 별 효과가 없다면, 쾌활한 이들과 어울리면서 그들의 열정이 전염되는지 보라고 충고한다. 우리 고객 중 한 명은 이 방법으로 효과를 봤다고 자신한다. 자기가 운영하는 피아노 교습소에 어린 학생들을 받기 시작하자 나이 든 성인들만 가르칠 때보다 훨씬 젊고 명랑한 기분을 느끼게 된 것이다.

놀이가 중요한 이유

본인이 정말 관심 있는 일을 할 때 창의력과 생산성이 최고조에 이른다. 그러니 재미있게 놀듯이 일하라는 말은 엉뚱한 헛소리가 아니라 아주 분별 있는 충고다.

- 존 스컬리(John Sculley), 애플 컴퓨터 전 CEO

아이들은 놀이를 통해 타인과 어울리는 법이나 새로운 것을 익히는 법 등 살면서 꼭 필요한 여러 가지 기술을 습득한다. 상상력을 많이 발휘해야 하는 놀이는 충동 조절 같은 자기제어능력을 키우는 데 특히 중요하다. 아이들이 집, 학교, 보모 등을 주제로 한 놀이에서 다양한 역할을 맡고 또 자기가 한 역할을 기억할 경우, 이런 놀이에 상상력과 창의력을 많이 동원할수록 여러 가지 목표를 계획하고 그것을 이루는 다양한 방식을 유연하게 받아들이는 실행 기능 능력이 발달한다고 한다.

따라서 성인도 놀이 목표를 통해 많은 도움을 받을 수 있다. 게임을 하거나 자발적으로 어떤 일을 하면 얼굴에 절로 미소가 떠오른다. 새로운 습관 익히기, 친구 사귀기, 체력 단련, 웃기, 세계 탐험 등도 놀이 목표에 포함된다. 심리학자들은 실의와 비관을 이기는 가장 확실한 방법 가운데 하나가 바로 유머라고 말한다. 놀이를 통해 몰입(지금 하는 일에 완전히 빠져서 시간이 멈춘 듯 느껴지는 순간) 상태에 빠지는 경우도 자주 있으며, 이를 통해 필요한 균형 감각을 되찾거나 완전히 긴장을 풀거나 배터리를 재충전할 수 있다.

워싱턴대학의 앨런 말라트(Alan Marlatt) 박사는 체력과 정신력이 완전히 고갈될 위기에 처해 알코올이나 다른 화학물질을 통해 놀이에서 얻을 수 있는 위안을 얻으려고 하는 경우가 아닌 한 놀이 활동은 의무적인 활동이 아니라 자기가 진정으로 원하는 활동이어야 한다고 말한다.

놀이 목표의 예

나는 지옥에 간다면 피아노를 치면서 갈 것이다.

- 제리 리 루이스(Jerry Lee Lewis)

구체적인 인생 목표를 정하고 이런저런 놀이를 즐기면서 살기 시작하면 행복지수가 높아지는 것은 물론 건강도 좋아지고 우정이 굳건해지며 창의력이 발달하고 삶에 대한 열정이 커지는 등 다른 면에서도 상황이 호전된다.

다른 사람들이 세운 놀이 목표를 몇 가지 살펴보자.

클레어는 아이들이 피아노 교습을 받기 시작하자 자기도 다시 피아노를 치고 싶다는 익숙한 갈망이 피어나는 것을 느꼈다. 클레어는 어렸을 때 오랫동안 피아노를 쳤지만 대학에 들어간 뒤 중단했다. 이제 주변에 피아노도 없고 또 피아노를 칠 만한 시간도 없다고 생각했기 때문이다. 그녀는 성인도 받아주는 선생이 있는지 주변에 알아보기로 했고 결국 어릴 때의 꿈이던 재즈 피아노를 전공하는 선생을 찾아냈다.

"클래식 음악의 가치를 인정하기는 하지만 저는 늘 노드스트롬백화점에서 재즈와 드라마 주제가를 연주하는 사람처럼 다른 이들에게 미소를 안겨주는 노래를 연주하고 싶었습니다. 그래서 언젠가는 노드스트롬백화점에서 피아노를 연주하겠다는 목표를 세웠죠. 지금은 매주 피아노 교습을 받는데 날마다 20분씩 연습할 때면 전보다 훨씬 행복해진 것을 실감합니다."

해마다 만우절이면 농담 한 마디 못한 채 다른 이들의 장난에 속아 넘어가기만 했다는 사실을 깨달은 린다는 올해는 만우절 날 자기가 직장동료들에게 장난을 치겠다는 목표를 세웠다. 이제 린다는 매년 남편과 자녀, 동료들을 깜짝 놀라게 할 음모를 공들여 꾸미는 것으로 유명해졌다.

"내가 멋진 장난을 성공시켰다는 사실을 깨달은 이들의 깜짝 놀란 표정이 재미있어요. 덕분에 직장동료들과의 관계도 좋아졌습니다. 또 우리 아이들은 친구들에게 이런 별난 엄마에 대한 이야기를 들려주며 즐거워한답니다!"

인류학자들의 말에 따르면, 장난은 개인을 집단에 소속시키고 겸손한 태도로 성공을 조율하는 의식이기 때문에 예로부터 중요한 목적을 이루는 데 이바지했다고 한다. 남을 헐뜯거나 괴롭히지 않고 깔끔하게 진행된 장난은 같은 집단에 속한 이들을 가깝게 연결시키고 속아 넘어간 사람의 자아성찰을 유도한다.

인생 목표 수립에 도움이 될 만한 교훈

- 놀이 활동이 몰입 상태를 유발하고 자기제어능력을 높이는 이유는, 행복한 기분을 느끼면 의지력이 강해지고 스트레스지수가 낮아지기 때문이다.
- 즐겁고 활기찬 육체 활동은 기분 전환 노력을 극대화하는 방법이다.
- 놀이를 통해 휴식과 재충전이 가능하다.
- 놀이에는 즐겁지만 깊은 의미는 담기지 않은 활동이 포함되므로 원만한 삶을 위해서는 놀이가 중요하다.

유명 대기업의 최고경영진 737명을 조사한 결과, 입사지원자를 채용할 때 유머 감각이 없는 사람보다는 유머 감각이 뛰어난 사람을 채용하겠다고 답한 경영자가 98퍼센트나 됐다. 또 〈하버드비즈니스리뷰(Harvard Business Review)〉의 기사에 따르면 유머 감각이 뛰어나다고 동료들의 인정을 받은 경영진의 경우 다른 이들에 비해 승진 속도가 빠르고 돈도 많이 번다고 한다.

구체적 목표 이루기 10

창의성

교습, 요리, 놀이, 공부, 부기, 원예 등을 창의적인 방법으로 시도하면
우리 삶에 귀중한 것이 더 늘어난다.

- 어빙 야롬(Irving Yalom)

박물관과 미술관마다 작품이 전시되는 유명 예술가는 되지 않더라도 자기 인생에 창의적인 면을 추가하려고 하는 이들에게 좋은 소식이 있다. 일상적인 문제를 해결할 슬기로운 방법을 찾거나 풍경화 그리기, 사진, 자수, 구형 자동차 엔진 개조 등 좋아하는 취미생활을 하면서도 창의성을 마음껏 발휘할 수 있다!

창의성은 타고나는 것이고 초등학교 미술 시간에나 발휘하는 것이라고 생각하며 움츠러들지 말자. 자기 생활의 일부나 전체에 독특하고 획기적인 사고방식을 적용할 방법을 궁리하는 등 창의성을 발휘할 방법을 찾아보자. 예산을 아껴 규모 있게 사용하거나 방을 새로 꾸미거나 이메일에 첨부할 새로운 서명을 만들거나 다른 사람에게 창의적인 선물을 하는 것도 전부 여기 포함된다.

일상적인 문제를 해결하는 창의적인 방법

창의성은 신뢰에서 나온다. 자기 본능을 믿자.

- 리타 메이 브라운(Rita Mae Brown)

아이들은 원래 노는 것을 좋아하기 때문에 새로운 게임을 만들거나 친구들과 시간을 보낼 때 뛰어난 창의성과 발명 능력을 발휘한다. 창의성에 대해 연구한 이들은 아이들이 자라 특정한 방식으로 생각하고 옷을 입고 행동하라는 지시를 받으면서부터 이런 중요한 속성이 억압되기 시작한다고 말한다. 아이들이 자기에게 허용되는 일을 제한하기 시작하면 삶에 대한 독특하고 창의적인 대응 방식이 자취를 감추고 예측 가능한 기계적인 행동이 표준이 된다.

하지만 자기만의 옷 입는 방식이나 독자적인 생활 양식, 독립적인 사고를 위해 지속해서 창의성을 키운 이들은 행복한 사람의 특징을 많이 보인다. 이들은 열린 마음으로 새로운 경험을 받아들이고 관심사가 다양하며 성격이 쾌활하지 않은 동료에 비해 행동과 생각이 대담하다.

예일대학의 로버트 스턴버그(Robert Sternberg)는 창의성은 곧 삶의 모든 영역에서 발생하는 문제를 해결하는 기술이라고 정의한다. 퀼트 제작이나 노래 부르기 등 다양한 경험을 하면서 창의력을 꽃피우면 건강에도 이롭다. 조지워싱턴대학에 있는 노화건강인간연구센터 책임자인 진 D. 코헨(Gene D. Cohen) 박사는 창의성은 "건강 유지와 상당히 밀접한 관련이 있다"고 말한다. 코헨 박사의 연구결과에 따르면 예술이나 시, 그림, 보석 세공 강좌를 수강하는 이들은 남들과 함께 많은 시간을 보내고 처방약을 복용할 가능성이 낮으며 창의성을 발휘할 목표가 없는 이들보다 행복하다고 한다.

창의적이고 재능 있는 10대들을 대상으로 한 연구에서 가장 재능 있는 10대 청소년들은 창의력을 꽃피우기 위해서는 혼자만의 조용한 시간이 필요하다고 말했다.

창의성과 관련된 목표의 예

우리는 모두 예술적인 활동을 통해
만족을 얻을 수 있는 능력을 가지고 있다.

- 세이무어 새러슨(Seymour Sarason)

인생 목표의 목록을 다양하게 활용해 창의성을 발휘할 수 있다. 사진, 그림, 조각, 데생 같은 시각 매체를 좋아하는 이들도 있고 목공예나 조경 디자인 같은 수작업을 좋아하는 이들도 있다. 또 어떤 사람은 원래 하던 일을 그만두고 웹사이트 디자이너나 재봉사, 배우로 직업을 바꾸기도 한다. 자기 생활에 창의성을 더하고 거기서 생기는 이득을 누리는 방법은 정말 많으니 창조적 재능을 접할 수 있는 전시회를 둘러보거나 장인들이 직접 만든 작품을 선보이는 지역 공예 박람회에 들르는 것도 좋다. 어떤 컴퓨터 프로그래밍 분석 전문가는 공예 박람회에 갔다가 거대한 금속 조각품을 만드는 일에 매료되어 지금은 직업까지 바꿨다. 예술 분야에는 소질이 없지만(혹은 예술적 표현에 관심이 없어서) 살면서 창의성을 발휘할 수 있는 다른 아이디어를 찾고 있다면 자기와 비슷한 상황에 처했던 이들의 사례를 살펴보자.

조이는 어느 날 옷장을 들여다보다가 자기가 가진 옷에는 전부 다른 여자, 즉 자기 어머니의 이미지가 반영되어 있다는 사실을 깨달았다. 조이는 어머니를 존경했지만, 오랫동안 본인의 갈망을 억눌러온 까닭에 자기가 좋아하는 옷 스타일이 무엇인지조차 잊은 상태였다. 조이는 기존에 만들어둔 인생 목표를 수정해 "나를 표현할 수 있고 마음도 편한 나의 대표 이미지를 찾자"는 새로운 목표를 추가했다. 조이는 이 목표를 세운 뒤 인생 코치와 함께 자기가 원하는 이상적인 모습에 어울리는 옷 색상과 스타일, 머리 모양까지 구상했다. 이제 조이는 옷을 입을 때마다 좋아하는 다양한 스카프를 액세서리로 사용해 '스카프 부인'이라는 별명이 붙었으며 매일 어울리는 옷과 스카프를 고를 때마다 창의성을 한껏 발휘하는 기분이 든다.

라스는 아직 어린 자녀들을 돌보느라 예전처럼 악기 연습을 할 시간이 없자 백파이프를 연주하며 창의성을 발휘하던 때가 그리웠다. 그래서 그는 건강에도 도움이 되는 다른 방법을 이용하기로 했다. 아침 운동을 할 때마다 똑같은 길을 따라 걷거나 달리는 대신 평소와 다른 방향으로 출발하거나 새로운 동네로 차를 몰고 가 거의 날마다 다른 경로를 이용하기로 한 것이다. 음악이 그리운 것은 여전했지만 기존의 방법에서 벗어나 창의성을 발휘한 덕분에 당분간은 충동을 억누를 수 있었다.

자기가 아무 열정이나 확신 없이 되는 대로 살아간다는 생각이 든 웬디는 일상적인 일들을 좀 더 감각적이고 재치 있게 처리할 방법을 알아보기로 했다. 그녀가 세운 인생 목표 중에는 "아이들을 위해 매주 한 가지씩 창의적인 요리를 만든다"는 목표가 있었다. 그래서 웬디는 아이들 도시락을 싸면서 푸드네트워크(Food Network)를 시청하기 시작했고, 여기서 식구들을 위해 준비할 만한 요리를 한 가지씩 찾아내 가족을 기쁘게 했다. 덕분에 웬디는 전보다 요리를 즐기게 되었고, 간단한 샌드위치를 만들면서 푸드네트워크에 출연하는 유명 요리사 흉내를 내 아이들을 웃기는 일에서 큰 기쁨을 느끼면서 놀이 기술도 향상되었다.

인생 목표 수립에 도움이 될 만한 교훈

- 실험 정신이나 '뭐든 다 한 번씩 도전해 보겠다'는 태도로 창의성을 키울 수 있다.
- 시간을 내서 자기와 생각이 다른 이들과 함께 브레인스토밍을 해본다. 그들의 아이디어를 통해 중요한 깨달음을 얻을 가능성이 높기 때문이다.
- 새로운 지역으로 여행을 가서 다양한 생활 양식을 접해본다.
- 집안에 표현 예술이나 창의적인 취미생활, 신중한 숙고를 위한 전용 공간을 만든다.
- 창의적인 작품을 구경할 수 있는 미술관이나 전시회에 간다.
- 음악, 미술, 창의성, 과학 외에도 틀에서 벗어난 사고를 촉진하는 분야와 관련된 공공 전시회를 둘러본다.

구체적 목표 이루기 11

학습

당신이 하는 것, 꿈꾸는 것 모두 이룰수 있으니 시작하라.

대담함에는 천재성과 힘과 마력이 들어있다.

- 괴테(Goethe)

창의성 목표가 그림 같은 전통적인 예술 분야에만 국한되지 않는 것처럼 학습도 단순히 교과서 읽기가 다가 아니다. 물론 자기가 학생임을 뿌듯하게 여기는 어떤 사람들은 교과서 읽기도 좋아하지만 말이다. 학습은 뭔가 새로운 것을 배우고 삶에 감사하는 마음을 높일 수만 있다면 어떤 환경에서나 가능하다.

스탠포드대학의 명망 높은 교수 캐롤 드웩(Carol Dweck)은 성장에 필요한 마음가짐을 지니고, 자기 개선과 학습을 통해 자신에게 과제를 부여해야 한다고 여기는 이들은 지적 능력이 날 때부터 정해져 있다고 믿는 사람에 비해 여러 방면에서 성공할 가능성이 높다는 사실을 알아냈다. 고정된 사고방식을 지닌 사람은 도전했다가 실패할 수도 있는 상황에 발을 들이는 것을 피하며 학습 목표를 세우는 것도 꺼리는 경향이 있다.

학습 목표의 예

관심 가는 분야라면 어디에든 학습 목표를 세울 수 있다. 어떤 사람은 새로운 언어를 배우는 것을 좋아하고 어떤 사람은 스포츠 활동이나 취미생활에 열중하면서 즐거움을 찾는다. 인터넷은 상상할 수 있는 모든 주제와 관련해 원하는 것을 배울 다양한 길을 열어준다. 어떤 사람은 온라인 가상 프로그램을 통해 학위를 따기도 하고, 전업주부가 우리 사회의 정치 제도가 작동하는 방식을 배워 지역사회와 학교를 대변하는 모습도 봤다. 학습 목표를 세워서 이루려고 노력한 두 사람의 사례를 소개하겠다.

마크는 아이들이 모두 커서 집을 떠난 뒤 '빈둥지증후군'을 심하게 앓았다. 전에는 일과가 늘 빡빡했는데, 이제는 하루에도 몇 시간씩 시간이 남는 것이다. 인생 코치가 그에게 '내 인생의 초상'(421쪽 참조)을 만들어 보라고 하자, 마크는 이 실습을 통해 밴드 활동을 하고 싶다는 갈망과 어린 시절 꿈꾸던 드럼에 대한 열정에 다시 불이 붙었다. 크레이그 리스트(Craig's List)라는 물물거래 사이트에서 할인판매하는 고급 드럼 세트를 발견한 마크는 곧 인근 중학교 선생님과 함께 연습을 시작했다. 그는 록이 아닌 재즈 드럼을 선택했고 시간 가는 줄 모르고 연습에 빠져들었다. 현재 마크는 그 지역 아빠들로 구성된 밴드에 가입해 매달 몇 차례씩 주말에 만나 연주하고 지역 예술축제에도 나간다. 이런 활동은 새로운 감정 배출 수단을 간절히 원하던 마크의 인생에 새 지평을 열어줬다.

비영리 단체에서 근무하는 빅토리아는 TV를 시청할 때마다 부동산 차익거래나 인테리어 디자인 관련 프로그램에 관심이 가는 것을 느꼈다. 빅토리아는 다른 분야로 이직할 가능성을 열어두기 위해 "부동산

공인중개사 자격증을 따겠다"는 학습 목표를 세우고 시세 이하의 주택을 찾아내 구입, 재건축, 장식, 판매하는 방식으로 수익을 올리는 방법도 배웠다.

인생 목표 수립에 도움이 될 만한 교훈

- 학습 목표는 강좌 수강, 여행, 유익한 TV 프로그램 시청, 오디오북 듣기, 직무 관련 세미나 참석 등 다양한 형태를 취한다.
- 평생 배움의 끈을 놓지 않으면 기억력 상승, 면역 기능 개선, 삶에 대한 열정 등 다양한 신체적, 감정적 이익을 얻을 수 있다.

창의성과 건강한 노화를 연구하는 이들은 음악이야말로 노령자에게 가장 좋은 만능 훈련 방법이라고 말한다. 노래를 부르거나 악기를 연주하면 치매 발생 위험이 감소하고 관절염으로 인한 고통이나 뻣뻣한 증상이 완화되기 때문이다. 음악 연주는 다양한 지적, 신체적, 사회적 효능을 발휘하며 사기도 높여준다.

고려해볼 만한 목표

여러 인물들의 인생 목표 목록에서 찾은 놀이, 창의성, 학습 관련 목표 가운데 흥미로운 것을 몇 가지 소개한다. 당신의 인생 목표의 목록에 새로 추가하거나 기존 목표를 변경하는 데 도움이 될 것이다.

- 날마다 검색 엔진에 질문을 입력해 뭔가 새로운 것을 배운다.
- 매주 책을 한 권씩 읽는다.
- 아이들과 서바이벌 게임을 한다.
- 50살이 되면 친구들을 전부 초대해 성대한 파티를 연다.
- 낭독회에 참석하거나 북 클럽에 가입한다.

16 돈으로 행복을 살 수 있을까?

돈은 사람을 행복하게 만들지 못한다. 지금 5천만 달러를 가지고 있지만
돈이 4800 달러밖에 없을 때도 지금만큼 행복했다.

- 아놀드 슈왈츠제네거(Arnold Schwarzenegger)

:: 17가지 인생 영역 가운데 이번에 살펴볼 부분은 실생활과 가장 밀접하고 중요하며 일상생활에 영향을 미치는 돈과 일, 은퇴와 관련된 것이다. 우리가 벌고 저축하는 돈의 액수, 생계를 위해 하는 일, 노후를 보내는 방법 등은 가끔 성가시게 느껴지기도 하는 문제지만, 이 영역에 관한 최신 연구 결과는 보다 행복하고 의미 있는 삶을 위한 목표를 세울 수 있는 놀라운 정보를 제공한다.

구체적 목표 이루기 12

돈

나는 부도 경험했고 가난도 경험했다. 부자가 더 좋더라.

- 소피 티커(Sophic Tucker)

사람들의 인생 목표의 목록을 훑어보면 다양한 금전 목표를 볼 수 있다. "돈을 더 많이 벌자", "신용카드 빚을 모두 갚자", "아이들의 대학 학자금을 마련하자", "새 집을 사거나 새로 증축하자", "지금 하는 사업을 흑자로 전환하자"와 같은 목표들이다. 사실 대부분의 사람들은 자기가 가진 것을 나누기보다 돈을 더 많이 벌려는 목표를 가지고 있다고 생각하는 편이 옳을 것이다.

행복에 관한 최신 연구는 돈이 많을수록 행복도가 높아진다는 사실을 보여주지만 친구나 연인, 일, 기분 전환, 은퇴 계획을 통해 얻는 행복이 금전적 이익을 통해 얻는 만족감보다 큰 것도 사실이다. 사실 돈과 재산 축적의 중요성을 강조하는 사람은 그렇지 않은 이들에 비해 불행하다는 연구결과도 있다.

녹스칼리지의 팀 캐서(Tim Kasser)와 버지니아 커먼웰스대학의 커크 브라운(Kirk Brown)은 자발적 소비 감소 운동에 참여한 200명을 조사했다. 이들은 돈 같은 물질적인 목표에 신경을 덜 쓰고, 가족, 친구와 친밀한 관계를 유지하거나 관심 분야와 자기 능력에 몰두하면서 세상을 살기 좋은 곳으로 만든다는 본질적인 목표에 집중하는 이들이다. 이 운동에 참여한 회원들의 연 수입은 2만 6천 달러 정도로 대조군보다 1만 4천 달러 적었지만 그보다 소득 계층이 높은 이들에 비해 오히려 생활만족도는 더 높은 것으로 나타났다. 결론적으로 대인관계와 삶의 질을 개선하는 데 시간을 투자하는 편이 내재적 가치와 관계없는 금전적 목표를 추구하는 것보다 낫다.

돈 관련 목표의 예

영혼에 필요한 것을 구입하는 데는 돈이 들지 않는다.

- 헨리 데이비드 소로우(Henry David Thoreau)

오직 재산 축적만을 목표로 돈을 벌려고 하면 오랫동안 지속되는 즐거움을 얻기 힘들다. 하지만 가족을 부양하고 신용카드 빚을 갚기 위한 돈을 벌거나 연간 재무보고서를 제대로 이해하기 위해 주식투자 교육을 받는 것은 본인의 권한과 성공을 체감하고, 불안감을 줄이고, 즐거움을 주는 인생 목표가 될 수 있다.

다른 사람이 성공적으로 달성한 금전 목표 두 가지를 살펴보면서 본인의 인생 목표에도 적합한지 생각해보자.

테미는 부모님께 금전적인 도움을 받으면서 생활을 꾸려나가는 것을 그만두고 싶었지만, 재무 쪽으로는 완전히 무지하고 투자나 저축, 자산 관리에 대해서도 아는 것이 없어 어려웠다. 지출 내역도 제대로 모르면서 소비 습관을 바꾸는 것은 불가능하다고 생각한 그녀는 두 가지 목표를 세웠다. 하나는 신용카드에 포스트잇을 붙여 카드로 구입한 물건 내역을 모두 적는 것이고, 다른 하나는 금전 관리 소프트웨어를 이용해 예산을 짜는 것이었다. 자기 씀씀이를 추적하는 데 익숙해지자 부모님의 지원을 받지 않으려면 돈을 얼마나 벌어야 하는지도 확실히 알게 되었다. 자신감이 높아진 테미는 자기 목적지가 어디이고 어떤 경로를 통해 그곳에 도달하고 싶은지도 알게 되어 회사에 승진도 요구했다. 이제 테미는 부모님의 도움에서 벗어나 금전적 자립을 이뤘으며, 집을 사려고 돈을 모으고 있다.

린다는 아름다운 작품을 만들어내는 천부적인 재능을 지닌 사진작가지만 스프레드시트 작업이나 사업 소득세 환급 서류를 준비하는 일에는 영 재능이 없다. 또 새 카메라 렌즈와 소프트웨어 프로그램을 구입하고 효과 없는 마케팅에 돈을 너무 많이 쓰는 바람에 지금껏 한 번도 수익을 올린 적이 없다. 그래서 린다는 인생 코치와 함께 가장 많은 수입을 올릴 수 있는 사진 촬영 작업과 제품이 무엇인지 파악하고 본인의 작품 가격을 정한 뒤 고객에게 그런 서비스만 제공했다. 그리고 안정적인 수익을 얻기 전까지는 원하는 것보다 돈은 적게 받으면서 시간은 오래 걸리는 작업 요청을 거절해 궤도에서 벗어나지 않으려고 애썼다. 또 세금 납부 기간에 스트레스를 덜 받으려고 같은 도시에 사는 성공한 사진작가에게 부탁해 사업 운영에서 가장 중요한 부문의 자금 흐름을 추적할 수 있는 스프레드시트를 만들었다. 현재 린다는 인기 있는 웹사이트와 포스터 제작을 전문으로 하는 사업체를 운영하고 있으며 돈이 없을 때는 마케팅 비용을 투자하지 말아야 한다는 사실도 배웠다. 명확한 금전 목표를 세워 거의 망할 뻔한 사업을 전략적이고 계획적으로 다시 일으킨 린다는 이제 자신의 직업을 진정으로 사랑하게 되었다.

캘리포니아대학 버클리캠퍼스의 리처드 라자러스(Richard Lazarus)는 부(富)는 살면서 필연적으로 겪는 우여곡절을 이기는 데 필요한 완충장치라고 말한다. 생활수준이 괜찮으면 문제가 생겨도 회계사 같은 훌륭한 전문가의 도움을 받고 대가를 지불하는 등 대처할 방법이 많으므로 만족감과 안정감을 느낄 수 있다.

인생 목표 수립에 도움이 될 만한 교훈

- 금전 목표는 돈이나 다른 자산의 획득과 관리에 초점을 맞추는 경우가 많은데 단순히 돈만을 목적으로 하는 경우에는 깊은 만족감을 얻지 못할 수도 있다.
- 금전적인 면에서 스스로를 통제하는 법을 배우면 자기통제력이 필요한 다른 분야에서도 도움이 된다.

일반적으로 복권 당첨자는 이런 행운을 누리기 전보다 행복해지는 경우가 많지만, 이들도 스트레스를 받거나 슬플 때는 장시간 목욕을 하거나 게임을 한다. 또는 취미생활을 즐기거나 사랑하는 이들과 함께 시간을 보내는 등 돈이 들지 않는 방법으로 자신에게 상을 주는 경향이 있다고 한다. 반면 자기는 복권에 당첨된 이들보다 불행하다고 답한 사람은 DVD를 사거나 식사, 옷을 사는 것처럼 돈이 드는 방법을 통해 기쁨을 얻는 쪽을 선호했다. 결국 연구자들은 이런 결론을 내렸다.

"긴장을 풀고 느긋하게 시간을 보내는 것이 행복한 삶의 비결이다. 원하는 것은 뭐든 다 가질 수 있는 재력이 있다 해도 결국 변화를 가져오는 것은 돈이 들지 않는 즐거움 쪽이다."

구체적 목표 이루기 13

일

자기가 하는 일을 사랑하는 것이 곧 행복이다.

- 데이비드 G. 마이어스(David G. Myers)

자기 일을 사랑하는 사람은 그 모습이 겉으로 드러난다. 자기가 하는 일에 열정을 품은 사람은 일을 즐기고 거기에서 에너지를 얻으며 날마다 새롭게 도전하는 듯한 기분을 느낀다. 또 자기 일과 일체감을 느끼지 못하거나 불만이 많은 이들보다 몰입 상태에 빠질 가능성도 높다. 안타깝게도 대부분의 노동자는 이런 최고의 상태를 경험하지 못한다. 대다수 사람들의 인생 목표에는 먹고 살기에 충분한 수입을 올리는 것은 물론 본인이 만족하고 도전 정신까지 불태울 수 있는 직업이나 소명을 찾고 싶다는 목표가 포함되어 있다. 이런 목표의 중요성을 뒷받침하는 연구결과도 많다. 일과 행복 사이의 관계를 철저히 검토한 결과 자기 일에 만족하는 노동자는 다른 이들보다 육체와 정신이 건강하고 삶의 질도 높다는 사실이 드러났다.

에이미 우르제스니에브스키(Amy Wrzesniewski)는 자기 천직이라고 생각하는 일에서 얻는 행복을 연구했다. 그녀는 이 획기적인 연구를 통해 병원 잡역부 가운데 환자의 회복에 도움이 되리라고 생각하며 자진해서 환자 병실을 정리한 이들은 자기 직업이 중요하지 않다고 여기는 이들에 비해 업무에서 얻는 만족감이 크다는 사실을 밝혀냈다. 자기가 하는 일이나 은퇴 후 열정을 품을 수 있는 소명을 발견하는 데 도움이 될 비법을 몇 가지 소개한다.

- 본인의 관심사나 취미, 재능을 파악하고 그것을 이용할 수 있는 직업을 찾는다.
- 자기가 하고 싶다고 생각하는 일을, 현재 하고 있는 사람을 따라다니면서 그의 업무 현장 가까이에서 지켜본다.
- 저녁 시간이나 주말을 이용해 흥미 있는 분야의 일을 경험할 수 있는 자원봉사를 한다.
- 자기가 원하는 봉급과 복리 후생 수준을 파악한다.
- 직업을 바꾸면 불안한 마음이 들고 모험도 감수해야 하므로, 예측하지 못한 상황에 대비하면서 자기가 내딛는 걸음걸음을 통해 원하는 직업으로 다가간다는 사실을 알아야 한다.
- 형세를 관망하면서 직업을 바꾸는 일을 계속 우물쭈물하고만 있으면 후회와 답답함만 느끼게 되므로, 친구나 코치와 함께 일을 진행해 조사 작업에 책임감을 더한다.

인생 목표의 목록 가운데 열정을 발휘할 수 있는 일을 찾는 과정이 포함되는 목표를 추구하는 방법은 다양하다. 목표를 이룬 이들의 사례를 살펴보자.

가난하게 자란 모건은 어린 시절 날마다 느끼던 박탈감을 다시는 느끼고 싶지 않았다. 그래서 훌륭한 교육을 받고 자립할 수 있는 여자가 되어 자기 가족을 비롯한 곤궁한 이들에게 너그럽게 베푸는 사람이 되는 것을 목표로 삼았다. 모건은 집중력과 자제심, 꾸준한 노력을 통해 약학 학위를 따고 대형 제약회사에 취직해 승진 가도를 밟으며 돈도 많이 벌었다. 하지만 모건은 공허함을 느꼈고 자기가 맡은 일에 의욕을 느끼지 못했다. 40세 무렵에 성과 검토에서 업무에 의욕이 없다는 지적을 받은 모건은 좀 더 마음이 끌리고 즐기면서 할 수 있는 일을 찾도록 도와줄 인생 코치를 고용했다. 그녀는 먼저 모든 취미와 관심사, 강점을 적은 목록을 만들었다. 그리고 지금 일하는 회사가 자신의 창의적인 능력과 외향적인 성격에 맞는 자리를 제공해줄 수 있는지 알아봤다. 회사 내에 자기에게 더 적당한 자리가 있다는 사실을 알게 된 모건은 사내 멘토에게 다른 부서로 옮길 수 있게 도와달라고 부탁했다. 회사를 떠나 어머니에게 새 전자레인지를 사드리거나 현관문을 달아드리는 데 필요한 봉급을 포기하는 대신 본인의 에너지를 다른 쪽으로 돌리기로 한 것이다. 그리고 결과적으로 해외 출장을 다니며 팀원들과 함께 일하는 것이 1대 1 조사보다 잘 맞는다는 사실을 깨달았다. 이제 모건은 아침에 일어나 출근하는 것이 두렵지 않고 예전과 다른 책임감과 창의력을 발휘하면서 한 번도 가보지 못한 다른 세상을 볼 기회를 얻게 되었다.

라비니아는 20대에 미국의 8대 회계법인 중 하나에 다니면서 많은 봉급을 받았지만, 늘 사무실 안에 고립된 듯한 기분을 느꼈고, 사실 숫자에도 별 관심이 없다는 사실을 깨닫고, 결국 인생 코치를 찾아갔다. 라비니아가 어렸을 때 그녀의 어머니는 만족스러운 직업을 찾지 못해 새로운 일을 시작했다가 곧 그만두곤 했기 때문에, 라비니아는 무의식적으로 별로 마음에 안 들어도 자기가 잘할 수 있는 일을 찾아 계속 해나가는 편이 낫다는 생각을 품고 있었다. 라비니아와 코치는 그녀가 열정을 느끼면서 몰입 상태에 빠지는 때가 언제인지 살펴봤고, 실내 장식을 하거나 교회가 후원하는 건강상담소에서 자원봉사를 할 때 그런 느낌을 받는다는 것을 알았다. 이런 피드백을 바탕으로 라비니아는 이 두 가지 관심 분야를 결합시킨 직업을 찾기 시작했다. 일주일 동안 실내 장식가를 따라다닌 끝에 야간학교에 다니면서 그 분야의 학위를 따기로 결심했다. 그러면 디자인에 대한 열정을 추구하는 동시에 사람들이 보다 건강하고 행복한 집안 환경을 만들도록 도울 수 있기 때문이다.

인생 목표 수립에 도움이 될 만한 교훈

- '단순한 직업'이 아닌 '천직'이라고 생각하는 일을 하면 종일 몰입 상태에 빠질 수 있고 활력과 만족감을 느끼게 된다.
- 자신의 재능과 강점을 발휘할 수 있는 일은 그렇지 못한 일보다 더 큰 행복을 안겨준다.
- 본질적인 이유가 있어서 하는 일(다른 사람이 아닌 본인의 가치관이나 관심사에 부합하기 때문에 하고 싶은 일)은 안전하다는 생각에 선택한 직업이나 부모님이 잘 어울린다며 골라준 직업보다 인생 만족도를 높여준다.

미국 노동자들의 만족도와 행복 수준을 알아보는 가장 포괄적인 연구를 실시하는 시카고 국가여론연구센터가 2007년에 발표한 내용에 따르면 가장 만족도가 높은 직업은 다른 사람을 돕는 직업이라고 한다.

이들이 밝혀낸 가장 행복한 직업 종사자는 성직자, 소방관, 물리치료사, 화가, 조각가, 교사, 작가, 특수교육 교사다. 반대로 가장 불행하고 만족도가 낮은 쪽은 단순 작업이나 육체노동, 서비스직에 종사하는 이들이었다.

구체적 목표 이루기 14

은퇴

예전에도 그랬고 앞으로도 그렇겠지만

최고의 일은 돈을 바라고 하는 일이 아니다.

- 존 러스킨(John Ruskin)

인류의 수명이 과거 어느 때보다 늘어나고 일을 그만둔 뒤에 쓸 수 있는 시간과 돈, 기회도 많아진 지금, 은퇴하면 1년 365일 따뜻한 플로리다 주에서 일몰을 즐기며 매일 카드 게임이나 한다는 낡은 시각은 사라졌다. 오늘날의 노령자들은 혜택 받지 못한 이들이 모인 공동체에서 일하거나 자기에게 중요한 대의를 지키기 위해 정치적 활동을 벌이는 등 창의적이고 교육적인 일에 적극적으로 참여하고 있다.

리브어뉴(LiveAnew)의 설립자 겸 CEO인 루이스 레이(Louis Wray)는 퇴직자들이 자신의 돈과 시간을 바쳐 세상을 더 살기 좋은 곳으로 만들거나 본인의 관심사와 재능에 맞는 의미 있는 자원봉사 활동이나 재미있는 취미활동을 찾아 새로운 삶을 살도록 돕는 일에 앞장서고 있다. 응용 긍정심리학 석사학위와 오랫동안 유명 투자회사의 최고경영진으로 일하면서 쌓은 경험을 결합시킨 레이는 "우리는 늘 활기차게 살아야 합니다. 은퇴는 내면의 열정을 키우고 표현할 새로운 자유를 통해 일의 빈 공간을 채울 기회를 줍니다"라고 말한다.

은퇴 뒤의 삶을 위한 인생 목표 수립은 빨리 시작할수록 좋다. 일리노이 주의 심리학자 마크 프레이저(Mark Frazier) 박사는 65세부터 105세 사이의 노인 수천 명을 대상으로 '우아하게 나이 들기'에 대한 연구를 실시한 결과, 미래에 대한 계획을 세우고 즐거운 마음으로 실현을 고대한 이들은 노년의 삶을 잘 받아들이고 정서적으로도 충만한 삶을 산다는 사실을 알아냈다.

"자기에게 중요한 것들을 계속 찾아내야 합니다. 의미 있는 목표가 없으면 세상만사를 '이런, 모든 게 다 끔찍하군……' 하는 태도로 받아들이게 됩니다. 정신을 집중할 만한 중요한 일이 없으면 노화 과정이 긍정적이지 못한 방향으로 진행되어 마음에 들지 않는 상황에 휘말릴 수도 있습니다."

프레이저는 이렇게 경고한다.

당신이 은퇴 후의 삶을 위한 계획을 세우고 있는 중이든 아니면 이미 은퇴해서 자기 삶에 새로운 일과 열정, 몰입을 더하고 싶은 것이든 간에 우리가 제시하는 방법이 도움이 될 수도 있다. 몇 가지 예를 살펴보자.

칼리는 30년간 구매대리인이라는 안전한 일을 하며 살아왔다. 이 일을 하면 건강보험이나 연금, 다달이 납부해야 하는 공과금 걱정 없이 혼자 아이들을 키울 수 있었기 때문이다. 하지만 은퇴한 뒤에는 멸종 위기에 처한 야생동물을 위해 일하면서 자신의 삶과 열정을 마음껏 불태울 수 있으리라는 생각에, 코치와 함께 만족스러운 은퇴 계획을 세우기로 했다. 50대 말부터 은퇴 계획을 세우기 시작한 칼리는 일하고 싶은 곳이나 자신의 시간과 에너지를 가장 효과적으로 쓰도록 도와줄 기관들을 조사하고 하루하루를 어떤 식으로 보내고 싶은지도 생각했다. 덕분에 칼리는 현재 은퇴를 두려워하는 것이 아니라 가슴 설레는 계획을 세워놓고 노후를 고대하고 있다. 벌써 주말마다 야생동물구조기관에서 일하기 시작했으며 이를 통해 생각보다 훨씬 큰 기쁨을 얻고 있다. 칼리는 감격에 차서 "저는 동물을 돕기 위해 세상에 태어난 사람인데 이제 진짜 그 일을 할 수 있게 되었습니다"라고 말한다.

글로벌 기업의 고위 임원으로 바쁘게 일하다가 퇴직한 로버트는, 늘 그의 곁을 지키면서 아이들을 키우고 집안 살림을 꾸리고 그가 일과 생활의 균형을 유지하도록 도와준 아내 제인과 배를 타고 전 세계를 돌아다니면서 행복한 노년을 보내기를 고대했다. 그런데 그만 비극적인 일이 벌어졌다. 제인이 샤이 드레거(Shy-Drager)증후군(뇌와 신경계에 영향을 미치는 퇴행성 신경 장애 - 옮긴이) 진단을 받아 로버트가 은퇴한 지 1년도 안 돼 사망한 것이다. 충격과 슬픔에 젖은 로버트는 마음의 준비도 하지 못한 채 자기 앞의 긴 시간을 홀로 살아가야 하는 처지가 되었다. 다행히 로버트의 자녀들이 가까이 살았기 때문에 가족 모임에 참여시키거나 직접 스케줄을 짜서 그를 외출시키는 등 활기를 되찾을 방법을 여러모로 궁리했다. 그러던 중 로버트의 손자 한 명이 퇴행성자폐증 진단을 받아 특별한 치료와 잦은 병원 방문은 물론 엄청난 치료비가 필요한 상황이 되었다. 로버트는 손자와 새로운 유대를 쌓으면서 삶에 대한 열정을 되찾았다. 직접 나서서 전문가들과의 치료 일정을 조정하고 병원에 들를 때마다 그 결과를 듣고 치료비를 납부했다. 또 해당 치료비를 보험사에서 지급받았는지 여부 등을 스프레드시트에 정성껏 기록했다. 요즘 로버트는 손자에게 책을 읽어주는 데 많은 시간을 할애하고 있으며 은퇴한 후의 생활이 자기 인생 최고의 나날이라고 말한다. 여행과 골프에 돈을 쓰는 대신 인생의 새로운 목적을 찾았고, 현재 그 지역에서 자폐스펙트럼장애를 앓는 아이의 가족들이 이용할 수 있는 웹사이트를 제작하고 있다.

래리 도시(Larry Dossey) 박사의 말에 따르면 은퇴한 남자들의 사망률이 높아지는 한 가지 이유는 새로운 일을 시도하기 싫어하는 네오포비아(neophobia) 때문이라고 한다.

인생 목표 수립에 도움이 될 만한 교훈

- 투자나 시간제 부업, 기타 잠재적인 수입원을 통해 돈을 얼마나 벌고 싶은지, 어디에 살고 싶은지, 어떤 활동을 하고 싶은지 등 은퇴 후 계획을 미리 세워둔다.
- 노화 전문가인 조지 베일런트는 노년기를 멋지게 살아간 역할모델이나 전문가 친구를 곁에 두고 이런 변화를 잘 헤쳐 나갈 수 있도록 도움을 받으라고 조언한다.

18세부터 88세 사이의 미국인 2만 8천 명을 조사한 결과 최고령 집단의 행복도가 가장 높고 나이가 열 살 많아질수록 행복을 느낄 가능성이 5퍼센트씩 높아진다는 사실이 드러났다. 나이가 88세인 미국인 가운데 행복하다고 답한 사람은 33퍼센트인 반면 18세부터 20대 초반 사이의 젊은이들 중에는 행복하다고 답한 사람이 24퍼센트밖에 되지 않았다.

고려해볼 만한 목표

일, 은퇴, 돈과 관련된 인생 목표 가운데 흥미로운 목표를 몇 가지 더 소개한다.

- 여성 투자모임에 가입해 주식매매 방법을 배운다.
- 자신의 신용등급을 알아보고 등급을 최대한 높인다.
- 신원 도용 보호 프로그램을 구입한다.
- 금전 관리 소프트웨어 사용법을 배우고, 온라인으로 공과금을 납부한다.
- '천직을 찾아 떠나는 휴가'를 받아 해안가에서 빈둥거리는 대신 새로운 직업을 시도해본다.
- 가족 모두 머물 수 있는 은퇴 후 거처를 마련해서 가족들이 언제든지 들러 휴식을 취할 수 있는 안식처로 삼는다.
- 탐험 여행을 떠난다.
- 은퇴에 관한 블로그를 개설한 뒤 이곳을 다른 사람들과 연락을 취하는 포럼으로 이용한다.

17 나를 만드는 주위 환경

집은 세상 모든 건물 가운데 가장 인기 있고 가장 오래 남을 건물이다.

- 채닝 폴락(Channing Pollock)

:: 17가지 영역 가운데 마지막으로 살펴볼 것은 집과 이웃, 공동체 등 우리의 주변 환경이다. 이런 다양한 인생 영역이 우리의 건강과 행복, 열정에 어떤 영향을 미치는지 잊고 사는 경우가 많지만 실제로는 얼마나 중요한 역할을 하는지 확실하게 보여주는 연구결과들이 많다. 많은 사람의 인생 목록에 이 영역과 관련된 목표가 등장하는 이유를 알아보고, 이 영역에서의 삶의 질에 관심을 기울여 본인의 인생 목록을 강화하는 방법도 살펴보자.

구체적 목표 이루기 15

집

나의 집에는 의자가 세개 놓여 있다.

하나는 고독을, 둘째는 우정을, 셋째는 사교를 위한 것이다.

- 헨리 데이비드 소로우(henry D. thoreau)

우리가 '집'이라고 부르는 장소가 자기 자신이나 삶에 대한 생각, 그리고 우리가 하루를 맞이하는 방식에 큰 영향을 미친다는 데 이의를 제기할 사람은 없을 것이다. 이상적인 집은 세상사에서 벗어나 편안하게 휴식을 취하는 곳이자 긴장을 풀고 사랑하는 이들에게 둘러싸여 좋아하는 취미생활을 즐기는 장소다. 집이 행복에 미치는 중요성이 갈수록 커지고 있다. 사회과학자와 시장조사 전문가들은 사람들이 집에서 보내는 시간은 늘어나지만 놀거나 운동하는 시간은 줄고 있다는 사실을 발견했다. 인터넷과 소셜네트워킹의 증가로 인해 공부와 사교 활동, 일, 놀이를 모두 실내에서 할 수 있게 되었는데, 외부와 고립될 가능성이 있는 이런 매체를 얼마나 적절히 사용하느냐에 따라 유용할 수도 있고 오히려 해가 될 수도 있다.

집과 관련된 인생 목표를 세운 이들은 대부분 이사를 가거나 집을 새롭게 단장하거나 정돈하고 싶어 한다. 룸메이트나 가족과 갈등을 겪는 사람도 있는데 이런 경우 집이 불편하게 느껴진다. 한 집에 사람이 너무 많이 살아도 스트레스와 불행, 청소년 범죄 같은 심각한 사회 문제를 야기할 수 있다. 하지만 문제 유형에 상관없이 이들 모두 자기가 처한 궁지에서 벗어나려고 했다. 사는 장소에 대한 만족감이 놀이나 대인

관계에 대한 생각 등 삶의 다른 부분에서 얻는 만족감에도 영향을 미치기 때문이다.

행복한 가족은 대부분 '편안하고' '따스하다'는 느낌을 받고 필요한 경우 가족 모두의 사생활을 지킬 수 있을 만큼 공간이 넉넉한 집을 보유하고 있다. 또 행복한 가정은 가족끼리 목소리를 높이는 일 없이 평화롭다.

집과 관련된 목표 사례

금전적인 목표와 집과 관련된 목표가 서로 겹치는 이들이 많다. 대부분의 인생 목표의 목록에는 "내 집 마련 자금을 모은다."와 "신용카드 빚을 갚는다"와 같은 목표가 나란히 포함되어 있다. 때로는 학습, 놀이, 창의성 목표와 집 관련 목표를 서로 연관시킨 내용도 찾아볼 수 있다. 예컨대 자기 집 앞뜰에 다년생 식물 정원을 만들겠다는 목표를 세운 사람이 있는데, 그녀는 이 목표를 통해 자기 집을 아름답게 꾸미고 하고 싶었던 일에 몰두하려고 한다. 그녀는 새로운 것을 배우고 여러 가지 꽃과 풀을 섞어 계속 다채롭게 바뀌는 창의적인 정원을 설계할 기회를 얻으려고 했다.

> 줄리는 밝은 색을 좋아하기 때문에 실내 장식가가 고른 고상한 색으로 칠한 벽은 기분을 북돋워 주는 효과가 없다고 생각했다. 그래서 침실을 자기 취향에 맞게 개조하겠다는 목표를 세우고, 우선 대담하고 강렬한 녹색으로 벽을 칠했다. 연한 색이던 커튼은 밝은 노란색으로 바꾸

고, TV 장식장은 다채로운 꽃무늬와 글씨, 재미있는 그림이 들어간 화려한 장으로 교체했다. 편안함만을 추구하던 침대는 부드럽고 촘촘한 시트와 대담한 색상의 오리털 베개로 멋지게 꾸몄다. 이렇게 방을 새로 꾸미는 데 들어간 돈은 얼마 되지 않지만, 침실 개조는 지금까지 자신을 위해 한 일 가운데 가장 만족스러운 일이며, 줄리는 이제 침실에서 더 많은 시간을 보낸다.

디어드리가 인생 목표의 목록을 처음 만들기 시작하던 무렵에는 집이 완전히 엉망진창인 상태였다. 그래서 어질러진 것들을 싹 치우고 깔끔하게 정리하면 좀 더 새로운 기분으로 다른 목표에도 착수할 수 있으리라는 생각이 들었다. 디어드리는 친구에게 도움을 청했다. 이틀 동안 자기 집에 와서 필요 없는 물건을 버리고 옷과 장난감이 가득 든 가방을 자선단체에 기부하자고 했다. 또한 가구 배치를 바꿔 공간을 넓히는 등의 일을 도와주면 친구의 새로운 사업에 필요한 웹사이트를 만들어 주겠다고 제안했다. 친구의 도움으로 정리를 마친 디어드리는 완전히 새 사람이 되었다. 이제 집안에서도 훨씬 가볍고 행복한 기분을 느끼게 되었을 뿐만 아니라, 집을 정리하는 동안 오래전에 잃어버린 어머니의 유품까지 발견했다고 친구들에게 자랑했다. "앞으로 정리를 잘하면서 살겠다는 내 다짐을 어머니가 인정해주신 거라는 생각이 들었다"고 말했다. 디어드리의 아이들도 깔끔해진 집안에 기뻐하면서 사라진 장난감보다는 새롭게 만들어진 놀이 공간에 집중했다.

집과 이웃, 지역사회에 대한 3가지 접근 방법을 통해 목표에 집중할 수 있다.

- 자기 집과 이웃, 지역사회를 사랑한다는 것은 주변을 바꾸려 하기보다 현재의 모습을 있는 그대로 받아들이고 감사할 방법을 찾는다는 뜻이다.
- 이를 맡긴다는 것은 신중한 목표 설정과 책임 전략을 통해 이것 남에게 맡기거나 맡기기 위한 계획을 세운다는 뜻이다.
- 이를 고친다는 것은 지금과 달라졌으면 하고 바라는 부분을 바꿔서 주변 환경을 개선한다는 뜻이다.

인생 목표 수립에 도움이 될 만한 교훈

- 집은 행복과 인생에 대한 생각에 강한 영향을 미치며, 집에 있을 때 느끼는 기분은 집을 변화시키는 목표를 세울 필요가 있는지 판가름하는 지표가 된다.
- 페인트칠, 정원 가꾸기, 집안 정돈, 에어컨 수리 같은 간단한 변화는 집에 대한 만족감을 높이는 손쉽고 저렴한 방법이다.

구체적 목표 이루기 16

이웃

집을 사지 말고 이웃을 사라.

- 러시아 속담

이웃에 대한 생각은 자기 집에 대해 느끼는 만족감과 밀접한 상관관계가 있다. 연구결과 소음, 멋진 건물 외관, 제대로 관리하지 않은 정원, 주택과 사무용 건물의 혼재, 녹색 공간 등이 모두 이웃에 대한 만족도에 영향을 미치는 것으로 나타났다. 에드 디너와 마틴 셀리그만도 이웃과의 관계 개선이나 유지를 위해 시간을 투자하면 몇 개 분야에서의 행복도가 동시에 높아져 결국 전체적인 삶의 질이 개선된다고 했다.

여성과 소녀들을 대상으로 실시한 연구결과, 가난하고 범죄가 만연한 동네에서 살 경우 우울증 발병률이 높은 것을 비롯해 이들의 정신건강에 장기적으로 심각한 영향을 미친다고 한다. 연구자들은 안전한 동네로 이사를 가는 것은 삶에 대한 전망을 높여준다는 점에서 '프로작(Prozac)을 복용하는 것만큼이나 효과가 있다'는 것을 알았다. 또 다른 연구에서는 가난한 지역에 사는 여성들은 운동을 별로 하지 않기 때문에 결국 비만율이 더 높아진다는 사실도 밝혀졌다.

이웃과 관련된 목표의 예

지역사회에서 진행되는 일에 참여하겠다는 인생 목표를 자주 볼 수 있는데, 이는 좀 더 안심하고 살면서 이웃과도 가깝게 지내겠다는 생각에서 나온 것이다. 몇 가지 예를 살펴보자.

새로운 동네로 이사를 온 비비안은 집에 어린 자녀만 둘 있을 뿐 주변에 아는 사람이 아무도 없어 고립된 듯한 기분을 느꼈다. 그래서 이웃들이 아이를 학교에 데려다주거나 개를 산책시키러 나오는 아침 시간에 집 주변을 산책해야겠다는 목표를 세웠다. 그리고 아침 산책길에 마주친 사람들과 대화를 나누면서, 그 동네에 새로 이사를 왔는데 전업주부들과 만나 친목을 쌓고 사이좋게 어울릴 수 있는 모임을 만들고 싶다는 얘기를 했다. 주변 사람들도 비비안의 아침 산책과 친절한 인사에 익숙해졌다. 어떤 가족은 집을 비울 때 신문이나 우편물을 맡아달라는 부탁까지 하게 되었고 비비안도 이웃들 사이에서 편안한 기분을 느끼게 되었다. 그리고 자기가 원하던 젊은 엄마들의 커뮤니티를 찾아냈고 다양한 연령대의 사람들과 우정도 쌓게 되었다.

질도 비슷한 문제를 겪었다. 그녀는 종일 일했기 때문에 이웃과 친해질 시간이 별로 없었다. 그러던 중 지역사회 소식을 전하는 뉴스레터를 통해 집 근처에 있는 냇물을 청소할 자원봉사자가 필요하다는 사실을 알게 되었다. 질은 이 기회야말로 주말에 동네 사람들을 만나고 주변 지역을 개선하는 일에 동참하면서 운동까지 할 수 있는 완벽한 방법이라고 판단했다. 이제 질은 시간 있을 때마다 자선기금 마련을 위해 빵을 구워 팔거나 중고품 염가판매 행사를 여는 등 몇몇 지역 클럽 활동에 참여하면서 전보다 이웃들과 훨씬 가까워진 기분을 느낀다.

인생 목표 수립에 도움이 될 만한 교훈

- 주변 지역이나 동네 외관이 당신의 정신과 육체에 이로울 수도 있고 반대로 해를 입힐 수도 있다.
- 이웃과의 관계는 지역사회를 위한 노력이나 소속감을 높일 수 있다.

구체적 목표 이루기 17

공동체

공동체는 배와 같다.

다들 키를 잡을 준비가 되어 있어야 하기 때문이다.

- 헨릭 입센(Henrik Ibsen)

거주하는 시나 읍, 지역도 집과 이웃만큼이나 행복에 많은 영향을 미친다. 따라서 지역 전체의 정치 또는 종교 참여도, 차로 단시간 내에 갈 수 있는 공원 수, 직장까지의 통근 거리, 학교 수준 등을 종합적으로 판단하는 것이 필요하다. 자신의 요구에 맞는 지역사회를 찾을 때는 적절한 세금, 의료 및 소방 방재 서비스, 경찰 보호 기능 등도 점검해야 한다.

요즘은 다른 지역으로 이직하거나 이사를 고려할 때 자신에게 가장 중요한 주안점을 선택할 수 있게 해주는 웹사이트들이 많다. 학교, 실외 활동, 기후, 공공 서비스, 통근 편의성 등의 기준을 정하면 당신의 요구에 꼭 맞는 도시 정보를 출력할 수 있다.

공동체와 관련된 목표의 예

새로운 지역으로 이사나 전근을 가면(혹은 기존에 살던 곳을 재발견하거나) '공동체'라는 범주 아래에 새로운 인생 목표를 추가하고 싶은 생각이 들 수도 있다. 어떤 사람은 그 지역에 배움과 기분 전환의 기회는 있는지, 은퇴자를 위한 공간이 있는지 아니면 박물관, 극장, 영화관 같은 문화 생활 공간이 있는지에 따라 이사 여부를 결정할 것이다. 다음에 소개하는 사례는 두 여성이 이런 문제들과 타협한 방식을 잘 보여준다.

> 리디아는 독신 시절 뉴욕에서 작가로 일하면서 활동적이고 사교적인 라이프스타일을 누렸는데, 시인과 결혼해 도시 외곽에서 2시간이나 떨어진 산꼭대기의 한적한 집에 살게 되자 예전의 생활이 사무치게 그리웠다. 사람들과 어울릴 기회도 드물었지만, 리디아가 무엇보다 그리워한 것은 이곳에서는 흉내조차 낼 수 없는 도시의 문화 생활이었다. 그녀는 남편과 함께 단계적인 탈출 계획을 세우면서 남편에게 미술관이나 다른 중요한 문화 시설이 있는 가까운 도시로 이사 갈 생각이 있는지 물었다. 아니면 시골집을 그대로 두고 도시에 작은 아파트를 얻어 양쪽을 오가면서 두 곳의 강점만 취하는 방법도 있었다. 결국 부부는 산꼭대기

집을 팔고 뉴욕과 가까운 소도시로 이사를 갔다. 겨울에는 가족이 사는 로스앤젤레스에서 지내기로 해 두 사람이 좋아하는 밤의 사교 생활과 영화 문화를 즐길 수 있게 되었다.

크리스틴은 지역 병원이 자기 동네의 아름다운 숲 속에 거대한 쓰레기 매립지를 조성하겠다는 계획을 발표하자 화가 났다. 그녀는 부동산 중개업자를 통해 몇 달이나 애쓴 끝에 겨우 마음에 드는 지역에서 괜찮은 집을 찾았다. 게다가 이곳에는 걸어갈 수 있는 가까운 거리에 탁아 시설과 공립학교까지 있다. 크리스틴은 짐을 싸서 다시 이사를 가는 대신 병원과 맞서 싸우는 지역 행동가들의 모임을 이끄는 일에 자원했다. 아이들이 낮잠을 자는 동안 쓰레기 매립지에 관한 정보를 담은 웹사이트를 만들고, 공사를 중단하기 위해 주민들의 서명을 촉구했다. 크리스틴은 이곳에 이사 온 지 얼마 안 됐지만 지역 안전을 지키는 투쟁에 전념한 덕분에 금세 유명해졌고, 결국 주민협회 회장으로 선출되기까지 했다. 크리스틴의 조정 방식은 효과를 발휘했고, 병원 측은 이 지역의 안전을 위협하지 않으면서 의료 폐기물을 처리할 다른 해결책을 찾는 데 동의했다.

인생 목표 수립에 도움이 될 만한 교훈

- 앞으로 살 지역을 선택할 때는 자기가 가장 중요하게 여기는 점이 무엇인지 먼저 알아야 한다. 예술축제나 미술관에 자주 가고 싶은가?

아니면 지역 대학에서 강의를 듣고 싶은가? 인라인 스케이트나 자전거를 탈 수 있는 자전거 도로가 많은가? 지금까지 어떤 식으로 세금이 인상되어 왔는가? 괜찮은 공립학교와 안전한 거리를 지키기 위해 지역사회가 노력하는 모습이 보이는가? 가까이에 병원이나 다른 의료기관이 있는가? 직장까지의 거리가 얼마나 되는가? 기분 전환에 안성맞춤인 공원이 있는가? 자신의 요구 사항을 이런 지역적 특성들과 최대한 맞춰보고 그래도 만족스럽지 않은 결과가 나온다면 '사랑하자', '떠나자', '고치자' 전략을 이용한다.

고려해볼 만한 목표

집, 이웃, 공동체 분야에서 본인을 위한 목표를 세우는 경우, 다음과 같은 목표를 목록에 추가하는 것도 고려해볼 수 있다.

- 1년에 한 번씩 동네 파티를 열어 지금까지 만나지 못한 이웃들과 접할 기회를 만든다.
- 자기 지역에 있는 걷기나 정원 손질, 혹은 놀이 모임에 가입해 다른 가족들과 어울린다.
- 선거일에 지역 투표장에서 자원봉사를 하면서 투표의 중요성을 더욱 강조한다.
- 동네 고등학교에서 열리는 농구나 축구 시합을 보러 간다.

Creating Your Best Life:
The Ultimate Life List Guide

5부

성취를 만끽하자

여기에서는 당신이 인생 목표를 이루려고 노력하면서 달성한 모든 성공을 제대로 축하하는 방법과 그 일의 중요성을 알려주려고 한다. 또 여러 가지 시련과 좌절에도 불구하고 결국 성공을 이루는 경우가 많기 때문에, 낙담했을 때도 그 시기를 견뎌낼 수 있도록 쾌활하고 긍정적인 자세를 유지하는 것이 중요함을 알아야 한다. 최고의 목표를 세우는 방법을 되새기려면 이 책 시작 부분을 다시 살펴보자. 그래야 일시적인 장애물을 피하고 최고의 삶을 살아가는 행복을 즐길 수 있게 된다.

18 성취를 축하하자

행복은 사물 자체가 아니라 그것을 즐기는 데서 생기는 것이다.

- 프랑수아 드 라 로슈푸코(François de la Rochefoucauld)

:: 수십 년 동안 목표 달성을 꿈꾸는 이들과 일하면서 겪은 가장 흔하면서도 놀라운 일 가운데 하나는, 이들이 하던 일을 잠시 멈추고 자기가 성공적으로 완수한 일을 축하하려 들지 않는다는 것이다. 하지만 자기가 지금까지 이룬 일을 축하하고 애써 얻은 승리를 즐기는 재능은 단순히 파티를 열기 위한 좋은 구실로만 그치는 것이 아니다. 인생에서 거둔 성공과 달콤한 순간들을 음미하는 이런 능력은 건강하고 능력이 뛰어나며 행복한 사람의 징표이기도 하므로 이와 관련된 연구 결과와 그 중요성을 당신에게도 알려주고 싶다. 특히 당신 자신의 인생 목표의 목록을 성공적으로 완수하는 일과도 관련이 있으므로 주의 깊게 읽어야 한다.

성공을 즐기지 못하는 이유

그레타의 가장 큰 야심은 창의성이나 기업가적 재능을 활용할 수 없는 공무원 일을 그만두고 우수한 운동선수들을 위한 체력 훈련원을 여는 것이다. 그리고 이 목표를 이루기 위해 까다로운 요가 강사 자격시험을 통과하겠다는 단기 목표를 세웠고 인생 코치가 휴가를 간 사이에 자격증을 딴다는 것이 그녀의 계획이었다. 몇 달 동안 그레타의 목표와 그 중요성에 대해 함께 이야기한 코치는 일의 진척 상황을 계속 알고 싶었기 때문에 그레타에게 결과에 관계없이 일이 어떻게 됐는지 알려달라고 말했다.

휴가를 마치고 돌아와 메시지를 확인한 코치는, 그레타에게 아무 소식이 없는 것을 알고 놀라면서 한편으로 걱정을 했다. 마침내 그레타가 코치와 약속을 정하려고 전화를 걸자 코치가 물었다.

"요가 시험은 어떻게 됐어요? 우리 둘이 몇 달 동안 계속 그 얘기만 했는데 아무 소식도 알려주지 않았더군요. 결과에 실망해서 그랬나요?"

하지만 코치는 그레타가 무심한 어투로 요가 강사 자격시험에 통과했고 성적도 아주 좋았다고 말하자 깜짝 놀랐다.

"그런데 왜 아무 말도 안 했어요?"

놀란 코치가 물었다.

"모르겠어요."

그레타는 소심한 태도로 말했다.

"아마 코치님께 별로 중요하지 않은 얘기라고 생각했나 봐요."

이 실화는 다른 사람이 좋은 소식을 듣고 싶어 한다는 사실을 알면서도 우리가 자신의 성공을 축하하는 일을 얼마나 어려워하는지 보여주는 좋은 예다. 그레타는 코치에게만 이 소식을 알리지 않은 것이 아니라 친구나 가족에게까지 비밀로 하는 바람에 커다란 성취를 통해 얻은 행복지수를 오래 누리고, 자신감을 북돋워야 할 때마다 소중한 기회를 놓치고 말았다.

이런 뼈아픈 교훈을 통해 그레타는 자기가 지금껏 살면서 거둔 승리를 제대로 즐기거나 축하하지 못했으며 당장이라도 이 기술을 연마할 필요가 있다는 사실을 깨달았다. 그녀는 코치에게 좋은 소식을 알리지 않았을 뿐만 아니라 친구나 가족에게조차도 말을 안 했다. 그레타는 목표 진척 상황이나 좋은 소식을 다른 사람에게 얘기하고 함께 나누는 법을 배우기로 했다. 이것은 목표를 추구하면서 얻는 행복을 더 오랫동안 누릴 수 있고, 자신에게 소중한 이들과의 관계도 더욱 공고해지기 때문에 매우 중요한 일이다. 또 하나 얻은 점은 그레타의 친구들도 이제 본인에게 좋은 일이 생기면 그레타에게 얘기하기 시작했다는 것이다. 덕분에 그레타는 우정의 상호 작용에 대해 좋은 교훈을 얻었다.

자신의 성공을 다른 이들과 나누자

지금쯤 당신은 본인의 인생 목표를 이루는 일에 상당한 진척을 보이기 시작했을 테고 아마 몇 가지는 이미 달성했을지도 모른다. 또 자기에게 중요한 영역에서 강한 자기통제력을 발휘할 수 있게 해주는 새로운 습관을 들이기 시작했거나, 이력서를 갱신하면서 새로운 직장을 구하겠다는 목표에 조금씩 다가가고 있거나, 대학 시절 친구들을 만나러 갈 여행을 예약했을 수도 있다. 전부 다 멋지고 신 나는 전진이다.

하지만 열의가 사그라졌을 때 궤도에서 벗어나지 않게 도와주거나, 쓰러졌을 때 다시 일어서게 해주고, 승리를 거뒀을 때 함께 축하해줄 치어리더들의 도움도 없이 이 모든 일을 아무도 모르는 새에 해냈다면, 장기적인 목표 달성을 방해할지도 모르는 중요한 부분에서 자신에게 상처를 입혔을 수도 있다. 실제로 우리의 슬픔과 상실감을 다른 이들과 함께 나누는 것은 정신 건강을 유지하는 데도 중요하고 목표 달성에도 도움이 된다는 연구결과가 있다. 우리에게 평소 관심이 있는 이들에게 좋은 소식을 알리는 과정을 사회과학자들은 "이용"이라고 말한다. 소식을 알리는 방식과 소식을 전하는 대상은 여러 가지 측면에서 우리에게 많은 영향을 미치며, 특히 다른 목표를 이루는 방법을 선택할 때 많은 영향을 준다. 실제로 연구를 통해 우리가 다른 사람을 이용할 때는 다음과 같은 현상이 나타난다는 사실이 밝혀졌다.

- **행복지수 지속** 연구결과 목표 성취의 기쁨을 다른 이들과 공유하면 행복지수가 대폭 상승하므로 성취한 일을 혼자만 알고 있을 때보다 훨씬 큰 행복을 느끼게 된다.
- **성공 재연 가능** 친구나 자신을 지지해주는 이들에게 좋은 소식을 알리고 자기가 어떤 일을 해냈는지 말하면서 그 일을 머릿속으로 재생하면, 이는 본인의 태도나 그날 하루 하는 모든 일에 긍정적인 영향을 미친다.
- **사회 자원 구축** 바바라 프레드릭슨이 긍정정서의 확장과 구축 이론을 수립한 것처럼 당신이 친구에게 좋은 소식을 알리면 그들은 장차 의지할 수 있는 '사회 자원'을 제공하고, 당신의 '자산'이 무엇인지 보여주는 대인관계의 다리를 구축하게 된다. 기쁜 일을 혼자 축

하한다는 것은 곧 당신의 행운을 공유할 수 있거나 가깝게 느껴지는 사람이 아무도 없다는 뜻이지만, 자신의 업적을 남과 공유하면 '행복의 상향 순환'이 시작되어 플로리시하는 관계를 활성화하고 믿을 수 있는 지원 시스템을 구축하게 된다.

- **결과 개선** 연구자들은 사회적 네트워크의 범위가 넓을수록 자기가 이룬 일을 더 기쁘게 받아들이고 행복지수도 커진다는 점을 알아냈다. 코치와 기쁨을 나누는 것도 좋지만 가족, 친구, 동료, 온라인 친구 네트워크와 공유하면 기분이 더욱 좋아진다.
- **자부심 고취** 자기가 거둔 승리를 친구들과 재연하면 친구의 찬사가 비춰주는 반사광을 쬘 기회를 얻을 수 있다. 당신이 달성한 목표에 친구들이 긍정적인 반응을 보일 때 느끼는 자부심은, 자기가 뭔가 어려운 일을 해냈고 다른 이들이 그 성공적인 노력에 감탄한다는 인식과 연결된다.
- **건강 증진** 긍정정서는 다양한 부분의 건강을 증진시킨다는 사실이 알려져 있는데 특히 면역계 기능이 향상된다.
- **공유는 곧 감사다** 사실 친구들에게 자기가 이룬 일이나 자기 앞에 다가온 행운에 대해 이야기하는 것은 곧 그들이 보내준 도움에 고마워하는 것이다. 또 당신의 몸이나 마음이 건강했기에 이룰 수 있었던 일들에 감사를 표하는 것이나 마찬가지다. 실제로 어떤 형태로든 감사를 표하는 것이 본인이 느끼는 행복에 많은 영향을 미친다.
- **좋은 일들을 좀 더 쉽게 기억할 수 있게 해준다** 긍정심리학을 통해 알아낸 한 가지 사실은 '나쁜 일이 좋은 일보다 크게 다가온다'는 것이다. 부정적인 사건이나 의견, 상황을 하루 중에 잘되었던 일 3가지를 이용해 무효화하거나 상쇄하는 것이 그토록 중요한 이유

도 바로 이 때문이다. 우리 뇌는 우리에게 벌어진 부정적인 일들을 기억하려 하는 경향이 있기 때문에, 그 과정을 방해해서 좋은 일들이 좀 더 쉽게 머릿속에 떠오르도록 할 방법을 찾는 것도 큰 도움이 된다. 다행히 친구들에게 성공담을 얘기하거나 그때의 경험을 재연하면 좋은 일을 기억하기가 훨씬 쉬워지며 다시금 행복한 상태에서 누릴 수 있는 정서적, 신체적 이익을 얻게 된다고 한다.

적절한 인물 이용

인생은 크레용과도 같다.
대부분의 사람들은 8색 크레용 같은 인생을 살지만
이들이 진정으로 바라는 것은
깎는 도구까지 들어있는 64색 크레용이다.

- 존 메이어(John Mayer)

자신의 가장 행복한 순간이나 훌륭한 업적을 적절한 이들과 적절한 방식으로 나누는 법을 모르는 탓에 거기서 얻을 수 있는 이점까지 모두 놓치고 마는 경우가 종종 있다. 당신에게 정말 관심이 있고 당신이 거둔 성공을 질투하지 않을 사람들과 좋은 소식을 나누면, 그런 긍정적인 성취를 속으로(혹은 겉으로 드러내놓고) 부러워하는 사람에게 전했을 때보다 행복지수가 고조될 가능성이 훨씬 높다고 한다. 심지어 좋은 소식을 전했을 때 상대방이 보이는 첫 번째 반응이 장차 본인이 자기 목표에 얼마나 긍정정서를 품게 될지 예측하는 중요한 지표라는 사실도 밝혀졌다. 따라서 소식을 가장 먼저 알릴 사람을 정할 때 신중을 기해야 한다. 성공을 공유하면서 얻을 수 있는 유익한 효과는 극대화하고 부정적인 반응은 최소화하는 몇 가지 비법을 소개한다.

- **피가 물보다 진하지 않을 수도 있다** 당신의 가족이나 친척이라고 해서 반드시 당신의 성공을 기뻐해줄 것이라고 생각해서는 안 된다. 중요한 계약을 성사시켰을 때 어머니나 언니에게 전화를 걸었다가 "그런 일은 이제 지겨울 때도 되지 않았어?"라든가 "네가 그 고객과 일하려고 돌아다니는 동안 아이들은 어떻게 하려고 그러니?" 같은 흥을 깨는 소리를 들을지도 모른다. 적절한 주변 인물을 이용하는 법을 배운 사람들은 깨달은 바가 있어 가족들이 하는 말이 정말 나를 지지하는 것인지 아닌지 세심한 주의를 기울이게 된다. 당신과 혈연관계가 전혀 없는 사람이 당신의 성공을 가장 기뻐해주는 경우가 많으므로 가까운 친구와 지인들과의 관계를 꾸준히 가꾸고 보호해야 한다.
- **끝없이 자랑만 늘어놓아서는 안 된다** 좋은 소식을 남에게 알리고 싶다면 평소에 자기 얘기만 해서는 안 된다. 가장 좋은 관계는 공평한 조건에서 건전한 교환이 이뤄지는 관계다. 즉, 친구가 당신의 좋은 소식을 듣고 기뻐해주는 것만큼 당신도 친구에게 좋은 일이 생기면 함께 기뻐해줘야 한다. 친구의 목표 달성 노력이 어떻게 되어가고 있는지 묻고, 또 친구가 성공을 거뒀을 때는 그 승리를 높이 평가하고 축하해주는 것을 잊지 말자.

앞에서도 얘기했지만 당신이 관심을 가진 누군가에게 좋은 일이 생겼을 때 반응을 보이는 방법이 4가지가 있다. 가장 좋은 반응은 적극적이고 건설적인 반응, 즉 상대방에게 더 자세한 내용을 들려달라고 부추기는 열광적인 반응이다. 나머지는 다음과 같은 것들이 있다.

- 소극적이고 건설적인 반응: 냉담한 말투로 "그거 잘됐네"라고 한마디 던진 뒤 이내 화제를 바꾸는 것이다.
- 소극적이면서 파괴적인 반응: "옷이 정말 예쁘기는 한데 네 굵은 다리가 더 돋보이는구나"처럼 긍정을 가장한 부정적인 반응을 말한다.
- 적극적이고 파괴적인 반응: 4가지 반응 가운데 최악의 반응으로 좋은 소식을 들은 사람이 그 소식을 무시하는 것이다. "저녁이 뭐지?"
- 제3의 귀를 열어두자: 좋은 소식을 전하던 중에 소극적이면서 파괴적이거나 적극적이고 파괴적인 반응이 나타나기 시작하면 우아한 태도로 대화를 마무리한다. 남몰래 당신과 똑같은 희망이나 꿈을 품었지만 그것을 달성하지 못한 사람에게서 부정적인 반응이 나올 수 있다. 이럴 때는 재빨리 자리를 피한다. 세상에는 다른 사람의 성공에 긍정적인 반응을 보일 줄 모르는 사람도 있으며, 특히 경쟁이 심한 환경에서 일하면 그런 일이 더 잦다는 사실을 명심하자.

현명한 소식 전하기

너에게 침묵을 강요하거나

성장할 권리를 부정하는 사람은 네 친구가 아니다.

- 앨리스 워커(Alice Walker)

자기 곁에 자신의 성취에 기뻐하고 성공담을 간절히 듣고 싶어 하는 코치 외에는 제대로 된 지원 체계가 없다는 사실을 깨닫고 놀라는 이들이 많다. 이는 좋은 소식이 있을 때마다 질투나 분노를 사기 십상이던 지나치게 경쟁적인 환경에서 자란 결과일 수도 있다. 또 상호지원 시스템 기능을 하기도 하는 우정의 중요성을 이해하지 못한 나머지 뒤늦게야 허둥대는 이들도 있다. 이유가 무엇이든 간에 자신의 기쁨을 남들과 나누고 그와 동시에 사교 네트워크를 보강할 새로운 방법을 찾고 싶어 하는 이들은, 그 과정에서 더 큰 기쁨과 성공을 누리게 된다는 사실을 알았다.

다른 이들과의 관계를 제대로 활용하고 더욱 탄탄한 관계를 구축하기 위해 이용 가능한 방법을 몇 가지 소개한다.

- **기도 목록에 감사 기도를 추가한다** 어떤 사람이 매주 만나는 기도모임에서 신자들끼리 차례대로 돌려가며 쓰는 공책에 온통 질병과 두려움, 문제 등과 관련된 기도 요청만 적혀 있다는 사실을 알아차렸다. 그녀는 세로로 페이지를 나누고 선을 그은 뒤 다른 쪽에 '감사'라고 적고 그 주에 자기에게 벌어진 멋진 일들을 적었다. 그룹 리더는 이런 변화를 기꺼이 받아들였고 다른 사람들도 제대로 풀리지 않은 일뿐만 아니라 좋은 일에도 관심을 기울이는 것을 좋아했다.

- **상호 성장과 성공을 위한 '주도자' 모임을 만든다** 직접 혹은 화상회의 시스템을 통해 정기적으로 만나(초청받은 사람들끼리) 서로의 인생 목표 수립과 달성을 도와주는 이들이 많다. 이들은 모임 구성원들을 돕는 일에 전념하기 때문에 서로의 도움을 활용하는 데 이상적인 모임이다. 또 이런 주도자 모임에 참여한 것이 삶의 일대 전환점이 되었고, 서로를 환영하고 지지해주는 이런 환경에서 자기에게 중요한 목표를 추구하고 달성하고 논의하는 것이 큰 도움이 된다고들 말한다.
- **온라인 목표 달성 그룹에 가입한다** 요즘 인터넷에는 간편하게 로그인해서 자기 목표를 적기만 하면 그와 똑같은 목표를 세웠거나 이미 달성한 이들에게서 칭찬과 아이디어를 들을 수 있는 목표 설정 사이트가 크게 늘어났다. 수줍음을 많이 타거나 고립감을 느끼거나 어떤 이유로 집안에서만 지내야 하는 경우, 당신이 취할 수 있는 첫 번째 단계는 솔직한 태도로 힘을 북돋워 주는 온라인 사교 모임에 가입하는 것이다.

자신의 성공을 음미하자

좋은 일을 충분히 음미하고 나중에 그 기억을 손쉽게 떠올리면서 그때의 승리뿐만 아니라 살면서 받은 많은 축복까지 상기할 수 있는 능력을 주로 연구하는 긍정심리학 분야에서 여러 가지 조사를 실시했다. 시카고에 있는 로욜라대학의 프레드 브라이언트(Fred Bryant)는 이 속성이 우리의 삶과 행복에 어떤 영향을 미치는지 연구하고 '내게 일어난 좋은 일들을 올바르게 인식할 수 있다'나 '곧 생길 좋은 일을 생각하면 그 기대감에 마냥 설렌다' 등 성공을 음미하는 능력을 평가할 수 있는 테스트까지 고안했다.

당신도 자신의 성공을 코치나 친구, 가족에게 이야기하고 축하 받는 능력이 부족한 그레타 같은 성격이라면, 성공을 음미하고 나중에 몇 번씩 다시 떠올리며 혼자 즐거워하는 것이 그녀에게 얼마나 어려운 일인지 짐작할 수 있을 것이다. 실제로 그레타는 자신의 성공을 다시 되새기는 일이 거의 없다고 인정했고, 그것을 기억하고 음미하는 과정이 인생 목표에 큰 영향을 미칠 수 있다는 얘기에 놀랐다. 그레타는 목표 달성을 위해 노력하는 동안 자신의 성공을 남에게 얘기하거나 혼자 머릿속으로 떠올리기만 해도 남의 원한을 사는 것으로 오해했다. 또 지금까지의 성공에 안주해 새 목표를 향해 나아가지 못하게 될지 모른다는 생각을 했다. 그래서 그녀는 고개를 푹 숙이고 미소조차 띠지 않은 채 그냥 다음 목표, 그다음 목표를 향해 전진만 할 뿐이었다. 잠시 걸음을 멈추고 자기가 이 여정에서 기쁨을 얻지 못하는 이유가 뭔지 자문해볼 생각조차 하지 않은 것이다.

성공을 음미하는 일이 중요한 이유는?

내 생각에는 댁이 컬러 퍼플 옆을 지나면서도
아무 말도 하지 않는 게 천벌을 받은 이유 같구려.

- 앨리스 워커(Alice Walker), 《컬러 퍼플(The Color Purple)》의 저자

성공을 음미하는 능력은 행복하고 정신적으로 안정된 많은 이들이 선천적으로 풍부하게 갖고 태어나는 중요한 속성이지만 누구나 다 이런 강점을 누리는 것은 아니다. 하지만 이 속성은 행복과 목표 달성에 중요하기 때문에 우리는 음미의 필요성을 가르치고 그것을 좀 더 제대로 하는 법을 배우도록 과제를 부여한다.

음미는 남들의 칭찬을 이용하는 것과는 중요한 차이가 있다. 남들의 칭찬을 이용하거나 성공을 남과 공유하는 것도 승리를 만끽하기 위해 꼭 필요한 일이지만, 음미라는 속성은 그보다 더 중요하고 깊고 풍부한 의미를 함축하고 있다. 우리가 맛좋은 와인이나 맛있는 음식 등을 진정으로 음미할 때는 의식적으로 주위 환경을 받아들이고, 그 순간 벌어지는 일에 대한 강렬한 감사의 마음이 가득 차오르는 것을 경험하게 된다. 또 음미에는 휴가 같은 것을 계획하거나 기다리는 능력, 곧 다가올 일에 대한 생각만으로도 즐거움을 느끼는 능력도 포함되어 있다. 그리고 뒤를 돌아보면서, 이미 이룬 일들에 대한 추억에 잠기고 그 추억에서 즐거움을 얻는 능력도 포함된다.

그 순간을 음미하라

해 뜰 무렵 해안가를 거닐면서 소금기를 머금은 공기를 가슴 깊이 들이마시는 것은 그 순간을 만끽하는 완벽한 방법이다. 하지만 그 장면을 마음껏 음미하고 즐기는 것만으로도 그 순간의 생각과 반응이 마음속에 간직되어 훗날 실제 경험한 순간만큼 큰 기쁨을 얻을 수도 있다. 올림픽에서 금메달을 딴 선수가 경기를 마친 뒤 시상대에 올라 눈물을 글썽이며 주위를 둘러보는 모습은 그 순간을 음미하는 좋은 예다. 이런 '마음속의 스냅 사진'은 일부러 떠올리거나 손쉽게 접근해 꾸준히 음미할 수 있다.

동영상에 담긴 순간을 음미하는 일이라면 18세의 더스틴 카터(Dustin Carter)가 고등학교 졸업반의 대미를 장식한 오하이오 주 레슬링 대회에서 제작한 동영상보다 더 좋은 예를 찾기 힘들 정도다. 더스틴의 업적은 단순히 놀라운 수준을 뛰어넘는다. 오하이오 주에서 열리는 레슬링 경기가 경쟁이 치열하고 격렬하기 때문만은 아니다. 더스틴은 5살 때 급성 세균성 감염증인 수막구균혈증에 걸리는 바람에 목숨을 구하기 위해 팔과 다리 일부를 제거하는 수술을 받아 사지가 절단된 상태였다.

더스틴은 8학년 때 레슬링에 입문한 이후 온갖 악조건에도 불구하고 주 토너먼트에 꼭 출전하겠다는 꿈을 품었고, 이 목표를 이루기 위해 가장 숙련된 운동선수도 힘들어하는 체력 단련 프로그램을 꾸준히 계속했다. 더스틴은 결국 오랫동안 연마한 민첩성과 강인한 몸을 이용해 그 누구도 이루지 못한 일을 해냈다. 46kg 급에서 만난 상대 선수들을 거의 다 물리쳤을 뿐만 아니라 상상할 수 있는 모든 정신적, 감정적 장애를 극복하고 2008년 토너먼트에서 3위까지 오른 것이다.

더스틴의 경기가 끝나고 그가 승리했다는 사실이 확실해지자 관중들이 모두 기립해 감동에 찬 박수갈채를 보냈다. 그리고 그동안 더스틴은 제자리에서 천천히 돌면서 환호하는 관중석을 구석구석 둘러보았다. 눈에 눈물이 차오르고 얼굴에 경외감을 드러낸 더스틴은 천천히 관중석을 바라보다가 몸을 조금씩 이리저리 돌리면서 자기에게 진심 어린 찬사를 보내는 수천 명의 모습을 정신없이 바라봤다. 불가능한 인생 목표를 꿈꾸면서 대부분의 사람들이 시도조차 말렸던 일을 이루기 위해 오랫동안 정진해온 더스틴은 이 특별한 승리를 언제나 음미할 수 있도록 오래 지속되는 '마음속의 사진'에 담아둔 것이다.

기대감에 대한 음미

강렬한 기대감만으로도 가능성을 현실로 바꿀 수 있다.
욕망은 우리가 할 수 있는 일의 전조인 경우가 많다.

- 새뮤얼 스마일스(Samuel Smiles)

다가올 휴가나 대학교 동창회, 자녀 탄생의 기쁨을 음미할 수 있는 이들은, 곧 좋은 일이 생기리라고 믿기 때문에 그 순간 쾌활한 기분과 행복지수를 느낄 가능성이 훨씬 높다. 그 결과 이들은 자기가 꿈꾸는 방향으로 행동하게 된다.

폴이라는 남자는 베트남전에 참전해 적지에 숨어 있는 동안 희망과 용기를 잃지 않기 위해 기대감을 음미하는 방법을 이용했다. 격추된 미군 조종사를 찾는 임무를 맡아 전선에 장기간 배치되어 있는 동안, 그는 따뜻한 침대와 좋아하는 음식 등 집에서 자기를 기다리고 있는 것들을 생각했다. 그는 이런 즐거운 공상에 잠겨 많은 시간을 보낸 덕분에 소대원들 대다수가 사망하는 와중에도 자기는 살아남을 수 있었다고 말한다.

"적의 총탄에 내 머리가 날아가지는 않을까 걱정하는 대신 곧 집에 갈 수 있다고 믿은 덕분에 부주의한 실수를 저지르거나 자멸적인 행동을 하지 않은 듯합니다."

그는 30년이 지난 뒤에 이렇게 말했다.

자기에게는 기대할 만한 일이 별로 없다는 사실을 깨달은 어떤 사람은 몇 달 뒤 명상 수련원에 들어가 하루를 보낼 예약을 해두고 블로그 게시판에 그 명상원 사진을 게시해 평소 기대감을 음미할 기회를 만들었다. 또 어떤 사람은 가족끼리 가는 여름휴가를 막판에 서둘러 준비하는 것이 아니라 연초부터 차근차근 계획을 세워 가족 모두 휴가 때 무엇을 보고, 휴가에 대비해 어떤 책을 읽을 것인지 등을 얘기할 수 있게 했다. 기대감을 음미하기 위한 이런 작은 준비가 이들의 삶에 큰 변화를 가져왔고 일상생활에서도 좀 더 적극적인 모습을 보이게 되었다.

재미있는 행사에 참여하는 것을 기대하면서 거기서 얻을 즐거움을 예상하는 이들은 기분을 좋게 하는 긍정적인 화학물질 수치가 높아지는 등 체내에 상당한 화학적 변화가 나타난다.

과거를 되새기며 음미하자

생의 마지막이 가까워오는 이들이 지금껏 살면서 이룬 일들을 감사하는 마음으로 돌아보면서 일기를 쓰고 그 이야기를 남들과 나누는 '추억 치료법'은 양로원에 사는 노인들의 행복 수준을 높이는 확실한 방법 가운데 하나다. 이 방법은 행복지수를 높일 뿐만 아니라 나이가 들어 이제 시간이 얼마 안 남았다고 느낄 때 생기는 자연스러운 욕구인 자기 삶에 의미를 부여하는 데도 도움이 된다. 영국 사우샘프턴대학에서 실시한 연구는 향수(鄕愁)가 기분을 고조시키는 데 확실한 효과가 있음을 증명했다. 본인이 기분 좋게 기억하는 시절에 대한 글을 쓴 사람은 평범한 일상에 대해 글을 쓴 사람에 비해 실습이 끝난 뒤 더 즐거운 기분을 느꼈다.

소냐 류보머스키 같은 심리학자는 이런 행복한 순간을 글로 적는 것보다는 머릿속으로 재연하는 편이 더욱 긍정적인 효과를 낳는다고 주장한다. 캘리포니아대학 리버사이드 캠퍼스에서 진행한 연구에서 그녀는 실험 참가자들에게 살면서 경험한 가장 행복한 일을 머릿속에 떠올리거나 글로 적으라고 했다. 그 결과 행복한 순간을 머릿속으로 재연한 이들은 종이에 적기만 한 이들보다 큰 행복지수를 느낀다는 것을 알게 되었다.

"긍정적인 사건에는 마법과 신비가 깃들어 있습니다."

류보머스키는 이렇게 설명한다.

"따라서 이것을 분석하다 보면 신비의 베일이 벗겨져 놀라웠던 사건이 그냥 평범해지고 말죠."

왜 우리는 행복했던 순간을 떠올리면서 자연스럽게 자기 기분을 북돋으려 하지 않을까? 그 답은 긍정적인 사건보다 부정적인 사건이 훨씬 기억하기 쉽기 때문이다. 보스턴칼리지의 심리학자 엘리자베스 켄싱어(Elizabeth Kensinger)는 부정적인 경험이 뇌에서 감정을 처리하는 안와전두피질과 편도체에 더 많은 활동을 일으킨다고 말한다. 뇌의 이 부위에 신경 활동이 늘어나면 그 일을 특별하게 떠올리기 쉽기 때문에 부정적인 사건을 회상하는 경우가 많아지는 것이다.

회상 능력을 키우려고 하는 이들이 목적을 달성할 수 있는 창의적인 방법이 많이 있다.

페기는 다른 이들이 가족의 추억을 보존하도록 도와주는 스크랩북 컨설턴트인데 이번에는 본인의 목표 달성을 위한 스크랩북을 만들어 제품 판매 시 견본으로 사용하기로 결심했다. 페기는 인생 목표 30가지를 적은 뒤 각종 스티커와 기분을 고조시키는 슬로건, 자기와 같은 목표를 이룬 이들의 사진 등을 이용해 각 페이지를 장식했다. 그리고 가운데 부분은 목표를 달성한 순간의 자기 모습을 담은 사진을 넣을 수 있을 때까지 텅 빈 채로 놔뒀다. 이 방법을 통해 페기는 기대감에 설레기도 하고 과거를 되돌아보며 음미하기도 했다. 그러므로 이것은 두 가지 측면의 인생 목표의 달성 기술을 모두 향상시키는 현명한 방법이다.

장미향을 맡으며 음미하는 방법

자신의 성공을 음미하는 것은 여러 가지 의미심장한 결과를 낳으며 이 일에 익숙한 사람은 다른 이들보다 더 행복하다. 걱정, 근심이 적으며 감사하는 마음이 크고 건강하다. 친구가 많고 장애물을 만났을 때도 더 큰 끈기를 발휘한다. 성공을 음미하는 능력을 키우는 데 이용 가능한 방법을 몇 가지 살펴보자.

- **행복한 시절의 사진을 사방에 놓아둔다** 긍정적이고 유용한 취미를 스크랩북에 기록해두면 승리를 음미하는 데 도움이 된다. 행복한 가족은 벽이나 냉장고, 열쇠고리, 머그잔, 그림, 사진 앨범, 화면보호기, 기타 생각할 수 있는 모든 곳에 전략적으로 사진을 배치해 승리의 순간을 즐기는 방법을 본능적으로 안다. 디지털 앨범이라는 새로운 유행 덕에 집이나 사무실에서 슬라이드 쇼를 감상하면서 아이들이 태어나던 순간이나 최근에 여자 친구들과 시내에 나가 즐기던 일, 애완동물이 안겨주는 즐거움, 자기 얼굴에 미소를 안겨주는 여러 가지 일들을 상기하는 것도 가능하다.
- **명상법을 배운다** 자신의 감정과 행동에 관심을 기울이게 만드는 명상법을 배우면 순간적으로 몰려오는 분노나 불안에 흔들리지 않고 순간순간에 집중하는 능력이 크게 높아진다.
- **감사 파티를 연다** 앞에서도 말했듯이 감사 파티는 극심한 스트레스나 질병, 장기 출장, 기타 여러 가지 일에 정신없이 휘둘릴 때 당신이나 가족을 위해 곁에 있어준 이들에게 감사를 표하는 슬기롭고 효과적인 방법이다.
- **조용한 휴양지를 찾는다** TV나 불필요한 대화, 소음 등 정신을 산만

하게 하는 것들이 없으면 발밑을 뒹구는 자갈이나 날카롭게 코끝을 스치는 가을 공기 등 지금껏 깨닫지 못한 것들에 주목하게 된다. 이렇게 자기 삶에 잠깐씩 끼어드는 것들이 오랫동안 영향을 미칠 수도 있고 인생의 순간순간을 음미하는 것이 얼마나 의미 있고 소중한 일인지도 깨닫게 만든다.

- **적게 말하고 많이 듣는다** 자기 할 말만 하면서 다음에 할 말을 생각하느라 분주하다면 주변에서 벌어지는 일에 귀를 기울이지 못한다. 다른 사람의 말이나 주변에서 일어나는 일들에 조용히 귀 기울이면 주의가 산만해지는 일이 줄어들고, 자기 앞에 벌어지는 일에 관심을 집중할 수 있게 되며, 우정을 공고히 하는 효과도 생긴다.
- **매주 한 번씩 현재를 음미하는 날을 정한다** 대부분의 종교는 매주 하루씩 자기가 믿는 신이나 본인의 도덕적 성장에 관심을 집중하는 신성한 날을 정해둔다. 이 날은 전기 사용이나 공들인 식사 준비나 쇼핑을 금하는 등의 금기를 정해둘 수도 있다. 하지만 현재를 음미하는 날의 핵심은 다른 일을 멈추고, 자기 인생을 자세히 들여다보고, 자기가 받은 축복에 감사하며, 긍정적인 것들에만 정신을 집중하는 시간을 내는 것이다.
- **상향 비교를 그만둔다** 가장 행복한 사람은 자기가 다른 이들보다 많이 가졌다는 사실을 깨달으면 그것을 축복이라 여긴다. 불행한 사람은 늘 위쪽을 바라보고 상향 비교를 하면서 자기가 지금껏 발전을 이뤘는지 생각하는 것이 아니라, 자기보다 많이 가진 사람을 보며 자기가 거둔 승리의 순간을 평가절하한다! 올림픽 은메달리스트와 동메달리스트들에 대한 연구를 통해 둘 사이의 놀라운 차이가 드러났다. 은메달리스트는 위쪽을 바라보면서 자기가 이루지

못한 일을 유감스럽게 여기기 때문에 비참한 기분이 들지만, 동메달리스트는 아래쪽을 보면서 자기가 다른 이들보다 뛰어난 업적을 이뤘다고 생각한다는 것이다. 이런 동메달리스트의 시각이야말로 승리를 음미하는 훌륭한 전략이 될 수 있다.

- **연말에 한 해를 돌아보는 편지를 쓴다** 새해 연하장에 아이들이 바닷가에서 노는 모습이나 멋진 옷을 차려입고 찍은 사진을 넣는 것보다 한 해 동안 자기 가족에게 생긴 기쁜 일을 적어 보내는 편이 좋다. 또 다른 사람이 보낸 연하장을 받으면 전화를 걸거나 이메일을 보내 카드에서 눈에 띄는 그의 성공이나 행운 부분을 자세히 설명해 달라고 부탁한다. 그리고 그들의 이야기에 진심으로 귀를 기울인다. 이렇게 다른 사람이 성공을 음미하도록 도와주면 상대방을 기쁘게 할 수 있고 나의 사회적 자산도 강화된다.
- **자주 이야기한다** 행복한 가족은 정기적으로 모여 이야기를 나눈다. 이들이 승리의 순간을 자주 음미할 수 있는 것도 이 때문이다. 아이들이 이룬 일을 친지나 친구들 앞에서 다시 이야기하거나 남편이 대학 시절 미식축구장에서 펼친 활약 또는 아내가 보트 경주에 출전해 올린 업적을 재연하도록 하면, 친숙하고 정다운 분위기 속에서 승리를 음미하는 환경이 조성되어 당신과 다른 이들에게 모두 도움이 된다.

내 인생 목표는 어디쯤 와 있는가

처음에 만든 목록에서 완료된 목표를 몇 가지쯤 지웠다면 이제 마음껏 축하할 시간이다! GE의 전 CEO인 잭 웰치도 성공적인 위업 달성을 축하하는 것은 성과가 탁월한 기업을 운영하는 방식 가운데 하나라고 말했으니, 당신도 친구에게 자신의 승리를 자랑하는 이메일을 보내거나 자신을 위한 파티 계획을 세우면서 목표 달성을 축하하기 바란다. 본인이 만든 목록을 살펴보면서 정말 자랑스럽게 여기는 목표를 몇 가지 고른 뒤 그것을 자랑하고 음미할 방법을 찾아보자. 이때도 창의성을 발휘해야 한다!

인생 목표 설정 연습 및 워크시트

- '반응기술'이라는 기술 기회 활용 워크시트를 작성한 뒤 목표를 달성할 때마다 여기에 추가하고 다른 사람들에게도 이야기하자(454쪽 참조). 이 워크시트를 꾸준히 참조하고 갱신하면 자신이 좋은 소식을 알린 사람은 누구이고 그들이 어떤 반응을 보였는지, 그런 반응을 들었을 때의 기분은 어땠는지, 그것이 행복의 상승 곡선을 그리는 데 도움이 되었는지 등을 알 수 있다. 이 워크시트는 또 자기가 다른 사람이 이룬 업적을 제대로 칭찬해주고 있는지도 파악할 수 있게 도와준다.

19 과속 방지턱에 부딪히다

가장 큰 명예는 한 번도 쓰러지지 않는 것이 아니라
쓰러질 때마다 다시 일어서는 것이다.

- 공자

:: 앞에서 친구, 가족, 당신의 행복에 이바지한 사람, 당신이 최선을 다하도록 격려해주는 사회적 네트워크에 포함되어 있는 이들과 함께 승리를 음미하고 목표 달성을 축하하는 것이 얼마나 중요한지 이야기했다. 적절한 인물과 함께 승리의 기쁨을 나누면 자기가 거둔 성취를 오래 기뻐할 수 있을 뿐만 아니라, 인생의 다른 영역에서도 더 큰 성공과 행복을 얻게 된다.

하지만 이 지점까지 도달했는데도 축하할 일이 전혀 없거나 남들에게 자랑할 만한 승리를 거두지 못했다는 생각이 들면 어떻게 해야 할까? 혹은 상황이 바뀌는 바람에 추구하던 목표를 도저히 이룰 수 없어 실망감에 빠져있다면? 그래도 절망하지 말자. 그렇다고 세상이 끝나는 것도 아니고 앞으로 당신에게 늘 이런 일만 일어나는 것도 아니니까 말이다. 때로는 성공이 뿌리 내릴 토대를 마련하기까지 시간이 걸리기도 하지만 그것마저 때가 되면 두둑한 보답을 받게 된다. 일례로 어떤 사람은 가장 중요한 목표 달성을 본격적으로 시작하기 전에 지원 체계를 바꾸는 데만 꼬박 1년을 바치기도 했다. 주변의 모든 이가 협력적이고 긍정적이며 적극적인 태도를 보일 경우 발전을 이루기가 얼마나 쉬운지 깨달았던 것이다.

넘어진 스케이트 선수

특히 목표 달성과 관련된 좌절과 실망을 이기는 법 중에서 우리가 알거나 배워야 할 것들이 정말 많다. 꿈을 가지고 그것을 이루기 위해 노력할 만큼 용감한 사람이라면 자기가 원하는 것을 언제나 손에 넣을 수는 없다는 사실도 인정해야 한다. 실제로 원하는 일을 모두 이룰 수 있는 사람은 세상에 아무도 없으므로, 인생 목표 프로그램을 완수하려면 사실 관계를 이해하고 적절한 극복 기술을 갖춰야 한다.

이는 스케이트 경기에 출전한 선수가 음악이 흐르는 링크에서 점프 기회를 놓치거나 얼음 위에서 미끄러지거나 엉덩방아를 찧는 등 자주 저지르는 실수와 비교할 수 있다. 이런 실수를 저지른 선수들은 망연자실한 표정으로 관중을 바라보면서 좌절한 모습 그대로 얼음 위에 주저앉아 있지 않는다. 하나같이 용감하게 다시 일어나 계속 스케이트를 타면서 끝까지 최선을 다해 프로그램을 마무리하려고 노력한다.

그리고 공연이 끝나면 신중하게 자신의 마음가짐과 지원 체계, 자기 관리 방식을 분석하고 앞으로 또 이런 실망을 느끼는 일이 없도록 프로그램을 개선할 방법을 모색한다. 당신도 바로 이렇게 하기 바란다. 미끄러져 쓰러져도 목표 달성에 대해 계속 긍정적인 태도를 유지하려면 어떻게 해야 하는지 알아보자.

얻는 것도 있고 잃는 것도 있다

금연은 정말 쉽다. 내가 100번도 더 해봐서 안다.

- 마크 트웨인(Mark Twain)

당신도 겪어봤겠지만 실망은 누구도 피할 수 없으므로 -누구에게나 좌절의 순간은 있다- 인생 목표를 달성하기까지 곳곳에 놓인 과속 방지턱에 대비해야 한다. 사소한 실수가 좌절로 이어지지 않게 하자. 한 번의 실수는 그저 실수일 뿐이고 한 번의 실패 또한 그냥 실패일 뿐이다. 그러니 실망감을 마구 증폭시켜 현재의 목표나 인생 목표 목록 전체를 포기해서는 안 된다. 좌절을 겪었을 때 가장 중요한 부분은 그것을 이겨내는 방법과 그때의 경험을 이용해 본인을 재정립한 뒤 키를 바로잡고 계속 나아가는 태도다.

살면서 엄청난 실망을 겪었지만 목표를 모두 포기하지 않고 극복한 남자의 사례를 살펴보자.

워싱턴 D.C.에서 일하는 개인 트레이너 겸 무술가인 폴 토머스는 어릴 때 뉴저지 주의 퍼스앰보이(Perth Amboy)라는 주택단지에서 자랐다. 그는 자기에게 처음 무술을 가르쳐준 사부와 어려운 장애물도 참고 견디라고 가르쳐준 부모님을 역할모델로 삼아 공격적인 목표를 세웠고 원하는 것들을 이뤘다. 덕분에 주변을 맴도는 약물이나 평범함에 안주하려는 유혹, 무관심 등을 잘 피할 수 있었다. 스테로이드나 경기력 강화 약물을 사용하지 않고 강인한 육체를 가꾼 폴은 2001년에 라스베이거스에서 열린 내추럴(Naturals) 보디빌딩대회에서 우승을 차지했다. 그리고 몇 년 뒤 또 다른 전국 대회에 나가려고 몇 달 동안 준비하면서 엄격한 훈련과 세심한 식이요법, 모범적인 자기관리로 자신을 가다듬었다. 하지만 경기가 열리는 바로 그 주에 미끄러운 잔디밭을 달리다가 그만 미끄러져 심하게 넘어지고 말았다. 바닥에 부딪히는 순간 그는 우승은커녕 경기에 출전하겠다는 목표마저 날아갔다는 사실을 직감했다. 근육이 늘어나는 바람에 몇 달에 걸친 노력이 일순간에 물거품이 되어버린 것이다. 그러나 폴은 불평을 늘어놓거나 우울해하지 않고 집에 돌아가 24시간 동안 방에 틀어박혀 실망감을 잠재우는 데 집중했다. 그리고 자기가 지금껏 한 일들과 그것이 본인에게 주는 의미, 그리고 집중력과 활기를 유지할 수 있는 다른 목표를 체계적으로 검토하면서 슬픔과 회한을 모두 몰아냈다. 다시 직장에 나온 폴을 본 고객들은 그에게 슬픔이나 자기 연민의 흔적이 남아 있지 않은 것을 보고 놀랐다.

"가능한 일은 다 해봤지만 이 상황을 바꿀 방법은 없습니다. 그러니 다음 목표를 향해 나아가야죠."

그는 어떻게 실망감을 이겨냈느냐고 묻는 사람들에게 이렇게 답했다. 폴의 놀라운 회복력과 긍정적인 태도는 고객들에게 더욱 확실한 역할모델이 되기에 충분했다.

자신을 사랑하라

듀크대학의 심리학 및 신경과학 교수인 마크 R. 리어리(Mark R. Leary)는 어떤 사람은 유연한 태도로 충격을 받아들이지만 다른 사람은 재난이 다가올 징조만 보여도 무너지는지에 대해 연구했다. 그 결과 자기연민이 있는 사람은 실패를 겪어도 자신을 사랑하고 좌절도 일반적인 인간 조건의 일부로 받아들이는 데서 차이가 생긴다는 사실을 밝혔다.

"우리 인생은 계속해서 벌어지는 사소한 일만으로도 충분히 힘겹습니다."

리어리는 이렇게 말한다.

"자기 연민은 일이 잘 풀리지 않을 때 느끼는 많은 분노와 우울, 고통을 물리치도록 도와줍니다."

리어리는 좌절을 겪어도 금세 회복하는 사람들은 다음과 같은 특징이 있음을 알아냈다.

- 실제로 일어나거나 기억에 남아 있거나 자기가 상상한 나쁜 일에 대해 부정적인 감정 반응을 보이는 일이 적다.
- 부정적인 사건이 벌어지면 책임을 지지만, 그에 대해 나쁜 감정을 품지는 않는다.
- 실패한 결혼생활, 경연대회 낙선, 좌절된 면접 등으로 인한 나쁜 결과를 자기 탓으로 돌리지 않는다. 이런 일이 결국 좋은 방향으로 풀리든 아니든 간에 자신을 친절한 사람이라고 여기는 경향이 있다.

시도한 일이 성공하느냐 실패하느냐에 따라 자존심이 좌우되므로 자신에게 특히 엄격한 사람은 사랑하는 자녀나 친한 친구에게 말할 때처럼 자신에게 말을 거는 법을 연습해보자. 자신과 다른 이들에게 사랑과 연민을 보내는 '자애 명상'을 연습하면 절망감이나 태만에서 벗어나는 데도 도움이 된다.

변화의 단계

자신을 좀 더 다정한 시선으로 평가하는 것 외에도 특정한 목표를 추구하기에 적합한 시기를 택했는지, 전진을 위해 변화에 대한 각오를 재평가하거나 초점을 다시 맞춰야 하는지도 생각해야 한다.

제임스 프로차스카(James Prochaska), 존 노크로스(John Norcross), 카를로 디클레멘트(Carlo DiClemente)는 지난 수십 년간 자기 개혁이 얼마나 성공적으로 진행되는지 연구한 학자들이자, 기자들이 새해 결심에 관한 과학적인 정보가 필요할 때 가장 먼저 전화를 거는 대상이기도 하다. 이들은 습관이나 행동을 변화시키려고 하는 사람은 예측 가능한 변화 단계를 거치며 금연이나 체중 감량 같은 긍정적인 변화를 시작한다고 강조했다. 또 한 단계에서 다음 단계로 넘어갈 때 너무 서두르거나 특정 단계를 완전히 건너뛸 경우 목표의 성공 가능성이 낮아질 수 있다고 주장했다.

그 단계는 무엇이며 자기의 현재 위치는 어떻게 알 수 있을까? 프로차스카, 노크로스, 디클레멘트가 공동 집필한 《자기혁신 프로그램(Changing for Good)》에서 발췌한 간단한 자기평가 방법을 살펴보자.

변화의 단계와 자기평가

1. 문제를 해결한 지 6개월 이상 지났다.
2. 과거 6개월 사이에 문제해결을 위한 조치를 취했다.
3. 다음 달에 조치를 취할 생각이다.
4. 앞으로 6개월 내에 조치를 취할 생각이다.

위의 문장 4개에 대한 답이 전부 '아니요'라면 계획 전 단계다.

4번 문장에 대한 답만 '예'이고, 나머지는 전부 '아니요'라면 계획 단계다.

마지막 두 문장에 대한 답은 '예'이고, 앞의 두 문장에 대한 답은 '아니요'라면 준비 단계다.

2번 문장에 대한 답은 '예'이고 1번 문장에 대한 답은 '아니요'라면 행동 단계다.

1번 문장에 대한 솔직한 답이 '예'라면 유지 단계다.

자기평가를 실시하면 목표 달성에 대한 본인의 준비 태세를 오판했거나 다른 중요한 단계에서 취한 행동을 빠뜨린 것은 아닌지 알 수 있다. 본인의 목표와 관련해 현재 어떤 변화 단계에 와 있는지 파악하는 방법을 자세히 알아보자.

당신의 현재 위치는?

당신이 현재 생활을 변화시키는 과정에서 어느 정도 단계에 와 있든간에 우리 프로그램을 통해 도움을 받을 수 있다. 다음 카테고리 가운데 본인에게 해당되는 것이 있으면 해당 주제를 자세히 다룬 장으로 돌아가 다시 읽어보고 우리가 추천하는 실습 과정을 다시 시도해보자.

- **계획 전 단계** 제자리에 머물러 있으면서 행동을 취할 준비가 되지 않은 단계를 '계획 전 단계'라고 부른다. 다른 사람은 당신이 변해야 한다는 사실을 알고 있는데, 당신 자신은 그런 현실을 직면하고 싶지 않거나 문제를 전혀 깨닫지 못한 상태다. 당신이 만약 현재 이 단계에 있다면 인생 목표의 목록에 새로운 목표를 추가하더라도 그것은 해야만 한다는 의무감이나 다른 누군가가 정해준 목표이기 때문에 추가하는 경우일 것이다. 따라서 목표 달성에 성공하지 못했다는 생각이 들면 자기 목록을 다시 살펴보면서, 계획 전 항목('통제된' 목표 혹은 '외재적' 목표라고도 하는)이 들어 있지는 않은지 확인한다. 일례로 근무시간을 줄이거나 가족과 보내는 시간을 늘리겠다는 목표를 달성하지 못했다면 그 이유는 본인이 이런 부분에 관심이 없거나 순전히 다른 사람을 기쁘게 할 목적으로 그 목표를 세웠기 때문일 가능성이 크다.
- **계획 단계** 변화의 이유와 방법을 생각하는 '계획 단계'에서는 시간이 많이 소요되곤 한다. 하지만 매우 중요한 기간이다. 이때 실제 목표 달성을 위한 진전이 이뤄질 수도 있지만 거의 눈에 띄지 않는다. 어떻게 하면 돈을 아끼고 충동구매를 줄일지 생각하거나, 자기는 갈수록 하기 싫은 일에 매달려 있지만 동료들은 의미 있는

일을 추구하는 모습을 지켜보는 것 등도 계획 진전에 포함된다. 아직 목표를 달성하지 못했더라도 계획에 어느 정도 진전이 생기면 그 사실을 간과해서는 안 된다. 아직 계획 전인 하위 목표가 진척을 보인 것에 대해 자신에게 상을 줘야 한다. 이런 단계를 완료함으로써 결국 목표 달성에 성공할 수 있기 때문이다.

- **준비 단계** '준비 단계'에서는 인생 목표 실현을 위한 기반을 마련한다. 여기서 준비란 6개월 안에 스쿠버다이빙 교실에 등록할 수 있도록 일정을 비워놓거나, 인생 코치를 선택하기 전에 여러 코치들과 만나보거나, 체육관에 등록해 체중 감량 프로그램을 시작하기 전에 뚱뚱할 때 입었던 옷들을 버리는 것 등을 말한다. 준비 단계 또한 매우 중요하며 이것을 거치지 않고 모든 영광이 기다리는 다음 단계로 바로 넘어갈 수는 없다. 준비 단계를 마친 자신에게 적절한 보상을 주고 변화된 현 상황에 맞춰 실제 목표 달성 예상일을 약간 미룰 수도 있다.
- **행동 단계** 행동은 목표 달성에서 가장 매력적인 부분이다. 바로 여기서 변화와 승리가 이뤄지기 때문이다. 행동을 취한다는 것은 원하는 직장을 얻기 위해 면접을 보거나, 급식소에서 정기적으로 자원봉사를 하거나, 명상 수련원에 들어가는 것을 의미하며, 변화를 위한 긍정적인 노력은 곧 몸에 밴 습관으로 자리 잡게 된다. 하지만 행동을 취한다고 해서 반드시 영구적인 성공을 거둘 수 있는 것은 아니다. 학자들은 새해 결심을 이루기 위해서는 보통 7번 정도 시도를 해야 하며, 적어도 한 번 이상 좌절을 겪지 않고 변화의 다음 단계로 넘어가는 이들은 5퍼센트밖에 안 된다는 사실을 알아냈다. 하지만 약간씩이라도 진전이 있다면 축하해 마땅하다.

- **유지 단계** 유지 단계에서는 자기통제 습관을 들이기 위해 꾸준히 노력하고, 스트레스를 주는 문제를 해결해 과거로 퇴행하는 것을 막아야 한다. 하지만 유지 단계에 다다른 뒤 계속 그 자리에 머무는 것은 힘든 일이다. 스스로 변화를 이룬 사람이라 하더라도 꾸준히 좌절을 겪으면서 계속 앞으로 나아가기 위해서는 그때마다 필요한 조치를 취해야 하기 때문이다. 실제로 실패를 겪은 뒤 1달 안에 적극적인 조치를 취할 경우, 실패 뒤에 아무런 행동도 취하지 않았을 때에 비해 6개월 안에 성공을 거둘 가능성이 두 배로 높아진다고 한다.
- **종료 단계** 종료 단계란 목표를 완수해 그것을 목록에서 지우고 과거로 다시 퇴보할 가능성이 별로 없을 듯한 순간을 말한다. 일반적으로 종료란 운동을 습관화한다거나 식이장애를 극복한다거나 상사 앞에서 거친 말을 쓰지 않는다는 등의 목표를 성공적으로 달성해 그 목표 옆에 커다랗게 체크 표시를 한 뒤, 마치 오늘이 인생의 마지막 날인 것처럼 흥겹게 축하 파티를 하는 순간을 말한다. 하지만 이전 단계에서도 자신을 격려하고 스스로 이룬 일을 인정해줄 기회가 있다는 사실을 잊지 말자.

신속한 회복력과 새로운 삶

모든 복잡한 문제에는 간단한 해답이 있게 마련인데,

그것은 잘못된 답이다.

- H. L. 멘켄(H. L. Mencken)

꾸준히 노력하는 데 필요한 준비 단계를 제대로 거치지 않은 채 너무 서둘러서 목표 달성에 뛰어든 것은 아닌지 확인했으면, 이제 현대인의 생활에서 피할 수 없기에 언젠가는 극복해야 하는 혼란과 스트레스를 이겨낼 회복력을 갖추고 있는지 살펴봐야 한다.

어떤 이들은 다른 사람보다 많은 문제와 실망을 겪으면서도 계속해서 문제를 잘 해결하고 원하는 것을 손에 넣는다. 학자들은 이렇게 회복력이 뛰어난 사람들의 특성과 자질을 연구하면 평소 힘없이 무너지던 사람도 변화와 성장을 거듭하면서 확실한 목적의식과 방향성을 가지고 목표를 추구할 수 있다고 말한다.

카렌 레이비치(Karen Reivich)와 앤드류 샤테(Andrew Shatte)라는 심리학자는 회복력을 연구하고 가르치면서 방대한 양의 논문을 썼다. 이들이 펜실베이니아대학에서 진행한 펜실베이니아 회복력 프로그램이라는 연구는 혜택 받지 못한 계층의 학생들이 각종 문제 앞에서 쾌활하고 낙관적인 자세를 유지하는 법을 배우도록 도와줬다. 이들의 연구는 CEO부터 중학생까지 누구나 회복력 기술을 이용할 수 있고, 약간의 지도와 자각만 있으면 유년기의 경험이나 스트레스에 대처하는 능력에 관계없이 누구나 회복력을 높일 수 있음을 증명했다. 또 회복력이 부족한 사람은 다음과 같은 특성을 가지고 있다는 사실도 밝혀졌는데, 이 가운데 일부는 회복력과 인생 목표 달성에 실제적인 혹은 관념적인 장애물이 될 수도 있다.

- **스트레스에 대응하는 능력이 형편없다** 회복력이 특히 강한 사람은 스트레스를 받아도 무너지지 않는다. 이들은 스트레스에 강한 것이 눈에 보이며, 실제로 암담한 상황에서도 남보다 열정적이고 낙관적인 태도를 취한다. 주위의 혼돈에도 아랑곳하지 않고 임무에 집중할 수 있어 전쟁터에서 소대를 이끌거나 대기업을 운영하는 리더로 선택받곤 한다. 스트레스 반응을 개선하는 법을 배우면, 체중 감량이나 금연 같은 목표 달성을 위해 지속해서 노력하는 데 도움이 된다. 감정적인 스트레스는 퇴보의 가장 흔한 원인이기 때문이다. 운동, 명상, 일기 쓰기 등은 검증된 스트레스 대처 방법이다.
- **너무 쉽게 그만둔다** 끈기는 회복력이 뛰어난 이들의 주된 특징이다. 이들은 장애물에 부딪혀도 목표를 이룰 다른 방법을 찾는다. 실제로 목표를 달성할 방법이 두 가지 이상이면 성공 가능성이 눈에 띄게 높아진다는 사실이 밝혀졌으므로, 계획 A가 실패할 경우에 대비해 계획 B를 마련해둬야 한다. 목표 달성을 중단하는 사람은 악명 높은 '될 대로 되라' 법칙의 희생양인 경우가 많다. 체중을 줄이는 사람이나 흡연자에게서 흔히 볼 수 있는 이런 유형은 단 한 번의 실수만 저질러도 종일 혹은 무기한 노력을 포기하는 경우가 많다.
- **목표 달성의 중요한 부분을 고려하지 않는다** 커다란 목표를 세웠으면서도 정작 중요한 부분-사회적 지원 시스템, 다른 사람에 대한 책임, 측정 가능한 하위 목표, 자기 효능감을 높이도록 도와주는 역할모델, 접근과 회피 목표, 111~112쪽에서 좋은 목표를 설명하면서 개략적으로 소개한 다른 요소들-은 빠뜨린다면 이는 실패를 위

한 목표나 마찬가지다. 4장을 다시 살펴보면서 본인의 목표를 체계적으로 정리하는 데 가장 좋은 방법을 복습하자.

- **실행 불가능한 목표를 위해 계속 노력한다** 올림픽에 출전하겠다는 목표를 가지고 있었지만 사고로 부상을 당해 걸을 수 없는 상태가 되었다면, 가능한 다른 목표를 세워서 다시 삶을 개척해야만 한다. 데이브 데니스턴(Dave Denniston)은 이런 사실을 잘 알고 있었다. 그는 2001년에 오번대학 대표로 NCAA(미국대학체육협회) 챔피언십 200미터 평영 경기에 출전해 우승을 차지하면서 이 분야 최고의 자리에 올랐다. 하지만 몇 년 뒤, 스키 사고로 다리를 못 쓰고 휠체어 신세를 지게 되자 그의 꿈은 산산이 조각났다. 잠시 우울증에 걸리기도 했지만 그는 다시 한 번 수영을 목표로 삼았다. 이번에는 장애인올림픽(패럴림픽) 출전을 꿈꿨고 이를 통해 의미 있고 도전적인 새 목표를 세울 수 있었다. 현재 데니스턴은 역경에 처했을 때 목표를 찾는 법을 사람들에게 가르치고 있다.
- **도움을 청하지 않는다** 회복력이 뛰어난 사람은 목표 달성을 도와줄 사람을 찾아내는 데 탁월한 능력이 있다. 워싱턴 레드스킨스에서 활약하는 미식축구 선수 런던 플레처(London Fletcher)는 씁쓸한 회한만이 가득한 의욕 없는 삶을 살아갈 이유란 이유는 다 가진 사람이다. 그가 어렸을 때 누나는 강간, 폭행을 당한 뒤 철로 위에 버려져 죽었다. 이 끔찍한 사건에 충격을 받은 어머니는 노숙자 생활을 하며 약물에 빠져들었다. 플레처는 그가 거리의 유혹을 피할 수 있도록 레크리에이션 센터에서 시간을 보내게 해준 농구 코치와 학교를 중퇴하지 않고 열심히 공부하면 대학에 보내주겠다고 약속한 후원자 덕분에 인생을 구원 받았다고 말한다. 당시 그를 후원해준

레너드 슈워츠와 그의 아내 샤를로트 크래머의 말에 따르면 플레처는 이들이 제공하는 혜택을 남김없이 받아들였다고 한다. 총 72명의 학생 가운데 주어진 기회를 완벽하게 활용한 학생은 12명뿐이었는데 플레처도 그중 한 명이었던 것이다. 그는 대학을 마치고 프로 미식축구 선수로 경력을 쌓겠다는 꿈을 이루기 위해 계속 노력했다. 현재 플레처는 직접 장학재단을 운영하면서 자기와 같은 처지의 아이들을 돕기 위해 애쓰고 있다.

- **불행하다** 회복력이 뛰어난 사람은 남보다 행복하고 낙관적이다. 따라서 행복지수를 높이고 싶은 사람은 감사일기를 쓰기나 운동 같은 행복 연습을 꾸준히 하는 것이 얼마나 중요한지 강조하는 2장과 3장의 내용을 다시 읽어보자(36쪽 참조). 또 우울한 일이 생길 때마다 기분을 고조시킬 수 있는 방법을 최소 3가지 이상 동원해서 우울한 기분을 상쇄하려고 노력하면 자신의 긍정성 비율을 바꿀 수 있다(189쪽 참조). 정신건강 전문가를 만나보는 것도 좋은 방법이다. 슬픔이 오래 지속되면 건강을 해칠 수 있고 목표 달성에도 지장을 줘서 일에 진전이 생겨도 알아차리지 못하게 되기 때문이다!
- **자기통제력이 부족하다** 회복력이 뛰어난 사람은 다른 사람을 맹렬히 공격하고 싶다는 순간적인 충동에 굴복하거나 인사불성이 될 정도로 술을 마시지 않는다. 자기통제력이 부족하다거나 욕구 충족이 안 되는 것을 참지 못하는 성격을 함부로 드러내지 않는다. 장기적인 이득을 얻기 위해 순간적인 쾌락을 미룰 수 있는 능력은 목표 달성의 가장 중요한 동인이다. 꾸준한 운동이나 소비 습관 관리하기, 기간을 정해놓고 과속이나 욕을 하고 싶다는 충동 억제하기, 일기에 태도 변화 기록하기 등 자기통제력을 향상시키는 검증

된 방법이 많이 있다. 좋지 않은 성격 때문에 친구들과 사이가 멀어지거나 검열을 거치지 않은 채로 자기 생각을 불쑥 말하는 등 자신을 제어하지 못하는 버릇 때문에 회복력이 지속해서 손상된다면 한동안 6장에 소개한 실습을 다시 해보는 것도 좋은 방법이다.

- **상황을 현실적으로 바라보지 않는다** 회복력이 강한 사람은 현실과 본인의 감정을 분리할 줄 알며 좌절을 겪어도 일시적으로 문제가 생긴 정도의 일로 해석하는 경향이 있다. 반면 회복력이 부족한 사람들은 실패를 겪을 때마다 자기에게 뭔가 문제가 있기 때문이라고 생각한다. 어떤 사건을 실제보다 더 비참하게 해석하는 경향이 있다면 자신의 부정적인 생각에 이의를 제기해줄 수 있는 사람을 찾거나(앨버트 엘리스가 합리적 정서치료에서 실행한 것처럼) 엘리스의 《기분을 고조시키고 그 상태를 유지하라(Feeling Better, Getting Better, Staying Better)》나 카렌 레이비치와 앤드류 샤테의 《회복력의 7가지 기술(The Resilience Factor)》, 마틴 셀리그만의 《낙관성 학습(Learned Optimism)》과 같은 좀 더 낙관적으로 생각하는 법을 가르쳐주는 책을 읽어보는 것이 좋다.
- **작은 승리를 축하하지 않는다** 회복력이 뛰어난 사람은 언제 자신을 격려해야 하는지 알며 실패했을 때도 자신을 응징하지 않는다. 사실 프로차스카와 그의 동료들의 말에 따르면 성공한 자기 개혁자들은 처벌 같은 방법을 거의 사용하지 않으면서 보상을 통해 큰 성과를 거둔다고 한다. 자기가 거둔 작은 승리를 음미하고 적당한 사람들에게 그 사실을 알려야 한다. 이런 사소한 축하가 회복력을 키우는 데 생각보다 큰 영향을 미칠 수도 있기 때문이다.
- **쉽게 딸 수 있는 열매를 찾지 않는다** 회복력이 뛰어난 사람의 경우

큰 목표를 달성하기 힘들 때는 중요한 분야의 작은 목표들을 이룰 방법을 찾는다. 본인에게 중요한 다른 영역에서 발전을 이루면 '행복 전이' 효과가 생겨 전체적인 삶의 질이 개선된다는 사실을 명심하자. 따라서 고집스럽게 한 가지 목표에만 집중하기보다는 항상 적어도 3~5가지 목표를 주시하고 있어야 한다.

- **유머를 중시한다** 회복력이 강한 사람은 유머를 이용해 실패를 완화하고 슬픈 사건을 새로운 시각에서 바라보면서 상황을 전체적으로 이해하려고 애쓴다. 원래 유머 감각이 없는 사람이라면 때때로 본인에게 웃을 거리를 제공하고 매사를 심각하게 생사가 걸린 문제로 여기지 말아야 한다.

앤젤로의 사례는 중요한 목표를 이루려고 노력하던 와중에 '될 대로 되라'는 심정이 드는 것을 막기 위해서는 목표 달성을 위한 B안을 늘 마련해두는 것이 얼마나 중요한지 보여준다.

앤젤로는 델라웨어 주의 레호보스비치라는 휴양지 근처에 사는 21살의 청년이다. 그는 고등학교 때 미식축구 시합을 하다가 다른 선수와 충돌하면서 무릎이 파열되는 순간, 자기가 평생 꿈꾸던 일이 수포로 돌아갔음을 느꼈다. 뛰어난 라인배커(linebacker, 미식축구의 포지션 중 하나로서, 수비의 가장 뒤쪽에 있는 수비 포지션-옮긴이)로 많은 주목을 받던 앤젤로는 미식축구 선수로 장학금을 받으며 대학에 갈 수 있으리라는 희망에 부풀어 있었지만 한순간의 사고로 그의 미래가 무너진 것이다. 부모와 더 이상 그를 매력적인 스타로 여기지 않는 수많은 친구에게 버림받은 앤젤로는 희망을 잃고 나쁜 패거리와 어울려 다녔다. 더 이상 운동도 하지 않았고 대학에 진학하거나 미식축구를 한다는 생각도 완전히 포기했다. 그러던 중 한 젊은 아가씨와 데이트를 하기 시작했는데, 그녀는 앤젤로를 믿어줬고 무릎 재활치료를 계속하면서 전에 가고 싶어 하던 대학보다 작은 학교에 진학해 보라고 격려했다. 현재 앤젤로는 그녀와 결혼 준비를 하고 있으며, 두 사람 사이에는 벌써 아이도 둘이나 있다. 또 예전처럼 다시 40야드 단거리를 4.3초에 주파한다. 그는 매일 아침 운동을 하고 직장 두 곳을 다닌다. 그러면서 비특기생으로 입학한 뒤 1년 안에 장학금을 받게 될 확률이 높은 소규모 학교에 자신의 운동 실력을 소개하는 테이프를 계속 보내는 중이다. 앤젤로는 더 이상 예전처럼 패배감에 사로잡힌 젊은이가 아니다. 처음 계획했던 것보다 좀 더 나중에 다른 방식으로 이뤄질지는 몰라도, 장학금을 받으며 대학에 진학해 미식축구를 하겠다는 원래의 꿈을 이룰 수 있는 기회가 아직 남아 있다는 사실을 이제 안다. 유연한 태도를 취하고 자기 능력을 믿어주는 다른 사람의 열성을 받아들이는 법을 배운 것만으로도, 앤젤로는 꿈을 이룰 수 있는 강인한 회복력을 지닌 사람으로 탈바꿈했다.

인생 목표 이루기를 위한 마지막 비법

이 책은 목표 이루기와 관련된 각종 연구결과를 활용해 당신이 목표를 세우고 이를 위해 노력하고 마침내 이루도록 도와주는 책이다. 우리의 정신력과 모든 사람의 내면에 존재하는 엄청난 가능성을 통해 우리가 꿈꾸는 것보다 더 많은 일을 할 수 있다. 평범한 삶과 반응에 안주한 채 야심을 품기를 두려워하면서 자기 목표는 '너무 어렵거나', '너무 비현실적이거나', '너무 원대해' 소중한 시간과 에너지를 쏟을 수 없다는 결론을 내리는 이들이 많다. 이 책을 읽은 당신은 이제 아직까지 희망이 있고 자기 목표와 꿈이 전부 손닿는 곳에 있다는 사실을 알게 되었을 것이다.

어려운 목표를 이루려고 노력하는 일과 행복해지는 것 사이의 관계는 부정할 수 없다. 행복한 사람은 낙관적이고, 자신의 능력을 믿으며, 매일 아침 자기 삶에 의미와 목표, 기쁨을 안겨주는 여러 가지 장단기 목표를 생각하면서 자리에서 일어난다. 행복한 이들은 남보다 오래 살고, 친구가 많으며, 건강하고, 노력을 게을리하지 않으며, 낙관적인 인생관 덕분에 더 많은 성공을 거둔다.

이 책은 목표 설정에 관한 연구와 긍정심리학이라는 새로운 과학 분야를 연결시켜 자기 삶을 전진시키고 발생 가능한 모든 좌절과 문제를 헤쳐 나가는 데 필요한 도구를 모두 제공했다. 이런 연구 중심의 방식은, 삶의 질을 평가하고 최적의 목표를 세워 노력하며 회복력과 적극성, 그릿, 희망을 품게 해주는 모든 부분에서 자기 삶을 통제할 수 있게 만든다. 이 책을 자주 그리고 충분히 이용하면서 최고의 삶을 살아야겠다는 생각을 고무시키기 바란다. 아마도 이것은 우리가 남길 수 있는 최고의 유산일 것이다.

내 인생 목표는 어디쯤 와 있는가?

사망한 지 100년이 지난 뒤에도 그 놀라운 회복력으로 꾸준하게 사람들을 감화시키는 한 사람의 이야기로 끝을 맺고 싶다. 이 신사는 가난한 집안에서 태어나 성공보다는 실패를 더 많이 겪었다. 나가는 선거마다 거의 낙선했고 단 한 명뿐이었던 진정한 사랑은 그의 청혼을 거절한 뒤 죽고 말았다. 그의 자녀들은 대부분 그보다 먼저 세상을 떠났고 그 중 한 아이가 11살에 죽었을 때는 깊은 비탄에 잠겨 아이의 방에서 꼬박 이틀 동안 통곡하기도 했다. 많은 이에게 매도당하고 일평생 우울증과 외로운 싸움을 벌이기도 했다. 이런 엄청난 좌절과 비극에도 불구하고 에이브러햄 링컨은 미국 대통령이 되겠다는 목표를 이뤘고, 현재 동서고금을 통틀어 최고의 정치가이자 지도자 가운데 한 명으로 기억되고 있다.

에이브러햄 링컨이 꿈을 결코 포기하지 않고 자기 자신과 당대 사람들에게 중요한 목표를 이루기 위해 계속 전진할 방법을 찾았다면 당신도 할 수 있다.

최고의 삶은 바로 당신 자신의 손 안에서 형태를 갖추고 발전하고 축하 받기를 기다리고 있다. 이제 그 일을 현실로 이루자.

Creating Your Best Life:
The Ultimate Life List Guide

6부

인생목표를 이루어 주는 실행과 워크시트

6부에서는 연구를 통해 검증된 목표 달성 및 행복 증진 방안에 대한 이해도를 높이기 위해 고안된 다양한 워크시트와 실습 방법을 제공한다. 또 당신이 계속 성장하고, 변화하며, 배우고, 최선을 다해 가장 의미 있는 삶을 살아가는 동안 살펴볼 만한 다양한 자료 목록도 있다.

죽기 전에 하고 싶은 100가지 일

:: 우리가 할 수 있는 가장 흥미롭고 재미있는 실습 가운데 하나는 죽기 전에 해보고 싶은 일들을 모아 종합 목록을 작성하는 것이다. 이 목록은 우리가 꿈을 품거나 달성하는 다양한 방법을 지속해서 추적할 수 있는 놀라운 방법이다. 이 목록을 작성해서 자주 확인하고 완료한 경험은 체크하자!

목록 작성을 돕기 위해 10개의 목표를 하나의 세트로 정하고 그 앞에 몇 가지 조언과 질문을 적어뒀다. 목록을 작성하는 데 별 문제가 없다면 그냥 건너뛰어도 되지만, 새로운 발상의 도움이 필요하다면 이런 질문이 유용할 것이다.

▶ 10대 목표

가장 바라는 목표 10가지는 무엇인가?

어디론가 떠나는 여행?

어떤 사람을 만나는 것?

특정한 이정표에 도달하는 것?

가장 중요한 10대 목표	달성 날짜
1.	
2.	
3.	
4.	
5.	
6.	
7.	
8.	
9.	
10.	

죽기 전에 하고 싶은 100가지 일 ▶ 11번부터 20번까지

계속 꿈꾸자.

다음 목표는 무엇인가?

사파리 여행을 떠나고 싶은가?

롤러블레이드를 타고 네덜란드를 일주하는 것은 어떤가?

일주일 동안 고급 휴양지 호텔에 묵고 싶은가?

3종경기 완주는 어떤가?

11번부터 20번까지	달성 날짜
11. ______	
12. ______	
13. ______	
14. ______	
15. ______	
16. ______	
17. ______	
18. ______	
19. ______	
20. ______	

죽기 전에 하고 싶은 100가지 일 ▶ 21번부터 30번까지

갈수록 어려워지니 더 깊숙이 파고들자.

어렸을 때 가장 이루고 싶었던 소원은 무엇인가?

학교를 졸업한 뒤로 줄곧 가슴속에 묻어뒀지만 이제 와서 다시 꺼내보고 싶은 꿈이 있는가?

21번부터 30번까지	달성 날짜
21. ______________________	
22. ______________________	
23. ______________________	
24. ______________________	
25. ______________________	
26. ______________________	
27. ______________________	
28. ______________________	
29. ______________________	
30. ______________________	

죽기 전에 하고 싶은 100가지 일 ▶ 31번부터 40번까지

난관에 부딪혔다면 동화 같은 경험을 떠올려보자.

봄에 파리에 가면 어떨까?

이탈리아 해안을 따라 차를 몰고 달려볼까?

폼페이 유적지를 방문하는 것은?

홍해나 그레이트배리어리프에서 스쿠버다이빙을 해보면?

31번부터 40번까지	달성 날짜
31.	
32.	
33.	
34.	
35.	
36.	
37.	
38.	
39.	
40.	

죽기 전에 하고 싶은 100가지 일 ▶ 41번부터 50번까지

직업 및 돈과 관련된 목표는 무엇인가?

특정한 나이에 은퇴하겠다는 꿈을 품고 있는가?

어디에서 살 것인가? 누구와 함께?

죽기 전에 한 번쯤 몸담아 보고 싶은 직업이 있는가?

41번부터 50번까지	달성 날짜
41.	
42.	
43.	
44.	
45.	
46.	
47.	
48.	
49.	
50.	

죽기 전에 하고 싶은 100가지 일 ▶ 51번부터 60번까지

이야기를 듣거나 직접 만나거나 함께 공부해보고 싶은 주요 인물들을 모두 목록에 포함시켜야 한다.

백악관 만찬에 초대받고 싶은가?

달라이 라마와 함께 명상을 하고 싶은가?

오프라 윈프리와 같이 점심을 먹고 싶은가?

51번부터 60번까지	달성 날짜
51.	
52.	
53.	
54.	
55.	
56.	
57.	
58.	
59.	
60.	

죽기 전에 하고 싶은 100가지 일 ▶ 61번부터 70번까지

여기서는 좀 대담해지자! 내심 하고 싶었던 일들 가운데 다른 사람들 눈에 어리석어 보일 만한 일은 무엇인가?

노드스트롬백화점에서 피아노를 치는 것은?

록밴드에서 노래를 부르는 것은?

칸영화제에서 레드카펫을 밟는 것은?

오스카상 시상식에 참석하는 것은?

교황을 만나는 것은?

61번부터 70번까지	달성 날짜
61.	
62.	
63.	
64.	
65.	
66.	
67.	
68.	
69.	
70.	

죽기 전에 하고 싶은 100가지 일 ▶ 71번부터 80번까지

당신의 가장 소중한 가치관과 영적 믿음은 무엇이며, 아래에 적을 10가지 목표에서 이런 가치관과 믿음이 어떤 식으로 표출되는가?

71번부터 80번까지	달성 날짜

71. ______________________________

72. ______________________________

73. ______________________________

74. ______________________________

75. ______________________________

76. ______________________________

77. ______________________________

78. ______________________________

79. ______________________________

80. ______________________________

죽기 전에 하고 싶은 100가지 일 ▶ 81번부터 90번까지

앞으로 살 날이 6개월밖에 안 남았다면 그 기간 동안 어떤 일을 이루고 싶은가?

자신에게 상처를 줬던 누군가를 용서하는 것은?

다른 사람이 어떻게 생각하든 상관없이 진정한 사랑을 추구하는 것은?

더 많이 웃고 더 많이 사랑하면서 일은 줄이는 것은?

81번부터 90번까지	달성 날짜
81.	
82.	
83.	
84.	
85.	
86.	
87.	
88.	
89.	
90.	

죽기 전에 하고 싶은 100가지 일 ▶ 91번부터 100번까지

당장 오늘 밤에 죽는다면 어떤 일을 하고, 무슨 말을 하며, 무엇을 보고, 어떤 목표를 이루고 싶은가?

91번부터 100번까지	달성 날짜
91. ______	
92. ______	
93. ______	
94. ______	
95. ______	
96. ______	
97. ______	
98. ______	
99. ______	
100. ______	

막바지에 다다른 목표(ABD 목표)

ABD(All But Dissertation)란 박사학위 논문이 완성되지 않은 상태를 가리키며 오랫동안 끈질기게 노력해온 목표의 마지막 단계에서 실패한 사람을 간단하게 이르는 표현이기도 하다. 고등 교육 현황을 모니터링 하는 여러 주 기관 및 정부기관에서 나온 통계 보고서에 따르면 미국에서 박사학위를 따려는 이들 가운데 상당수가 ABD 상태라고 한다. 이들은 박사논문을 쓸 수 있는 자격시험에 합격하고 필요한 어학 점수도 따고 실습 과정까지 완료하는 등 그동안 꾸준히 노력했음에도 불구하고 최종 관문인 박사학위를 아직 따지 못한 것이다.

진정으로 만족스러운 인생 목표의 목록을 작성하기 위해서는 미처 완료하지 못한 ABD 목표를 다시 한 번 살펴보면서 목록에 추가할지 여부를 판단하는 것이 좋다. ABD 목표는 어느 틈엔가 우리를 압박하곤 하며 특히 결승선이 눈에 보이는 상태에서 갈망으로 남아 있는 경우에는 더욱 그렇다. 하지만 어떤 목표는 본인의 인생에 잘 어울리지 않기 때문에 그냥 달성을 포기하고 다른 방향으로 에너지를 돌린 경우도 있다. 자신을 괴롭히거나 부담감을 주지 않는 목표는 ABD 목표가 아니다.

지금 다시 시작해 달성하고 싶은 ABD 목표가 있는가? 만약 그렇다면 아래에 그 목표를 적고 목표 달성을 중단한 이유(부적절한 타이밍, 자금 부족, 심경 변화, 자신감 상실 등)와 이 목표를 완벽하게 이루려면 어떻게 해야 하는지 등을 적어보자.

목표	중단한 이유	취해야 할 조치
1.		
2.		
3.		
4.		
5.		

벤저민 프랭클린의 교훈

이 워크시트는 미국 헌법 제정자인 벤저민 프랭클린에게 경의를 표하는 뜻으로 만든 것인데, 프랭클린은 고상함, 겸손함, 자제심, 느긋함 같은 덕목을 하나씩 익혀 본인의 품성을 높이려고 했고 해당 부문에서 나쁜 행동을 하지 않은 날이면 달력에 X자 표시를 했다.

21세기의 목표 전문가들은 프랭클린의 프로그램이 효과를 발휘한 이유를 알고 있다. 그는 한 번에 하나씩 분야를 정해 자기통제력을 발휘하면서 거기에서 변화를 꾀했기 때문이다. 프랭클린은 일기를 써서 본인의 행동을 되돌아봤고, 한 가지 덕목을 완전히 몸에 익힌 뒤에야 비로소 다음 덕목을 습득하기 위한 노력을 이어 나갔다. 프랭클린의 유명한 노력 덕분에 프랭클린코비라는 조직적 체계까지 탄생한 것을 보면, 당신도 이 워크시트를 시작할 경우 분명히 새로운 습관을 들이는 데 도움이 될 것이다.

먼저 자기가 앞으로 최소 2주 동안 꾸준히 수행할 행동을 적는다. 노력과 자기통제가 필요한 행동이어야 한다. 체력단련 프로그램을 시작하거나 매일 아침 10분씩 명상을 하거나 약속할 때마다 시간을 꼭 지키거나 제한속도를 준수하는 것 등이 좋은 예가 될 것이다. 다음 난에는 목표로 한 행동을 성공적으로 수행한 날에 전부 X 표시를 한다. 그리고 2주 내내 노력해 이 과정을 성공적으로 마치기 전까지는 다음 변화를 시도하지 않는다.

날짜	행동	완료 여부

오전 6시		1 2 3 4 5
오전 8시		1 2 3 4 5
오전 10시		1 2 3 4 5
정오		1 2 3 4 5
오후 2시		1 2 3 4 5
오후 4시		1 2 3 4 5
자정		1 2 3 4 5

날짜: ______________________

이 양식을 복사해서 하루의 여러 시간대에 느낀 본인의 기분을 일주일 동안 추적해 기록한다. 이 시트에 나열된 각 시간대마다 함께 있거나 전화 통화를 하거나 이메일 등 다른 방식으로 접촉한 사람의 이름을 적는다. 그리고 1부터 5까지의 척도를 이용해 스스로의 만족도를 평가하는데 1은 최악의 기분, 5는 최고의 기분을 가리킨다. 일주일이 지나면 어떤 상황과 어떤 사람이 자기 인생의 '블랙홀' 혹은 '밝은 빛'인지 알게 될 것이다.

목표 달성 계획표

자기가 세운 모든 목표에 대해 다음과 같은 워크시트를 작성하고 다른 사람들에게도 보여준다.

목표: ______________________________

이 목표는:

- ❑ 구체적이다
- ❑ 의욕을 높여준다
- ❑ 지향적이다
- ❑ 측정 가능하다
- ❑ 가치 중심적이다
- ❑ 내재적이다
- ❑ 책임이 뒤따른다
- ❑ 적극적으로 관여시킨다
- ❑ 몰입을 부추긴다

목표 달성을 위해 어떤 방법을 동원해야 하는가?

____

____

____

목표 달성을 방해하는 것은 무엇이며 그 장벽을 극복하기 위해 어떻게 할 것인가?

____

____

____

어떤 방법으로 헌신과 의욕을 높일 것인가? 누구에게 책임감을 느끼고 내 행동(일례로 수업료 마련 등)에 대한 사전 공약은 어떻게 할 것인가?

성공하기 위해서는 누구의 혹은 무엇의 도움을 받아야 하는가?

진행 상황을 도표로 표시하는 데 필요한 중간 이정표는 무엇인가?

내가 끝까지 책임을 다하는 모습을 지켜봐줄 사람은 누구인가?

만약, 그리고, 하지만

페터 골위처(Petter Gollwitzer)라는 학자는 어려운 목표의 행동적인 부분에 전념해서 평범한 문제를 품위 있게 해결하는 방법을 찾아냈다. 골위처는 '실행 의도'(자기가 어떤 상황이나 사람과 마주쳤을 때 실행에 옮기고자 하는 행동을 나타낸 문장)를 만든 사람들은 목표 달성에 성공할 가능성이 3배나 높아지며 특히 목표가 어려울수록 그 확률이 커진다는 사실을 발견했다.

'가정 상황 시나리오'라고도 하는 실행 의도는 "내가 어떤 상황에서 X와 만나면 Y를 하겠다"와 같은 식으로 구성된다.

다음은 '가정 상황' 조건문의 실제 예이다.

"컴퓨터 앞에 앉으면 다른 일을 하기 전에 공과금부터 온라인으로 납부하겠다."

"조간신문이 도착하면 개를 데리고 10분 동안 산책을 다녀오겠다."

"보행 측정기를 보면 바지 벨트에 달겠다."

아래의 빈 공간에 당신의 목표와 그 일을 달성하는 데 도움이 될 '가정 상황' 행동을 적는다.

목표	**만약~ 라면**(당신이 맞닥뜨리게 될 일)	**~한다**(이런 행동을 하겠다)

넘치는 기쁨

과학적 증거들을 통해 친절한 태도, 운동, 명상 등이 기분을 고조시키는 효과가 있다는 사실이 입증되었지만 행복 증진 방안은 개인마다 다르다. 본인에게 넘치는 기쁨을 안겨주는 일들을 모아 자기만의 목록을 만들고 그 기쁨을 더욱 고조시키는 새로운 상황이나 대상을 만날 때마다 여기에 추가한다. 기분을 북돋울 필요가 있을 때 이 목록에 적힌 일들을 떠올리면 당신의 얼굴에 빠르고 효과적으로 미소가 되돌아올 것이다.

인생 목표를 세우는 것은 위험한 일이다

위험을 감수할 용기가 없는 사람은 살면서 아무것도 이루지 못한다.

- 무하마드 알리(Muhammad Ali)

목표가 클수록 그것을 이루기 위해 감수해야 하는 위험도 커진다. 두려움 때문에 실제 행동에 나서지 못하는 경우가 많으므로 아래의 빈 칸 가운데 위의 다섯 줄에는 당신이 원하는 일을 이루기 위해 이미 감수한 위험과 그 결과물을 적는다(예전에 대담한 행동을 취한 덕분에 원하던 결과를 얻었던 일을 떠올리면 새롭게 위험을 감수할 용기가 생긴다). 그 아래의 다섯 줄에는 당신이 시도할 수 있는 새로운 모험 5가지와 그 결과 실현 가능한 인생 목표를 적는다.

예전에 감수한 위험과 그것을 통해 얻은 결과:

1. ______________________________
2. ______________________________
3. ______________________________
4. ______________________________
5. ______________________________

새롭게 시도하려고 하는 모험과 그것을 통해 실현하고 싶은 목표:

1. ______________________________
2. ______________________________

3. ______________________________

4. ______________________________

5. ______________________________

초보자를 위한 호흡 명상법

호흡 명상법의 목적은 마음을 가라앉히고 불쾌한 기분이나 자기 뜻대로 안 되는 생각을 머릿속에서 꺼내 꼼꼼히 살펴본 뒤 인지적으로 재구성하는 것이다. 또 호흡 명상을 통해 지금 이 순간 자기 내면에서 벌어지고 있는 일들에 관심을 집중할 수 있다.

호흡 명상을 시작하려면 다음과 같은 방법을 이용한다.

1. 서거나 걷거나 앉을 때 최대한 바른 자세를 유지한다. 어깨를 쫙 펴고 등은 최대한 꼿꼿이 세운다(이 자세를 취할 때 통증이 느껴지거나 과거에 요통 또는 다른 통증을 앓은 적이 있는 사람은 자기가 어느 정도 곧은 자세를 취할 수 있는지 담당 의사와 상의한다).
2. 다음과 같은 부분에 정신을 집중한다.

   a. 코로 들숨, 입으로 날숨.
   b. 숨을 들이쉬고 내쉴 때마다 부풀어 올랐다 가라앉는 복부 (그 느낌을 좀 더 생생하게 느끼기 위해 배 위에 손을 올려놔도 괜찮다).
   c. 신체의 다른 부분. 이것은 몸 외부보다 내부에서 이뤄지는 경험이며, 몸으로 느껴지는 감각을 모두 의식하도록 하기 위한 과정이다.
   d. 주변에서 들리는 소리.
   e. 주변에 보이는 것들.
   f. 숨을 들이쉬고 내쉬는 동안 조용히 혼잣말로 중얼거리는 마음에 드는 주문이나 단어의 조합. 숨을 들이쉬는 내내 한 단어를 천천히 중얼거린다. 숨을 내쉬는 동안 두 번째 단어를 천천히 중얼거린다.

이때 유용한 슬로건으로는 다음과 같은 것들이 있다.

숨을 들이쉴 때	숨을 내쉴 때
안으로	밖으로
여기	지금
[아무 말도 하지 않는다]	아
깊이	천천히
하나	둘, 셋…… 열
무념	무상
[아무 말도 하지 않는다]	하나, 둘…… 열
[아무 말도 하지 않는다]	하나
깊이	고요히
안으로-둘-셋	밖으로-둘-셋 [과호흡 방지]
호흡만 한다	호흡만 한다
[아무 말도 하지 않는다]	[아무 말도 하지 않는다]
자	비
해	방 [비난, 걱정 등에서 해방]
비판하지	말자
내	영화

현재 그리고 인생 전체의 가장 중요한 목표를 표현하는 슬로건을 직접 하나 만든다.

계속해서 명상을 방해하는 생각들을 부드럽게 받아들이면서 별로 좋아하지는 않지만 어쨌든 잘 알고 지내는 옛 친구처럼 그 생각들을 맞이한 뒤 다시 부드럽게 자신의 호흡과 몸, 소리, 주문에 정신을 집중한다. 과거나 미래에 쏠려 있던 생각을 다시 현재로 되돌리는 데에 명상 시간을 모두 바쳐도 상관없다. 기분이 편안해지거나 정해놓은 시간이 지나면 명상을 마친다.

호흡 명상은 기도나 다른 영적 수행을 위한 훌륭한 도입부 역할을 한다. 모든 주요 종교에는 탐구해볼 만한 관조적이거나 명상적인 기도 전통이 있다. 정기적으로 이런 기술을 함께 연습할 명상 친구들을 찾으면 큰 도움이 될 것이다.

몰입

미하이 칙센트미하이는 세상에서 가장 행복한 사람은 자주 몰입의 경지에 접어드는 사람이라고 했다. '몰입'이란 시간의 흐름을 잊고 자기 기술을 최대한 발휘해 의미 있고 건설적인 활동에 몰두하는 것을 말한다. 보통은 직장에서 좋아하는 일을 할 때 몰입 상태에 빠질 가능성이 가장 크지만, 정원 가꾸기나 자전거 타기, 그림 그리기 같은 취미생활을 열심히 하는 것도 대표적인 몰입 활동이다.

몰입은 매우 건설적이고, 대부분의 사람들은 몰입 상태를 유발하는 일에서 활력과 행복을 느낀다. 우리를 이런 상태에 빠뜨리는 목표는 달성하기가 쉽고 그 과정에서 얻는 보람도 크다.

당신은 언제 몰입 상태에 빠질 가능성이 가장 큰가? 몰입 현상을 자주 느끼는 활동이나 상황, 사람을 아래에 적은 뒤 그것이 의미하는 목표나 가치관도 함께 적는다.

예컨대 스테파니는 일주일에 몇 번씩 아침에 자전거 타기 수업에 참가할 때마다 몰입 상태에 이르며, 이것이 의미하는 목표나 가치관은 '체력 단련 · 건강'이다. 제레미는 업무를 시작하기 전에 성경을 읽고 기도를 하는 동안 몰입 상태가 되며, 이것은 '도덕적인 행동'을 나타내는 목표 또는 가치관이다.

나는 다음과 같은 일을 할 때 몰입 상태에 이른다.

나는 이런 때 몰입 상태에 빠진다

1. ______________________________
2. ______________________________
3. ______________________________
4. ______________________________
5. ______________________________

인생 목표 맵

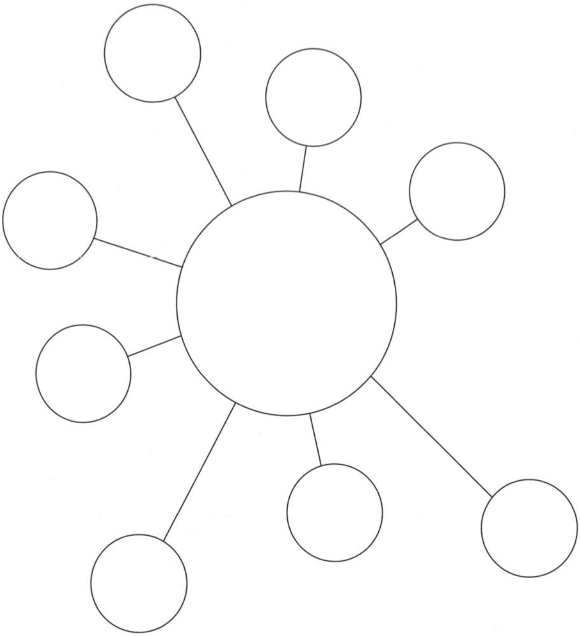

인생 목표 맵은 새롭고 시각적인 방식으로 자신의 목표를 생각할 수 있게 만든다. 가운데 부분에 본인 이름과 연도를 적고 이름 바깥쪽을 향해 여러 개의 선이나 바퀴살을 그은 뒤, 각 선을 자신에게 중요한 의미가 있고 확실한 목표를 세워둔 인생 영역이라고 생각한다. 이 살에서 뻗어 나온 여러 개의 가지를 그려 구체적인 목표를 적고 원할 경우 이 가지에서 다시 여러 개의 실행 단계가 뻗어 나오게 한다. 여러 가지 색상을 이용해 이 맵을 다양하게 변형시킬 수도 있다. 일부 연구에 따르면 색상과 특정 가지 또는 바퀴살의 길이를 달리할 경우 이 목표들을 기억하기가 더 쉬워진다고 한다. 원한다면 가지와 살을 더 추가해도 된다.

영향력 네트워크

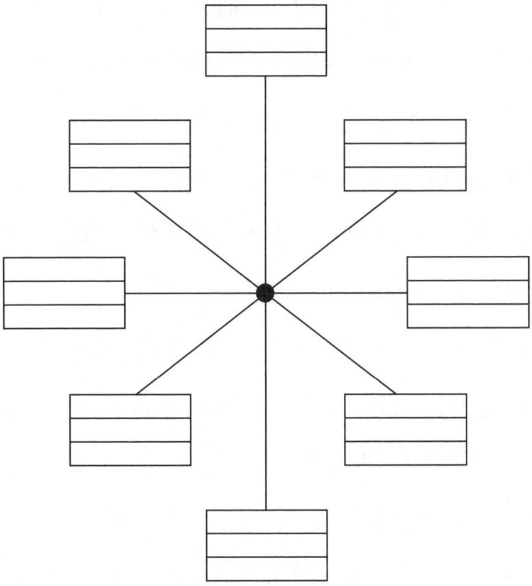

연구결과 친구가 체중이 늘면 자기도 덩달아 체중이 늘어날 확률이 171퍼센트나 증가하며 친구들이 다른 영역에서 가지고 있는 가치관도 우리에게 영향을 미친다는 사실이 밝혀졌다. 자신을 규정하는 가장 중요한 속성(네트워크의 중심부)이 무엇인지 생각해보고, 위 그림의 가운데 부분에서 사방으로 뻗어나가는 상자 안에 가장 가까운 이들의 이름과 그들이 갖고 있는 가치관을 적는다. 가까운 이들의 가치관이 곧 본인의 특징으로 삼고 싶은 가치관인가? 영향력 네트워크에서 바꾸고 싶은 부분이 있는가? 이 중 삭제하고 싶은 사람이 있는가? 추가하고 싶은 사람은? 이제 이 양식을 한 장 더 복사해서 이번에는 이상적인 영향력 네트워크를 만든다. 그리고 그에 맞춰 자신의 삶을 변화시킬 목표를 세우고, 그 이상적인 인물들을 자신의 일상생활에 좀 더 깊숙이 끌어들인다.

프라임을 피하는 방법

부정 프라임은 우리 삶 곳곳에 존재하므로 신중하게 처신하지 않는다면, 이 때문에 자기 인생을 우울하게 바라보거나 중요한 목표를 망치는 일을 하거나 과거에 겪은 부당한 일들을 계속 떠올리게 될 수도 있다. 우리는 어떤 프라임이 자기 삶에 이런 영향을 미치는지 파악하고, 일단 찾아낸 프라임에 대해서는 그것을 무효화하거나 제거하는 방법에 주의를 기울여야 한다.

부정 프라임의 예로 '휴대폰 발신 번호 표시 창에 엄마의 번호가 뜨는 것' 때문에 '엄마는 내 목표를 지지해주지 않고 늘 내가 잘못한 일만 얘기한다' 같은 부정적인 생각이 드는 것을 들 수 있다. 이런 상황에서는 목표를 포기하게 될 수도 있다. 지나치게 깡마른 모델 사진이 가득한 잡지를 보는 것도 부정 프라임이 될 수 있다. 이로 인해 자기 몸매를 비난하면서 나는 잡지에서 요구하는 기준에 결코 도달하지 못하리라는 생각에 운동을 중단하게 되기 때문이다.

자기 삶을 관찰하는 탐정이 되어 날마다 마주치는 특정 단어나 사람, 음악, 장면 때문에 본인의 정신이 어떤 식으로 움직이는지 주의 깊게 관찰하자. 이런 상황을 잘 통제해야만 최고의 삶을 영위할 수 있는 힘과 통찰력이 생긴다.

프라임	행동/반응

내 인생의 초상

2001년 9월 11일, 테러리스트들이 미국 본토를 공격한 사건 때문에 수천 명의 사람들이 눈 깜짝할 사이에 목숨을 잃었다. 소방관, 젊은 신부, 변호사, 기업가들이 무차별적으로 사망하자 〈뉴욕타임스〉는 '슬픔의 초상'이라는 시리즈를 연재하기 시작했다. 이 시리즈는 1년 넘게 거의 날마다 신문에 실렸고 2008년 말까지 계속 연재되었다.

이 감동적인 시리즈는 짧은 소품, 각 인물에게 생명을 불어넣는 자세한 이야기나 대표적인 일화를 소개하는 것에 초점을 맞췄다. '슬픔의 초상'은 여러 강의실과 치료 그룹에서 반드시 읽어야 하는 시리즈가 되었고, 이 이야기가 자신의 삶을 더 나은 방향으로 바꿔줬다고 말하는 이들도 많다. 한 변호사는 날마다 드리는 '카디시(Kaddish. 전통적으로 유대인들이 사랑하는 사람이 죽은 뒤 1년 동안 그를 애도하며 매일 올리는 기도)' 대신 이 기사를 읽었다고 말하기도 했고, 이것을 읽으면서 너무 늦기 전에 자기 목표를 이뤄야겠다는 생각을 했다는 이들도 있었다.

당신의 '내 인생의 초상'에는 어떤 내용이 담겼으면 하고 바라는가? 남들에게 기억되고 싶은 모습을 한두 단락 정도로 정리해서 아래에 적어보자.

반응기술

이 워크시트는 행복을 얻고 인생 목표 달성에 성공하는 데 필요한 몇 가지 중요한 기능과 결과를 제공한다. 사람들 사이의 소식 공유에 대한 연구결과 자기가 얻은 행복이나 좋은 일들을 타인과 공유하고, 그들에게서 사기를 높이고 용기를 북돋워 주는 긍정적인 반응을 얻는 것이 얼마나 중요한지 밝혀졌다. 실제로 자신의 행운을 처음 알린 사람이 보인 반응이 훗날 내가 그 사건을 어떻게 기억하는지에 지대한 영향을 미친다는 연구결과도 있다.

또 다른 사람들이 겪은 행운을 당신에게 알렸을 때도 당신은 다음과 같은 4가지 반응 가운데 하나를 택할 수 있다는 사실을 기억해야 한다. 당신은 적극적이고 건설적인 반응(AC), 소극적이고 건설적인 반응(PC), 적극적이고 파괴적인 반응(AD), 소극적이고 파괴적인 반응(PD) 가운데 하나를 보일 수 있다.

예: 나 ㅇㅇ그룹에 경력사원으로 채용됐다.

AC: 적극적이고 건설적인 반응(최고의 반응) 긍정적이고 열광적인 반응을 보인다. "자세히 얘기해줘!" "다른 사람들한테도 전부 알려야겠다!"

PC: 소극적이고 건설적인 반응(미적지근한 반응) 적극적인 반응을 보이지 않는다. "잘됐네."

AD: 적극적이고 파격적인 반응(부정적 반응) 부정정서를 유발시킨다. "왜 그런 데서 일하고 싶어 하는 거니?", "그쪽에서 제시하는 것보다 봉급을 많이 받을 수는 없어? 분명히 실망할 거야."

PD: 소극적이고 파격적인 반응(최악의 반응) 긍정적 사건을 무시한다. 밥먹으러 어디로 갈까?

아래의 빈칸에 당신이 들려준 소식에 다른 이들이 어떤 반응을 보였는지 적고, 또 다른 사람의 행운에 당신이 보인 반응도 적는다. 다른 이들에게서 계속 적극적이고 건설적이지 않은 반응만을 얻었다면, 본인을 위한 새로운 치어리더들을 구해야 할지 생각하면서 이들이 과거 자신에게 어떤 영향을 미쳤는지 자문해봐야 한다. 또 당신이 다른 사람들에게 적극적이고 건설적인 반응을 보이지 않았다면 자신의 태도를 고치기 위해 노력해야 한다.

다른 사람에게 이야기한 긍정 사건	다른 사람들의 반응
1.	
2.	
3.	
4.	
5.	

다른 사람에게 이야기한 긍정 사건	다른 사람들의 반응
1.	
2.	
3.	
4.	
5.	

BAT 양식

내가 받은 축복, 성과, 재능, 강점

이름: ____________________　　　　날짜: ____________________

연구를 통해 효과가 검증된 이 실습 과제는 성공을 위해 필요한 일들을 할 수 있는 자존감과 자기효능감, 자신감을 키워준다. 이 양식은 본인의 재능, 강점, 특성을 이용해 인생 목표를 이루는 방법을 알려주고, 낙담에 빠졌을 때 기분을 북돋워 준다. 또 BAT는 '건설적인 추억'이라는 과거에 느낀 기쁨과 성취감을 상기시키고, 자기가 받은 축복(또는 이미 달성한 인생 목표)에 대해 얘기하면서 감사하는 마음을 키우게 만든다.

이 8가지 행복 습관 혹은 근육을 키우려면 각 BAT 난에 최대한 많은 내용을 적고 새로운 것이 생각날 때마다 목록에 계속 추가한다. 날마다 이 작업을 하고 잠자리에 들기 전에 검토한다. 그리고 계속 내용이 늘어나는 BAT 목록을 자주 볼 수 있는 곳에 붙여놓는다. 재능, 강점, 특성을 이용해 자신의 문제를 해결하거나 목표를 이룰 수 있는 방법을 꾸준히 생각한다. 친절, 정직, 근면성, 뛰어난 유머 감각 같은 긍정적인 성격적 특성도 강점에 포함될 수 있다.

축복 내가 감사함을 느끼는 크고 작은 일들	성취 오늘 또는 과거에 달성한 크고 작은 일들	건설적인 재능, 강점, 특성 내가 잘하고 사람들이 내게서 좋아하는 크고 작은 일들

내 인생의 프라임

우리는 주위 환경이나 사람들 때문에 특정 방식으로 행동하고 생각하도록 미묘하게 자극을 받는다. 이 실습은 당신이 현재 살면서 접하는 모든 것 가운데 긍정적이고 목표 지향적인 행동을 이끌어내는 것과 앞으로 더 많아지기를 바라는 것이 무엇인지 파악하기 위한 실습이다.

첫 번째 난에는 당신이 만나게 된 프라임을 적고, 그 옆에 해당 프라임이 야기하는 긍정적인 생각이나 행동을 적는다. 일례로 주방에 꽂혀 있는 싱싱한 꽃을 본 것이 긍정 프라임이라면 그 옆에 "미소를 지으면서 여름 내내 정원을 가꾸면서 얼마나 즐거웠는지 생각한다."고 적는 것이다. 또 '친한 친구에게서 재미있는 농담이 담긴 전자우편을 받았다'는 긍정 프라임이 있다면 그 옆에 "친한 친구는 내게 자신감을 갖게 해주고, 이메일 목록에서 그녀의 이름을 보면 절로 웃음이 나면서 과거에 우리 둘이 같이 한 재미있는 일들이 기억난다"고 적는다.

누가 그리고 무엇이 나를 날마다 가장 긍정적이고 희망차고 적극적으로 행동하게 해주만드는지 아는 것은 최고의 삶을 사는 데 중요한 도구이므로 매사에 면밀하게 주의를 기울이자.

프라임	행동/반응

감사일기(잘되었던 일 3가지)

감사는 행복과 가장 밀접하게 관련된 성격적 특성 가운데 하나이므로 당신도 이 간단한 연습 과제를 꾸준히 하다 보면 행복지수를 높일 수 있다. 자기가 받은 축복이 몇 가지나 되는지 세어보고 그런 축복을 받은 까닭을 곰곰이 생각해보면, 본인이 감사하게 느끼는 일 대부분이 긍정적이고 보람 있는 관계와 상황을 키우고 발전시키기 위해 쏟은 에너지와 노력 덕분이라는 사실을 알게 될 것이다. 물론 그 반대의 경우도 마찬가지다. 성경에 나오는 "뿌린 대로 거두리라"는 말은 오늘날 자기 삶에서 더 큰 즐거움을 얻으려고 하는 당신에게도 그대로 적용된다.

매일 밤 자기 전에 종이에 적거나 머릿속으로 생각하며 이 과제를 해보자. 그날 하루 있었던 일 가운데 축복받았다는 생각이 들거나 감사의 마음을 느꼈던 일 3가지를 떠올린다. 그리고 그런 일이 잘된 이유가 무엇인지 덧붙인다.

이 과제를 꾸준히 계속하다 보면 자기가 하루하루 시간을 보내는 방식이나 관심을 기울이고 그 의미를 확대하는 일들이 예전과 달라졌음을 깨닫게 될 것이다. 3가지로는 부족하다면 최대한 많이 찾아내 보자.

잘되었던 일 ______________________________

그 일이 잘된 이유 ______________________________

____

잘되었던 일 ______________________________

그 일이 잘된 이유 ______________________________

____

잘되었던 일 ____

그 일이 잘된 이유 ____________________________________

____

옮긴이 **우문식**

2003년 긍정심리학을 국내에 처음 도입했다. 국회의원이 되고자 준비하던 2006년, 긍정심리학 창시자인 마틴셀리그만을 만난 후 정치를 포기하고 긍정심리학을 본격적으로 연구하기 시작하여 지난 10여 년 동안 오직 긍정심리학 연구와 확산에만 몰두하고 있다. 안양대학교 일반대학원에서 경영학 박사학위(긍정심리)를 받았다. 저서로는《긍정심리학은 기회다》,《긍정심리학의 행복》,《행복 4.0》,《만 3세부터 행복을 가르쳐라》가 있으며, 옮긴 책으로는 마틴 셀리그만의《긍정심리학》,《플로리시》,《낙관성 학습》과《긍정심리학 코칭 기술》,《회복력의 7가지 기술》,《어떻게 인생목표를 이룰까》,《아이의 행복 플로리시》 등이 있다. 논문으로는 박사학위 논문인 〈긍정심리의 긍정정서와 성격강점이 조직성과에 미치는 영향〉(2013) 외 3편의 긍정심리학과 행복 주제의 논문이 있다. 개인 자격으로서는 최초로 빌 클린턴 전 미국 대통령을 초청하여 김영삼 전 대통령, 고故 김대중 전 대통령 외 800명을 초청하여《빌 클린턴의 마이 라이프》 리셉션을 개최했다. 'N세대'란 신조어를 만들었고, 'CEO','디지털 경제'란 용어를 국내 최초로 책을 통해 독자들에게 소개했다. 2011년 한국긍정심리연구소를 개소하여 긍정심리학을 기반으로 하는 교육 프로그램과 척도 개발, 저술 활동, 교육과 강의, 컨설팅을 하고 있으며, 긍정심리학을 통해 개인과 조직,사회의 행복과 플로리시를 지원하고 있다. 그는 긍정심리학 확산을 위해 국내 최초로 긍정심리사, 긍정심리학 강사, 긍정심리 코칭 민간 자격증을 한국직업능력개발원에서 승인받아서 긍정심리학 전문가 양성에도 심혈을 기울이고 있다. 평생교육사로서 현재 안양대학교 겸임교수, 안양대학교 평생교육원 긍정심리학 주임교수, 한국긍정심리연구소 소장과 한국긍정심리협회 회장으로 재직 중이며 MBC, SBS, YTN 등의 방송에 출연했고 삼성, 현대, LG, 교육부, 행정안전부, 법무부 등에서 강의를 하고 있다. 2014년부터 2016년까지 삼성경제연구소의 〈세리 프로〉에서 진행된 〈행복한 직장인 되기〉 강의는 대부분 매회 베스트 5위 안에 오르기도 했다.

옮긴이 **박선령**

세종대학교 영어영문학과를 졸업하고 MBC방송문화원 영상번역과정을 수료하였다. 현재 번역에이전시 하니브릿지에서 출판 기획 및 전문 번역가로 활동하고 있다.
주요 역서로는《앤디워홀 이야기》,《곁에 두고 싶은 사람이 되라: 마음을 얻는 관계의 기술 충성》,《하루 걸러 다이어트: 굶지 않고 3개월에 16kg 빼는》,《상식 밖의 성공수업: 괴짜 CEO에게 배우는》,《비즈니스 씽커스: 게임의 판을 바꾼 사람들, 그리고 그 결정적 순간》 등 다수가 있다.

와튼 스쿨에서 배우는

베스트 인생목표 이루기

초판 1쇄 인쇄 2017년 01월 23일
초판 1쇄 발행 2017년 01월 26일

지은이 캐롤라인 A. 밀러 · 마이클 프리슈 지음 **옮긴이** 우문식 · 박선령 옮김
펴낸이 우문식 **펴낸곳** 도서출판 물푸레

등록번호 제 1072 **등록일자** 1994년 11월 11일

주소 경기도 안양시 동안구 시민대로 230(아크로 타워) 지니센터 D동 1252호
전화 (031) 453-3211 **전송** (031) 458-0097
www.mulpure.com

ISBN 978-89-8110-328-6 03320

책에 관한 문의는 mpr@mulpure.com으로 해주시기 바랍니다.

값 18,800원

• 한국긍정심리연구소(KPPI) 교육 프로그램 안내 •

한국긍정심리연구소(Korea Positive Psychology Institute, KPPI)는 마틴 셀리그만의 '긍정심리학'을 통해서 개인과, 조직, 사회의 '플로리싱(번성, 지속적 성장)'를 지원하며, 긍정심리학의 연구와 프로그램 개발, 교육과 강의, 컨설팅을 통해 조직의 긍정문화 확산과 행복증진, 강점기반 구축으로 조직성과를 창출할 수 있도록 도와드립니다. 모든 프로그램은 고객의 니즈에 의해 맞춤형으로 이루어지며, 24시간 이상 수료한 분들에게는 〈긍정심리사〉 자격증이 수여 됩니다.

프로그램 제목	교육 기간 및 시간	
행복한 직장(일터) 만들기	1-3일	8-24 시간
긍정조직 만들기	3일	24시간
부모와 교사를 위한 행복 코칭	1-3일	8-24시간
긍정심리학 인성교육	1-3일	24시간
긍정심리 PERMAS(긍정정서, 몰입, 관계, 성취 강점) 과정	1-3일	8-22시간
강점리더십	1-2일	8-16시간
긍정심리 리더십	1일	8시간
긍정관계 만들기	1일	8시간
강점조직 구축하기	1일	8시간
AI(긍정조직혁명)	1일	8시간
무기력, 우울증, 자살을 예방하는 낙관성 키우기	1일	8시간
트라우마(역경)을 극복하는 회복력(resilience) 키우기	1일	8시간
와튼 스쿨의 베스트 인생목표 이루기	1일	8시간
긍정심리학 전문가 과정	3일	24시간
긍정심리학 그릿(GRIT)과정	1일	8시간

* 모든 프로그램은 맞춤형 교육이나 강의도 가능합니다.

※인용도서:《긍정심리학은 기회다》, 《행복 4.0》, 《긍정심리학》, 《플로리시》, 《긍정심리학 코칭 기술》, 《낙관성 학습》, 《내안의 긍정을 춤추게 하라》, 《회복력의 7가지 기술》, 《긍정심리학 프라이머》, 《아이의 행복 플로리시》, 《만 3세부터 행복을 가르쳐라》, 《베스트 인생목표 이루기》

강의 및 교육, 저작권 문의: 한국긍정심리연구소
전화: 031-457-7434 / 팩스: 031-458-0097
이메일: ceo@kppsi.com / 홈페이지: www.kppsi.com

• 와튼 스쿨의 〈베스트 인생 목표 이루기〉 프로그램 안내 •

이 프로그램은 개인과 조직에서 행복과 성공의 목표를 동시에 달성하게 해 주는 프로그램으로서 와튼 스쿨에서 세계 최초로 최근 가장 인기 있는 긍정심리학과 목표 설정 이론과 그릿GRIT을 결합시켜 완성시킨 프로그램입니다.

모듈명	내 용	시간	교수 기법
M-1 행복과 성공을 위한 인생목표 세우기	· 행복과 성공을 위한 지름길 찾기 · 인생 목표 설정 연습 및 워크 시트 만들기	1h	강의, 사례, 동영상, 토론, 워크시트
M-2 행복증진 시키기	긍정심리학의 행복 행복 증진시키기(긍정정서, 성격강점 외)	1h	강의, 사례, 동영상,
M-3 베스트 인생 목표 세우기	지향목표, 회피 목표, 내재적 목표, 외재적 목표, 상충되지 않는 지렛대 목표, 심리적 프라임	2h	강의, 사례, 토론, 워크시트
M-4 구체적 목표 세우기	일, 돈, 건강, 학습, 창의성, 자존감 등	2h	강의, 사례, 동영상, 토론,
M-5 베스트 목표 실행하기	그릿GRIT, 자기통제력, 끈기, 용기, 낙관성 키우기	1h	강의, 사례, 동영상, 토론, 워크시트
M-6 역경 극복하기와 행복의 집 만들기	회복력 키우는 법, 성공 음미하기, 행복의 집 만들기	1h	강의, 사례, 동영상, 토론, 워크시트

강의 및 교육, 저작권 문의: 한국긍정심리연구소
전화: 031-457-7434 / 팩스: 031-458-0097
이메일: ceo@kppsi.com / 홈페이지: www.kppsi.com